갈릴레오

교 회 의 적 , 과 학 의 순 교 자

갈릴레오

Galileo Antichrist — A Biography

✠

마이클 화이트

김명남 옮김

사이언스
SCIENCE 북스
BOOKS

데이비드에게, 브루하 커피숍에서 떨었던 수다에 감사하며

우리에게 감각과 이성과 지성을 부여하신 하느님께서

우리가 그것들을 쓰지 않게 되기를 원하신다고는 믿지 않습니다.

— 갈릴레오 갈릴레이

서 문

✠   ✠   ✠

태양이 세상의 중심에 있으며 조금도 움직이지 않는다는 생각은 멍청하고 어리석은 철학이고, 정식으로 이단이다. 성서의 여러 대목에 드러난 교리에 확연히 위배되기 때문이다. 성서를 문자 그대로 보든, 교부들과 학자들의 해석에 따르든 마찬가지다.

1616년 2월 19일
검사성성 위원회의 발표문 중에서

미켈란젤로, 나폴레옹, 예수 그리스도 같은 극소수의 인물들과 더불어, 갈릴레오 역시 드물게도 성(姓)이 아니라 이름으로만 불리는 역사적 인물이다. 위대한 과학자로서 갈릴레오는 뉴턴, 아인슈타인, 다윈과 같은 단상에 놓인다. 그런데 그에게는 과학 이상의 이야기가 있다.

잠깐 갈릴레오를 떠올려 보라고 하면, 대부분의 사람들은 학교에서 배웠던 두 가지 사실을 기억한다. 피사의 사탑 실험과 종교 재판소의 재판이다. 하지만 갈릴레오가 이 땅에 등장한 후로 400년이 되는 세월 동안, 그의 삶에 대한 몇 가지 사실들을 둘러싸고 혼란이 일었다. 특히 1615년에서 1642년까지, 갈릴레오의 과학 연구가 기독교 교리와 상충되었던 시기에 대해서 그렇다. 상황이 모호한 이유는, 갈릴레오를 때려눕히고 싶어 안달난 적들이 무수히 많았던 것과 마찬가지로, 갈릴레오의 재판을 둘러싼 사실들에 대해 무수한 의견과 이론이 존재하기 때문이다. 학자들 사이에서도 갈릴레오가 교회와 마찰을 빚은 이유에 대해 합의가 이뤄지지 않은 형편이고 이 주제로 글을 쓰는 역사학자들은 저마다 다른 입장을 취하는 것 같다.

유명한 역사가 아서 케스틀러는 『몽유병자들』에서 추기경들과 갈릴레오 간 충돌의 책임을 갈릴레오 쪽에 더 무겁게 두었다. 갈릴레오 사건의 요체였던 이데올로기적 갈등에 관하여 가톨릭 옹호자들도 많은 책과 논문을 썼는데, 대다수는 케스틀러의 견해에 동조한다. 하지만 한편으로 갈릴레오의 투쟁은 급진적 개신교도들이 마스코트처럼 아끼는 일화가 되었다. 막상 갈릴레오 본인은 그런 영예를 누리게 되었다는 걸 알면 어리둥절하겠지만 말이다. (개신교의 창시자들 역시 그럴 것이다.)

갈릴레오의 전기라면 모름지기 그의 삶과 놀라운 과학적 업적을 핵심적으로 이야기해야겠지만, 갈릴레오의 이데올로기가 로마 교회의 이데올로기와 충돌하기 시작한 무렵부터 그의 삶이 훨씬 넓은 반향을 일으키기 시작한 것이 사실이다. 갈릴레오가 살아 있을 때에도 어떤 사람들은 그를 순교자로 생각했다. 개신교도들은 자신들의 이해 관계상 갈릴레오의 편을 들며 교황의 박해를 성토했고, 독실한 정통 가톨릭 교도들 중에서도 교회가 갈릴레오 사건에서 비합리적인 행동을 취했다고 보는 사람이 많았다. 갈릴레오의 생각은 교회와 너무도 철저하게 대립되었기 때문에, 갈릴레오는 종교와 과학의 차이를 상징하는 인물처럼 되어 버렸다. 종교와 과학의 그런 간극은 지난 시절만큼이나 현재에도 넓어 보인다.

이 책에서 분명하게 밝히려고 하는 바, 갈릴레오가 과학적 견해를 철회하게 만들고 그를 가택에 연금했던 로마의 권력자들과 갈릴레오 사이의 충돌은 여러 가지 다양한 요인들 때문에 빚어졌다. 별것 아닌 평이한 요인도 있었고, 세계관끼리의 갈등에 깊게 뿌리내린 요인도 있었다. 갈릴레오는 강단 있는 인물이었다. 고집이 셌고 자만이 넘칠 때도 있었으며 자아가 강했고 자긍심이 대단했다. 또 과학적 문제에서 자기와 의견을 달리 하는 사람들에게 너그럽지 못했고, 주저 없이 그들을 비웃고 놀렸다. 그래서 적이 많았다. 몇몇 적수는 강력하고 영향력 있는 인물이었고, 결국 그들이 갈릴레오를 좌절시킬 것이었다.

갈릴레오는 불행하게도 급진적인 과학적 발상을 노출하기에는 부적절한 시기와 부적절한 장소에 살았다. 당시의 이탈리아에서는 반종교 개혁이 정점에 달해서 가톨릭 교도들의 편집증이 최고로 심했다. 설상가상으로 갈릴레오가 비정통적인 이론들을 내놓은 무렵에 유럽에서는 군사적 분란이 마구잡이로 번져 갔다. 30년 전쟁은 어느 정도는 가톨릭 교도들과 개신교도들의 충돌에서 시작되었다고 말할 수 있었다.

게다가 갈릴레오의 급진적 의견은 인류의 허영심과 자존심을 정통으로 꿰뚫어 망가뜨렸다. 갈릴레오가 사실로 받아들이고 증거들을 덧붙였던 코페르니쿠스 모형에 따르면, 우주의 중심에는 태양이 있고 지구는 태양 주변을 도는 여러 행성들 중 하나에 불과했다. 그러나 기독교 교리에 따르면 지구가 만물의 중심이었다. 그것은 고대로부터 전수된 믿음이었고, 아리스토텔레스도 강력하게 지지한 견해였다. 코페르니쿠스를 받아들여

아리스토텔레스를 기각한다는 것은 지구가 우주의 중심이 아님을 인정하고, 인간이 가장 중요한 존재임을 부인하고, 신이 인간을 위해서 우주를 창조한 게 아닐지도 모른다고 인정한다는 뜻이었다.

21세기를 살아가는 우리로서는 어째서 이 일이 갈릴레오의 시대에 그토록 문제가 되었는지 이해하기 어렵다. 하지만 지금 우리가 그렇게 생각할 수 있는 것이 실은 갈릴레오 같은 인물들 덕분이고, 지난 400년 동안 발전해 온 과학 덕분이다. 갈릴레오와 코페르니쿠스의 혁명이 벌어졌던 17세기 이후에도 과학은 또 한번 혁명을 일으켜서 인류의 위상을 축소시켰다. 자연 선택을 통한 진화라는 다윈의 이론이 인류의 사상을 또 한 단계 높인 사건이었다. 지구는 평범한 어느 별의 주변을 도는 특별할 것 없는 바위 덩어리에 지나지 않고, 사람은 단순한 형태에서 진화한 생물체로서 다른 동물들과 전혀 다를 바가 없게 되었다. 신은 필요 없게 되었다. 노벨 물리학상 수상자인 스티븐 와인버그는 최근에 이렇게 말했다. '과학은 지적인 사람들이 종교를 믿지 못하도록 만들지는 못했지만, 적어도 종교를 믿지 않아도 되게끔 만들었다. 이것은 대단한 업적이다.'[1]

요즘은 정통 기독교 교리에 전혀 감응하지 못하는 사람이 많다. 기독교의 여러 가르침이 인류 문명사에 오히려 해로운 영향을 끼쳤다고 보는 사람이 많다. 그들은 기독교가 반지성적이고 반동적이라고 생각한다. 교황이나 여타 영향력 있는 종교 인사들이 권력을 행사하는 방식에 강하게 반대한다.

반면 기독교를 옹호하는 사람들은 몇몇 불순분자들의 악행 때문에 기독교의 가치를 폄훼해서는 안 된다고 주장한다. 혹은 교회의 실수들은 다 옛일이니, 종교 재판이나 종교 재판소의 손에 죽어 간 수천 명의 무고한 사람들에 대해서는 그만 잊자고, 특히 가톨릭 교회가 지난 몇백 년 동안 지적, 과학적 발전을 저지했던 일을 잊자고 하며 이제는 절대 그런 일이 벌어질 수 없다고 힘주어 말한다.

그러나 수긍하기 어려운 주장이다. 기독교 교리를 통제하는 자들이 과거의 실수에서 별 교훈을 얻지 못했고 그저 공격 대상만 바꾸었을 뿐이라는 반론이 훨씬 설득력 있게 들린다. 교회의 테두리 밖에서 벌어진 사회적, 과학적 발전 덕분에 세상은 변해 왔다. 신앙교리성성이라는 이름으로 아직 남아 있는 종교 재판소는 더는 사람들을 고문하거나 화형에 처할 수 없지만(2005년에 교황으로 선출된 현 교황 베네딕토 16세는 요제프 라칭거 추기경일 때 신앙교리성성을 이끌었다.) 대신 교회는 여성이 사제가 되는 것을 금하고, 동성애 성직자들을 매장시키고, 매년 수백만 명이 에이즈 관련 질병으로 죽는 제3세계에서 피임 도구 사용을 반대한다.

그런데 이런 논쟁조차 갈릴레오와 교회의 갈등에 있어서 주변적인 역할만을 수행했을지도 모른다. 우리가 그 싸움에 관하여 알고 있는 일들이 어쩌면 연막에 불과할지도 모른다. 학계의 정설에 따르면 갈릴레오가 종교 재판을 받게 된 것은 코페르니쿠스 이론을 오로지 가설로만 가르치거나 서술해야 한다는 교회의 결정을 그가 어겼기 때문이다. 『프톨레마이오스와 코페르니쿠스, 두 가지 주요한 우주 체계에 관한 대화』(『대화』라고 표기한다. ─옮긴이)를 써서 코페르니쿠스 모형을 사실로 받아들였다는 것이다.

하지만 최근에 새로운 증거가 등장했다. 갈릴레오가 훨씬 위험한 다른 과학 이론 때문에 덜미를 잡혔다는 증거다. 당시에 그 이론이 옳은 것으로 입증되었다면, 가뜩이나 교회 권위자들의 처지가 취약했던 시기에 가톨릭의 교리는 심각한 위협을 받았을 것이다. 갈릴레오는 1623년 10월에 출간한 『시금사』(원제인 Il Saggiatore는 원래 금의 함량을 분석하는 사람을 뜻하는 말로 시금사(試金師) 또는 시금자(試金者) 또는 황금 계량자라고 번역되는데 이 책에서는 '시금사'라는 번역어를 택했다. ─옮긴이)라는 책에 그 이론을 상세히 적었다. 책에 담긴 새로운 개념은 대단한 파괴력이 있었기 때문에, 어마어마한 위험을 감지한 교황 우르바노 8세와 추기경들은 그 발상이 바티칸 너머로 조금이라도 퍼져 나가는 것을 막기로 당장 결정했다.

그들은 어떤 방법을 쓸 수 있었을까? 갈릴레오를 죽여야 했을까? 그것도 한 가지 답이기는 했다. 교회는 무고한 사람들을 죽이는 데 거리낌이 없었지만 그랬다가는 사람들의 의혹을 살지도 몰랐다. 그 급진적인 발상에 관하여서 다시는 논하거나 쓰지 말라고 다짐한 뒤에 갈릴레오를 그냥 풀어 주어야 했을까? 갈릴레오의 책들을 금지하고 죄 끌어 모아 불 질러야 했을까? 이것도 그들이 보기에 위험천만했다. 그런데 교회 권력자들이 따를 수 있는 제3의 길이 있었다. 과학자와 거래를 하는 것이었다. 갈릴레오는 코페르니쿠스 이론을 설파한 죄라는 한결 가벼운 이단 죄목으로 재판을 받아 투옥되고 다시는 어떠한 이론도 가르치거나 출판하지 않기로 하는 대신, 교회는 갈릴레오를 고문하거나 태워 죽이지 않기로 하는 거래였다.

이것은 갈릴레오의 삶에 관한 이야기인 동시에 음모와 갈등의 이야기다. 한 인간의 지성과 급진적 사상이 자기방어에 급급한 로마 교회의 공격을 받았던 이야기, 우리의 영웅이 당시에는 교회의 힘에 굴복하고 말았지만 사후에 정당성을 인정받은 이야기다. 갈릴레오의 삶은 놀랍도록 풍성했고, 승리와 고난으로 가득했다. 노년에 겪은 결정적인 사건, 즉 교회의 박해 때문에 그는 사상의 자유를 위한 투쟁을 대변하는 상징이자 각성한 개인의 화신이 되었으며 제도화한 무지를 꿋꿋하게 견뎌내고 결국 승리를 거두는 개인의 상징이 되었다. 물론 그의 승리는 한참 뒤에야 왔지만 말이다.

차 례

1장

그 아버지에 그 아들

✠

이탈리아 피렌체 근처 아르체트리, 1641년 겨울.

흰 머리칼을 어깨까지 늘어뜨린 눈 먼 노인이 의자 등받이에 몸을 기대며 거친 모직 담요를 목까지 끌어 올린다. 냉랭한 방 안, 문에서 가까운 곳 책상에 노인의 말을 받아 적는 조수가 앉아 있다. 앞날이 창창한 젊은 과학자 빈첸치오 비비아니가 노인과 함께 산 지도 벌써 여러 달 되었다.

일흔일곱의 갈릴레오 갈릴레이는 눈이 멀어 앞을 볼 수 없지만 방 안에 무엇이 있는지 훤히 안다. 튼튼한 책상, 나무 의자, 침실로 이어진 문. 자신의 마지막 말을, 거의 평생을 추구해 온 과학에 관한 마지막 생각을 조수에게 받아 적게 하는 동안, 노인의 마음에는 지금의 자신을 만들어 낸 과거의 사건들이 줄줄이 스쳐 간다. 피사 대학교의 당당한 탑들이 다시 보이고 조각배에 탄 채 보았던 베네치아 그란데 운하의 빼어난 경치가 떠오른다. 한때 그는 흔들리는 물살을 응시하면서 석호에 드나드는 조수의 진정한 의미를 명상했다. 다음으로 죽은 자들의 얼굴이 떠오른다. 애인이었던 마리나 감바, 사랑하는 딸 비르지니아. 마리아 첼레스테 수녀가 되었던 딸 비르지니아는 너무도 이른 나이에 죽었다. 뒤이어 부모의 얼굴이, 친애하던 친구들의 얼굴이 떠오른다. 필리포 살비아티, 잔프란체스코 사그레도, 파올로 사르피, 체시 공. 그들이 사라진 뒤에는 숙적들의 얼굴도 생각난다. 교황 바오로 5세, 벨라르미노 추기경, 오라치오 그라치, 독사 같았던 미켈란젤로 세기치 신부.

갈릴레오는 세상 누구보다도 가톨릭 교회에 대해 씁쓸한 증오를 느낄 만하다. 그 조직이 그의 경력을 끝장내고 그를 가택 연금했기 때문이다. 씁쓸한 기분은 영원히 마음속에 있겠지만, 노인은 차차 자신의 운명을 체념하고 받아들였다. 고통과 분노는 썰물처럼 빠져 나가고 이제 죽는 일만 남았다. 갈릴레오는 아마 알고 있었을 것이다. 자신의 인생을 결정지은 분쟁에서 진정으로 옳았던 쪽이 누구이고 틀렸던 쪽이 누구인지, 언젠가 세상이 알아주리라는 것을 말이다. 자신이 왜 종교 재판소에 섰고 교황청의 박해를 받았는지, 그 진정한 이유가 세상에 밝혀지는 날이 올 것을 알고 있었을 것이다. 그런 다음에는 진정으로 죄 있는 자와 무지한 자가 만천하에 드러나리라.

마흔두 살의 독신남 빈첸초 갈릴레이는 나름대로 이름 있는 음악가였다. 그가 1562년 초에 피사에 도착했을 때, 그곳은 인구가 9,000명이 못 되는 작은 도시였다. 훨씬 큰 이웃 도시 피렌체에서 온 빈첸초가 보기에 피사는 작은 시골 마을 같았을 것이다. 그는 토스카나 수도의 번쩍이는 매력과 활기에 익숙했으나 피사는 그런 것과 거리가 멀었다.

피사는 참혹한 역사를 겪은 도시였다. 거기에는 피렌체 사람들이 한 몫을 했고, 특히 수 세대에 걸쳐 일대를 다스려 온 메디치 가문이 큰 역할을 했다. 잇따른 유혈 사태 때문에 과거 수백 년 동안 유지되었던 피사와 피렌체의 관계가 결렬되자, 도시 국가로서 덩치가 더 큰 피렌체가 1504년에 피사를 포위하고 시민들을 굶주리게 해 항복을 받아 내려고 했다. 하지만 피사 사람들은 지극히 강인하고 국가에 충성스러웠다. 피렌체는 막대한 부와 상대적으로 우월한 군사력을 지녔으면서도 피사를 완벽하게 통솔하는 데는 한번도 성공하지 못했다. 갈릴레오의 시대에 이르러 피사와 피렌체는 다시 협동하는 관계가 되었고, 메디치 가문의 지도자인 토스카나 대공 코시모 데 메디치의 영도 아래 서로의 자원을 공유했다.

메디치 가문은 코시모 1세 때부터 토스카나 지방의 유력 영주로 떠올랐다. 코시모 1세는 15세기 초 내내 피렌체의 제1시민으로 존경 받았지만 정식으로 국가를 다스리는 지위는 아니었다. 아들 대에 이르러 메디치 가문은 유럽 최고의 부자 가문이 되었고, 코시모 1세의 손자인 '위대한 로렌초'는 유례없이 안정되고 발전된 사회를 구축했다. 메디치 군주들은 예술가들의 훌륭한 후원자이자 인문주의의 지지자였고 자연 철학자들의 새로운 발상을 높이 사는 지식인이었다. 르네상스를 현실에 구현하고 지속시키는 데 중요한 역할을 수행했다. 메디치 궁정은 군주의 눈길을 사로잡은 창조적 개인들에게 활짝 열린 비옥한 대지였다. 미켈란젤로, 브루넬레스키, 레오나르도 브루니, 그 밖의 여러 예술가들과 철학자들이 그곳에서 당대 최고의 지적 엘리트 집단을 구축했다.

빈첸초 갈릴레이의 선조 중에는 피렌체 시민 사회에서 걸출한 인물이었던 사람들이 적지 않았다. 족보는 12세기까지 거슬러 올라갔다. 피렌체의 통치체인 시뇨리아에 속했던 사람이 적어도 19명은 되었고, 1446년에는 시뇨리아 최고 위원으로서 도시 국가의 지도자 격인 곤팔로니에레에 뽑히는 사람도 나왔다. 빈첸초의 증조부의 형이었던 그의 이름도 갈릴레오 갈릴레이였다. 정치인 갈릴레오 갈릴레이는 상당한 부와 명예를 쌓았지만 1450년에 때 이르게 사망했다. 150년 뒤에 같은 이름의 후손이 등장해 과학계에 혁명을 일으키기까지, 이 갈릴레오는 갈릴레이 가문에서 최고로 이름 난 인물이었다.

빈첸초의 시대에는 갈릴레이 가문의 사정이 좋지 못했다. 도시 정부 통치자를 배출한 지 35년도 채 지나지 않아, 곤팔로니에레의 동생은 피렌체의 재산을 모두 팔고 산타마리아 아 몬테라는 작은 마을로 가족과 함께 이사해야 했다. 1478년에 그곳에서 빈첸초의 할아버지인 미켈란젤로가 태어났고, 이후 수 세대 동안 갈릴레이 가문 사람들은 대개 그곳에서 살았다. 갈릴레이 가문이 사회적, 경제적으로 급격하게 몰락한 이유가 무엇인지는 수수께끼로 남아 있지만 좌우간 정치적인 문제 때문이었으리라 추측해도 될 듯하다. 정확한 이유는 몰라도 강력한 메디치 가문과 충돌을 빚었을 가능성이 있다. 로렌초 데 메디치가 피렌체의 권력을 손에 넣은 것은 1469년이었는데, 갈릴레이 가문이 도시를 빠져 나온 1478년에 로렌초가 암살자들의 습격을 받았다가 가까스로 살아남은 사건이 있었다. 암살을 주모한 것은 메디치 가문의 정적으로 역시 세력이 강했던 파치 가문이었다. 파치 가문과 갈릴레이 가문 사이에 구체적인 연결 고리가 있다는 기록은 없지만, 로렌초 피습 시도에 갈릴레이 가문이 사소하게나마 연루가 되어서 메디치 가의 눈 밖에 났을 가능성이 있다.

빈첸초의 어린 시절에 대해서는 알려진 바가 거의 없다. 그는 1520년 무렵에 산타마리아 아 몬테에서 태어났고(정확한 날짜도 기록이 없다.) 일찍부터 음악적 재능을 인정받았다. 그는 아마 피렌체에서 공부를 했던 것 같지만 교양 수준은 극히 제한적이었다. 라틴 어는 거의 모른다고 할 정도였고 그리스 어는 전혀 몰랐다. 이 점은 틀림없이 그의 경력에 장애가 되었을 것이다.

그는 음악적 재주로 이름을 얻었지만 교양이 부족한 탓에 높은 자리에 오르기가 힘들었고, 그래서 잠재력을 완벽하게 펼쳐보지 못했다.

빈첸초는 피렌체에서 기초 교육을 받은 뒤에 베네치아로 가서 조세포 차를리노(1517~1590년, 화성 이론으로 유명했던 베네치아의 음악가 — 옮긴이) 아래에서 수련했다. 얼마 지나지 않아 두 사람은 심각하게 반목하는 사이가 되었는데, 음악 이론을 놓고 의견이 갈렸기 때문이다. 빈첸초는 굴하지 않고 계속 음악에 인생을 헌신했다. 처음에 그는 정석적인 음악가의 길을 걸었다. 여러 부유한 후원자들을 위해 일했는데 개중에는 베르나르데토 데 메디치도 있었다. 하지만 빈첸초가 초기에 섬긴 후원자들 가운데 가장 중요한 인물은 조반니 바르디였다. 바르디는 젊은 빈첸초에게 베네치아에서 공부할 기회를 제공했고 터키와 근동을 여행하도록 자금을 대 주었으며 후에는 갈릴레오의 열성적인 지지자가 되었다.

빈첸초가 여행에서 쌓은 지식은 음악적 견해를 다듬는 데 막대한 영향을 미쳤다. 그는 여행에서의 체험 덕분에 관습적인 음악적 구속에서 벗어났다. 그는 단성 음악을 연습하기 시작했고, 유행하던 가사 그리기('죽음'에는 불협화음을 쓰는 등 가사 분위기에 맞춰 선율과 화음을 택한 르네상스 작곡 기법 — 옮긴이) 기법이나 마드리갈 음악(14, 16세기에 유행한 이탈리아의 다성 음악 성악곡 양식 — 옮긴이)과 결별했다. 다른 작곡가들이 고수하는 불협화음 체계에 대해서도 도전적인 시각을 취해 지나치게 엄격한 규칙을 완화해야 한다고 주장했다.

피사에 도착한 직후인 1562년에 빈첸초는 제자를 들이기 시작했고, 류트와 오르간을 가르쳐서 돈을 벌었다. 이때 빈첸초는 상당히 자유롭고 느긋한 나날을 보냈을 것이다. 돈은 늘 부족했지만 사랑하는 음악으로 인생이 채워져 있었고 친구도 많았다. 피사에 정착한 지 몇 달 만에 그는 줄리아 암마난티를 만나 사랑에 빠졌다. 암마난티 가문은 갈릴레이 가문과 마찬가지로 한때 귀족이었으나 지금은 어려운 처지가 된 집안이었다.

당연하겠지만 줄리아는 제 혈통을 자랑스러워했고, 어느 유명한 추기경과 먼 사촌 사이임을 자주 언급했다. 갈릴레이와 암마난티 집안은 조각난 꿈을 안고 살아가는 집안이라는 것 외에도 공통점이 있었다. 80년 전쯤에 두 집안의 길이 교차한 적이 있었다. 빈첸초의 고모할머니 되는 리사베타 갈릴레이가 암마난티 집안 남자와 결혼했던 것이다. 이러니저러니 해도 역시 작은 사회였던 만큼, 빈첸초가 피사에 도착하기 몇 년 전부터 줄리아를 알았을 가능성도 있다. 연애의 시작이 언제부터였든, 애정은 순식간에 꽃을 피웠다. 1563년 여름에 줄리아는 임신을 했고 그 결과 빈첸초의 삶은 극적으로 달라진다.

연인은 7월 5일에 결혼을 했고, 나흘 뒤인 9일에 빈첸초는 작은 음악 교실로 쓸 공간을 빌렸다. 건물 주인인 주세페 보카 대령은 빈첸초가 알던 사람이었다. 보카는 일기에 이렇게 적었다. "키아소 디 메르칸티의 우리 집에 피렌체의 음악 명인인 피사 사람 빈첸초 갈릴레이가 12스쿠도를 내고 세를 들었다."[1]

결혼식을 올린 뒤, 빈첸초는 줄리아의 오빠인 레온으로부터 지참금 100스쿠도를 받았다. 하지만 음악 교실에서 생기는 적은 수입과 지참금으로는 경제적 어려움에서 벗어나기 힘들었고 아내가 열망하는 생활 수준을 맞춰 주기는 거의 불가능했다. '피렌체의 음악 명인'은 하는 수 없이 몇 주 뒤부터 처남 레온이 경영하는 직물 사업을 거들기 시작했다. 신혼부부는 줄리아의 어머니 루크레치아와 언니 도로테아를 포함해 암마난티 집안 사람들이 모여 사는 주스티 가에 있는 큰 집의 방 한 칸을 빌렸다. 그곳에서 부부의 첫 아이인 사내아이 갈릴레오가 1564년 2월 15일에 태어났다. 오늘날 그곳은 세티멜라라는 카페가 되었는데, 갈릴레오 갈릴레이가 위층에서 태어났노라고 알리는 기념판이 붙어 있다.

갈릴레오의 생일은 확실하지 않다. 16세기에는 태어난 날을 법적으로 기록하는 제도가 없었고 동네 성당의 책임자가 기록해 두는 세례식 날짜만이 정확했다. 갈릴레오는 2월 19일에 피사 성당의 세례당에서 세례를 받았다. 진짜 생일은 2월 15일이라고도 하고, 16일이나 18일이라고도 해 자료마다 말이 다르다. 파도바 대학교는 2월 18일이 옳다고 오랫동안 우겼다. 하지만 갈릴레오가 1590년대에 자기 별점을 보려고 메모를 해 둔 바에 따르면 그는 1564년 2월 15일 오후 4시에 태어났다. 1908년에야 알려진 이 정보는 역사학자 안토니오 파바로가 엄청난 분량의 메모들을 뒤져 찾아낸 것으로 파바로는 갈릴레오의 "점성술 쓰레기 더미"라고 불렀다.[2]

갈릴레오는 종교적 불관용의 시대에 태어났다. 그런 시대 분위기는 갈릴레오의 인생 초기에 가혹한 배경처럼 드리워졌다. 갈릴레오에게 있어서 종교적 갈등이나 로마 교회의 타락한 권력은 당연한 삶의 조건이자 세상을 구성하는 일부였다. 과학에 대한 흥미, 분석적 사상가 및 수학자로서의 대단한 자질만큼이나 갈릴레오의 사상을 형성하는 데 큰 영향을 끼친 조건이었다.

이런 요인들 못지않게 몹시 중요한 또 한 가지 조건으로, 갈릴레오의 아버지가 아들의 정신 세계 형성에 미친 영향도 간과해서는 안 된다. 빈첸초 갈릴레이는 혁신가라 할 만한 사람이었다. 자기 분야에서 경계를 확장하려고 애썼고, 현상을 맹목적으로 받아들이기를 거부했다. 빈첸초는 가장 널리 알려진 저작인 『신구 음악의 대화』에서 이렇게 말했다. "권위의 무게에 의존해 어떤 단언을 입증하려 애쓰는 사람은 참으로 어리석다."[3] 이런 태도는 갈릴레오에게 그대로 옮겨졌다.

빈첸초는 비정통적인 음악적 발상을 옹호하는 것에서 한 발 더 나아가,

종교 문제에서도 상당히 탈관습적인 태도를 보였다. 겉으로는 제도에 순응하는 체 했으나 몇몇 핵심적인 교리들에 대해서는 아무래도 회의적이었다. 종교 음악을 싫어했다는 점에서도 이 사실이 드러난다. 그는 모든 음악이 교회를 중심으로 돌아가는 현실, 위대한 예술 형식이 신앙을 위해 수행되어야만 쓸모 있게 여겨지는 현실에 분개했다.

빈첸초는 열렬한 의지로 이런 시각을 바꾸려 했고, 음악이 음악을 위해서 존재했던 기독교 시대 이전으로 돌아가는 게 최선이라고 믿었다. 여행에서 느낀 생각들이 이런 믿음을 한층 강화했다. 그는 고대 음악에 열광하며 그로부터 영감을 받았고, 그리스나 기타 이교도들의 음악적 발상을 현재의 선율과 화음 형식 음악에 통합하고자 했다.

빈첸초가 스승에게서 떨어져 나온 것도 이런 접근 방식 때문이었다. 그가 해가 갈수록 점점 더 음악가이자 작곡가로서 수입이 괜찮은 일자리를 얻지 못했던 것도 어느 정도는 그 때문이었는지 모른다. 빈첸초는 따지기를 좋아하는 까다로운 사람이었고, 지금까지도 역사학자들을 괴롭히는 존재다. 어느 비평가는 이렇게 말했다. "빈첸초가 뒤틀리고 일관성 없는 아리송한 인물이었던 것은 우리를 짜증나게 할 뿐만 아니라 그 자신에게도 불행한 일이다. 그는 독창적인 사상가였고 경험이 넓은 음악가였다. 그는 1만 4000점이 넘는 음악을 수집해 채록했노라고 주장하며, 흥미로운 생각을 많이 품고 있었다. 하지만 그 생각들이 줄기차게 곁길로 빠지거나 왜곡되기 일쑤인 것이 문제이다."[4]

16세기에 이탈리아에서 음악가로 생계를 유지하기는 쉽지 않았다. 더구나 정통 종교 음악에 관심이 없는데다가 음악 형식에 관하여 극단적인 견해를 지닌 음악가라면 거의 불가능했기에 빈첸초는 생각보다 훨씬 많은 시간을 처남의 직물 사업에 바칠 수밖에 없었다. 하지만 갈릴레오가 여덟 살이 되던 1572년에 그는 대담한 결단을 내려 피렌체의 궁정 음악가 자리를 수락했고, 그곳에서 새롭고 흥미로운 음악 형식을 개발하기 시작했다. 빈첸초의 작곡은 당시에는 철저하게 무시당한 편이었다. 후대 들어서야 서양 현대 음악 형식의 발전에서 주요한 요소로 인정받게 되었다. 빈첸초는 책도 여러 권 썼는데(가장 중요한 것이 『신구 음악의 대화』이다.) 당시에 유행하던 정교한 다성 합창 형식을 맹렬하게 공격하는 책들이었다. 그의 혁신적인 발상은 오페라의 전신이 된 레치타티보(서창이라고도 하며, 16세기에 유행했던 다성 합창 음악에 반대한 단성 음악 — 옮긴이)를 비롯해 다음 세기의 음악들에 영향을 주었다.

갈릴레오의 어머니 줄리아는 거의 모든 면에서 빈첸초와 정반대였다. 그녀는 교육을 많이 받지 못했던 듯하며 어떻게 하면 가족의 사회적 지위를 높일 수 있을까 하는 생각에 열중했다. 한때 부유했고 고상했던 그녀의 가문은 당시에도 갈릴레이 가문보다는 형편이 나았다. 오늘까지 전해지는 편지나 일기를 볼 때, 줄리아는 꽤나 불평꾼으로 가족을 위한 남편의 노력이 부족하다며 늘 불만스러워했다. 그녀는 음악에 전혀 흥미가 없었던 것 같고, 음악에 대한 빈첸초의 집착을 드러내 놓고 혐오하며 남편의 노력을 조롱했다. 아무 짝에도 쓸데없고 상업적으로 무가치한 작업에 남편이 시간을 낭비한다고 불평했다.

그래도 줄리아는 아내로서 의무를 다했다. 결혼 후 15년 동안 그녀는 빈첸초에게 일곱 아이를 낳아 주었다. 개중 셋은 이름 외에는 알려진 바가 없는데 (갈릴레오 다음으로 태어난) 베네데토, (1574년 무렵에 태어난) 안나, 안나 뒤로 약 5년 후인 1570년대 말쯤에 태어났던 레나이다. 셋 모두 아주 어릴 때 죽었을 가능성이 높다.

이들 외의 세 형제는 성년까지 살아남았다. 갈릴레오와 터울이 가장 적은 것은 아홉 살 아래인 여동생 비르지니아였다. 그녀는 1591년에 혼인해 네 아이를 두었다. 비르지니아보다 두 살 어린 미켈란젤로는 1575년 12월 18일에 태어났다. 미켈란젤로는 제 앞가림을 못하는 실패한 음악가가 되었고, 경제적인 면이나 그 밖의 면에서 평생 형에게 의존했다. 미켈란젤로의 아내 안나 키아리 반디넬리는 어렵게 살면서 아홉 아이를 낳았는데, 메킬데, 코시모, 안나 마리아, 마리아 풀비아는 1634년에 흑사병이 이탈리아를 덮쳤을 때 죽었다. 갈릴레오의 형제 중 막내는 열세 살 어린 여동생 리비아였다. 그녀는 스물두 살에 혼인해 네 아이를 두었는데 그 중 한 아이는 출생 몇 시간 만에 죽었다.

갈릴레오의 유년기는 상당히 고독했다. 그가 아홉 살인지 열 살이 되고서야 집은 형제들로 북적이기 시작했다. 이때쯤 그는 여러 개인 교사들에게 수업을 받았는데, 몇몇 선생님은 꽤 능력이 있었던 것 같다. 최초로 갈릴레오의 전기를 썼던 조수 빈첸치오 비비아니에 따르면 갈릴레오는 어려서부터 발군이었다. (비비아니가 스승을 미화하는 경향이 있었던 것은 확실하다.) 비비아니는 이렇게 썼다. "갈릴레오는 사춘기에 접어들자마자 탁월한 지성을 드러내기 시작했다. 여가 시간이면 갖가지 기구들과 작은 기계들을 손수 제작했다. 물방아, 감옥, 기타 속된 기계들 등 눈에 보이는 각종 인공적 구조물을 작은 크기로 모방해 재현했다. 필수 부품이 부족할 때는 쇠로 된 용수철 대신에 고래 뼈 등을 이용해서 직접 만들었다. 뭔가 부족한 부분이 있으면 머리를 짜내서 결국 구조물이 제대로 작동되게 했고 절대 불완전한 채로 내버려 두지 않았다."[5]

어린 갈릴레오의 성격에 관한 이 묘사는 갈릴레오가 말년에 비비아니에게 들려준 이야기를 토대로 했을 가능성이 높지만, 어쨌든 이 서술이 아이작 뉴턴의 첫 전기 작가인 윌리엄 스터클리의 표현과 몹시 비슷하다는 점은 놀랍다. "뉴턴은 사물의 피상적인 외견 너머를 꿰뚫어 보았다……

사물의 작동 방식을 아주 정확하게 깨우쳤고, 나무를 써서 정밀하고 완벽한 모형을 만들곤 했다. 원본을 제작한 장인이 만든 것처럼 깔끔한 작품들이 탄생했다고 한다."⁶ 지적인 면에서 갈릴레오와 뉴턴은 공통점이 많았으니 두 사람이 아이였을 때 비슷한 관점으로 세상을 보았다는 것도 놀랄 일이 아닌지 모른다.

갈릴레오가 여덟 살 되던 1572년에 아버지 빈첸초는 조반니 데 바르디 백작의 후원 아래 일하려고 피렌체로 떠났다. 가족은 이후에도 2년을 더 피사에 살다가 1574년 가을에 피렌체로 가서 빈첸초와 합쳤다. 피사에서 갈릴레오는 동네 학교에 들어갔고, 도시 자치회에 고용된 선생들의 수업을 들었다.

갈릴레오가 그때 받은 교육이 어땠는지 짐작해 볼 자료로 1571년 5월에서 1574년 5월까지 그곳 학교에서 소년들을 가르쳤던 피아첸차 출신의 자코모 마르케시가 받았던 공식 지침이 남아 있다. "수업일일 경우, 학생들은 월요일, 화요일, 수요일, 목요일에는 오전에 세 시간, 오후에 적어도 세 시간 학교에 있어야 하고, 여기에 발표 수업 한 시간이 추가된다." 지침은 이렇게 이어진다.

토요일에는 한 학생이 발표를 하고, 다른 학생들은 평가를 한다. 순서대로 돌아가므로 모든 학생이 적어도 한 번은 발표를 해야 한다. 적어도 세 교실로 나누어 학생들을 가르친다. 첫째는 '에피스톨란티' 단계, 둘째는 전반적으로 문법을 배우는 라틴 어 학습 단계, 나머지 하나는 기초 어구와 문법을 배우는 라틴 어 초급 단계이다. 에피스톨란티 학생들은 월요일부터 목요일까지 매일 한 편씩 서간('에피스톨란티'는 편지 양식의 문학 작품을 가리킨다. ─ 옮긴이)을 작성해서 제출해야 한다. 라틴 어 학습 교실은 필수 라틴 어 교재 두 권을 사용한다. 초급 교실에서는 선생이 가르치는 것을 학생들이 익혀서 금요일마다 시험을 치른다. 토요일에는 발표 말고도 산문 암송 시간이 있다.[7]

어린 아들이 피사 학교에서 엉덩이를 붙이고 앉아 공부하는 동안, 빈첸초는 피렌체에서 흥미진진한 시간을 보냈다. 물질 제일주의자인 아내는 남편에게 존경을 보이지 않았다지만, 피렌체 지식인들은 빈첸초의 생각을 높이 샀다. 그는 자칭 피렌체 카메라타라는 모임에서 두각을 드러내는 회원으로 활약했다. 피렌체 카메라타는 저명 작곡가 줄리오 카치니와 자코포 페리를 비롯해 토스카나 전역의 지식인, 작가, 예술가 들을 포함한 단체로서, 회원들은 바르디 백작의 집에서 정기적으로 만나 예술과 문학과 음악과 기타 지적인 관심사들에 관하여 토론했다. 70년쯤 뒤 바르디의 아들 피에트로는 고위 성직자 피에로 디니에게 쓴 편지에서 이렇게 말했다. "아버지의 집은 도시에서 가장 유명한 사람들로 가득 차곤 했습니다."[8]

그런 자리에서 빈첸초는 자신의 지적 깊이가 얕다는 사실을 느꼈을지도 모르겠다. 그는 음악적 전문 지식을 갖춘 것 외에는 교양에 한계가 있었다. 예술이나 정치에 대해서 아는 바가 거의 없었고 자연 철학에 관해서도 소리와 음향을 잘 이해할 뿐 그 이상은 몰랐다. 하지만 빈첸초는 급진적인 사상가였다. 탐구심이 강했고 미지의 영역에 과감히 발을 들여놓기를 두려워하지 않았으며 오히려 모험을 즐겼다. 그래서 피렌체 카메라타의 일원으로 있는 동안 모임에 크게 기여했고, 자신도 다른 회원들을 통해서 폭넓은 지식을 쌓았다. 더 결정적인 점은, 빈첸초가 이 영향력 있는 단체와 맺은 관계가 훗날 장남의 일에 유리하게 작용할 것이라는 사실이다.

가족이 떨어져 살던 시기는 갈릴레오의 유년기에 그와 가족의 삶이 어땠는지를 우리가 조금이나마 가까이 들여다볼 수 있는 몇 안 되는 기회이다. 피렌체에 있던 빈첸초 갈릴레이가 집안 친구인 무치오 텔달디와 주고받은 편지들이 있어서 몇 장면 훔쳐볼 수 있기 때문이다. 암마난티 가문의 먼 친척이었던 텔달디는 피사의 세관 공무원이었고 나중에 갈릴레오의 동생 미켈란젤로의 대부가 되었다.

텔달디가 보낸 편지들만 남아 있는 것은 안타깝지만 그것만으로도 갈릴레이 가족이 피사에서 어떻게 지냈나 대강 알 수 있다. 1574년 1월 13일에 텔달디는 이렇게 썼다.

갈릴레오를 위한 물총과 공, 코르비니 선생께 드릴 책 잘 받았네. 되도록 빨리 마무리하겠네. 갈릴레오에게는 이미 수업료 5리라를 주었고, 자네 부인에 대해서도 내가 할 수 있는 한 최선을 다할 걸세. 루크레치아 부인이 아프지만 않다면 자네 부인을 한 달 정도 내 집에 머물게 하겠네만, 말해 봤자 소용이 없겠지. 비르지니아는 아주 귀여운 아기지만 낯을 좀 가리는 것 같군. 어쨌든 그 친구(빈첸초 갈릴레이와 텔달디의 친구)에게도 말했지만 무엇이 필요하든 내가 할 수 있는 것은 다 들어주겠네. 워낙에 바쁘기는 하지만 금전적으로야 힘닿는 대로 해보겠네.

1574년 2월 9일에 썼다는 편지에서는 이렇게 말했다. "자네 이번 여행 중에는 갈릴레오의 편지를 받기 힘들겠네. 갈릴레오가 다음 주 수요일까지는 편지를 못 쓸 게 분명해. 내일이 성 윌리엄 축일이니까. 자네 부인 외에는 모두가, 비르지니아도 물론 건강하게 잘 있으니 걱정 말게. 갈릴레오도 즐겁게 지낸다네."

편지를 볼 때 당시에 줄리아가 아팠던 것 같다. 어떤 병에 걸렸던 것인지는 짐작할 길이 없지만, 좌우간 상태가 호전되었다. 봄이 다가올 무렵에 텔달디는 이렇게 썼다. "자네 아내와 모든 가족이 평안하고 건강하다네."

갈릴레이 가족이 피사를 떠나 피렌체로 와서 빈첸초와 합류한 뒤에도 둘은 서신 교환을 계속했다. 줄리아와 아이들이 이사한 지 석 달 뒤에 쓴 편지를 볼 때, 갈릴레이 가족은 토스카나의 주도 피렌체에 잘 정착했던 것 같다. 텔달디는 이렇게 썼다. "선생께 전달하라고 한 편지와 더불어 자네 편지를 잘 받았네. 부부와 아기, 다른 사람들이 다 평안하다니 다행이고 갈릴레오의 글재주가 늘고 있는 것도, 비르지니아가 잘 자라는 것도 다행이네. 나는 나 자신만큼이나 자네를 아끼니, 자네의 일이 내 일 같기 때문이지. 자네의 벗 무치오 텔달디."[9]

피렌체에서 첫 몇 달 동안, 갈릴레오는 일대에서 이름 높은 교사인 자코포 보르지니 다 디코마노에게 개인 교습을 받았다. 그는 바르디 가에 있는 자기 집에서 학생들에게 기초 라틴 어, 그리스 어, 수사학을 가르쳤다. 갈릴레오의 절친한 친구였던 니콜로 데 제라르디니에 따르면 보르지니 다 디코마노는 그저 평범한 사람이었다. 하지만 비비아니는 좀더 좋은 평을 내렸다.

10대일 때, 갈릴레오는 피렌체에서 유명한 어느 선생에게 몇 년 동안 인문학을 배웠다. 갈릴레오의 아버지는 대가족을 건사해야 하는데 재산이 없었으므로 그 이상의 교육은 제공하지 못했다. 그래도 아버지는 그가 기숙 학교에 가게 되기를 바랐을 것이다. 아버지는 갈릴레오가 열정과 지성을 갖추었기 때문에 어느 직종에 발을 담그든 평범한 수준 이상을 성취하리란 걸 잘 알았다. 어린 갈릴레오는 자기 처지를 알면서도 그것을 뛰어넘고자 했으므로, 자신의 불우한 운명에 직면하기로 결심하고 열렬히 공부에 매달렸다. 그래서 초급 단계의 라틴 작가들을 배운 뒤에는 이미 인문학에서 아주 박식한 수준에 도달했다. 또 힘들이지 않고 독학으로 그리스 어를 공부했는데 나중에 더 깊은 연구를 할 때 이때 익힌 그리스 어를 활용했다.[10]

이 교육 환경은 오래 지속되지 못했다. 이유는 분명치 않지만, 1575년에 갈릴레오는 개인 교습을 그만 두고 피렌체 외곽 발롬브로사의 산타마리아 수도원에 들어가서 공부하기 시작했다.

갈릴레오는 수도원 학교에서 3년을 지냈다. 그는 잠깐 동안이나마 수도사가 될 마음을 품었던 것 같다. 그러나 아버지가 아들의 의향을 전해 듣고 소스라치게 놀라서 당장 끼어들었다. 빈첸초는 예고도 없이 수도원에 나타나서 갈릴레오를 집으로 데려갔고 다시는 돌려보내지 않았다. 수사들에게는 그들이 제대로 돌보지 않아서 아들이 눈병에 걸렸고 치료도 적절히 해 주지 않으니 데려가겠다고 핑계를 댔다. 사실 빈첸초는 정통 종교에 지극히 회의적인 사람이었다. 물론 당시에는 갈릴레오의 분석적이고 수학적인 재능이 얼마나 대단한지 알지 못했지만, 좌우간 아들이 성직자가 된다는 것은 그의 기대와는 멀어도 한참 먼 일이었다.

갈릴레오의 첫 전기 작가인 비비아니가 수도원 시절에 대해 격하하는 평가를 내린 것은 흥미롭다. "그는 발롬브로사의 사제에게 논리학 수업을 들었다. 하지만 문답법, 정의, 차이, 그 밖에 막대한 분량의 글들을 배우는 일은 지루하고 무익했다. 그의 뛰어난 지성을 만족시키지 못했다."[11] 비비아니는 젊은 갈릴레오가 수도원 생활에 느꼈던 매력이나 성직을 택할까 기울였던 관심에 대해서 일언반구도 하지 않는다.

수도원의 자료를 보면 이 문제에 대해 아주 조금 더 알 수 있다. "갈릴레오 갈릴레이는 유명 인사로서 수학계에서 뛰어난 인물이었다. 잊혀서는 안 될 이름이다. 그는 발롬브로사에 신입생으로 들어와서 처음으로 지적 훈련을 경험했다." 아버지 빈첸초와의 갈등에 대해서는 얼렁뚱땅 넘어간다. "그의 아버지가 아들을 보러 와서 아들의 심각한 안염을 치료하겠다며 데려갔기 때문에, 그는 종교로부터 영원히 멀어지게 되었다."[12]

과학은 빈첸초의 결단력에 영원히 감사할 것이다. 빈첸초가 성직에 반감을 지녔고 아들의 교육을 세심하게 살폈던 점에 감사해야 마땅하다. 수도원을 나온 갈릴레오는 대학교에 들어가기 전의 마지막 교육 과정을 밟고자 피사로 돌아가서 그곳 기숙 학교에서 공부했다.

텔달디는 갈릴레오를 수도원에서 빼내는 데 찬성했다. 그는 1578년 4월 29일에 피사에서 쓴 편지에서 이렇게 말했다. "아들 문제에 결정을 내렸다는 편지 잘 읽었네. 사피엔차의 기숙 학교에 방이 나기를 기다리는 동안, 갈릴레오에게 먼저 공부를 시켜 두면 좋을 것 같네. 방을 얻지 못할 경우에는 무상으로 내 집을 내줄테니 안심하게." 이후의 편지에서 이렇게 덧붙였다. "갈릴레오가 자네 곁으로 돌아와 있다는 소식 반갑고, 여기에서 공부시키고 싶다는 말도 반갑네."[13]

이 무렵, 갈릴레이 가족의 집은 참기 힘들 정도로 북적거렸다. 상황을 조금이라도 개선하고 갈릴레오에게 최선의 교육 기회를 주려고 빈첸초는 아들을 피사로 보내기로 결정했다. 빈첸초의 사촌이 갈릴레오를 돌봐 주기로 했다. 갈릴레오는 학교에 다니며 대학교 진학을 준비하되 학업이 결실을 맺지 못할 경우에 대비해 직물업에 관하여서도 배울 것이었다. 1578년 여름에 갈릴레오는 사피엔차의 이름난 학교에 들어갔고, 2년 뒤에는 대학교 입학 시험에 순조롭게 합격해 피사 대학교에서 의학 공부를 시작했다. 갈릴레오의 진정한 학문적 경력이 시작되는 참이었다.

2장

종교라는 구속

✠

   갈릴레오가 세례를 받은 날은 미켈란젤로가 여든아홉을 일기로 로마에서 숨을 거둔 다음날이었고, 윌리엄 셰익스피어가 태어나기 두 달쯤 전이었다. 갈릴레오가 성장할 무렵의 유럽 대륙은 종교적 갈등으로 갈가리 찢겨 있었다. 르네상스는 지나갔다. 많은 사람들에게 종교는 끊임없이 압박을 가하는 강박 관념이었고, 삶에서 가장 중요한 요소였다. 1564년의 유럽은 여러 면에서 이데올로기적 분란에 휩싸인 상태였다. 특히 로마 가톨릭 교회는 긴 역사에서도 유례없이 중대한 과제들에 직면한 상태였다.

   16세기까지만 해도 가톨릭 교회는 전능한 존재였다. 반대의 목소리는 무엇이든 순식간에 잔인하게 진압했다. 이단자들을 추적했고, 그들의 책을 금지했고, 그들의 의견을 묵살했다. 가장 유명한 사례는 철학자이자 종교적 급진파였던 조르다노 브루노의 끔찍한 운명이었다. 브루노는 종교 재판소 지하 감옥에 7년 동안 구금된 채 고문당하다가 1600년 2월에 로마에서 화형당했다. 브루노의 죄는 삼위일체와 무염시태 교리를 논박한 것, 아리스토텔레스 과학에 반대한 것, 지구 아닌 다른 행성들에도 지적 생명체가 존재할지 모른다는 생각을 떠벌린 것이라고 했다.

'이단'이라는 말에는 폭넓은 의미가 있었다. 신학자나 성직자마다 대단히 융통성 있게 해석했다. 사실 정통적 가르침과 모순적인 모든 발상이나 의견을 지칭하는 용어나 마찬가지였다. 이단자라고 불린 사람들 중 대다수는 종교적 견해에 있어서 공식 교리와 합치하지 않는 세부 사항들을 옹호한 이들이었다. 교회는 다수가 견지하는 교리와 다른 방식으로 신학을 해석했다는 이유로 어느 공동체를 통째로 말살해 버리기도 했다. 좋은 예가 카타르파(알비파) 사건이다. 카타르파는 11세기부터 13세기 초에 걸쳐 프랑스 남부에서 평화롭게 살았던 사람들로, 기독교의 한 분파였다. 그들은 물리적 세계의 중요성은 대단치 않다고 보는 일종의 영지주의자(그노시스파라고도 하며, 계시와 직관을 통한 신비적 지식(영지, 靈智)의 습득을 추구한다. ─옮긴이)들로, 개인의 영적 성장이 최우선 과제라고 믿었다.

1208년에 로마 교회는 카타르파 공동체를 쓸어버리려고 십자군을 파견했다. 교황 특사의 군대가 1209년 7월에 베지에 마을을 포위했다. 특사였던 시토 수도원장은 어떻게 카타르파를 가톨릭 신자와 구분하느냐는 질문에 이렇게 대답했다고 한다. "죄다 죽여 버려라. 신께서 자기 종을 구별하실 것이니라."[1] 마을은 초토화되었고 여자와 아이를 포함해 수만 명이 죽었다. 일이 끝나자 수도원장 아르노 아말리크는 교황 인노첸시오 3세에게 이렇게 썼다. "성하, 오늘 2만 명의 시민들이 지위나 나이나 성별에 관계없이 검에 베였습니다."[2]

한편 정통 교리에서 크게 벗어나는 견해를 취하는 개인이나 단체는 다른 종류의 이단으로 간주되었다. 신비주의자, 오컬트주의자, 헤르메스주의자, 연금술사 등은 속인들에게 새로운 사고 체계를 제공함으로써 교회 권력에 도전하는 자들이었다. 이 부류에 속하는 사람 몇몇이 갈릴레오의 생애에 관여하는 것을 앞으로 보게 될 것이다. 사실 갈릴레오의 이단 행위도 이 종류로 분류될 수 있었다.

중세와 르네상스에 걸쳐 교회의 통일성에 위협을 가한 것은 이단만이 아니었다. 교회 내부에도 여러 당파들이 생겨 끊임없이 서로 다퉜다. 도미니코 수도회와 프란체스코 수도회는 신앙 쟁점들을 두고 의견이 갈렸고, 군인 출신의 신부 이그나티우스 로욜라가 설립해 1540년에 교서로 승인을 받은 예수회는 전통의 두 분파 양쪽으로부터 의심을 샀다.

신앙의 기틀을 무너뜨리려는 이단 및 개혁 세력에 맞서 통일 전선을 구축하는 것이 트리엔트 공의회의 개최 목적이었다. 트리엔트 공의회는 고위 성직자들이 정기적으로 이탈리아 트리엔트 시에서 만나 열었으며 첫 모임은 1545년 12월 13일에, 마지막 모임은 18년 뒤인 1563년에 열렸다. 이 회의들에서 선포된 일련의 교리와 교령이 가톨릭 신앙 행위를 규정하는 엄격한 기준이 되어 그곳에 모인 성직자들의 뜻에서 벗어나거나 왜곡하는 행위를 금했다. 규칙들이 만들어진 지 500년 가까이 지난 지금도 정통 가톨릭은 그것들이 불변의 원칙이고 현대 사회에서도 지켜져야 할 합리적 모범이라고 주장하니, 충격적인 일이다. 온라인 판 『가톨릭 백과사전』을 보면 트리엔트 공의회를 이렇게 설명한다. (뉴애드벤트 웹사이트의 사전을 말한다. http://www.newadvent.org/cathen/15030c.htm ─ 옮긴이) "안타깝게도 공의회는 서부 유럽의 종교적 차이들을 치료하는 데는 실패했지만, 그것이 그 자리에 모였던 교부들의 탓은 아니었다. 공의회는 무류하고 성스러운 진리에 기초해 당대의 잘못된 학설들에 대해 확실한 반대의 목소리를 내는 데는 성공했다. 그럼으로써 이단 타도와 진정한 내적 개혁 수행에 사용할 탄탄한 발판을 마련한 것은 확실했다."

역사에서 말하는 르네상스는 보통 14세기부터 16세기 중반까지로 미술과 문학이 부흥했던 때, 이탈리아와 다른 유럽 국가들에서 문화가 폭발적으로 성장했던 때를 주로 가리킨다. 하지만 예술적, 문학적 변화와 더불어 일어났던 철학의 진화와 지적 지평의 확산을 과소평가해서는 안 된다.

갈릴레오가 태어나기 200년쯤 전인 14세기 말, 일군의 부유한 유럽 인들이 새로운 지식을 얻으려고, 또한 영예와 사회적 찬사를 갈망하는 마음에서 (이것도 무시하지 못한다.) 고대인들이 남긴 문학적, 철학적 보물을 열심히 찾아 나서기 시작했다. 세상 곳곳에 멀리까지 특사를 파견해서 사라진 원고들을 추적했고 거의 신화 속 인물이라고나 할 고전 시대 작가들이 쓴 라틴 어 원서를 수색했다.

모든 활동의 중심지는 피렌체였다. 메디치 가를 비롯한 부유한 귀족들은 순수한 지적 호기심은 물론이고 까마득히 먼 곳에서 울려오는 학문의 메아리를 추구할 돈과 사회적 동기도 지녔다. 그들이 수집한 책은 아랍이나 터키의 성, 조용한 곳에 은둔한 수도원, 쇠락해 가는 고대 도서관에서 직접 가져온 것들이었다. 귀족의 자금 지원을 받은 역사학자들과 언어학자들이 엄선해 발굴한 보물이었다.

최초로 라틴 어 고전을 발굴한 사람들은 조반니 보카초, 콜루초 살루타티, 조반니 콘베르시니 등이었다. 그들은 타키투스의 『역사』, 마닐리우스의 『천문학』, 키케로의 혁신적 저작인 『브루투스』 등 한 무더기의 중요한 작품들을 피렌체로 들여왔다. 그 후대의 이탈리아 학자들은 (프란체스코 페트라르카가 대표적이었다.) 이제껏 로마로부터 조금씩 긁어모은 자료에 사실 더 오래된 출처가 있음을 알게 됐다. 드디어 고대 그리스 원서가 하나씩 발굴되어 이탈리아로, 주로 피렌체로 들어오기 시작했다. 1420년대에는 몇몇 부유한 후원자들의 손에 수백 점의 작품이 들어왔고, 곧 이 영향력 있는 저작들을 번역하는 작업이 시작되었다. 아리스토텔레스, 플라톤, 피타고라스, 에우클레이데스(영어명은 유클리드이다. ─ 옮긴이), 히포크라테스, 갈레노스의 가르침이 원래 형태대로 전해짐으로써 새로운 인문주의와 개혁의 시대가 활짝 열렸고, 과학과 의학과 철학에 대한 관심이 급증했다.

인문주의는 사실 고대 철학이다. 이성을 통해 인간 존재를 이해할 수 있다는 발상에 바탕을 둔 철학이다. 인문주의자들은 이상, 도덕, 윤리를 세우는 일에 별도의 경전이나 계시록은 필요 없다고 주장했다. 인간은 자기 욕구에 스스로 대답할 줄 아는 책임감 있는 개체이므로 대신 대답해 주는 신의 존재는 필요하지 않다는 원칙을 깔고 있었다. 초기 르네상스의 사람들은 인문주의를 열렬하게 받아들였으니 코시모 데 메디치나 레오나르도 브루니 같은 유력 인사들도 마찬가지였다. 이들은 지극히 종교적인 가톨릭 신자들이었지만, 인문주의 같은 대안적 세계관을 통해서 인간의 조건을 새롭게 더 잘 이해할 수 있으리라는 견해를 취했다. 곧 이야기하겠지만 갈릴레오가 종교 재판을 받은 사건이야말로 르네상스기의 인문주의가 맞닥뜨린 최대 위기였다. 갈릴레오 사건은 관찰과 논리에 바탕을 둔 합리적 세계관과 전적으로 믿음에 의존한 세계관의 충돌이었다.

사람들은 고대 지식을 발견함으로써 윤리 문제에 새롭게 접근했고 인류의 지위에 관해서도 새롭게 평가하게 되었다. 미술, 조각, 극작의 세계에 새로운 전망이 열린 점도 못지않게 중요한 결과였다. 고대 지식은 과학 발상, 공학, 무기 제작, 철학 분야에서도 참신한 통찰들을 제시했다. 이처럼 사람들의 사고와 행동 방식에 다면적인 변화가 일어남으로써 새로운 각성이 뒤따랐다. 일례로 종교적 정통 교리가 바탕에 깔았던 전제들 가운데 몇몇은 의심해 볼 만하고, 나아가 의심해야 마땅하다는 깨달음이 생겨났다.

이런 점을 볼 때 르네상스는 예술 부활의 도약대만이 아니라 사람들의 마음을 열어 준 사건이기도 했다. 그렇기 때문에 엥겔스는 르네상스를 가리켜 "인류가 이제까지 경험한 가장 진보적인 혁명"이라고 했다.[3]

하지만 르네상스는 과거로부터만 힘을 얻은 것은 아니었다. 당시의 주도자들, 가령 레온 알베르티나 마키아벨리 등은 어떻게 보면 지나간 세대의 산물이었고, 중세 유럽의 이상과 세계관을 체화했던 것이 사실이다. 하지만 그 개척자들은 15세기 중반('전성기 르네상스')부터는 옛날과는 전혀 다른 세상을 살게 되었다. 이때부터 놀라운 발명품 한 가지가 학문을 바꿔나가기 시작한 것이다. 갈릴레오가 태어나기 한 세기 전에는 세상에 존재하는 책의 수가 3만 권이 못 되었고 모두 필사본이었다. 그런데 구텐베르크가 활자라는 개척자적인 발명을 해냄으로써 비로소 인쇄가 가능하게 되었다. 구텐베르크의 그 유명한 42줄 성서가 인쇄된 것은 1455년경이었다. 그로부터 3년 만에 스트라스부르에 인쇄기가 설치되었고, 25년 뒤인 1480년에는 로마에서만 10여 개가 넘는 인쇄기들이 돌아갔다. 15세기 말에 베네치아에는 인쇄기가 100대 넘게 있었던 듯하다. 그때쯤에는 약 4만 권의 책이 인쇄되어 나왔고, 갈릴레오가 태어난 해인 1564년에는 출간된 인쇄본의 목록이 5000만 권에 달했다.

지적 발전은 이처럼 훌륭했지만, 일상적인 면에서 보자면 1564년의 세상은 1364년의 세상과 크게 다를 바가 없었다. 사람들의 평균 기대 수명은 여성이 스물넷, 남성이 스물일곱 정도였다. 대다수가 거의 평생 굶주렸고 아팠다. 부자들은 좀 나았다. 잘 먹었고, 뼈가 빠져라 일하지 않아도 되었고, 겨울에는 따뜻하게 지냈다. 흑사병 같은 질병들에 취약한 것은 피차마찬가지였지만 부자는 사람과 질병으로 북적거리는 도시를 떠나서 시골영지로 대피할 수 있었다.

부자들만 글을 읽을 줄 알았고, 대부분 사람들은 평생 제 집에서 15킬로미터 이상 떨어진 곳으로 여행하는 일이 없었다. 사람들은 병적일 정도로 외부인을 두려워했다. 교육을 받지 못했기 때문에 지금이 몇 년인지 전혀 몰랐고, 자기 마을이나 도시 바깥의 세상에 대해서 거의 아무것도 몰랐다. 표면상 모두 가톨릭 신자였지만 종교는 90퍼센트쯤은 미신과 속세의 마술로 이루어졌고, 10퍼센트만이 사도 마테오와 마르코, 루가, 요한으로 이루어졌다. 억지로 주입 받은 기독교 신앙을 사람들은 거의 이해하지 못했다. 종교는 신비주의적인 용어들에 감싸여 전달되었는데 서민이 알아듣지 못하는 고대어인 라틴 어로 종교적 가르침이 하사되었다는 사실이 제일 문제였다. 종교 교육은 전적으로 성경과 정통 교리 서적들을 통해 이뤄졌는데, 14세기 농부의 입장에서 그것은 대개 아무 의미가 없었다.

평범한 사람들의 일상은 고난이었고 그들이 사는 사회는 고인 물 같았다. 의사들은 거머리로 피를 뽑는 시술을 했고 수많은 연금술사들이 비금속을 금으로 변환시키겠다는 탐욕스러운 꿈을 좇았다. 낮에는 쥐가 나르는 세균이 세상을 쥐락펴락하면서 유럽에서는 주기적으로 막대한 인구가 쓰러져 갔고, 사람들이 일으킨 전쟁도 참혹한 인명 피해를 낳았다. 밤의 세상에서는 사람들 마음속의 환상과 공포가 악몽을 빚어냈다. 저승의 악마들이 산 자에게 살금살금 다가와서 넋 놓고 있는 사람의 목숨을 앗아갔다. 상황이 변하기 시작한 것은 산업 혁명이 도래한 1780년대 무렵부터였다. 갈릴레오가 죽고도 140년이나 지난 뒤였다.

서구 문명의 중심에서 무려 1,300년 동안 융성해 온 위대한 제도, 즉 기독교 교회는 이런 느림보 같은 발전 속도에 대해 어느 정도 책임을 지지 않을 수 없다. 르네상스 인문주의자들의 세속적, 지적 노력이 인간의 사고를 고양시키는 힘을 대변했다면, 교회는 정반대 방향으로 끌어간 대항 세력이었다. 교회가 이탈리아를 비롯한 유럽 곳곳에서 사람들의 삶을 철저하게 장악했다는 점도 중요하다. 사실 교회와 국가를 분리할 필요조차 없었다. 외견상 둘은 하나였다.

르네상스 철학자들은 거의 다들 독실한 가톨릭 신자였고, 급진적인 생각은 대개 마음속에만 담아 두었다. 출판을 하더라도 소수 엘리트들만 읽었다. 로마 교회는 강력한 힘을 지닌 급진적 견해들이 공공연히 표출되는 것을 막으려고 했다. 함구령을 내렸고, 반가톨릭 철학을 발표하는 작가들을 끝까지 추적했다. 선택 받은 교양인들에게 교회가 인가한 신학적 지식을 퍼뜨리는 데는 열심이었지만, 교회 지도자들은 본능적으로 반지성적이었고 대중의 무지를 의도적으로 부추겼다. 지상의 특권적 지위를 방어하려고 혈안이 된 추기경들이 볼 때 평신도들은 모르면 모를수록 좋았다.

기독교 신앙의 시작이 순수했음은 누구도 의심하지 않는 사실이다. 하지만 인간의 욕망이 순식간에 순수함을 망가뜨렸고 갈릴레오의 시대에 이르러 교회는 부패의 수렁에 빠졌다. 교회를 세운 교부들의 교리는 아주 단순한 삶에서나 따를 수 있는 지침이었지 호기심 많은 엘리트들의 삶에는 적당하지 않았다. 철학자들이 세상을 깊이 파헤치기 시작하고, 귀납적 '과학'이 연역적 추론을 능가하며 우주의 작동에 관하여 세련된 시각을 구축하기 시작하자, 정통 교리는 세상을 설명하기에 부적당한 모형이자 패러다임으로서 해답보다 의문을 더 많이 남긴다는 사실이 확연해졌다.* 후기 르네상스의 지식인들은 눈앞에 똑똑하게 보이는 계량 가능한 사실들을 교회가 제시하는 고대 신학과 조화시키기가 어렵다는 것을 깨달았다.

---

* 18세기 초까지 과학은 보통 "자연 철학"이라고 불렸다.

교회가 세속적 문제들에 대해 취하는 입장도 분란을 일으켰다. 로마 교회는 중세를 거치며 차차 정치적이고 물질적인 조직이 되었고, 영적인 것과 세속적인 것을 융합했다. 교황은 영적 지도자일 뿐만 아니라 국가 통치자가 되었다. 교회는 교황의 야심을 재정적으로 지원하고자 일말의 주저도 없이 신학을 왜곡하고 교리를 조작했다. 추기경들은 필요할 때면 언제든 아슬아슬할 지경까지 제 입맛대로 성서를 해석했다.

이 점을 가장 노골적으로 보여 준 사례는 교황의 금고를 두둑하게 하려고 면죄부를 남발한 일이다. 죄 지은 자는 면죄부를 구입함으로써 돈으로 사면을 받았다. 교황들은 갈수록 제도를 오용했다. 종교 개혁 시기에는 이 단순한 기교가 바티칸의 주요 수입원이 될 정도였다. 도미니코회 수사인 요한 테첼은 유럽을 순회하면서 가는 마을마다 광장에 걸상을 놓고 앉아서 사람들에게 면죄부를 판매했다. 당시의 P. T. 바넘(1810~1891년, 서커스 같은 쇼를 대유행시켰던 미국의 흥행사 ─ 옮긴이)이었던 셈이다. 테첼은 죄를 짓기 전에 미리 면죄를 하는 면죄부도 판매했다. 이 책략을 사용하면 범죄를 저지르기 전에 사면부터 받고 살인을 저지르는 것도 가능했다.

면죄부 사업으로 거둬들인 돈(수백만 파운드에 달했다.)이 교황의 정치적 야망을 보조하는 데만 쓰인 것은 아니었다. "죄인의 금"이라 불리며 교황의 금고를 채웠던 돈은 흥청망청한 연회, 귀한 향신료, 질 좋은 비단, 매춘부들을 조달하는 데도 펑펑 쓰였다. 교황과 그의 친애하는 로마 추기경들은 농부들에게 면죄부를 판매한 돈으로 자기들의 면죄부를 구입했다. 유감스럽고 우스꽝스러운 관행은 적어도 겉으로는 신의 용인을 받았다.

고삐 풀린 위선 행위가 도를 더해 갈 무렵, 교황의 순수성을 열망하는 독실한 가톨릭 학자인 에라스무스가 통렬하고 박학하게 성직자들을 공격하고 나섰다. 에라스무스는 "진리"와 공식 교리 사이에 또렷한 괴리가 있음을 지적했다. 그는 영국 친구 토머스 모어의 집에 머물면서 쓴 『우신예찬』 (1509년)에서 교황 율리오 2세를 공공연하게 비난했다. 『우신예찬』의 진정한 파괴력은 그것이 굉장히 인기를 끌었다는 데 있었다. 책은 대번에 10여 개 이상의 언어로 번역되었다. 교황이 평신도들의 무지를 보장할 수 없다는 뜻이기 때문에 로마에게는 끔찍한 위협이었다. 그때까지 성서와 기도서 를 비롯한 모든 종교 서적은 라틴 어로 씌였고 모든 종교 의례와 교령이 라 틴 어로 이루어졌다. 대부분의 사람들은 자기가 교회에서 암송하는 문구 가 무슨 뜻인지 몰랐고, 어디에 믿음을 바치는지 몰랐다. 그런데 에라스무 스의 글을 통해서 갑자기 까다로운 문제들이 토속어로 제기되었고, 고하 를 막론하고 모든 성직자들에 대한 의혹이 무르익기 시작한 것이다. 추기 경들이 두려워한 그대로였다. 에라스무스 같은 지식인들과 교회의 내막에 밝은 하위 성직자(루터나 칼뱅 같은)들이 여론을 휘저으니, 평신도들은 교회를 의심하고 해명을 요구하기 시작했다. 에라스무스의 인기는 실로 대단했기 때문에 교회는 처음에 그의 역작을 억압하는 데 실패했다. 그러나 이후에 반종교 개혁이 정점에 달했을 때 교회는 위대한 인문주의자에게 죄를 씌울 자료들을 수집하기 시작했고, 에라스무스가 죽은 뒤에도 노력을 그치지 않 았다. 에라스무스가 죽은 지 8년이 지난 시점인 1544년에 교황 바오로 3세 는 에라스무스를 사후에 파문하는 유례없는 조치를 취했고, 1559년에 교 황 바오로 4세는 그의 모든 저작을 금서 목록에 올렸다.*

---

* 교회가 금하는 책을 나열한 금서 목록은 1529년에 처음 발표되었다. 목록 작성의 책임은 로마 가톨 릭 교회 산하의 금서성성이 맡았다. 금서 목록은 1948년까지 정기적으로 갱신되었고 1960년대까지 존재했다. 마지막이었던 32판에는 4,000권쯤이 포함되었는데, 에라스무스, 기번, 브루노, 볼테르, 코 페르니쿠스, 발자크, 사르트르의 책들이 들어 있었고, 『완벽한 결혼』이라는 성 지침서도 들어 있었다.

에라스무스는 몹시 급진적이기는 해도 여전히 가톨릭의 본질에 충실한 신자였다. 그리고 종교 개혁이 도래하기까지 정통 기독교라 하면 당연히 가톨릭이었다. 독일 성직자 마르틴 루터가 교황의 권위를 정통으로 공격해 교황청이 비틀거릴 정도로 허를 찌른 후에야 상황은 바뀌기 시작했다. 교황청은 늘 골칫덩어리 지식인들에게 감시의 눈길을 쏟고 있었지만, 게으르고 자만한 탓에 언제든 수고롭지 않게 반항을 억누를 수 있을 거라고 착각했다. 그래서 루터가 1517년 10월 31일에 비텐베르크 성당 문에 의견서를 써 붙여서 로마 교회에 대한 95개조의 반박('논제')을 공공연하게 제기한 뒤에야, 율리오 2세의 뒤를 이은 레오 10세가 진지하게 문제에 관심을 기울이기 시작했다.

교황 레오 10세는 「주여, 내쫓으소서」라는 교서를 공포해 루터에게 교회에 대한 반박을 철회하라고 했다. 루터가 거부하자 교황은 교회 위계 제도의 하나인 '의회' 모임을 소집해 루터를 포섭하려고 했다. 신성 로마 제국 황제 카를 5세가 주재한 이 모임은 회의가 열렸던 도시(현재 독일에 있다.)의 이름을 따서 보름스 의회라고 불렸다. 루터는 모임에 출석했지만 그 자리에서 대놓고 로마 교회에 도전했다. 그는 운 좋게 탈출에 성공해서 목숨을 건졌고 작센 선제후 프리드리히 3세가 그를 종교 재판소의 손아귀에서 건져 바르트부르크 성에 숨겨 주었다.

루터는 내처 새 종교를 창시했다. 바로 로마와 관계가 없고 교황의 지도를 따르지 않는 프로테스탄티즘(개신교)이다. 거의 같은 시기에 영국의 헨리 8세도 못지않게 대담한 대항 행위를 저질렀다. 헨리 8세는 고상한 이념을 품은 것은 아니었고 젊을 때 독실하고 순종적인 가톨릭 신자였다는 점 말고는 루터와 공통점이 하나도 없었다. 1528년에 헨리 8세는 아라곤의 캐서린과 이혼하기를 원했는데, 교황이 이혼을 허락하지 않자 로마와 결별을 선언하고 3년 만에 영국 국교회를 세워서 자신이 종교의 수장이 되었다.

루터와 헨리 8세가 로마에 등을 돌리고, 15세기 중반 들어 유럽 전역에 인쇄기가 퍼지자, 교회의 지도력은 최대 위기를 맞았다. 교회는 이런 위협들 때문에 극적인 조치를 취했다. 교황의 의도대로 대중을 재교육시키겠다는 생각에서 이그나티우스 로욜라 신부가 1534년에 예수회를 창시했다. 몇 년 뒤인 1545년에는 트리엔트 공의회가 열렸다. 앞서 말했듯 고위 성직자들이 간헐적으로 만나 교황 정책을 다듬고 신학적 공격들에 응수하려는 회의였다.

교회가 개신교와 과학적 사고와 이단의 물결에 대항할 요량으로 내린 정책 결정들 가운데 제일 논란의 여지가 컸던 것은 교황 바오로 3세가 1542년에 설립한 로마 종교 재판소 제도였다. 갈릴레오가 태어나기 22년 전이었다. 교황들은 13세기부터 교황 종교 재판소라는 이름으로 손에 피를 묻혀 왔는데, 그 전례에 착안해 이제 정식으로 로마 종교 재판소를 세움으로써 가톨릭 교회에 진지하게 반대하는 자들을 모조리 수색해 근절할 전권을 쥔 기관을 탄생시켰다. 종교 재판소는 이단이라면 어떤 형태든 가리지 않았다. 종교 재판소의 공식 임무는 길 잃은 영혼들을 재교육시킴으로써 어머니 교회의 품으로 돌려놓는 일이었다. 하지만 현실에서 종교 재판소는 복수의 무기이자 살인하는 기관이었고 16세기의 나치 친위대였다. 기관은 100만 명도 넘는 남녀노소를 처형했다. (당시 세계 인구 200명 중 1명 꼴이다.) 단체의 잔인성을 잘 보여 주었던 대표적 종교 재판관 마르부르크의 콘라트는 이렇게 말했다. "100명의 무고한 자들 가운데 죄인이 하나라도 섞여 있다면 나는 모두를 불태우겠다."

오래된 형태의 종교 재판소인 교황 종교 재판소를 세운 사람은 교황 그레고리오 9세였다. 1231년의 일이다. 그레고리오 9세는 「루가 복음」 14장

23절을 아우구스티누스적으로 해석함으로써 (육체적 학대와 감금을 포함하는) 종교 재판의 기법을 정당화했다. 다음과 같은 구절이다. "주인이 종에게 일렀다. 큰길과 울타리 쪽으로 나가 어떻게 해서라도 사람들을 들어오게 해, 내 집이 가득 차게 해라." 그레고리오 9세는 '어떻게 해서라도'라는 단어를 자기 멋대로 해석함으로써 이단자에 대한 극심한 물리적 폭력을 용인했다.

종교 재판은 스페인에서 특히 번성한 반면에 이탈리아에서는 르네상스 초기에 이르러 인기가 떨어졌는데, 종교 개혁이 위세를 떨치기 시작하자 교황 바오로 3세가 고대의 제도를 부활시킨 것이었다. 교황은 종교 재판소에 새로 힘을 부여했고, 권력은 갈수록 엄격한 형태를 갖췄다. 바오로 3세 역시 성서의 표현을 문자 그대로 과장되게 해석함으로써 갖가지 처벌에 대한 변명으로 삼았다. 전 재산과 토지의 몰수, 독방 종신형, 상상할 수 있는 온갖 종류의 정신적, 육체적 고문을 허락했다.

훈련을 받은 재판관들은 무리를 지어 유럽 여러 나라를 여행하면서 의심스러운 이단자들에 대한 정보를 캤다. 재판관들보다 한 발 앞서 공포가 퍼졌고, 재판관들은 교묘한 심리적 기법을 구사해 공포를 부풀렸다. 마을에는 곧 조사관들이 당도할 것이라는 공고가 며칠 전부터 나붙었다. 종교 재판관들은 수도복의 두건을 덮어쓴 채 엄숙하게 줄을 지어 마을로 들어왔다. 첩자가 이미 이단적 성향의 주민들을 파악해 둔 뒤였기 때문에, 재판관들은 당장 그들부터 소환했다. 본보기를 세워 주민들에게 경고하는 것이었다. 비밀 정보원에 의해 고발당하기 전에 자진해 제 죄를 고백하라고 말이다. 이단으로 의심 가는 이웃이 있으면 적극 고발하라고도 했다. 죄인이라도 의심 가는 인물을 12명 고발하면 제 죄가 사해져서 화형 신세를 면할 수 있었다.

최고로 무시무시한 종교 재판관으로 이름을 떨쳤던 베르나르 기가 쓴 지침서를 보면 종교 재판소는 두 가지 형태의 소환장을 발부했다. 일반 소환장은 마을이나 도시를 대상으로 해 많은 수의 이단을, 때로는 인구 전체를 처리하는 방법이었다. 특별 소환장은 검사성성(檢邪聖省, 신앙 문제를 검열하고 판정한 교황청 기관—옮긴이)의 눈에 들어온 개인들에게 부과하는 명령이었다. 어느 쪽이든 가차 없이 적용되기는 마찬가지였다.

이단 선고를 내리는 데에는 두 정보원의 증언만 있으면 되었다. 피의자는 심문을 받는 동안 감금되었고, 종교 재판관들은 결코 서두르는 법이 없었다. 종교 재판관이 제 고백을 평가해 주기를 기다리다가 감옥에서 죽어간 무고한 희생자가 헤아릴 수 없이 많았다. 어떤 사람들은 고문당하다가 죽었고 절박한 나머지 짓지도 않은 죄를 고백해 댔다. 정보원의 신분은 절대 공개되지 않았고 피의자에 관한 발언 내용도 절대 공개되지 않았기 때문에, 고발당한 사람은 대체 어떤 죄목에 대해 변호를 해야 할지 알 수 없었을 뿐더러 피의자에게는 변호사가 허락되지 않았다. 가장 악랄한 점은, 종교 재판 과정 전체가 철저한 비밀 하에 수행되었다는 사실이다. 희생자가 쥐도 새도 모르게 홀연히 사라져 버리는 일도 잦았다.

이런 횡포는 당연히 서양의 정치적, 사회적 구조에 큰 영향을 미쳤다. 가장 두드러지는 증거는 1500년과 1650년 사이 150년 동안 무려 3만 명의 여성들이 종교 재판으로 처형당했다는 사실이다. (남성과 아이들도 수백 명 포함되었다.) 여성들의 죄는 사실 죄도 아니었다. 운이 없었을 뿐이다. 공식 교칙에 따르면 이들의 죄목은 마녀 행위였다. 교회 권력자들이 정말 그렇게 생각하고 있었다면 참 씁쓸하고 아이러니한 일이 아닐 수 없다. 왜냐하면 교회는 공식적으로 오컬트(신비주의) 개념을 부정하는 입장이었는데도 마녀라는 의혹을 씌워 흘연히 여성들을 살해했으니 말이다. 현대의 학자들이 마녀 사냥에 관하여 면밀하게 연구한 바에 따르면, 교회가 무고한 이들을 숱하게 살해하면서 마녀에 깃든 악령을 물리칠 목적이라고 당당하게 내세웠던 것은 어쩌면 허울뿐인 이유였다. 교회 위계 조직 내의 몇몇 권력자들이 자신의 여성 혐오증을 이 끔찍한 활동을 통해 표출했다는 게 오늘날 학자들의 생각이다.[4]

극단적인 종교적 열성이 파괴력을 발휘한 사례는 비열하고 잔인한 마녀 사냥에서 그치지 않았다. 모든 종파의 극단주의자들이 서슴없이 동포를 살해했고, 종교적 경직성과 편집증 때문에 온 나라가 격렬한 싸움과 반란과 대량 학살에 빠져 들었다. 독일에서 개신교가 힘을 얻어 가자 가톨릭 국가에 거주하며 박해 받던 소수의 신교도들은 반란을 일으켰고, 그 싸움은 차차 전면전으로 비화되었다.

갈릴레오가 태어나기 2년 전인 1562년에 프랑스에서는 종교 전쟁이라 불리는 내란이 일어났다. 프랑스의 종교 전쟁은 전 유럽의 분쟁으로 번졌다. 35년여에 걸친 전쟁은 독일 신교도들은 물론이고 이탈리아와 스페인의 가톨릭 교도들도 끌어 들였다. 먼저 파리를 비롯한 몇몇 프랑스 대도시에서 위그노라고 불리는 칼뱅주의자들이 들고 일어났다. 그들은 다수의 가톨릭에게 박해를 받고 있다고 주장하며 똘똘 뭉쳐 강력한 정치력을 발휘했다. 위그노 교도와 가톨릭 교도 사이의 마찰은 프랑스 군주의 무력함에 불을 지핀 꼴이었다. 처음에는 샤를 9세(재위 기간 1560~1574년)가, 다음에는 후계자인 앙리 3세(1589년에 가톨릭 광신자의 손에 살해되었다.)가 외국 신교도 군대의 지원을 받는 위그도 교도들의 격렬한 봉기에 직면했다. 피를 부른 갈등은 1572년 8월 24일에 정점에 달했다. 성 바르톨로메오 축일 학살 사건이 벌어진 날이었다. 사흘 동안 신교도 7만 명이 학살되었다. 이후에 정치파라 불리는 온건 가톨릭파가 유력한 몽모랑시 가문의 지도 하에 잠시 정계를 장악했지만, 곧 극렬한 신교도 반대파인 귀족 기즈 가문이 세를 잡았다. 기즈 가문은 자칭 신성 동맹이라는 것을 결성하고서 위그노파와 평화롭게 타협하려는 어떤 노력에도 폭력적으로 훼방을 놓았다.

갈릴레오가 스물다섯 살이던 1589년에 앙리 3세 살해 음모를 꾸민 것도 기즈 가문이었다. 암살은 정치적 격랑을 가라앉히기는커녕 악화시켰고 향후로도 10년 가까이 폭력 사태가 이어졌다. 일시적으로나마 질서가 잡힌 것은 16세기가 얼마 남지 않은 1598년이 다 되어서였다. 앙리 3세의 후계자로 결단력 있고 용감했던 앙리 4세가 낭트 칙령을 선포해 프랑스 신교도들에게 가톨릭 교도와 동일한 사상의 자유, 법과 교육에서의 평등권을 약속하고, 관료직도 유지하도록 허락했다.

르네상스의 외형적 영광은 요즘도 우리가 사랑해 마지않는 위대한 예술 작품들에 남아 있다. 하지만 그 계몽의 시대에 비단 예술만이 아니라 더 많은 것들이 바뀌었다. 사람들은 인문주의를 재발견했고, 그로써 우주와 인간의 위치에 대한 인식이 바닥부터 바뀌었다. 훨씬 미묘한 변이도 생겨나기 시작했다. 정통 종교 교리가 지적으로 빈사 상태이고 현실에 부적합하다는 사실을 깨닫는 사상가들이 점차 늘어났다. 그들은 종교의 세계관이 너무나 미성숙하다는 것, 그러므로 바야흐로 꽃을 피우려는 새로운 세상으로 인간을 안내할 능력이 없다는 것을 깨달았다. 몇몇 사상가들은 더 나아가 대안적 패러다임을 찾기 시작했다. 이성, 논리, 수학적 엄밀성에 기초한 패러다임, 미래에 '과학'이라고 불릴 패러다임이었다.

3장

갈릴레오 이전의 과학

✠

시기마다 형태는 달랐을지 몰라도, 과학은 거의 문명 자체만큼이나 오래된 활동이다. 고대인은 자연의 근본 원리를 파악한 뒤 삶을 개선하는 데 그것을 응용했는데 지금 보면 그 체계도 일종의 원시 기술이다. 하지만 '이론 과학'이라 정의할 만한 것, 즉 수많은 다양한 상황에 모두 적용되는 일반 법칙을 구축하는 행위는 그리스 인들의 시대에 와서야 비로소 꽃을 피웠다.

지금부터 2,500년 전에 아낙시만드로스, 피타고라스, 아낙사고라스, 그리고 가장 중요한 아르키메데스와 에우클레이데스는 바빌로니아와 이집트 문화에서 유래했다고 알려진 꽤 막연한 발상들을 습득한 뒤, 더 나아가 직접 계량하고 해석하고 상상하는 작업을 시작했다.

자연 철학의 기틀을 놓은 이는 기원전 3세기와 4세기에 활약했던 두 위대한 수학자이다. 한 사람은 에우클레이데스였다. 이 수학자에 관해서는 알려진 바가 너무 적어서 에우클레이데스를 한 개인의 이름으로 부르는 게 잘못일지도 모른다는 설까지 있다. 에우클레이데스라는 이름으로 후대에 남겨진 글은 사실 알렉산드리아의 여러 수학자들이 공동으로 작업한 것이라고 믿는 역사학자도 있다.

수학적 사고에 혁신을 가져온 에우클레이데스의 작품들은 기원전 300년경에 씌어졌다. 가장 유명한 작품집은 『기하학 원본』으로 14권의 책 속에 평면기하학, 수 이론, 삼차원 기하학 등을 망라하는 근본적인 수학 이론을 정의하고 설명했다.

이 논저는 수학의 경전이라 해도 과장이 아니고, 과학 발전에서 핵심적인 저작이었다. 『기하학 원본』은 1482년에 처음 인쇄본으로 출간된 뒤에 1,000가지가 넘는 판본으로 계속 선보였다. 한 역사학자는 이렇게 말했다.

씌어진 당시부터 거의 현재에 이르기까지 『기하학 원본』은 인간사에 지속적으로 큰 영향을 미쳤다. 기하학적 추론, 정리, 기법의 본산이었고, 19세기에 비에우클레이데스 기하학이 도래할 때까지 권위를 누렸다. 『기하학 원본』이 서양에서 나온 책 중에서 성서 다음으로 가장 널리 번역되고, 출판되고, 연구되었다는 말도 있다.[1]

에우클레이데스의 저작은 수학의 기반을 닦았다. 그리고 그로부터 50여년 뒤, 이번에는 아르키메데스가 등장해 당대 수학을 새로운 차원으로 끌어올렸다. 아르키메데스를 가리켜 역사상 가장 위대한 수학자라고도 한다. 과장을 걷어내고 말하더라도 아르키메데스가 갈릴레오와 뉴턴이 등장하기 전까지 가장 뛰어나고 시야가 넓은 혁신적인 수학자였다는 것은 정당한 평가다.

기원전 287년에 시칠리아 섬 시라쿠사에서 태어난 아르키메데스는 수학과 철학적 명상에 빠져 평생을 보낸 몽상가였다. 어찌나 철저하게 상념에 사로잡혀 살았던지 씻거나 밥 먹는 시간도 내지 않았다고 한다. 그리스 역사학자 플루타르코스(아르키메데스보다 300년쯤 뒤에 살았다.)에 따르면 수학자의 몸 냄새가 하도 고약해서 친구들이 강제로 씻겼다는데 상황은 이랬다.

종종 아르키메데스의 하인들이 주인의 의사를 무시한 채 그를 욕조에 집어넣어 씻기고 기름을 발랐다. 그런 와중에도 그는 계속 손가락으로 기하학적 도형들을 그렸고, 굴뚝의 재에다 대고 그리는 적도 있었다. 하인들이 기름과 향료를 그의 몸에 부으면 그는 손가락으로 자기 알몸에 선을 그릴 정도로 철저하게 몰입했다. 그는 환각이나 황홀경에 가까운 상태에 빠졌고, 기하학 연구에서 대단한 기쁨을 느꼈다.

헌신은 경이로운 업적을 낳았다. 위대한 사상가의 유산 가운데 일부만 살아남았다는 점은 인류 역사에서도 손에 꼽게 안타까운 대목이다. 하지만 일부만 보더라도 아르키메데스가 엄청난 일을 이뤘다는 게 분명하다. 그는 아주 정확하게 원주율을 계산했고, 10의 급수를 써서 큰 수를 표현하는 체계를 발명했고, 원시적인 형태의 미적분법을 고안했다. 그 미적분법은 2,000년 뒤에 뉴턴과 라이프니츠가 재발견하게 될 것이었다.

아르키메데스는 세속의 때가 묻지 않은 수학 천재였던 한편으로 자신의 발상을 분명하게 설명할 줄 아는 탁월한 작가였다. 플루타르코스는 고대 수학자의 글에 흠뻑 빠져서 이렇게 말했다.

기하학을 통틀어 이보다 더 까다롭고 복잡한 질문들을 찾아내기 힘들 것이고, 이보다 더 단순하고 명료한 해답들을 찾기도 힘들 것이다. 그의 타고난 천재성 때문이라고 말하는 사람도 있고, 그가 엄청난 노력과 노고를 쏟았기 때문에 겉보기에는 쉽고 간단한 듯한 결과를 생산할 수 있었다고 말하는 사람도 있다. 우리는 아무리 오래 탐구하더라도 이런 증명을 해내지 못할 테지만, 결과를 놓고 볼 때는 나라도 발견할 수 있었겠다고 생각하기 쉽다. 그가 그토록 재빠르고 매끄럽게 이야기를 이끌어서 필연적인 결론으로 우리를 인도하기 때문이다.

아르키메데스는 기원전 212년에 고향 시라쿠사를 침략한 로마 병사에게 살해당했다. 전설에 따르면 그는 수학 문제를 푸는 데 몰두해서 병사가 동작을 멈추라고 명령하는 것을 듣지 못했다. 아르키메데스의 최후의 말은 이랬다. "내가 그린 원들을 밟지 마시게."

갈릴레오와 그 뒤를 이은 뉴턴은 에우클레이데스와 아르키메데스가 고대 수학적 지혜의 두 기둥이라고 생각했다. 고대 이래로 그들의 작업에서 더 나아지거나 발전한 바가 거의 없다고 보았다. 갈릴레오가 과학에 입문할 무렵에 그들의 이론은 거의 2,000년이나 묵은 것이었지만, 그래도 당시에 존재하는 가장 정확하고 중요한 수학 원리들이었고, 심지어 지금 보더라도 틀린 구석이 없다. 왜냐하면 그 그리스 철학자들은 우주의 가장 근본적인 법칙들을 이야기했기 때문이다. 르네상스에 그리스 인들의 작업이 발견되었기 때문에 갈릴레오는 탄탄한 토대 위에 자기 생각을 세울 수 있었다. 에우클레이데스와 아르키메데스가 없었다면 갈릴레오는 방향타 없는 배와 같았을 것이다.

이처럼 갈릴레오는 고대의 풍성한 지혜로부터 영감을 받았지만, 그리스 철학의 대표라 할 수 있는 아리스토텔레스의 위대한 이론들은 거기에 속하지 않았다. 기원전 4세기의 철학자인 아리스토텔레스는 연역적 추론과 삼단 논법을 적용해서 "A이고 B이므로 C이다."라는 식으로 결론을 끌어냈다. 따라서 그의 과학 작업에는 치명적인 결함이 있었다. 아리스토텔레스를 비롯한 많은 그리스 사상가들은 실험이라는 개념을 꺼렸던 반면, 근본적인 문제들을 사고하는 면에서는 발군이었다. 그들은 우주가 무엇으로 만들어졌는지 궁리했고, 우주가 혹시 추상에 지나지 않는지 고민했다. 우주는 우리가 알아낼 수 있는 어떤 패턴에 따라서 형성되었을까? 우주의 찬란한 영광에 수가 개입하고 있는 건 아닐까?

아리스토텔레스는 거대한 지적 모자이크를 만들어 내며 눈으로 본 것과 상상한 것을 해석했다. 그가 탁월하기도 했지만 운도 좋았던 탓에, 그의 철학은 놀랄 만큼 오랫동안 살아남았다. 아리스토텔레스 이론은 그가 몸담았던 마케도니아 학교에서와 마찬가지로 옥스퍼드와 파리에서도 칭송 받았고, 2,000년 동안 학생들에게 전수되었다.

아리스토텔레스는 기원전 384년에 칼키디케의 스타기로스에서 태어났다. 아버지는 마케도니아 왕(아민타스 3세와 필리포스 2세)의 시의였다. 아리스토텔레스는 플라톤의 제자가 되었고 중년에는 알렉산드로스 대왕의 스승이 되었다. 그가 남긴 저작은 당대에 영향력이 있었음은 물론이고, 14세기에 유럽 학자들에 의해 불완전한 형태로 재발견된 뒤에는 학문의 부흥과 르네상스의 등장을 알리는 역할을 했다. 자연 철학에 대한 그의 생각이 가장 잘 정리된 책은 『생성과 소멸에 관하여』와 『자연학』으로 물질, 형상, 운동, 시간, 하늘과 땅에 관한 사고에 집중한 책들이다.

아리스토텔레스가 4원소설을 제창했다고 말하는 경우도 있지만 사실 그 영예는 아리스토텔레스가 태어나기 반세기쯤 전에 시칠리아에 살았던 철학자 엠페도클레스에게 돌아가야 옳다. 다만 아리스토텔레스가 4원소설을 다듬고 퍼뜨린 것은 사실이다. 일설에 따르면 무언가가 타는 광경을 지켜보다가 4원소 개념이 처음 생겨났다는데, 다분히 일리가 있다. 푸른 나무에 불이 붙으면 불길이 생겨나 빛을 내고, 연기가 생겨나 공중으로 사라지고, 물이 생겨나 끓어 넘치고, 최후에는 척 보기에도 흙과 비슷한 재가 남는다. 그렇다 보니 삼라만상이 네 가지 기본 요소들의 다양한 조합으로 이루어졌다는 개념이 자연스레 등장했다. 아리스토텔레스의 자연 철학도 기본적으로 이 발상에 토대를 두었고 그 이론은 후세대에 고스란히 전달되었다.

아리스토텔레스에 따르면 지상의 영역은 네 요소들이 섞여 만들어졌기 때문에 가만히 놔두면 층이 지기 마련이다. 물은 공기를 가르며 떨어지고(혹은 거품에서 볼 수 있듯이 공기가 물을 뚫고 상승한다.) 고체인 흙은 물과 공기를 뚫고 낙하하고, 불은 공기 위로 떠오르려고 하기 때문에 맨 위에 자리 잡는다. 아리스토텔레스에게 이 모형을 써서 땅으로 떨어지는 사과를 설명하라고 하면, 고체인 사과에는 흙과 물의 속성이 있기 때문에 우주에서 제 본연의 위치를 찾고자 공기를 가르며 땅으로 떨어진다고 말했을 것이다.

아리스토텔레스의 천문 이론은 오늘날의 우리에게는 상당히 생경하게 들린다. 예를 들면 지구가 구형이라고 단언한 점은 정확했지만 구가 최고로 완벽한 형상이기 때문에 우주와 지구가 구형일 수밖에 없다는, 완전히 잘못된 이유를 댔다. 또 별도의 증명 없이 그저 모든 물질은 지구의 중심을 향해 움직이려는 경향이 있다고 하면서, 그것 또한 지구가 완벽한 구형임을 증명한다고 했다. 합리적인 논증을 펼친 경우도 있었다. 남북 방향으로 여행을 해보면 별들의 위치가 변함을 알 수 있으므로, 지구는 평평할 수 없다고 했다.

4원소설을 퍼뜨린 것 외에도 아리스토텔레스는 '원동자(原動子)'라는 개념을 개척했다. 원동자란 전능한 존재를 가리키는 이름이다. 아리스토텔 레스는 원동자가 우주의 움직임을 관장하고, 태양과 행성들을 지구 주위에서 돌게 만든다고 믿었다.

현대 과학이 아리스토텔레스의 개념을 상당수 뒤엎었다는 것, 오늘날 우리는 우주의 진정한 속성에 대해 훨씬 많은 지식을 갖고 있다는 것을 차치하고 생각하더라도, 아리스토텔레스의 생각은 우리에게 너무나 생경하게 보인다. 그 까닭은 그가 형이하학과 형이상학을 구분하지 않았기 때문이다. 그는 발상을 확인하거나 실험하지 않았고, 사실이라고 믿은 내용을 거듭 주장하기만 했다.

아리스토텔레스의 연구는 백과사전적 방대함을 자랑했다. 그는 당시에 알려진 거의 모든 주제, 논리학, 철학, 생물학, 천문학, 물리학에 관하여 썼다. 강한 분야는 논리학이었다. 과학 중에서는 생물학에 강했고 물리학에 약했다. 아리스토텔레스가 과학적 명제에 도달하는 과정에서 눈여겨볼 점은, 앞서도 말했듯, 삼단 논법을 활용했다는 사실이다. 두 개의 선행 명제들로부터 논리적으로 결론을 이끌어 냈다. 다음 예를 보면 세 가지 진술이 하나의 삼단 논법을 이룬다. "모든 코끼리는 동물이다. 모든 동물은 생물이다. 따라서 모든 코끼리는 생물이다."

삼단 논법은 강력한 논리 도구이자 기초적인 수학 도구로도 널리 인기있다가 19세기 들어서야 다른 기법들에 추월당했다. 하지만 삼단 논법은 과학에 적용하기에는 사뭇 피상적이다. 실험이라는 요소가 부족하고 피상적인 관찰이나 연역적 추론에만 전적으로 의존하기 때문이다.

아리스토텔레스의 스승인 플라톤은 노골적으로 실험을 싫어했다. (플라톤이 아테네의 아카데메이아에 세운 학교는 900년 동안 유지되었다.) 그래서 그리스 자연철학에서는 실험이 지도적 지침으로 확고하게 기능한 경우가 한번도 없었다. 아리스토텔레스와 뒤를 따른 수 세대의 그리스 사상가들이 오로지 삼단 논법에 근거해 만든 견고한 규칙 체계들은 현실에 대한 묘사를 심각하게 왜곡시켰다.

그렇지만 아리스토텔레스의 입지가 워낙 군건했기 때문에 한계가 많은 이 접근법이 무류성의 아우라마저 획득했고, 근대가 시작될 무렵까지 지위를 지켰다. 역사학자 찰스 싱어는 이 불운한 현상에 대해서 이렇게 말했다. "사람들은 논증적 과학(오로지 추론을 통해 결론에 다다르는 기법)이라는 이상을 실현하는 방향으로 과학 이론을 해석했고, 논리를 구성했다. 논증적 과학은 스스로 변증법적 증명과 동일하다고 착각했다. 아리스토텔레스 이후 2,000년 가까이 실험이 무시되고 과학이 진전하지 못했던 것도 이 실수 때문 아니겠는가?"[2]

비슷한 맥락에서 역사학자 윌리엄 댐피어 경도 이렇게 지적했다. "아리스토텔레스는 특수한 사례들로부터 일반적 명제들로 나아가는 변이의 이론을 솜씨 좋게 다루기는 했으나, 이론의 실천에서는 참담하게 실패할 때가 잦았다. 몇 가지 사실들을 손에 넣자마자 성급한 일반화로 비약했다. 실수하는 게 당연했다. 사실 자료가 부족했고, 사실들을 끼워 맞출 적당한 과학적 배경도 존재하지 않았다."[3]

현대의 과학 기법은 추론과 실험을 함께 활용한다. 간단하게 설명하면 이렇다. 과학자는 과학 탐구의 초반에 우선 한 가지 발상, 대개 어딘가에서 영감을 얻어 통찰한 발상을 떠올린다. 순수한 추론을 통해서 그 발상을 임시적 가설로 발전시키는 과정이 '귀납적 기법'이다. 다음에는 가설로부터 어떤 실제적 결과들을 끌어낼 수 있는지 수학적으로 연역하고, 실험적으로 검증한다. 가설이 실험 결과와 불합치하면 가설을 수정해야 하고 실험을 반복해야 한다. 추론과 관찰이 합치할 때까지, 아니면 원래의 발상을 아예 폐기할 때까지 말이다. 추론과 실제적 검증 결과가 마침내 합치하면 가설은 이론의 지위로 격상된다.

이렇게 만들어진 이론은 원래의 개념보다 더 많은 일반적 상황들을 설명할 수 있다. 그리고 아마 몇 년 동안 유효할 것이다. 그래도 그 이론이 사실들에 들어맞는 유일한 이론으로 간주되는 경우가 절대 없다는 점이 중요하다. 좋은 과학은 늘 새로운 발상을 환영한다. 오래된 이론을 무너뜨리거나 급진적인 변화를 일으킬지도 모르는 새로운 발상을 장려한다.

아리스토텔레스는 그리스의 학문 전통에서 제일 중요한 철학자로 기억되지만 사실 최고는 아니었다. 그보다 더 통찰력이 뛰어났지만 극히 최근까지 거의 잊혀지다시피 했던 인물은 데모크리토스(기원전 460?~370년)이다. 우리는 루크레티우스(기원전 95?~55년)의 글을 통해서 데모크리토스의 사상을 접할 수 있는데, 한 마디로 그는 기계적인 우주를 묘사했다. 원자들이 뭉쳐서 기본적인 물질 단위를 구성하고, 그들이 충돌함으로써 온갖 운동과 역학 현상이 빚어지는 물리적 영역을 그렸다. 데모크리토스와 그 추종자들은 관찰계의 모든 면면에 원자론을 적용했고 사람의 행위마저 원자들의 충돌 결과로 설명하려고 했다. 루크레티우스는 이렇게 썼다. "마음의 공포와 어두움은 태양의 햇살이나 한낮의 밝은 빛으로 몰아낼 것이 아니라……자연과 자연의 법칙들을 직시함으로써 몰아내어야 한다. 그것이 자연의 첫 번째 요소이고, 우리는 그것에서부터 시작해야 한다. 세상에는 무로부터 기적적으로 만들어지는 것이란 없다."[4]

아리스토텔레스는 이 개념을 거부하고 부적합한 지식에 기반을 둔 삼단 논법에만 의지했다. 그는 이렇게 생각했다. 원자 이론이 사실이라면, 모든 물질은 속성상 무거울 것이므로 위로 상승할 만큼 가벼운 물질은 존재하지 않을 것이다. 다량의 공기나 불이 소량의 흙이나 물보다 무거울 것이고, 그렇다면 흙이나 물이 가라앉는 일이 없을 것이고 (공기와 불이 상승하지 않을 테고) 따라서 원소들은 타고난 제 위치를 찾아가지 못할 것이다. 논증을 보면 아리스토텔레스의 접근 방식이 현대의 객관적 과학자와 다르다는 것을 알 수 있다. 아리스토텔레스는 강력한 대안 이론을 접하고도 자신의 신념에 의문을 갖지 않았다.

데모크리토스보다 한 세대 후의 인물인 플라톤(기원전 428?~347년)은 신비주의에 가까운 방식으로 우주를 해석함으로써 원자 이론을 파괴했다. 과학 발전에 있어서 데모크리토스가 한 걸음 앞으로 나갔다면 플라톤은 두 걸음 뒤로 물러나게 만들었다. "플라톤은 위대한 철학자였지만 실험과학의 역사에 있어서는 재앙이었다고 평가해야 마땅하다."라는 말도 있다.[5]

플라톤은 현실을 인간 중심적으로 해석한 견해를 설파했다. 우주 만물을 창조하고 세심하게 통제하는 지고의 존재는 인류의 이해를 최우선으로 보살핀다고 했다. 플라톤에 따르면 행성들이 움직이는 것은 우리에게 시간을 알려 주기 위해서다. 우주는 육체와 영혼과 이성을 지닌 살아 있는 유기체다. 또 모든 자연 현상에는 수에 얽힌 계시와 의미가 있다고 했다. 반면에 그는 실험 과학을 혐오했다. 한 역사학자의 표현을 빌리면, 플라톤은 실험 과학을 "불경스럽거나 천한 기계적 기술"이라며 꾸준히 비난했다.[6]

플라톤의 수제자였던 아리스토텔레스는 세상을 또 한 걸음 물러나게 했다. 그리고 안타깝게도 그의 이론은 학계의 최고봉에 올랐다. 왜 그랬을까? 기원전 4세기에는 아리스토텔레스의 이론이 직접적인 감흥을 주었기 때문이다. 4원소를 사용한 편안한 실재 묘사, 안락한 이데올로기와 편안한 관계망을 통해 만물의 중심에 인간을 고정시킨 점은 그의 추종자들에게 우주의 의미를 알려 주었다. 과학의 계몽을 경험한 적이 없는 세상에서 어쨌든 해답을 찾고자 노력했다는 면에서는 아리스토텔레스를 존경해야 마땅하다. 하지만 그가 과학적 추론의 진화를 막다른 골목으로 몰아넣었다는 점은 부인할 수 없다. 어째서 사람들이 선택한 길이 잘못된 길이 되고 말았을까? 아리스토텔레스 학문의 두 가지 안타까운 특징 때문이었다.

하나는 아리스토텔레스가 실험을 거부함으로써 종종 우스꽝스러운 결론을 낳았다는 점이다. 가령 그는 우리가 앞을 볼 수 있는 것은 눈에서 나온 입자들이 물체에 부딪쳐 튕겨나기 때문이라고 했다. 물체가 땅으로 떨어지는 것은 우주에서 정당한 제 위치를 찾아가는 행위이고 물체가 하늘을 날아가는 것은 물체 앞에 있던 공기가 물체 뒤로 순식간에 자리를 옮기면서 물체를 밀어주기 때문이라고 했다.

아리스토텔레스의 유산에 관하여 두 번째 안타까운 점은 후세대가 그의 사상을 다른 이론들의 꼭대기에 놓았고, 신학자들이 그의 철학을 도용해서 멋대로 사용했다는 점이다. (아리스토텔레스의 탓이라고만은 할 수 없다.) 학설은 절대적인 것으로 둔갑했고, 그의 가르침은 거의 아무런 점검도 없이 통용되었기에 후대의 사상가들은 길을 잃었고 과학은 막다른 골목에 몰렸다.

아리스토텔레스가 죽은 해인 기원전 322년에는 이집트 도시 알렉산드리아가 세계의 지적 중심지로 떠오르는 참이었다. 그 중심에는 훌륭한 도서관이 있었다. 그곳에는 인류의 모든 지식이 40만 권의 책과 두루마리로 간직되어 있다고 했다. 알렉산드로스 대왕의 동방 원정과 더불어 알렉산드리아의 학문은 동서로 퍼져 나갔다. 당시 유럽을 지배했던 로마 문화는 그리스 철학과 과학과 문학을 근간으로 삼았으며 특히 과학 분야에서 그러했다. 물론 로마 시대에도 훌륭한 지식인이 즐비했다. 딱 둘만 들어보라면 33권으로 구성된 역작 『박물지』를 쓴 1세기의 플리니우스가 있었고, 그 다음 세대인 사상가 플루타르코스도 있었다. 하지만 이들은 아리스토텔레스가 정립한 전통을 따랐을 뿐, 독창적인 과학 연구는 수행하지 않았다. 예부터 전해진 그리스 인들의 가르침을 다듬고 명료하게 만드는 데에 집중했다.

초기 로마 시대까지 살아남은 그리스 과학 중에는 아리스토텔레스, 플라톤, 아르키메데스, 피타고라스의 저작이 잘 보존된 편이었다. (루크레티우스의 글에 담긴 채 잊혀졌던 데모크리토스의 사상이 질적으로는 최고였지만 말이다.) 로마의 패권이 녹아내리고, 기독교 대주교 테오필루스가 알렉산드리아 도서관을 약탈한 390년 무렵에 (나중 7세기에 아랍 인들도 알렉산드리아 도서관을 강탈했다.) 아리스토텔레스의 학문은 잠시 인기를 잃었다.

순수한 지적 탐구가 용인되던 시대가 지나고, 신학적 주석 작업 말고는 어떤 형태의 학문도 의심스럽게 여겨지는 시대로 접어들었기 때문이다. 문명은 이른바 암흑 시대로 빠져 들었다. 로마 제국은 급격하게 쇠락했다. 교육과 학문은 광신적인 종교 활동에 장악 당했다. 신사조로 등장한 스토아 학파는 물질적 존재보다 순수한 영성이 압도적으로 중요하다고 믿었고, 탐구 자체를 위해서 탐구하는 학문은 꺼렸다. 그들이 보기에 아리스토텔레스의 학문은 지나치게 기계론적이었고 물리적 실재에 너무 깊게 몰두했다. 종교적 의미에 집착하는 그들이 보기에는 플라톤의 시각이 자기네 입장에 완벽하게 조화되기 적합했다.

그리하여 서양 문명은 암흑에 빠졌다. 문명이 동 틀 무렵에 그리스에서 서쪽으로 흘러왔던 인류 최초의 발상들은 이제 전 세계로 흩어졌고, 형태가 크게 변했다. 아랍 문화권의 독창적인 자연 철학자들과 수학자들이 고전 정전을 확장했다. 라지(860~930년), 알하젠(965?~1038년) 등 알렉산드리아를 통해 서구의 학문을 이어 받은 페르시아 연금술사들이 족적을 남겼다. 한편 유럽에서는 사람들의 기억이 희미해졌고, 고전 학문은 수도원에만 살아남았다.

수도원에서도 상황이 썩 좋지는 않았다. 신학자들과 수사들은 영적 평안과 세속의 권위를 보존하기 위해서 자연 철학(그리스 이교도들의 가르침)을 기독교와 융합시킬 필요가 있었다. 아리스토텔레스와 사도들의 복음을 결합시켜야 했다. 토마스 아퀴나스(1225~1274년)와 알베르투스 마그누스(1200?~1280년) 같은 신앙심 두터운 지식인은 세상을 둘러보고 경이를 느꼈고, 아리스토텔레스주의와 기독교 교리를 접합해 잠시나마 기묘한 타협을 이루었다. 그것이 스콜라 철학이다.

1200년과 1225년 사이, 유럽 지식인들은 아랍 인들이 부분적으로 보존하면서 자신들의 생각과 융합시켜 둔 아리스토텔레스의 저작을 발견했고, 그것을 라틴 어로 옮겼다. 그때부터 아리스토텔레스의 과학은 다시 총애를 받았고 곧 플라톤적 신비주의를 대체했으며, 점차 기독교 신학과 통합되었다.

암흑 시대에 팽배했던 과학에 대한 불신과 영성에 대한 스토아식 집착에서 벗어났으니, 일견 발전으로 보일지도 모르겠다. 하지만 이것은 새로운 집착을 낳았다. 기독교 교리에 통합된 아리스토텔레스 자연 철학에 대한 집착이었다. 이제 아리스토텔레스 과학을 공격하는 것은 기독교를 공격하는 것으로 보였다. 두 교리는 강력한 동맹을 형성했고, 유럽의 모든 대학교는 13세기부터 17세기까지 거의 500년이나 이렇게 구축된 세계관을 틀에 박힌 듯 가르쳤다. 경쟁자는 없었다.

짝을 이룬 신념 체계가 묘사하는 우주 구조는 인간의 허영을 만족시켰다. 신은 성서가 묘사하는 대로 세상을 창조했고 모든 작용을 이끌어 냈다. 모든 움직임은 신의 손에서 처음 시작되었고 이후에도 신의 감독을 받았다. 신의 전능을 믿는 기독교 교리는 최초에 보이지 않는 어떤 손이 있어야 운동이 생겨난다고 주장하는 아리스토텔레스의 원동자 이론과 완벽하게 들어맞았다. 모든 물질은 4원소로 이루어졌고 데모크리토스가 제안한 것처럼 원자들로 나뉠 수 없다고 했다. 아리스토텔레스에 따르면 모든 물질적 대상은 그 자체로 온전한 하나의 개체로서, 신에 의해 창조되었고 4원소들의 특수한 조합으로 구성된 것이다. 각 물체는 무게, 색, 냄새, 온도 같은 독특하고도 관찰 가능한 성질을 지녔다. 성질들은 전적으로 내적인 속성, 즉 물체의 특징이다. 관찰 내용이 관찰자의 인식에 따라 달라지는 게 아니라는 말이었다.

13세기 사람들의 입장에서는, 냄새나 맛이나 질감 같은 물체의 특징이 부분적으로는 관찰자의 해석에 달려 있다는 개념이 너무 생경했을 것이다. 그들에게는 물체의 모든 속성은 물체 고유의 것이어야 하고 관찰자에 상관없이 일정해야 했다. 게다가 아리스토텔레스가 원자론을 기각했기 때문에 최소 단위의 입자들로 물질이 구성되어 있다는 개념도 대부분의 지식인에게 낯설게 느껴졌다. 18세기 초까지 줄곧 그랬다. 아리스토텔레스주의와 종교가 뗄 수 없이 얽혔으니, 어떤 면에서든 과학적 정설에 공공연히 도전하는 철학자는 목숨이 위태로웠다. 뒤에 보겠지만, 갈릴레오와 가톨릭 교리의 갈등의 핵심도 바로 이런 문제였다.

하지만 모든 사람이 현혹된 채였던 것은 아니다. 갈릴레오보다 350년 전쯤에 살았던 로저 베이컨(1220?~1292년)은 근시안적인 제 시대를 뛰어넘었다는 점에서 갈릴레오와 비슷했다. 베이컨은 독실하고 경건한 신자였지만 또한 날카로운 관찰자였다. 아리스토텔레스의 말이라면 하느님의 말씀 다음으로 무조건 받아들이는 태도는 취하지 않았다. 베이컨은 관찰하고, 학습하고, 정보를 수집하고, 금지된 세계인 연금술에 발을 담그는가 하면 여러 대담한 질문들을 떠올리면서 전통의 지혜와 전통의 신앙을 묶는 팽팽

한 끈을 느슨하게 풀려고 노력했다. 그는 『대서』, 『소서』, 『제삼서』라는 통찰력 있는 3부작을 통해서 아리스토텔레스 신조(사실상 교리나 다름없었으므로 신조였다.)의 구성 요소들에 대해 반박했다. 그런데 그는 근사하게 장정한 책들을 교황 니콜라오 4세에게 증정하는 바보짓을 저질렀다. 교황은 당장 그를 이단으로 규정해 체포했고 12년 동안 옥살이를 시켰다.

베이컨보다 한참 앞선 시점부터도 진리를 발견하는 유일한 길, 아리스토텔레스나 하느님의 말씀보다 깊게 파고드는 유일한 길은 겉으로 침묵을 지키면서 안으로만 크게 외치는 것이었을 게 틀림없다. 그래서 아랍 인들이 기틀을 놓았던 7세기부터 갈릴레오가 자연 철학에 분석적, 수학적 엄밀성을 끌어들이는 시대까지 약 1,000년 동안 탐구의 횃불은 연금술사들이 지켰다. 연금술사들은 비밀리에 연구했고, 박해를 피해 대륙 곳곳에 숨었다..

연금술사는 원시적 형태의 화학을 수행하며 철학적, 마술적 의미를 추구했다. 그들의 주 목적은 비금속을 금으로 변환시키는 것과 영원한 젊음을 가져다주는 영약을 발견하는 것이었다. 그들은 방향을 잘못 잡은 환상주의자였지만 남들이 가지 않는 길을 의식적으로 선택한 대담무쌍한 개인주의자이기도 했다. 진정한 과학자는 아니지만 상상력과 결단력이 있었고, 정통 철학자나 신학자가 애지중지하는 정설을 맹목적으로 수용하지 않았다. 철학 및 과학과 종교의 충돌은 교회가 코페르니쿠스, 브루노, 갈릴레오, 홉스, 다윈 등을 지적으로 암살하려고 했을 때 부각되었지만, 평생 올가미의 위협을 무릅쓰고 솥단지에 코를 박았던 순진한 실험가들이 교회의 교리 제일주의자들과 갈등을 빚었던 선례가 이미 있었다. 기록이 부족했을 뿐이다.

모든 연금술사의 목표는 같았다. 신비주의 전통의 양대 기둥인 불로장

생의 영약과 철학자의 돌을 밝혀내는 것이었다. 하지만 구체적인 기법은 연금술사마다 달랐다. 연금술사들은 자기가 발견한 내용을 암호로 기록했다. 또 『카발라』에서 『신약 성서』에 이르기까지 갖가지 신비주의적 문화를 끌어다가 표현했는데, 한편으로 글의 품위를 높이고 다른 한편으로 내용을 모호하게 감추기 위해서였다. 교회와 국가의 감시로부터 생각을 보호하는 것은 물론이고 발견 내용을 고치처럼 꼭꼭 싸매어 둠으로써 남들이 그것을 해석하거나 예측하거나 훔치는 것을 막았다. 연금술사들은 반대되는 두 방향으로 동시에 이끌렸다. 기성에 대한 반항아로서 아리스토텔레스나 신학자들이 제공하는 것 이상을 알고자 하는 충동에 이끌렸으므로, 진리로 보이는 것을 밝혀내고자 어떤 위험도 감수했다. 하지만 자연이 단단히 틀어쥔 비밀을 캐내려고 분투하면서도 결국 우주에 대한 심오한 이해를 발전시키지는 못했는데, 자기 철학을 남들과 나눌 수 없었고 자기 발견을 남들과 소통할 수 없었으며 후세대처럼 과학이라는 체계를 건설할 수 없었기 때문이다. 그 결과 연금술사들의 업적 가운데 영구적인 가치를 지닌 것은 거의 없다.*

　예술 르네상스의 쌍둥이인 과학 르네상스는 사람들의 철학적 신념을 크게 바꾸어 놓았다. 이는 예술 혁명에 조금도 뒤지지 않을 만큼 중요한 일이었다. 레오나르도 다 빈치는 실용적 관점에서 과학에 접근함으로써 갈릴레오, 케플러, 뉴턴의 생각들을 선대에 이미 떠올렸지만 자신의 발견을 일관된 형식으로 기록하지 않았다. 우리에게 남은 자료는 그의 공책들

---

* 연금술사들은 이론 화학 분야에서는 가치 있는 업적을 거두지 못했지만 실험에 대한 열성 덕분에 세련된 실험 기술들을 개발했고 유용한 기구들을 발명했다. 발효나 증류에 쓰이는 기기, 액체를 분리하거나 열원을 통제하는 기법 등 오늘날까지 쓰이는 기술들을 만들었다.

뿐인데, 그것만 보아도 그의 연구와 철학이 얼마나 탁월하고 폭넓었는지 알 수 있다. 한 마디로 말해서 레오나르도 다 빈치는 실험이 전부인 학자였다. 그의 접근법은 그리스 인들과는 정반대였다.

15세기 말 사람인 레오나르도 다 빈치의 운동에 관한 견해는 아리스토텔레스와 전혀 달랐다. 아리스토텔레스는 원동자 곧 신이 최초에 움직임을 주지 않았다면 어느 것도 움직일 수 없다고 주장했던 반면, 레오나르도 다 빈치는 정반대로 생각했다. "감각으로 인식할 수 있는 것 중 어느 것도 저절로 움직이는 것은 없다……. 모든 물체는 이동 방향으로 쏠리는 무게를 지닌다."[7] 쉽게 말하면 물질은 제지하는 힘을 받기 전에는 특정 방향으로 계속 이동하려는 경향이 있다는 것이다. 후에 갈릴레오가, 또 뉴턴이 설명하고 분석할 개념, 즉 '관성'의 개념이었다.

레오나르도 다 빈치는 최초의 과학자였지만 슬프게도 연금술사로서의 실패도 거듭했으며 자신이 밝혀낸 바를 드러내 놓고 이야기하지 않았다. 레오나르도 다 빈치는 편집증적으로 비밀을 지켰는데, 사실 그럴 만한 이유가 없지 않았다. 그의 생각을 도용하려는 사람들이 있었기 때문이다. 경쟁자들은 첩자를 고용해서 레오나르도 다 빈치의 작업실에 조수로 들여보내 비밀을 훔치려 했다. 그가 실수하기만 기다리는 교황 첩자들도 있었다. 레오나르도 다 빈치는 이런 사람들을 물리치려고 1만 3000쪽에 달하는 공책을 모두 거울 문자로 썼고 (자기 어깨 너머로 우연히 넘겨보는 것까지 막으려고 그랬을 것이다.) 신용하는 제자들 말고는 누구에게도 자기 발견을 알려 주지 않았다.

교황청의 감시의 눈길로부터 자신을 변호하기는 결코 쉽지 않았다. 레오나르도 다 빈치는 생의 대부분을 밀라노와 피렌체에서 보냈는데, 역사를 통틀어 교황이 그 도시들에서 가장 힘을 쓰지 못한 시기였다. 그렇지만 그 지역을 벗어나면 대번에 검열을 의식하지 않을 수 없었다. 레오나르도 다 빈치는 이탈리아 전역에서 명성이 높았고 권력자들의 존경을 받았지만, 늘 아슬아슬한 관심사를 추구했기 때문에 조심스럽게 행세해야 했다.

레오나르도 다 빈치의 기록에 따르면 조수 하나가 그의 해부 연구에 훼방을 놓으려고 교황에게 밀고했다.[8] 하늘을 나는 기계를 상상하는 것은 아무에게도 해가 되지 않았고, 독창적인 무기를 설계하면 후원자들이 몹시 즐거워했지만, 그가 밤에 벌이는 일에 대해서는 교회가 강력하게 반대했다. 레오나르도 다 빈치가 인간의 내장을 열심히 헤집는 광경에 경악해 밀고한 조수가 보기에, 해부는 신성 모독이었다. 추기경들이라고 그렇게 생각하지 않을 리 없었다.

검열 때문에 레오나르도 다 빈치는 적들을 한 발 앞서서 피해 다니는 역마살 있는 삶을 살았다. 그는 말년에 이르러서야 젊은 프랑스 왕 프랑수아 1세의 보호를 받아 클루 성에 안착했다. 그곳에서는 내키는 대로 할 수 있었다.

과학자 레오나르도 다 빈치의 최대 경쟁자는 가톨릭 교회였다. 그가 교회와의 이데올로기적 갈등 때문에 막대한 피해를 입은 게 사실이지만, 한편으로 뛰어난 천재성을 발휘하는 데에 자극이 되었기 때문이다. 그는 한 종교에 속박되기를 거부했다. 겉으로는 로마 교회에 최대한 존경을 표했지만 사실 그가 마음에 그리는 신은 범신론적인 형태였다. 그는 글에서 신에 대한 언급을 거의 하지 않는데, 당대 지식인들 사이에서는 흔치 않은 일이었다. 그는 교회의 적의에 직면해서 방어적인 태도를 취하면서도 자랑스러워 했다. 금지하는 압박을 받으면 더 열심히 일했고, 더 깊이 파고들었고, 드러내어 이야기했다면 세상 사람들을 충격에 빠뜨리고 격노케 했을 내용을 더 많이 발견했다. 하지만 레오나르도 다 빈치는 자연 철학에 관한 책은 한 권도 내지 않았다. (그가 완전하게 마무리한 단 한 권의 책은 『회화론』인데 1651년에야 나왔다.) "다른 증거 하나 없이 자신의 의견에만 의지하는 것은 너무나 기만적이다. 연금술사, 강신술사, 그 밖의 기발한 얼간이의 최대의 적이 경험이라는 것을 보면 알 수 있듯이." 그는 이렇게 말하면서 언제나 진리를 밝히고 싶어 했지만 정황상 그럴 수가 없었다.[9] 죽기 전에 레오나르도 다 빈치는 절친한 친구인 프란체스코 멜치에게 공책들을 맡겼다. 멜치는 남은 평생을 레오나르도 다 빈치가 쓴 수천 쪽의 글을 목록화하고 정리하는 데 매달렸다. 멜치가 죽자, 레오나르도 다 빈치에 전혀 흥미가 없었던 멜치의 아들 오라치오는 종이 뭉치를 싹 모아서 어느 저택의 다락방에 처박았다. 자료들은 200년 가까이 그곳에 숨어서 세상으로부터, 진보하는 과학계로부터 잊혀진 채로 있었다. 교회는 레오나르도 다 빈치의 연구를 막지는 못했지만 그의 혀를 자르는 데는 성공했던 셈이다.

레오나르도 다 빈치가 홀로 영웅이었던 것은 아니다. 뉴턴 이전에 이성을 위해 힘든 투쟁을 했던 인물이 그 말고도 셋 더 있었다. 가장 중요한 사람은 물론 갈릴레오이지만 갈릴레오 이전에도 엄청난 영향을 미쳤던 사람이 둘 있었다. 각기 자기 방식대로 투쟁을 했고, 교황의 권력 때문에 피해를 입었고, 무지에 반대했던 사람들이다.

니콜라우스 코페르니쿠스(1473~1543년)는 교회에 속한 사람이었다. 폴란드의 성당 참사회원이었던 그는 의학 교육을 받은 뒤 천문학에 매료되었다. 그는 적들의 힘이 얼마나 강한지, 적들이 자기에게 얼마나 큰 고통을 가할 수 있는지 잘 알았다. 그들에 대항할 수는 없었다. 코페르니쿠스는 30년 동안 천문 관측을 하고 비밀리에 글을 쓴 끝에 자기 생각을 책으로 펴내게 되었는데, 자신이 죽어 간다는 사실을 알게 된 뒤에야 결심했다. 그는 가까운 가족이 없었으므로 죽고 나면 로마가 그 대신 박해할 사람도 없었다. 곧 죽을 것이 확실한 상태로 병상에 누워서 자기 책을 한 권 손에 쥐었을 때, 그는 터질 듯한 만족감을 느꼈을 것이다.

때는 1543년이었다. 코페르니쿠스는 알 턱이 없었겠지만, 그것은 과학의 승리였다. 물론 승리의 축하연은 한참 뒤의 미래에 벌어질 테고, 그전까지 더 많은 사람들이 지식 때문에 고통 받거나 죽을 테지만, 그래도『천구의 회전에 관하여』가 인쇄되어 나온 것은 확실한 승리였다. 그것은 인쇄의 시대가 낳은 가장 위대하고 중요한 과학 작품이었다. 추기경들이 당시에 책의 진정한 위력을 깨달았다면 아마 몸서리를 쳤을 테지만, 두 가지 이유 때문에 별 문제가 없다고 생각했다. 첫째, 코페르니쿠스의 책을 펴낸 루터파 목사가 저자의 동의 없이 삽입한 서문에서 선언하기를, 이 저술은 행성 운동 계산을 돕는 가설일 뿐이지 현실에 대한 진술이 아니라고 했다. 둘째, 코페르니쿠스는 의도적이었는지 무의식 중에서였는지 혼란스러운 형태로 메시지를 전달했다.

코페르니쿠스는 1세기의 로마 철학자 클라우디우스 프톨레마이오스가 묘사한 우주 모형을 믿으면서 자랐다. 프톨레마이오스는 아리스토텔레스의 천문학 저술에 따라 우주를 해석했고, 프톨레마이오스의 해석을 신학자들과 후대의 교황들이 승인했다. 프톨레마이오스 모형에서는 지구가 우주의 중심에 있다. 지구는 가만히 고정되어 있고, 그 주변에서 별들(별들 역시 창공의 제 위치에 고정되어 있다.)과 행성들, 달, 태양이 이른바 주전원이라는 원을 그리며 움직였다. 이것은 아리스토텔레스로부터 상당히 진전한 이론이었다. 프톨레마이오스의 계산이 몹시 부정확했고 우주의 속성에 관하여 잘못된 결론을 내렸음에도 불구하고 좌우간 모형을 수학적으로 묘사해서 주장을 뒷받침하는 기법을 썼기 때문이다. 프톨레마이오스는 추측과 짐작이 아니라 수학 원리와 관찰의 안내를 따랐다.

프톨레마이오스는 『알마게스트』라는 책에 자신의 이론을 담았다. 이 책은 지금도 인류의 사상사를 빛낸 위대한 과학 작품이라고 할 만하다. 한 역사학자는 이렇게 말했다. "교범으로서 평가할 때 『알마게스트』는 명쾌함과 체계적 기법이 돋보이는 걸작이다. 고대의 과학 교과서들을 뛰어넘는 수준이었고, 어느 시대를 보아도 그만 한 걸작은 드물다. 그뿐만이 아니었다. 간혹 이 책에 대해서 앞선 그리스 천문학을 '체계화'한 것에 불과하다고 말하는 사람도 있지만, 사실 『알마게스트』는 그것에 그치지 않았고, 많은 면에서 독창적인 작품이었다."[10]

16세기 초반 20년 동안 직접 하늘을 관측했던 코페르니쿠스는 별들과 행성들의 움직임을 볼 때 지구가 우주의 중앙, 달리 말해 '천구들'의 중심에 놓여 있을 리가 없다고 생각하게 되었다. 하지만 그는 관찰을 설명하는 방식에서는 고전 이론을 많이 수용한 편이었다. 그는 『천구의 회전에 관하여』의 도입부에서 태양이 우주의 중심에 있다고 대담하게 선언했으면서, 뒤에 가서는 마음을 바꾼 듯 보인다. 첫 몇 쪽을 지나면 불필요한 손질을 자꾸 가하면서 이야기를 복잡하게 만들더니, 결국 태양이 중심에서 살짝 벗어난 위치에 있다고 결론 내린다. 이렇게 얼버무린 탓에 책은 읽기가 어렵고, 모순적인 대목이 많다. 코페르니쿠스가 주장한 혁신의 핵심은 작은 2절판형으로 212쪽인 책의 첫 20쪽 안에 다 담겨 있다. 지구가 태양을 돈다는 주장, 지구에서 태양까지 거리는 별까지 거리에 비하면 무시할 만하다는 주장, 별들이 매일 겉보기 회전을 하는 이유는 지구가 제 축을 중심으로 자전하기 때문이라는 주장, 태양의 궤도가 연중 달라지는 것처럼 보이는 이유는 지구가 태양 주위를 돌기 때문이라는 주장. 각각이 놀랍도록 새롭고, 독창적이고, 혁명적인 주장이었다.

『천구의 회전에 관하여』는 단박에 과학계에 영향을 미쳤어야 옳았지만,

이런 혼란스러운 면 때문에 그러지 못했다. 교회도 73년 동안 책의 존재를 간과했고, 1616년에야 비로소 금서 목록에 올렸다. (1835년까지 목록에 남았다.)

그래도 코페르니쿠스는 비밀을 유지해야 했다. 그는 오랫동안 인류의 자존심을 어루만진 말들을 내던졌고, 고대부터 전해 온 지구 중심 모형을 기각했다. 아리스토텔레스주의와 프톨레마이오스 천문학의 고갱이를 팽개친 셈이었다. 코페르니쿠스는 첫 20쪽에서 이렇게 썼다. "만물의 한가운데에 태양이 놓여 있다. 태양은 왕좌에 앉아서 제 주변을 도는 행성 식구들을 다스린다……. 이 배치에는 경탄할 만한 세상의 조화가 담겨 있다."[11] 적들이 보기에 이것은 명백한 교리 파기였다. 당연히 적들은 코페르니쿠스의 태양 중심 이론을 이해하는 즉시 가톨릭 교리에 배치되는 것으로 낙인 찍었다.

그러나 때는 늦었다. 교회가 엎질러진 물의 급진성을 뒤늦게 깨닫는 동안, 당대의 몇몇 지식인들은 책의 갈팡질팡하는 문장을 꿰뚫어 보고 그로부터 풍성한 결론을 끌어냈다.

설령 역사를 바꿀 수 있다고 해도 제 목숨을 내놓을 사람은 많지 않겠지만 조르다노 브루노(1548~1600년)는 그런 사람이었다. 브루노는 순전히 과학을 위해 순교한 최초의 인물이자 아마도 유일한 인물일 것이다. 1600년 1월말, 브루노는 사슬에 묶인 몸으로 바티칸의 로마 교회 종교 재판소 재판정에 섰고, 교황 클레멘스 8세로부터 사형 선고를 받았다. 브루노의 죄목은 『재의 수요일 성찬』, 『승리에 도취한 짐승의 추방』, 『무한한 우주와 세계에 관하여』 같은 이단적 저작의 발간이었다. 코페르니쿠스 이론에 바탕을 두고 브루노 본인의 독특한 자연 철학 사상을 섞어서 소개한 책들이었다. 브루노는 수십 년 동안 박해를 받았고 그의 책은 금서로 지정되었으며 그의 사상은 억압되었다. 하지만 한 세기 전의 레오나르도 다 빈치와 마찬가지로 브루노는 항상 교회보다 한 발 앞서 도망하는 데 성공했고 생의 대부분을 영국이나 독일처럼 자유주의적이거나 신교를 믿는 국가에서 보냈다. 그러다가 1591년에 조반니 모체니고라는 베네치아 귀족으로부터 가르침을 달라는 청을 받았고, 이유는 알 수 없지만 청을 수락해 고국 이탈리아로 돌아왔다.

그것이 덫이었다. 모체니고는 종교 재판소에 브루노를 고발했다. 브루노는 우선 베네치아에서 재판을 받은 뒤에 로마로 이송되었고, 작은 감방에 7년 동안 갇혔다가 산 채로 화형을 당했다. 브루노는 교회가 경멸하고 두려워하는 모든 면을 갖춘 자, 우주에 대한 대안적 시각을 제공하는 사상가이자 대중 선동가였다. 교회는 가톨릭 교리의 전문적인 세부 사항이나 정치적 이해 관계 때문에 브루노를 태워 죽인 게 아니라 그가 대중 소통 능력을 지녔기 때문에, 사람들이 그의 말에 귀를 기울이고 그의 선동적인 글을 읽기 때문에 죽였다.

그로부터 약 75년 전, 루터는 교회 조직을 비난하고 교황의 타락을 꾸짖음으로써 가톨릭의 뿌리를 흔들었다. 그에 비해 브루노는 전통의 철학적 기틀을 공격했다. 레오나르도 다 빈치, 코페르니쿠스, 케플러 등 진리를 추구한 이들과 같은 경우였다. 루터파와 칼뱅주의자들은 대안적인 숭배 형태를 제안했고 교리의 세부 사항에 관하여 교회와 쉴새없이 논쟁했지만, 브루노 같은 희귀한 인물은 전혀 새로운 이데올로기를 제공했다.

추기경들은 칙령을 내린다, 성명을 발표한다, 파문을 한다 하며 브루노의 입을 막으려 했지만, 결국에는 그를 가로세로 2미터의 감옥에 박아 둘 수밖에 없었다. 그 후 그들은 브루노의 혀에 대못을 박아 군중에게 설교를 하지 못하도록 한 뒤에 캄포 데 피오리 광장으로 끌고 나와 화형에 처했다.

브루노는 정통 교리를 받아들이지 않은 죄로 죽었지만, 사실 그의 사상은 코페르니쿠스 과학과 (아직 교회 재판관들은 이것을 충분히 이해하지 못했다.) 가톨릭적 신앙을 융합한 것이었다. 브루노는 신성에 대한 믿음을 결코 버리지 않았고 어떤 의미에서는 전통적인 가톨릭 신자였다. 하지만 교황의 눈에는 엄청난 이단이었고 끔찍한 위협이었다.

브루노에게는 안 된 일이지만, 아직 세상은 다른 세계의 생명체에 관하여 말하는 사람, 성서적이기보다 범신론적인 신에 관하여 말하는 사람, 아리스토텔레스의 가르침을 거의 죄다 내버리는 자연 철학을 말하는 사람을 받아들일 준비가 되지 않았다. 1570년대 초라는 이른 시대에 브루노는 데모크리토스를 비롯한 원자론자들을 옹호하며 사람들이 오랫동안 지당하다고 여겨 온 것들에 의문을 던졌다. 물질은 무엇인가? 에너지는 무엇인가? 무한한 우주가 존재할 수 있을까? 그렇다면 그 의미는 무엇일까?

브루노는 이런 질문들에 관하여 시인처럼 대답했다. 레오나르도 다 빈치와 마찬가지로 그는 수학을 몰랐다. 오늘날, 양자 역학 및 상대성 이론의 통찰로 설명되는 현대에 와서야 브루노의 세계관이 제대로 인정받고 있다. 만물이 원자적 차원에서 상호 연결되었다고 한 브루노의 우주 모형은 1990년대에 등장한 초끈 이론의 발상과 비슷한 데가 있다.

브루노의 사상은 예언적이고 이세계적인 한편 따스하고 인간적이었다. 시인에게나 분석가에게나 똑같이 감동을 주었고 결국 하이젠베르크나 아인슈타인 같은 과학자들에게도 영향을 미쳤다. 하지만 16세기에 그런 철학은 신을 두려워하는 추기경들을 소름 돋게 하는 사상에 불과했다. 브루노가 던진 질문들은 근본적이었다. 나중에 갈릴레오가 머리를 싸매게 되는 것과 같은 질문, 고대부터 현재까지 모든 물리학자들의 머리를 점령한 질문이었다.

현대적 우주관은 양자 이론이라는 상당히 이채로운 이론에 기반을 둔다. 하지만 우리가 일상에서 물질과 에너지를 조작할 때는 갈릴레오의 시대부터 이번 세기 사이에 발견된 규칙 및 체계에만 의존해도 대개 충분하다. 많은 과학사학자들이 동의하는 바, 물질의 움직임과 에너지 및 힘의 작용에 관한 갈릴레오의 생각은 물리학의 발달 과정에서 하나의 분수령이었다. 갈릴레오의 사상과 연구가 르네상스에서 (그리고 그전의 모든 것에서) 계몽 시대로 넘어가는 다리였다고 해도 지나치지 않다. 갈릴레오는 고대 철학에서 현대의 경험주의적 과학(수학적 분석뿐만 아니라 실험적 증거에도 바탕을 두는 탐구 활동)까지 이어진 수많은 끈들을 한데 모은 사람이었다.

갈릴레오 이전에도 약 2,000년 동안 우주의 속성을 논한 온갖 사상이 천변만화했다. 갈릴레오가 이룬 최대의 업적은 선배들이 제각기 발견한 돌파구를 한데 모아서 하나의 가치관을 구성하기 시작한 것이다. 뉴턴 같은 후배들이 그 가치관을 현대 과학으로 바꾸어 놓을 수 있도록 말이다. 뉴턴은 일군의 법칙과 규칙을 만들어 냄으로써 근대 물리학에 확고한 구조를 제공했다.

갈릴레오의 생애는 교회의 역사와 밀접하게 얽혀 있다. 이 오래된 조직이 갈릴레오 생애 전후에 펼쳐진 과학의 발전과 어떤 식으로 얽혀 있었는가를 그의 삶을 통해 알 수 있다. 잘못된 방향을 향한 채 타협을 몰랐던 교회가 과학의 앞길에 얼마나 큰 장애물이었던가 생각할 때, 초기 기독교 시대부터 다윈의 시대까지 오는 동안 서양에서 합리적 사상이 진보했던 것 자체가 믿기 힘든 일이다. 갈릴레오, 브루노, 데카르트, 코페르니쿠스 등등의 인물들이 대단히 끈질기게 헌신했기에 조금이라도 진보가 이뤄질 수 있었다. 갈릴레오가 경력 내내 대의를 위해 싸웠다는 것은 틀림없는 사실이다. 그는 사상의 역사와 발전 과정에서 자신이 주요한 역할을 맡을 것임을 충분히 지각했다. 과학 탐구와 발견에 저항하는 교회의 태도는 그릇된 길을 밟는 것이라고 믿었다. 교회가 적극 장려하는 과학 작업이라는 게 고작 세속 과학자들의 발견을 반증하는 것이라는 사실을 혐오했다.

우연이기는 하지만 참 역설적이게도, 교회가 과학에 중대한 기여를 한 면도 있다. 서유럽에서 과학이 융성했던 데에는 두 가지 주요한 이유가 있다. 첫째는 그리스 철학자들의 영향이다. 그들의 학문이 르네상스의 주춧돌이 된 점이다. 둘째는 기독교의 창시자들이 빚어낸 유일신 신학의 전통이다. 이 전통 덕분에 우주에 질서가 존재한다는 관념이 생겼다. 전능한 창조주가 존재해 우주를 관리하고 우주에 생명을 불어넣고 만물에 질서를 부여한다는 개념 덕분에 말이다.

로저 베이컨에서 뉴턴까지, 외견상 기독교를 믿었던 사상가들이 과학 발전에 제 삶을 바쳤던 이유는 궁극적인 진리를 파헤치고픈 욕구 때문이었다. 그들은 우주의 질서를 이해해 신에게 가까이 다가가고 싶어 했다. 이것은 갖은 수고를 마다하지 않게 하는 강력한 동기였다. 아마도 세상에서 가장 강력한 동기였을 것이다. 가톨릭 교회의 종교적 전통은 본의 아니게도 여러 세대의 과학자들에게 적절한 인식 체계를 제공했던 셈이다. 그들의 작업이 결국에는 기독교의 근간을 뒤흔들고, 논리와 이성으로 미신을 대체하게 될 것임을 전혀 모른 채 말이다.

4장

이유 있는 반항

✠

원래 스투디움 제네랄레(Studium Generale, 중세 대학을 통칭한 이름이다. ─ 옮긴이)라고 불린 피사 대학교는 동방에서 온 신학문이 르네상스의 꽃망울을 터뜨리는 때로부터 약 30년 전인 1321년에 설립되었다. 피사 대학교는 유럽 최초의 대학교들 축에는 끼지 못한다. (그 영예는 12세기 초까지 역사가 거슬러 올라가는 파리, 볼로냐, 옥스퍼드 대학교에 돌아간다.) 하지만 1349년에 피사의 스투디움 제네랄레는 교황 클레멘스 6세로부터 공식 승인을 얻었다. 교황은 「인 수프리마에 디그니타티스(최고의 존엄성)」라는 교서를 통해서 기관에 특권을 부여했고 몇 안 되는 당대 최고의 엘리트 교육 기관들과 동등한 지위로 격상시켰지만 이후 대학교의 운명은 부침이 심했다. 200년 뒤에 갈릴레오가 입학을 할 때는 덩치도 줄고 수준도 2류로 떨어져서 학문적으로 약했다. 게다가 행정을 장악한 성직자들의 권위에 지나치게 속박되어 있었다.

교과 과정은 다른 대학교들과 크게 다르지 않았다. 수업은 라틴 어, 그리스 어, 히브리 어, 고전 역사, 미술, 조각, 약간의 수학을 중심으로 구성되었다. 의학 같은 전문적 분야도 물론 가르쳤고, 교과 범위는 제법 넓었지만 주로 인문학에 경도되었고 수학과 자연 철학은 가장 소홀하게 취급되었다. 이런 체계는 19세기 초까지도 거의 변하지 않았다. 19세기가 되어서야 유럽 전역의 대학교들이 근대화하기 시작하여 과정을 현대화하고 전문화했고, 과학 교육을 진지하게 수행하기 시작했다.

1581년 9월 5일에 피사 대학교에 입학한 17세의 갈릴레오는 이미 박학가로서 르네상스 특유의 전인적 인간상을 얼추 구현한 젊은이였다. 아버지의 가르침 덕택에 그는 음악 실력이 대단했다. 뛰어난 류트 연주자였고 목소리도 아름다웠다. 또 눈에 띄게 재능 있는 화가였다. 미술가가 되어볼까 하는 생각도 막연하게 재미 삼아 했을 정도다.

갈릴레오는 체격이 탄탄하다 못해 우람할 지경이었다. 이목구비가 또렷하고, 얼굴이 널찍하고, 눈이 크고, 턱이 강했다. 그렇지만 뭐니뭐니해도 가장 두드러지는 특징은 날카로운 지성이었다. 강인한 성격에 어울리는 특징이었지만, 남들의 눈에는 교만이나 지나친 자기 확신으로 보이기도 했다. 청년은 엄청나게 똑똑했고, 자기도 그 사실을 알았다. 게다가 그는 회의주의자로 자라 탐구하고 탐색하는 법을 몸에 익힌 덕분에 장차 위대한 과학자가 될 테지만, 이 재능 때문에 많은 사람들이 그를 피곤하고 어울리기 힘든 상대로 평가했다.

그러니 갈릴레오를 가르치기는 얼마나 어려웠겠는가. 자기 생각 말고는 매사를 의심하는 태도는 성취하는 인간에 어울리는 유용한 성격이지만, 종교적으로 경건한 분위기에서나 오래 전에 죽은 영웅들에게 공손하게 무릎을 꿇기를 바라는 환경에서는 연장자나 보수적인 동년배와 갈등을 빚을 성격이었다.

갈릴레오는 아버지의 바람을 좇아서 의학부에 등록했지만 아무런 감흥을 받지 못했다. 그는 성실하게 수업에 참석했지만 거의 처음부터 갈레노스에서 아리스토텔레스까지 세대에서 세대로 전해져 내려온 수업 자료를 놓고 선생들과 다투기 시작했다. 의학 개념들은 실험적이거나 실제적인 기반이 거의 없다시피 했다. 논쟁이 의학을 넘어서 물리 법칙으로 번지면, 갈릴레오는 사람들이 2,000년 동안 아무런 의심 없이 전수해 온 아리스토텔레스 이론에 대해서도 강사들과 상이한 입장을 취했다. 그래서 그는 곧 "논쟁꾼"이라는 별명을 얻었다.

이 별칭은 애정 어린 이름이 아니라 오히려 반대였다. 갈릴레오의 말이 옳을지는 몰라도, 선생과 동창들은 그를 무례한 학생이라고 보았다. 논쟁꾼의 건전한 회의주의와 탐색하는 기질은 학문적 성취를 이루는 뼈대가 되겠지만, 평생 그를 심각한 분란에 빠뜨린 요인이기도 했다.

피사에서 보낸 첫해에도 그런 사례가 있었다. 1581년 겨울, 강한 우박이 도시를 덮쳤다. 온 도시 사람들이 우박 이야기로 웅성거렸다. 교수들도 강의실에서 아리스토텔레스 기상학을 동원해 폭풍 현상을 설명했다. 아리스토텔레스 이론에 따르면 무거운 물체가 가벼운 물체보다 빨리 가속하기 때문에 큰 우박이 작은 우박보다 먼저 땅에 떨어져야 한다. 실제로 관찰되는 바는 그렇지 않다고 갈릴레오가 지적하자, 전통주의자들은 설명을 미묘하게 수정했다. 우박 덩어리들이 거의 동시에 땅에 떨어지는 게 사실이라고 마지못해 인정하면서도 그것이 아리스토텔레스 견해와 상충되는 현상은 아니라고 우겼다. 가벼운 우박이 지표면에서 더 가까운 높이로부터 떨어지기 때문에 그렇다고 했다.

그런 억지 주장을 듣다 보면 갈릴레오가 참을성 없게 굴었던 것도 이해가 되고 남는다. 하지만 이 이야기에서 강조할 점은 우리가 전통적 주장의 어리석음을 간파할 수 있는 이유는 갈릴레오 이후 400년 동안 발전해 온 과학 덕분이라는 사실이다. 갈릴레오에게는 우리와 같은 지지 구조가 없었다. 그의 사고는 독창적이었을 뿐 아니라 기존 학계와 철저하게 대립했다. 한 마디로 선구자적이었다.

갈릴레오는 대학에 들어가기 전부터 수학을 인식하고 있었다. 음악에 친숙했기 때문에 자연스레 그의 마음에 수학이 스며들었다. (음악은 수학적 엄밀성에 뿌리 내린 분야이다.) 그는 음악을 통해서 비례의 중요성, 숫자적 반복과 수 체계의 중요성을 이해하기 시작했다. 더 중요한 점은, 수학이 애매하거나 임의적인 게 아니라 어마어마하게 중요한 개념이라는 사실을 비교적 어린 나이부터 음악을 통해서 체득했다는 사실이다. 갈릴레오는 우주가 절대적인 수학적 요소들로 구성되었다는 다소 영적인 (어쨌든 정확한) 플라톤식 개념을 음악 덕분에 단숨에 익혔다. 나아가 갈릴레오는 수학이 조작 가능한 도구라고 생각했으며 인류가 그 도구로 경이로운 것들을 생산할 수 있다고 보았다.

피사 대학교 신입생 시절, 갈릴레오의 수학에 대한 흥미는 수학 교수 필리포 판토니를 만나서 꽃을 피우기 시작했다. 판토니는 유능하고 개방적인 학자였다. 갈릴레오는 의학 수업을 빼먹고 수학 수업을 듣기 시작했다. 갈레노스를 주물럭거리고 있어야 할 시간에 에우클레이데스와 아르키메데스에 심취했다.

판토니가 갈릴레오의 흥미에 불을 댕겼다면, 기름을 부은 사람은 오스틸리오 리치였다. 토스카나 대공의 궁정 수학자인 저명한 학자 리치는 피사 대학교에서 공부하던 대공의 피후견인들에게 개인 교습을 해 주려고 1582년에 피사를 방문했다. 갈릴레오는 판토니를 통해서 소식을 듣고 초대도 받지 않은 상태에서 첫 수업에 들어가 강연장 맨 뒤에 떡 하니 자리

잡고 앉았다.

리치는 갈릴레오의 수학적 재능을 재빨리 알아차렸다. 마흔두 살의 리치와 열여덟 살의 의대생 갈릴레오는 사고 방식이 비슷했다. 대공 수학자 리치는 고대 수학 기법에 정통한 달인이었지만 또한 시대를 앞선 시각으로 수학의 응용 가능성을 이해했다. 공통의 신념 때문에 두 사람은 가까워졌고, 리치는 갈릴레오에게 특별한 관심을 보이며 피사에 머무는 동안 그를 개인 제자로 받아 주었다. 빈첸초 갈릴레이가 음악을 통해 심어 놓은 싹을 판토니가 북돋웠다면, 리치는 그것을 확실하게 성장시켰다. 갈릴레오의 입장에서는 더는 의학 공부에 시간을 낭비할 수 없다는 확인을 얻은 셈이었다. 그의 미래는 수학과 자연 철학에 있는 것이 분명했다.

1583년 여름 방학에 갈릴레오는 피렌체의 본가에서 지냈다. 갈릴레이 가족은 오늘날의 피아차 데 모치에 있는 소박한 집에서 살았다. 갈릴레오는 의학 과정을 그만두고 수학 학위를 따도 좋다는 아버지의 허락을 받을 요량으로, 새 친구이자 조언자인 리치와 어떤 공부를 하는지 아버지에게 말했다. 빈첸초는 아들의 새 관심사를 단칼에 잘라 버리는 대신 이야기를 끝까지 듣고는 리치와 의논해 보겠노라고 했다. 학계의 명사였던 수학자 리치를 존경했던 것이다. 둘 다 토스카나 궁정과 피렌체 카메라타와 관계가 있었으니 서로 알았을 가능성도 있다. 당시에 리치는 피렌체에서 여름을 나고 있던 대공의 궁정 가까이에 머물렀던 듯한데 갈릴레오는 리치와 아버지가 만나도록 주선했고, 그 만남에서 궁정 수학자는 청년이 의학 공부를 그만두는 게 좋겠다고 아버지를 설득했다.

빈첸초가 의심을 떨치지 못했음은 충분히 이해할 만하다. 더욱이 빈첸초는 아내 줄리아가 자기보다 훨씬 미심쩍어 하리라는 사실도 잘 알았다. 의학은 안전한 미래를 보장했고, 갈릴레오처럼 누가 봐도 재능 있는 젊은

이에게 꼭 맞는 고상한 직업을 제공했다. 그러나 궁정 수학자의 입에서 자기 아들이 신동이라는 이야기가 나온 것이 빈첸초에게 영향을 미쳤던 게 틀림없다. 그래서 마련된 타협안에 따라 갈릴레오는 의무 학업을 계속하되 여유 시간에 수학을 공부해도 좋다는 허락을 받았고 리치가 갈릴레오를 거두어서 시간 날 때마다 가르치기로 했다.

물론 갈릴레오는 이 결정을 제 멋대로 해석했다. 그는 당장 의학 수업을 그만두었다. 의학서들을 밀어 두고 니콜로 타르탈리아가 이탈리아 어로 번역한 에우클레이데스의 『기하학 원본』과 아르키메데스 전집을 공부하는 데 온 시간을 쏟았다. 갈릴레오가 실험과 실용 과학의 가치에 대해 생각하기 시작한 것은 아르키메데스 때문이었을 것이다. 아르키메데스는 대단한 수학자였던 한편 무척 실용적인 사람이라 정부를 위해 무기를 설계했고 군사 기계로 상을 받은 적도 있었으며 수학과 실험, 관찰과 경험을 섞는 것이 우주의 비밀을 밝혀내기에 이상적인 기법이라고 생각했다. 뒤에서 자세히 이야기하겠지만, 갈릴레오의 지적 성향과 과학에 대한 전망을 볼 때, 갈릴레오는 아르키메데스와 같은 종류의 인간이었다. 이 그리스 철학자가 갈릴레오에게 막대한 영향을 미쳤다는 사실은 전혀 놀라운 일이 아니다. 갈릴레오는 아르키메데스를 자연 철학자의 모범적 전형으로 평가했고 아리스토텔레스 학문이 드리운 어두운 그늘 속의 한줄기 빛이라고 보았다.

갈릴레오의 초기 생애에 관한 사실들이 으레 그렇듯, 그가 처음 수행한 진정한 과학 연구에 관한 이야기도 전설이나 절반의 진실들에 가려져 있다. 스승을 과대평가한 전기를 썼던 비비아니에 따르면, 1583년 가을, 열아홉 살의 갈릴레오는 대학교로 돌아온 직후에 미사에 참석했다가 강론이 지루해지자 천장에 매달린 기름 등잔이 외풍에 흔들흔들 움직이는 것을 쳐다보기 시작했다.

흔들거리는 등잔을 홀린 듯 바라보던 갈릴레오는 퍼뜩 한 가지 사실을 깨달았다. 바람이 세서 등잔이 긴 호를 그릴 때는 짧은 호를 그릴 때보다 훨씬 빠르게 움직였다. 갈릴레오가 맥박을 사용해서 시간을 재 보았더니 호의 길이에 상관없이 등잔이 한번 오가는 시간은 언제나 같았다.

기숙사로 돌아온 갈릴레오는 줄에다 금속 추를 매달아 진자를 만들었다. 그는 교회에서 본 현상을 재현하되, 줄의 길이나 추가 움직이는 속력, 추의 무게를 여러 가지로 사용해 보았다. 시간 측정은 여전히 맥박을 활용했다. 당시 그가 동원할 수 있었던 가장 정확한 시간 측정 기법이었기 때문이다.

몇 시간 동안 실험을 하고 발견 내용을 상세하게 기록한 뒤, 그는 진자의 움직임에 관한 일련의 규칙들을 끌어냈다. 첫째, 흔들리는 주기는 호의 길이와는 무관하다고 장담했다. 호가 길어지면 추가 빠르게 이동했다. 추의 질량이 진자의 경로에 아무런 영향을 미치지 못한다는 사실도 발견했다. 가장 중요한 점은, 진동이 줄의 길이에 따라서는 달라진다는 사실이었다.

갈릴레오는 아마 우연히 이 발견의 단초를 잡았겠지만, 그래도 그가 처음 실험에 손댄 주제가 음악적 배경과 밀접하게 관련된 내용이었다는 점은 의미심장하다. 류트가 서로 다른 음을 내는 방법은 현의 길이를 다르게 하는 것 아니었던가? 하프시코드만 봐도 알 수 있다. 하프시코드는 길이가 다양한 현들을 망치로 두들겨서 넓은 음역을 내는 악기이다. 목관 악기나 금관 악기도 이 원리를 이용한다. 공명을 일으키는 관의 길이를 바꿈으로써 다양한 음을 낸다. 최초의 진자 실험을 수행한 후로 수십 년이 지난 1630년대 초, 교회의 죄인으로 아르체트리에 감금된 갈릴레오가 다시 현악기 연구로 돌아간 점도 의미심장하다. 그는 아버지가 일찍이 1560년대에 제안했지만 무시되었던 이론을 입증하려고 했다. 갈릴레오가 죽기 4년 전인 1638년에 네덜란드에서 발표한 글을 보면 (『새로운 두 과학에 관한 대화』를 말한다.—옮긴이) 그는 진자에 대한 이야기를 하다가 잠시 멈추고, 현의 길이 비율과 화성적 음성 사이의 수학적 관계에 관하여 설명했다.

이 일화는 갈릴레오의 사고 체계가 어느 정도는 르네상스 사상가다웠음을 드러낸다. 브루넬레스키, 레오나르도 다 빈치, 조르다노 브루노, 레온 알베르티 등 갈릴레오의 선배들도 비슷한 식으로 생각하고 썼다. 그들처럼 갈릴레오도 전체주의라는 개념에 매료되었다. 그가 보기에 줄의 길이에 따라 진자의 속도가 달라지는 현상과 현의 길이에 따라 음 높이가 달라지는 현상은 동일한 현상을 다르게 반영한 일이었다. 자연의 다양한 면면들이 기저에서는 서로 연결되어 있음을 보여 주는 것 같았다.

앞으로 보겠지만, 갈릴레오는 수학적 진리와 아름다움에 이끌리는 사람이었다. 앞 세대의 위대한 과학자 레오나르도 다 빈치와는 전혀 달랐다. 레오나르도 다 빈치는 끝없이 실험을 했지만 자기 이론을 수학적 엄밀성으로 뒷받침하지 않았다. 반면 갈릴레오는 르네상스 말기의 과학과 계몽주의 초기의 과학 사이에 다리를 놓았다. 그는 르네상스에 태어났고, 르네상스를 규정하는 사고 방식들을 일부나마 자연스럽게 채택했지만, 그것을 엄청나게 확장함으로써 "새로운 과학"을 향한 위대한 지적 도약을 이루었다.

갈릴레오가 레오나르도 다 빈치와 비슷했던 점이 하나 더 있다. 자기가 발견한 현상의 실용성에 지속적으로 관심을 기울였던 점이다. 레오나르도 다 빈치는 상상력을 발휘해서 비행기, 탱크, 수중 호흡기, 자동차, 증기 엔진, 군사 방어 체계 등을 설계했다. (생전에 실제로 제작한 것은 하나도 없었지만 말이다.) 갈릴레오는 추상 개념을 실용 과학으로 변모시키는 일에 레오나르도 다 빈치보다 성공적이었다. 그의 작업을 어쩌면 원천 기술이라고 부를 수 있을지도 모른다.*

갈릴레오가 처음 그런 작업을 한 것은 진자 실험을 끝낸 직후였다. 그는 진자의 리듬이 규칙적이라는 사실과 줄의 길이를 다양하게 하면 주기를 바꿀 수 있다는 사실을 관찰한 즉시, 그것으로 환자의 맥박을 재는 실용적 기기를 만들 수 있겠다고 생각했다. 그는 방법을 논문으로 정리한 뒤에 견본을 만들어서 풀시로지움이라고 이름을 붙였다. 그리고 관례에 따라서 논문과 견본을 둘 다 피사 대학교 당국에 전달했다. 그러자 대학은 조금의 거리낌도 없이 당장 그의 발상을 훔쳐서 의학부가 발명했다고 발표했다.

갈릴레오와 대학의 관계는 한번도 원만한 적이 없었다. 그는 수십 년 동안 교편을 잡아 온 강사들을 조롱하고 비판했고, 아리스토텔레스의 낡은 생각을 양처럼 고분고분 받아들인다고 동료 학생들을 비난했다. 대학이 갈릴레오의 발명을 가로챈 것은 어쩌면 복수였을지도 모른다. 아니면 그럼으로써 젊은이의 콧대를 꺾을 수 있다고 생각했는지도 모른다. 갈릴레오가 어떻게 대응했는지는 기록에 남아 있지 않지만 그로써 피사 대학교의 학창 시절이 끝을 향하게 된 것은 분명하다.

1584년 말이 다가올 무렵, 갈릴레오의 아버지는 사정이 더 힘들어졌다. 집은 갈릴레오의 형제들로 북적거렸고, 직물 사업은 하향세였다. 빈첸초는 큰아들에게 계속 의학 공부를 시킬 여력이 없음을 깨닫고 대공이 후원하는 40개의 특별 장학금 중 하나를 신청했다. 안타깝게도 장학금은 대학의 지원이 있어야만 받을 수 있었기 때문에, 의학부의 선량한 교수들이

---

* 레오나르도 다 빈치도 갈릴레오처럼 아르키메데스를 대단히 숭배했다. 아르키메데스가 그리스 인들 가운데 가장 독창적이고 선구적이라고 평가했다.

아버지의 신청서를 단박에 물리쳤다는 소식을 듣고도 갈릴레오는 그다지 놀라지 않았을 것이다. 기댈 데가 없어진 갈릴레오는 학위를 못 받은 채로 대학을 떠났다.

당시에는 학위를 취득하지 못한 채 대학교를 떠나는 일이 드물지 않았다. 하지만 바람직한 일이 아닌 것은 분명했고 특히 학문적 경력을 쌓으려는 사람에게는 전혀 도움이 되지 않았다. 그리고 1585년 초에는 갈릴레오가 경력의 기회를 잡느냐 잡지 못하느냐 하는 문제가 온 식구의 중대한 관심사였다. 빈첸초는 재난에 대해 아들을 나무랐다. 갈릴레오가 의무 학업을 무시하고 저만의 길을 따랐으니 선생들의 총애를 못 받은 것도 당연했다. 게다가 갈릴레오는 건방지고 교만했고, 연장자들과 선배들을 놀리면서 즐거워했다. 빈첸초 본인도 정석적인 인간이라고는 할 수 없었고, 장남의 태도가 그렇게 된 데에는 자신의 영향도 컸지만 어쨌든 갈릴레오의 학업 실패는 아버지에게 심각한 타격으로 느껴졌을 것이다.

이 사건 때문에 식구들이 얼마나 다퉜는지, 어떤 비난과 맞대응이 오갔는지, 서로 얼마나 미워하게 되었는지는 그저 상상해 보는 수밖에 없다. 빈첸초는 쓰라린 실망을 느꼈을 테고, 줄리아는 아마 당황하고 분노했겠지만 갈릴레오는 으쓱 하고 넘겼다. 그는 이미 그때부터 무엇에도 흔들리지 않는 자긍심을 품고 있었고 자신의 운명을 믿었다. 부모는 전혀 눈치 채지 못했지만 갈릴레오는 이미 자신의 뮤즈를 찾았다. 일생을 걸고 하고 싶은 일을 찾았다. 그가 보기에 바보나 다름없는 대학 당국은 일시적으로 상황을 성가시게 만들 뿐이었다.

갈릴레오는 아버지를 통해서 일자리를 구해 보려고 몇몇 군데에 응시했다. 하지만 그는 젊고 검증되지 않은 인물이었다. 사람들은 그를 잘난 척하는 신출내기로 보았는데, 근거가 없지 않았다. 하는 수 없이 갈릴레오는 자기가 할 수 있는 몇 안 되는 일인 개인 교습을 시작했다. 지역 유지의 아이들에게 수학을 가르치는 일로 약간이나마 돈을 벌었다.

1585년 봄부터 갈릴레오는 피렌체와 시에나를 오갔고, 이따금 더 멀리까지 가서 피렌체 상인이나 은행가가 소유한 대농장이나 시골 별장에서 대학교 입시를 준비하는 소년들에게 기초 기하학이나 산술을 가르쳤다. 그의 수준에 못 미치는 일이었고 자신도 그 사실을 알았지만 달리 선택지가 없었기에 절망감을 누르는 수밖에 없었다. 갈릴레오는 제 손으로 대학교 경력을 망쳤고, 아버지가 자기에게 쏟아 부은 돈을 조금이라도 돌려주어 부모의 자금난을 덜어야 한다는 걸 잘 알았다.

물론 타고난 성격이 어디로 가진 않아서, 그 와중에도 갈릴레오는 더 중요한 일들에 대한 관심을 끊지 않았다. 1586년에는 정밀한 천칭을 제작하겠다는 목표를 걸고 집에서 실험을 했다. 그는 모든 부품을 제 손으로 만들었고 세심하게 눈금 조정을 했다. 그가 작은 저울이라는 뜻의 "라 빌란케타"라고 이름 붙인 그 발명품은 아마 당시에 존재한 가장 정교한 저울이었을 것이다. 기기는 가느다란 줄에 막대기를 매달아 늘어뜨린 형태로 막대기 한쪽 끝에는 무게를 아는 추들을 달았고, 다른 쪽 끝에는 갖가지 물건을 올릴 수 있는 그릇을 달았다. 갈릴레오는 극도로 정밀하게 무게를 잴 수 있는 기기를 원했기 때문에, 눈으로 눈금을 읽는 게 아니라 세밀한 홈들이 파인 줄을 이용해 읽도록 만들었다. 자그마한 가로대를 홈 위로 미끄러뜨리면서 홈을 몇 개나 지나쳤는지 촉각으로 확인하는 방법이었다. 그럼으로써 물체의 무게를 계산할 수 있었다. 갈릴레오는 라 빌란케타의 구조와 올바른 이용법을 해설한 짧은 설명서를 썼다.

갈릴레오가 새 발명품으로 제일 먼저 해본 실험은 아르키메데스의 그 유명한 치환 실험이었다. 전설에 따르면 그리스 철학자는 욕조에 앉아 있던 중, 물체를 물에 담갔을 때 물이 흘러넘치는 양으로 물체의 순수성을 측정할 수 있겠다는 생각을 떠올렸다. 아르키메데스는 그 방법을 써서 히에론 왕이 선물 받은 왕관이 순수한 금인지 합금인지 확인했다. 갈릴레오는 그와 비슷한 실험을 해보았는데, 이제 자기 저울을 사용했기 때문에 아르키메데스보다 훨씬 다양한 물질들의 무게와 밀도를 훨씬 정밀하게 측정하고 계산할 수 있었다.

존경하는 고대 사상가의 작업을 개량했다는 사실은 갈릴레오의 자아에 크나큰 만족을 주었다. 게다가 이 작업은 실용적이었다. 갈릴레오는 돈은 있지만 재능은 없을 때가 많은 아이들을 가르치는 데에 진력이 났고, 대학교 강사직을 얻기를 갈망했다. 제일 좋은 방법은 다른 과학자들이나 학자들의 관심을 끄는 것이었다. 작은 저울은 완벽한 기회를 제공했다.

다음해인 1587년, 갈릴레오는 저울에 관한 논문과 실험에 힘입어서 이제까지의 일상과 경력을 바꿀 첫 기회를 얻었다. 볼로냐 대학교 수학 교수인 이그나치오 단티 사제가 갑자기 죽어서 공석이 생겼다는 소식을 듣고 갈릴레오는 당장 지원서를 넣었다.

사실 대학 당국의 눈길을 받는 것만 해도 녹록치 않은 일이었다. 그는 학위도 경험도 없고, 그의 태도도 사람들이 접근하기 쉽지 않았다. 그가 지닌 최대의 자산은 날카로운 지성, 상상력, 결단력이었지만, 이제 그는 사회적 인맥의 중요성도 그에 못지않다는 사실을 알았다. 새로 난 자리를 차지할 가능성을 조금이라도 높이려면 같은 분야에서 활동하는 영향력 있고 저명한 인사들의 지원을 받아야 했다.

갈릴레오의 아버지가 이 과정에서 중요한 역할을 한 것이 틀림없다. 빈첸초는 토스카나 유력 인사들의 눈에 들었다가 나기를 반복했고, 특히 메디치 가문과의 관계는 험난한 적도 있었지만, 평생 쌓아 온 연줄이 있다보니 부유한 유력 인사들과 알고 지냈다. 빈첸초가 최대한 많은 연줄을 동원해 큰아들을 도우려고 나선 것은 당연한 일이었다. 사실 과거에 자기 자신을 위해서 이미 해본 일이었다. 그때는 성공하지 못했지만 말이다. 빈첸초는 누구에게 청을 넣어야 하는지, 든든한 지원을 얻으려면 어떻게 행동해야 하는지 잘 알았을 것이다.

또 다른 지원군은 갈릴레오의 스승이자 친구인 리치였다. 리치는 젊은 수제자가 당시의 가장 유명한 수학자와 면접을 할 수 있도록 주선했다. 바로 로마의 콜레조 로마노에서 가르치는 예수회 수학자 크리스토퍼 클라비우스였다. 클라비우스는 유럽 수학계에서 확고한 명성을 누린 인물로 후대로부터 "16세기의 에우클레이데스"라는 평도 받은 바 있다.

클라비우스와의 만남에서 특별한 조언이나 경력에 대한 후원의 기미는 전혀 없었지만 두 사람은 본능적으로 서로의 수준을 알아보고 지적인 대화를 나누었던 것 같다. 저명한 클라비우스는 토스카나로 돌아간 젊은 피렌체 수학자와 잠시 서신 교환을 하는 아량을 베풀었지만, 추천서를 써줄 의향은 없었다. 클라비우스의 추천서가 있었다면 볼로냐 대학교 당국도 갈릴레오를 좀더 비중 있게 취급했을 텐데 말이다.

갈릴레오는 단티의 후임 자리를 차지하는 데에 실패했다. 놀랄 일도 아니었다. 어쨌든 갈릴레오는 구직 경험에서 배운 게 많았다. 가장 큰 교훈은 주요 대학교의 영예로운 자리에 임명되려면 쉽게 자리를 얻도록 도와주는 영향력 있는 친구들이 있어야 한다는 점이었다. 재능은 다음 문제였고 독창성과 모험심은 오히려 부정적인 요소였다.

1587년에는 스코틀랜드 여왕 메리 스튜어트가 처형을 당했고, 크리스토퍼 말로가 희극 『탬벌레인』을 썼으며 음악계에서는 몬테베르디의 첫 마드리갈 곡이 공연되었다. 베네치아에서는 리알토 다리가 건설되기 시작했다. 1587~1588년에 갈릴레오는 네 군데 대학에 더 지원했다. 시에나, 파도바, 피사, 피렌체 대학교였다. 시도하는 족족 실패했지만, 그 과정에서 몇몇 의미 있는 인간 관계를 맺었다. 가장 중요한 사람은 구이도발도 델 몬테 후작이었다. 그 자신 능력 있는 수학자였고, 개인 실험실을 차려 이것저것 실험을 하는 인물이었다.

갈릴레오와 델 몬테는 과학적 견해에서 공통점이 많았다. 델 몬테는 아리스토텔레스에 대해 회의적인 입장이었고 실험의 가치를 믿었다. 스물세 살의 갈릴레오를 만났을 때 후작은 40대 중반이었다. 그는 청년을 제자처럼 여기게 되었고, 빈첸초와 리치 다음으로 갈릴레오의 깊은 재능을 진심으로 인정해 주었다.

당시의 갈릴레오에게는 바로 그런 인정이 필요했다. 1587년에는 토스카나 대공 프란체스코 1세와 그 아내 비안카 카펠로가 영문 모를 원인으로 하루 간격으로 죽었고, 대공의 동생인 페르디난도 데 메디치 추기경이 토스카나를 통치하게 됐다. 페르디난도 1세는 무자비함으로 악명 높았다. 그는 형수 비안카를 너무나 경멸했기 때문에, 일각에서는 그가 형 부부를 살해하고 대공의 왕관을 차지했다는 소문이 돌았다. 그것이 사실인지 아닌지는 모르겠지만, 하여튼 페르디난도가 등극한 것은 갈릴레이 가문에게는 재앙이나 마찬가지였다.

13년 전인 1574년에 빈첸초 갈릴레이는 비안카 카펠로에게 마드리갈 작품집을 바친 일이 있었다. 페르디난도 1세는 형과 형수를 섬겼거나 그들의 총애를 받았던 인물을 궁정에서 싹 몰아내는 일을 우선 과제로 삼았다. 빈첸초와 전 대공 부인의 관계는 다분히 지엽적이었지만, 새 통치자는 굉장히 철저한 사람이었고 타협을 몰랐다. 프란체스코와 비안카가 죽은 지 몇 주 만에 빈첸초는 토스카나 궁정에서 해고되었다.

빈첸초는 예순일곱 살이었다. 적대적인 새 군주 아래에서 살게 된 그는 이제 실업자였고, 현실적으로 볼 때 다시는 음악가나 작곡가로 고용되지 못할 처지였다. 가문이 운영하는 직물 사업에서 들어오는 돈은 대가족을 부양하기에 충분하지 않았다. 비르지니아는 열네 살, 미켈란젤로는 열두 살, 리비아는 고작 아홉 살이었다. 가족의 유일한 희망은 갈릴레오였다.

가족의 압력은 갈릴레오에게 하등의 도움이 못 되었다. 그는 그렇잖아도 최선을 다하고 있었다. 적합한 자리가 눈에 띄면 어디에고 지원하는 한편으로 피렌체 대학교에 수학 교수 자리를 재설치하자는 청원 운동을 벌였다. 일찍이 프란체스코 1세의 아버지인 코시모 1세가 수학 교수직을 설치하기는 했으나 1570년대 중반까지 아무도 임명되지 않은 채 비어 있었다.

델 몬테 후작은 성실하고 세심하게 갈릴레오를 지원했다. 청년도 후작이 기회의 문을 열어 주리라 믿고 크게 기대를 걸었다. 1588년 7월 16일, 피사 대학교에서 자리를 얻으려던 시도가 실패로 돌아갔다는 소식을 들은 뒤, 갈릴레오는 델 몬테에게 편지를 썼다.

각하께 일전에 말씀드렸던 피사에 관한 일은 바람대로 되지 않을 것 같습니다. 피사에서 강의하다가 수도원장이 되려고 강사를 그만두었던 수사가 다시 수도원을 그만두고 강의를 맡기로 했답니다. 대공 전하께서 이미 그를 임명한 상태입니다. 하지만 여기 피렌체에도 옛날부터 수학 교수직이 있었습니다. 대공 코시모 1세께서 설치한 자리인데, 이제 많은 귀족들이 그 자리가 다시 부활하기를 바라고 있습니다. 저도 그렇게 되기를 바라고, 각하의 이름 높은 형제분을 통해서 제가 그 자리를 얻기를 바라면서 형제분께 제 청원서를 맡겼습니다. 제가 대공 전하께 직접 말씀드릴 수는 없었습니다. 전하께서 접대하셔야 하는 외국인들이 와 있는 통에 말입니다. 그러니 각하께서 다시 한번 편지를 쓰시어

제 이름을 전하게 언급해 주기를 간곡히 청합니다.[1]

갈릴레오에게 일자리를 찾아 주겠다는 결의에 차 있었던 델 몬테는 이렇게 답장했다. "자네도 잘 알겠지만, 내가 도울 일이 있다면 말만 하게나. 그리 할 터이니."[2] 이 편지가 오고 간 뒤에 후작은 어린 친구를 대공에게 알현시키는 데에 성공했다. 하지만 피렌체 대학교 수학 교수직을 되살리려는 갈릴레오의 의도에는 전혀 도움이 되지 않았다. 전임 대공과 달리 페르디난도 1세는 학문에 전혀 흥미가 없었다. 더구나 비안카 카펠로를 따랐던 전 궁정 음악가 빈첸초 갈릴레이의 아들을 돌볼 생각도 없었을 터, 그저 델 몬테 가문에 대한 예의를 지키려고 젊은 수학자를 만나겠다고 했을 것이다.

1588년 하반기는 갈릴레오의 처지가 바닥까지 내려간 때였다. 그는 이탈리아를 떠나 터키나 다른 곳으로 가서 일자리를 찾아볼까 하는 생각도 잠시 진지하게 했다. 근처 학생들을 가르치는 일을 몇 가지 맡고 있었으나 보수가 너무 적었고 아무런 전망도 기대할 수 없었다.

이 시기에 그는 부모의 집에 얼마간 묵으면서 아버지의 음악 실험을 도왔다. 현의 장력과 음조 사이의 관계를 알아보는 실험의 결과를 정리한 책 『신구 음악의 대화』는 오늘날 빈첸초가 음악 이론 분야에서 가장 크게 기여한 업적으로 평가된다. 빈첸초와 갈릴레오는 다양한 무게의 추들을 써서 현의 장력을 바꿔, 현을 두드리거나 뜯을 때 나는 음의 높이는 매달린 추 무게(또는 현에 가해진 장력)의 제곱에 반비례한다는 사실을 확인했다. 그리스 인들이 말했던 것처럼 무게(또는 장력)에 직접 반비례하는 것이 아니었다. 갈릴레오는 아버지를 도와 이 실험을 하던 중에 초대장을 하나 받았다. 그의 운을 바꿔 놓고 기회의 문을 열어 줄 초대였다.

당시 피렌체 아카데미라는 무척 존경받는 지식인 단체가 있었다. 15세기 초에 마르실리오 피치노가 메디치 가문의 승인과 후원을 받아 설립한 단체로 피렌체 아카데미야말로 르네상스의 진원지였다고 평가하는 사람이 많다. 회원들은 새로 발굴한 고전 작품을 제일 먼저 읽고 토론했다. 코시모 데 메디치는 단체의 활약상에 감명을 받아서 토스카나 전역에 비슷한 학회들을 더 많이 세우고 후원했다.

피렌체 아카데미는 지식인과 사상가의 집결지였다. 인문주의자들이 만든 단체로서 급진적 사상에 자극 받은 바가 컸지만, 아카데미의 운영 방식은 고전적인 패러다임을 따랐다. 간간이 개최하는 특별 강연의 주제로 어떤 문제를 택했는가를 보면 확연히 알 수 있다. 회원들의 마음을 몇 년 동안 사로잡아 온 문제는 이것이었다. 피렌체 문학의 위대한 아버지인 단테가 300년 전에 묘사한 지옥은 정확하게 얼마나 크고, 어디에 있는가?

1580년대 내내 회원들은 이 문제를 깊게 토론했다. 이름 난 성직자나 문학가를 초빙해 의견을 듣기도 했다. 그러던 1588년, 회장인 피렌체 의원 바초 발로리가 자연 철학자를 부르면 어떻겠느냐는 참신한 의견을 냈다. 경험적이고 과학적인 접근법을 사용한 강연을 듣자는 것이었다.

명망 있는 피렌체 아카데미는 경륜도 이름도 없는 자연 철학자 갈릴레오에게 강연을 부탁했고, 자연 철학과 수학으로 단테의 묘사를 분석하면 어떻게 되는지 알려 달라고 했다. 그들이 왜 갈릴레오를 택했는지는 분명하지 않다. 오늘날 역사학자들이 의문을 느끼는 만큼이나 당시에 갈릴레오도 놀랐을 것이다. 모르긴 몰라도 틀림없이 갈릴레오의 친구 중 누군가가, 가령 언제나 그를 도우려 했던 델 몬테가 아카데미에 의견을 제출했을지도 모른다. 아니면 기꺼이 강연을 맡으려 한 사람이 아무도 없어서 자신감 있고 배고픈 갈릴레오에게 자동으로 기회가 돌아간 것인지도 모른다.

단테의『신곡』중「지옥편」에 묘사된 지옥의 크기, 형태, 위치를 알아본 다는 주제는 지금 우리가 보기에는 터무니없이 황당한 이야기지만, 피렌체 아카데미 회원들에게는, 나아가 16세기 지식인들에게는 더없이 진지한 문제였다. 그들은 단테가 진짜 지옥에 관하여 썼다고, 하느님이 직접 계시한 내용을 단테가 받아 적었다고 믿었다. 단테의 지옥을 소재로 씌어진 학술서만도 여러 권이었다. 갈릴레오보다 한 세기 앞서 피렌체에 살았던 수학자이자 건축학자 안토니오 마네티는 특히 상세하게 단테의 지옥의 규모를 연구했다. 마네티가 죽은 지 50년 뒤, 이번에는 이탈리아 문학 비평가 알레산드로 벨루텔로가 나서서 마네티의 주장을 기각하며 나름의 주석을 제공했다.

여느 동시대 학자들과 마찬가지로 갈릴레오에게도 단테의 지옥 논쟁은 진지한 문제였다. 갈릴레오는 주의를 집중해 연구했다. 그는 단테의 묘사가 문자 하나하나 정확하다고 간주했고, 기본적 사실들과 선배들의 다양한 의견을 감안해 결론을 내렸다. 갈릴레오의 결론은 마네티의 분석이 정확하다는 것이었다. 그는 마네티의 15세기 저작을 중심에 놓고 강연하기로 했다.

강연은 라르가 가에 있는 팔라초 메디치('팔라초'는 르네상스 이탈리아의 대저택을 뜻한다. ─옮긴이)에서 열렸다. 토스카나의 유력 시민들이 망라된 청중 앞에서 갈릴레오는 움츠리지 않고 당당했다. 그는 연단에 올라서자마자 평소대로 자신감을 발산했고, 완벽한 목소리에 노련한 태도로 강연을 해 나갔다.

먼저 루시퍼의 크기를 계산하는 문제를 꺼낸 그는 비례 개념을 써서 답을 얻었다. '루시퍼의 크기를 추정해 보도록 합시다. 단테의 키와 지옥 구덩이에 선 거인 니므롯의 키 사이의 관계를 말해 주는 비례가 있고, 다시 니므롯과 루시퍼의 팔 길이 관계를 말해 주는 비례가 있습니다. 따라서 우

리가 단테의 키를 알면 니므롯의 키를 알 것이고, 루시퍼의 키도 끌어낼 수 있습니다.'[3]

갈릴레오는 단테의 글 속에서 필요한 수치들을 찾아냈다. 「지옥편」에 따르면 루시퍼는 로마의 성 베드로 광장에 선 거인 조각상보다 43배가 크고, 조각상은 단테보다 43배 크다. 그래서 갈릴레오는 루시퍼의 키가 1,800미터쯤 된다고 계산했다. 그런 뒤에 다른 수학적 비례 관계들을 동원해서 지옥은 지구 부피의 12분의 1쯤을 차지하는 원뿔 모양의 공간이라고 증명했다. 원뿔의 꼭짓점은 지구의 중심에 있다고 했다.

청중은 갈릴레오의 강연에 열렬한 찬사를 보냈다. 당시에는 갈릴레오가 미처 몰랐지만, 사실 이것은 갈릴레오의 성격을 확인해 보는 교묘한 시험이기도 했다. 피렌체 아카데미에 선 지 아홉 달 만에 토스카나 궁정은 갈릴레오에게 피사 대학교 수학 교수 자리를 제안했다.

5장

아리스토텔레스 까발리기

✠

16세기 말의 피사 대학교는 과거 500년 동안 유럽에서 성장해 온 대학교들 중에서도 보잘것없는 사촌 격이었다. 1589년에 피사 대학교 학생 수는 600명이었던 데 비해 볼로냐 대학교는 1,300명이 넘었고 파도바 대학교는 더 많았다. 피사 대학교 학생의 3분의 2가 법학을 공부했는데 학위를 받는 사람은 극히 일부였다. 대학교가 연간 수여하는 학위는 놀랍게도 40개가 못 되었다.

하지만 갈릴레오는 그곳 수학 교수 자리를 거절할 수 없었다. 갈릴레오의 스승이었던 필리포 판토니를 잇는 그 자리는 영예로운 자리도 아니었고 연봉도 60크라운으로 한심한 수준이었다. (오늘날의 1000만 원쯤 된다.) 얼마쯤 되는 연봉인지 비교를 좀 해 보면, 같은 대학교 철학 교수인 자코포 마초니는 12배 이상을 벌었고, 거의 한 세기 전인 1498년에 젊은 니콜로 마키아벨리가 처음 피렌체 정부의 제2서기관으로 등용되었을 때 받은 연봉이 오늘날로 따져 9만 파운드쯤 되었다. 이런 단점들 외에도 좋은 기억이라고는 그다지 없는 모교로 돌아간다는 것도 문제였다.

갈릴레오는 1589년 말에 대학 일을 시작했다. 그는 3년 계약을 맺었는데 학위도 강사 경험도 없는 것을 고려하면 놀랍도록 너그러운 조건이었다. 하지만 나중에 그는 이 자리에 있었던 시간을 인생에서 별 볼 일 없는 시간으로 회상하며 초라했던 학생 시절의 연장이나 다름없었다고 했다. 수학은 대학교 교과 과정에서 중요하지 않은 과목이었기에 조금이라도 신경을 쓰는 학생이 아무도 없다시피 했다. 그래서 갈릴레오는 열성이라고는 없는 한줌의 학생들을 가르치는 신세가 되었고, 수학이 중요하지 않은 과목인 탓에 강의실도 우중충한 뒷방으로 배정 받았다. 가난한 갈릴레오는 해어진 옷가지를 걸치고 다녔고, 외모에 신경을 쓰지 않았다. 교수는 항상 가운을 입고 다녀야 한다는 대학 규정이 있는데도 가운 입기를 단호하게 거절했다. 그냥 반항하는 것으로는 모자랐는지 가운은 지적 무능력을 감추려는 것이라고 주장하기도 했으니 그가 교수들 사이에서 친구를 사귀지 못했던 것도 놀라운 일이 아니다.

갈릴레오는 대학의 빡빡한 일정에 하루속히 적응해야 했다. 그는 일요일을 제외하고 매일 가르쳤다. 업무는 세 가지 형태였다. 소수의 학생들을 모아 놓고 하는 교습, 일반적인 강의, 그리고 대중 강연이었다. 대중 강연은 상당히 거창한 행사였다. 교수가 매년 한 차례씩 학생들과 교수들 앞에서 자기 전문 주제에 관하여 연설하는 것이었다. 다른 선생들처럼 갈릴레오도 높은 연단에 서서 그리스 스승들의 원전을 번역한 것을 읽었다. 그의 경우에는 아리스토텔레스, 에우클레이데스, 아르키메데스였다. 학생들은 조용히 앉아 있었고 간혹 열심인 아이들은 받아 적기도 했다.

갈릴레오는 대학에서 가까운 작은 아파트에 살았다. 대학이 제공한 남자 하인이 하나 있어서 가사를 돌보았다. 갈릴레오는 대개 학교에서 식사를 했지만 술집에 다니는 것도 좋아했고, 곧 도박장과 창녀촌에 다니는 취미도 길렀다. 갈릴레오의 욕망과 관심사는 학기 중에 그 작은 도시를 점령하는 젊은 학생들과 다르지 않았고, (학생들보다 고작 몇 살 많았던) 갈릴레오는 동료 교수보다 학생들과 어울리는 편을 좋아했다.

이런 오락거리가 있긴 했지만, 대부분의 면에서 피사 대학교는 갈릴레오에게 전혀 맞지 않는 장소였다. 그곳은 철저하게 검증된 교수 기법을 이어갈 것을 장려하는 전통적 조직이었고 고전적 사상과 가르침을 적극 지원했다. 피사 최고의 스타 학자가 철학자 지롤라모 보로라는 사실에서도 이 점이 잘 드러났다. 보로는 갈릴레오가 경멸하는 인물이었다.

보로는 엄청나게 보수적이고 목청 큰 아리스토텔레스주의자였다. 그리스 철학자가 말한 한 마디 한 마디를 복음처럼 떠받들어 존중했다. 피사에 우박이 내렸을 때 우박들이 크기에 따라 다른 높이에서 떨어진다는 이론을 제안한 것도 보로였다. 갈릴레오는 학생일 때 그 의견을 공공연히 조롱한 적 있었다.

보로는 제 분야에서 대단히 성공한 학자였다. 그가 널리 알려진 것은 『바다의 조수간만에 관하여』(1561년)와 『가볍고 무거운 물체의 운동에 관하여』(1575년)라는 두 권의 책이 호평받았기 때문이다. 그는 아리스토텔레스의 운동 이론을 지칠 줄 모르고 탐구했고, 특히 자유 낙하에 관심이 많아서 『가볍고 무거운 물체의 운동에 관하여』에서 그 주제를 길게 다뤘다. 동료들 사이에서 보로의 명성은 대단했다. 동시대의 아리스토텔레스 전문가들은 보로의 책이 운동 문제를 완벽하게 집대성한 저작이라고 평가했다.

보로는 전통주의자였지만 진지한 사상가이기도 했다. 아리스토텔레스 학문이 과학의 진정한 기반이자 우주의 작동 방식을 정확하게 묘사한 이론이라고 믿긴 했지만, 실험의 가치를 이해했다는 점에서는 여타 아리스토텔레스주의자들과 달랐다.

갈릴레오가 피사 교수직을 얻기 몇 년 전, 보로는 몇몇 동료들의 손을 빌려서 물체의 낙하 속도가 물체의 성질과 질량에 따라 달라진다는 아리스토텔레스 이론을 점검하는 실험을 했다. 아리스토텔레스는 "100파운드(약 45킬로그램)짜리 공이 100큐빗(약 53미터) 높이에서 떨어져 땅에 닿는 동안 1파운드(약 450그램)짜리 공은 1큐빗(약 53센티미터) 거리를 낙하할 것"이라고 주장했다. 보로는 집의 꼭대기 층 창문에서 나무와 금속으로 된 다양한 질량의 공들을 떨어뜨린 결과, 나무 공이 먼저 떨어졌다고 기록했다. 조건을 달리해서 실험해 본 결과, 같은 재료로 된 공이라도 질량에 따라 땅에 닿는 시간이 다르다고 했다.

갈릴레오는 대학 일을 시작하기 몇 달 전부터 자유 낙하에 관한 탐구를 시작했고 보로의 결론이 헛소리라는 사실을 알아챘다. 하지만 신참 교수였던 갈릴레오의 견해는 교수들에게 전혀 진지하게 받아들여지지 않았다. 갈릴레오는 그 때문에 짜증이 나서 전통주의자들이 틀렸다는 것을 입증하려고 더욱 매달렸을 것이다. 당시에는 (코페르니쿠스의 견해가 지식인과 신학자 사이에 널리 유통되기 전이라) 보로 같은 고전주의자들과 젊은 갈릴레오로 대표되는 급진적 사상가들 사이에서 핵심적으로 논란의 대상이 된 문제가 바로 아리스토텔레스 운동 이론이었다. 아리스토텔레스의 (그리고 비판자들의) 신뢰성을 시험해 볼 수 있는 전장이었다.

사실 갈릴레오가 아리스토텔레스 역학을 공격한 최초의 인물은 아니었다. 수학자 시몬 스테빈(1548~1620년, 네덜란드 학자—옮긴이), 16세기 이탈리아 자연 철학자 조반니 베네데티, 1590년대에 파도바 대학교 수학 교수였던 주세페 몰레티 등이 각기 아리스토텔레스에 대한 대안을 제시했다. 하지만 갈릴레오는 누구보다 급진적인 모형을 만들었다. 갈릴레오의 의견은 선배 철학자들에게 대체로 무시를 당했지만, 운 좋게도 명망 높은 한 동료 학자의 지지를 얻어 내는 성과를 거두었다. 지적 깊이와 폭이 남달라서 갈릴레오도 대단히 존경하는 인물인 자코포 마초니였다. 마초니는 아리스토텔레스 이론의 몇몇 측면에 대해서 갈릴레오만큼 회의적이었다.

갈릴레오가 피사에 도착했을 때 쉰 살이었던 마초니는 단테의 전기 작가이자 분석가로서 명성을 쌓았다. 그는 신식주의자이자 인문주의자로서 논쟁적인 과학적, 철학적 발상들은 공개적으로 토론해야 한다고 믿었다. 마초니가 갈릴레오를 처음 눈여겨본 것은 전해에 갈릴레오가 피렌체 아카데미에서 단테에 관해 강연한 때였다. 마초니는 갈릴레오를 알고 나서 대번에 그의 야심, 통상적이지 않은 접근법(자신의 방식과도 잘 어울렸다.)과 무사태평한 태도를 높이 샀다.

마초니는 학자이면서 사교계 명사였다. 자기 집에 정기적으로 친구들을 초대해 저녁 식사를 하면서 열띠게 과학과 철학을 토론했다. 1589년 말이면 갈릴레오도 마초니 동아리의 일원이 되어서 저녁 모임에 자주 참석했다. 갈릴레오는 당시에도 벌써 반아리스토텔레스적 입장을 취했으나, 코페르니쿠스의 혁명적인 견해는 아직 수용하지 않은 터였다. 코페르니쿠스 이론은 마초니 같은 선구적 사상가도 받아들이기 힘든 극단적인 것으로 여겨졌다.

갈릴레오는 자유 낙하 역학 문제에서 아리스토텔레스가 틀렸음을 입증하겠다는 결의가 대단했다. 그는 아리스토텔레스를 맹목적으로 따르는 동시대인들의 편협한 시각에 신랄하게 반대했다. 더 중요한 점으로, 그는 수학이 철저하게 평가 절하되었다고 생각했고, 과학의 많은 비밀들을 풀 열쇠가 사실 수학에 있다고 믿었다. 수학을 잘 연마하면 인간이 우주를 제대로 해석하는 데 도움을 줄 만능 도구가 될 거라고 믿었다.

갈릴레오의 일화 중 유명한 것으로 그가 피사의 사탑 꼭대기에서 물체들을 떨어뜨리는 낙하 실험으로 아리스토텔레스 자유 낙하 이론을 반증했다는 이야기가 있다. 이 일화를 처음 이야기한 사람은 갈릴레오의 전기 작가 비비아니인데, 1590년 무렵에 했다는 이 실험은 비비아니의 말을 빌자면 상당히 볼 만한 장관이었다. 무거운 금속 공들을 탑 꼭대기까지 가지고 올라가는 것은 쉽지 않았기에 조수가 여러 명 필요했고, 조수들은 동시에 공을 떨어뜨리는 일도 도왔다. 실험 참여자들이 준비를 마쳤을 즈음에는 재미난 구경거리를 보려고 많은 관중이 몰려들었다. 갈릴레오는 이런 관심을 즐겨 마지않았다. 자신이 아리스토텔레스의 허울을 똑똑하게 폭로하는 광경을 최대한 많은 증인이 확인해 주기를 바랐기 때문이다.

최근 들어 몇몇 역사학자들은 현실에서 실제로 실험이 이뤄졌던 것은 아니라고 주장한다. 물론 우리에게는 비비아니의 증언밖에 달리 증거가 없다. 그러나 갈릴레오가 비비아니의 말대로 실험을 수행하지 못했을 이유도 또 없다. 갈릴레오의 성격 중 두드러지고 일관된 면은 연극처럼 극적인 상황을 즐겼다는 점이다. 반항적인 학창 시절부터 수십 년 뒤에 종교 재판소에서 극적인 자기 변호를 하는 날까지, 갈릴레오의 평생을 관통한 성격이었다. 피사의 사탑 실험은 중력으로 인한 자유 낙하를 시험하는 좋은 방법이었고, 높은 창가에서 공을 떨어뜨렸다는 평범하고 별볼일없는 보로의 실험과 크게 다를 바가 없었다.

실제로 피사의 사탑에서 자유 낙하 실험을 했든, 평범한 방식으로 데이터를 모았든, 아무튼 1590년에 갈릴레오는 반아리스토텔레스적 입장을 뒷받침하는 분명한 증거들을 획득했다. 물체는 물리적 성질이나 질량에 상관없이 같은 속도로 자유 낙하한다는 것을 확실히 보여 줄 수 있었다.

1590년 여름에 갈릴레오는 「운동에 관하여」라는 짧은 논문을 써서 자유 낙하 실험에서 얻은 결과를 정리했다. 갈릴레오는 새롭고 색다른 시각을 제공하는 것을 넘어서, 발견을 설명하는 방식마저도 철저하게 독창적인 형태를 취했다. 건조하게 결론을 서술하는 대신, 가상의 주인공을 만들어서 그들로 하여금 대립하는 이론을 토론하게 하는 문학적 장치를 구사했다. 이 경우에는 아리스토텔레스 이론과 갈릴레오 이론을 논박시키는 과정을 통해 전통적 주장의 허구성을 보여 줌으로써 논쟁에 결론을 내렸다.

이런 장치는 갈릴레오의 마음에 자연스럽게 떠올랐다. 그는 발롬브로사의 수사들을 통해서, 그리고 당대의 여러 작가들과 친하게 지낸 아버지를 통해서 문학의 가치와 아름다움을 배웠다. 갈릴레오는 이 장치를 활용해서 까다로운 이론을 독자가 소화하기 쉬운 형태로 제시했다. 그는 거의 모든 논문과 책에서 이 기법을 사용했고, 갈수록 스타일을 연마하고 완성해 갔다.

「운동에 관하여」가 미성숙한 작품이라는 것은 갈릴레오도 잘 알았다. 가상의 주인공으로 이야기를 짠 것이 처음이라 그런지 다소 빈약한 면이 있었다. 두 친구 알렉산데르와 도미니코가 아르노 강가를 걷다가 우연히 운동에 관한 토론에 몰입하게 된다는 줄거리였다. 갈릴레오의 견해를 취하는 알렉산데르는 도미니코의 입에서 나오는 전통주의자의 견해를 성공리에 반박한다. 1590년에 갈릴레오는 아직 자신의 문학적 목소리를 찾아가는 중이었다. 목소리는 이후에 잘 다듬어져서 『시금사』, 『대화』, 『새로운 두 과학』 같은 역작들에서 빛을 발한다.

그런데 표현 방식의 약점을 차치하고라도, 논문의 과학적 세부 사항에 대해서도 갈릴레오는 완벽하게 만족하지 못했다. 그는 실험 데이터가 반아리스토텔레스적 자유 낙하 이론을 지지한다고는 확신했지만, 흡족할 만큼 충분하게 실험을 수행하지 못했다. 그리고 논문에는 모순되고 혼란스러운 대목이 많았다. 갈릴레오는 아무리 글을 다듬고 수정해도 제대로 된 책 꼴을 갖출 수 없었다.

갈릴레오가 추구한 기준은 엄격했다. 「운동에 관하여」의 첫머리에서 그는 선언했다. "이 논문은 앞서 진술한 것에 의존해 새로운 진술을 하는 기법을 철저하게 따를 것이다. 증명을 필요로 하는 진술을 증명 없이 그냥 사실로 받아들이는 일은 가급적 지향할 것이다. 수학 스승들이 내게 가르쳐준 바를 따르려는 것이다."[1] 이런 견해를 볼 때, 갈릴레오는 대단히 현대적인 사고 방식을 품고 있었다. 전통적이고 고전적인 아리스토텔레스적 접근법을 기각했고, 중세 철학자들이 적용했던 혼란스러운 기법들과도 결별했다.

위의 짧은 문장만 보아도 갈릴레오와 보로의 사고 방식이 얼마나 판이했는지 알 수 있다. 보로는 아리스토텔레스의 삼단 논법을 모방해 (갈릴레오의 표현을 빌리면) "앞서 진술한 것"의 뒤를 따랐던 반면, 갈릴레오는 실험적 발명을 통하는 아르키메데스의 길을 따랐다. 보로는 자기가 진리라고 믿는 사실을 입증하려 애썼고, 관찰이 신념에 들어맞지 않을 때는 서슴없이 관찰 내용을 왜곡했다. 갈릴레오도 물론 자기가 옳다는 것을 보여 주려고 애썼지만, 최고로 중요한 것은 관찰이라고 믿었다. 그에게는 관찰한 바를 왜곡해야 할 상황은 한번도 생기지 않았거니와, 설령 어떤 상황이 오더라도 자기가 열렬하게 믿는 내용에 부합시키려고 관찰 및 실험 결과에 손을 대지는 않았을 것이다. 이런 태도는 갈릴레오를 전통과 갈라놓는 요소였고, 이후에 신학자들의 신념 체계와 대립하게 만든 요소였다.

레오나르도 다 빈치와 로저 베이컨 같은 사람은 일찍부터 실험의 가치를 인정했고, 보로 같은 보수적이고 복고적인 사상가들도 중요성을 깨달고 있었다. 레오나르도 다 빈치와 베이컨은 실험으로 발견한 내용을 상세하게 기록해 두었다. 15세기 말의 레오나르도 다 빈치는 우리가 실험을 통해서 특정 상황에서 특정 행동 패턴을 확인한 후에는 더 폭넓은 상황들에서 그 패턴을 다시 찾아낼 수 있을지 모른다는 독창적인 생각을 했다. 레오나르도 다 빈치가 남긴 풍성한 과학 기록을 보면 이런 개념을 적용한 사례가 많다. 특히 광학 실험이 그렇다. 레오나르도 다 빈치는 우선 관찰 내용을 묘사한 뒤에 이렇게 말했다. "그로부터 당신의 법칙을 형성하라." 이 말은 과학적 기법을 최초로 정립한 것이나 마찬가지였다. 우선 관찰을 하고, 다음에 눈으로 본 것을 묘사하는 법칙을 만든 뒤, 더 많은 실험을 수행해서 그 법칙이 다른 상황들에도 적용되는지 살펴보라는 것이다.

레오나르도 다 빈치는 굉장히 유능한 실험가였지만 수학을 거의 모른다는 큰 약점이 있었다. 반면에 갈릴레오는 직함부터가 수학자였고, 실험과 수학의 결합이 과학에 새로운 길을 열어 주리란 사실을 진작부터 깨달았다. 「운동에 관하여」에 담긴 제일 중요한 발상은 실험을 통해서 개념을 확인할 수 있다는 것, 그리고 수학을 써서 법칙을 만들어 낼 수 있고, 그렇게 만든 법칙을 다른 어떤 상황에 대해서도 적용할 수 있다는 것이다.

갈릴레오는 자신의 접근법이 옳다고 믿었다. 보로와 그 추종자들의 견해는 시대착오적이라고 믿었다. 갈릴레오는 이렇게 비아냥거렸다. "위대한 진리를 발견하려고 나섰으나 결코 발견하지 못한 유명 인사들을 생각하면 나는 가슴이 아프다. 그들은 항상 잘못된 곳을 바라보기 때문에 진리를 발견하지 못한다."[2]

갈릴레오는 「운동에 관하여」의 내용에 만족하지 않았기 때문에 출간하지 않기로 결정했다. 대신 다른 책들의 기반으로 삼기로 했다. 논문에서 잘된 부분만 골라서 이후의 작품에 삽입했다.

그 예가 갈릴레오의 마지막 책인 『새로운 두 과학』이다. 그 책에서 갈릴레오는 거의 반세기 전에 했던 발견 내용을 되살려 적고, 그것을 아리스토텔레스 이론과 비교했다. "아리스토텔레스는 100파운드짜리 공이 100큐빗 높이에서 떨어져 땅에 닿을 때 1파운드짜리 공은 1큐빗 떨어진다고 한다. 나는 두 공은 동시에 떨어질 것이라고 주장한다. 비판자들은 시험을 해 보면 큰 공이 작은 공보다 2인치 앞서 땅에 떨어진다고 반박할지도 모른다. 그러나 그들은 2인치 뒤에 아리스토텔레스의 99큐빗을 숨기고 있다. 오직 나의 작은 오차만 떠벌리고 아리스토텔레스의 엄청난 실수에 대해서는 침묵을 지킨다."[3]

갈릴레오가 「운동에 관하여」를 출간하지 않기로 한 사실, 그리고 그렇게 결정한 이유를 알면 그의 성격을 깊이 이해할 수 있다. 「운동에 관하여」는 그 주제에 관한 동시대 어느 저작보다 월등한 작품이었다. 그에 비하면 보로의 연구는 케케묵어 보였고, 보로가 구축한 모형이 전반적으로 어리석다는 것이 드러났다. 하지만 갈릴레오는 분별 있게도 자기 의견을 더 완벽하게 다듬은 뒤에 동료들 앞에 내놓는 쪽을 택했다. 몇 년 뒤에 갈릴레오는 이렇게 썼다. "가장 늦어도 좋으니 정확한 발상을 내놓는 게 좋다. 남들을 앞섰더라도 신중함이 부족해서 자기가 한 말을 나중에 철회하는 것보다 그 편이 낫다."[4]

갈릴레오가 「운동에 관하여」를 인쇄소로 보냈다면 지위 상승이나 지지 확보에 상당히 도움이 되었을 것이다. 피사 대학교 같은 낙후된 조직에 있는 새파란 젊은이가 선인의 작업을 개량한 논문을 내놓았다는 사실이 세간의 주의를 모았을 것이다. 명성 있는 대학교에서 더 나은 자리를 얻는 데 도움이 되었을지도 모른다. 갈릴레오가 당시에 그 사실을 인식하고 있었는지는 확실치 않지만 그는 시대를 막론하고 철학자들에게 부족하기 마련인 사업가적 기질을 갖춘 보기 드문 경우였고, 학계에서 인정받는 게 얼마나 어려운 일인지도 잘 알았다. 따라서 논문 출간을 보류했을 때 자기가 어떤 기회를 포기하는지 정확하게 알았을 가능성이 높다.

1591년 여름, 갈릴레오는 강한 주장과 급진적인 과학 의견 때문에 동료 교수들과 심각한 갈등을 빚고 있었다. 그는 특유의 거만한 태도로 선배들을 조롱하며 그들이 구식 사고 체계에 노예처럼 매여 있다고 비난했는데 비난이 지나쳐서 무모한 지경까지 나아가기도 했다. 소수의 학생들을 강의실에 모아 놓고 평소대로 수업을 하던 중에 그는 신랄하게 전통적 발상을 폄하했고, 자신의 실험에 더 큰 무게를 두었다. (물론 발표하지 않은 내용이었다.) 보수적인 학생들(적들이 강의실에 심어 둔 학생들이었다.)이 질문 공세를 퍼부으며 수업을 교란하기 시작했는데, 갈릴레오는 아마 별로 놀라지도 않았을 것이다.

갈릴레오는 괴롭힘을 당하고 있다는 사실을 깨달았지만 어떻게 대응할 방법이 없었다. 그저 적들의 공격이 역류할 날을 기다렸다. 당시에 갈릴레오가 쓴 글에 이런 문장이 있다. "내 글을 읽은 뒤에도 내 말이 참인지 고려해 보기는커녕 정당하고 말고를 떠나서 내 주장을 논박할 꼬투리만 찾으려는 자들이 많다."[5]

학계에서 갈릴레오에 적대하는 사람은 갈수록 늘어났다. 개중에는 유력 인사도 많았다. 그런데 아이러니하게도 갈릴레오가 피사 대학교를 떠나는 계기가 된 것은 학계의 논쟁이 아니었다. 갈릴레오가 자기 일도 아닌 문제에 고집스럽게 끼어든 사건 때문이었다. 1592년에 페르디난도 1세 대공이 피사에서 가까운 리보르노 마을의 항구를 개량하는 대규모 기술 사업을 승인했다. 또한 대공은 아버지 코시모 1세의 서자인 조반니 데 메디치가 발명한 기계를 사용하도록 허락했다. 갈릴레오는 기계가 제대로 작동하지 않을 거라고 보았고, 자기 말이 높은 분들에게 얼마나 언짢게 들릴

지 고려하지 않은 채 공개적으로 발명품을 비판했다. (당연히 고명한 발명가까지 싸잡아 비난한 꼴이 되었다.)

조반니 데 메디치의 기계에 대한 갈릴레오의 판단은 결국 옳았지만, 이 사건은 갈릴레오의 태도가 얼마나 무례했는지 보여 주는 상징적 일화이다. 그는 피사에 어울리는 인물이 아니었다. 피사 대학교 학자들은 그가 실수를 저지르자 마침내 골칫덩어리를 치울 기회를 잡았다고 좋아했다. 조반니 데 메디치는 힘 있고 영향력 있는 인사였고, 대학교 당국은 재정 지원은 물론 행정적, 법적 인정에 있어서도 메디치 가에 전적으로 의존한 처지였다. 1592년 가을에 갈릴레오의 3년 계약이 끝나 갱신할 때가 되자, 대학은 그를 해고했다.

갈릴레오는 분명히 시끄럽고, 독선적이고, 간혹 교만하기까지 했지만, 또한 기민했다. 사회적으로 우아하게 처신하는 법은 몰랐을지라도 자신이 살얼음판을 걷고 있다는 점만큼은 완벽하게 인지했다. 사실인즉 그는 피사 대학교에서 계속 일하고픈 생각이 조금도 없었고, 다른 곳에서 보수가 더 나은 자리를 구하려고 진작부터 물밑 작업을 하는 중이었다.

피사 대학교에 있으면서 나름대로 추종자와 후원자를 얻은 갈릴레오는 인맥을 통한 이득을 추구하는 데 있어서 자존심을 세우지 않았다. 그는 어떻게 해야 학계의 자리를 얻을 수 있는지 알았다. 중요한 자리일수록 더 큰 영향력을 발휘해서 압력을 넣어야 했다. 그는 나름대로 명성이라 할 만한 것을 획득했고 대단한 과학적 능력과 야망을 지닌 사람으로 평가 받았지만, 한편 까다롭고 고집 센 사람이란 평을 들었다.

1591년 가을에 피사 대학교보다 훨씬 크고 명예로운 파도바 대학교의 수학 교수 자리가 비었다. 갈릴레오는 피사에서 자신의 미래가 불길하다는 사실을 뻔히 알았다. 그는 1592년(계약 마지막 해였다.)이 피사 대학교 수학 교수로 보내는 마지막 해가 될 것임을 거의 확신했고, 1591년 말과 1592년 초에 걸쳐 파도바 대학교의 자리를 얻으려고 안간힘을 다했다. 갈릴레오는 친구이자 후원자이며 인맥의 핵심이었던 구이도발도 델 몬테 후작을 통해서 중요한 세 인물을 소개받았다. 첫 번째는 지도적 정치가이자 지식인인 파올로 사르피였다. 두 번째는 델 몬테 가의 군인인 프란체스코 델 몬테로서, 베네치아 공화국에서 가장 강력한 사령관이자 상당한 영향력을 갖춘 인사였다. 델 몬테가 소개해 준 삼인방 중 아마도 가장 가치 있는 인맥은 세 번째 인물인 잔빈첸치오 피넬리였다. 피넬리는 부유하고 유력한 지식인으로서, 나폴리 출신이지만 파도바에서 수년째 살고 있는 귀족이었다. 피넬리는 갈릴레오를 만났을 때 쉰여섯이었고 파도바 지성계의 핵심이었다. 피넬리는 델 산토 가의 세련된 저택에 정기적으로 사상가들을 초대해 모임을 열었다. 파도바 대학교 사람들뿐 아니라 베네치아와 유럽 곳곳의 손님들이 찾아 들었다.

갈릴레오는 파도바 대학교 자리를 얻으려고 총력을 다했다. 그 자리는 4년 동안 비어 있었는데, 전임자였던 주세페 몰레티라는 존경받는 지식인이 유명한 반아리스토텔레스주의자였던 점은 갈릴레오에게 유리했다. 자유주의적인 파도바 대학교 당국은 몰레티의 선례를 좇아서 기존 학계에 대립되는 수사학을 가르치는 전통을 잇고 싶어 했다. 하지만 갈릴레오가 교수직을 얻는 과정은 생각만큼 평탄하지 않았다. 조반니 안토니오 마지니라는 경쟁자가 있었기 때문이다. 그는 이미 유능하다고 정평이 난 반아리스토텔레스 학자로서, 4년 전에 갈릴레오를 제치고 볼로냐 대학교 수학 교수가 된 사람이었다.

1592년 6월에 베네치아 상원이 모여 투표를 했고, 찬성 149표 대 반대 8표로 갈릴레오를 파도바 대학교 수학 교수로 임명했다. 공식 발표문은

"피사에서 강의하며 대단한 명예와 성공을 거느렸고, 자기 분야에서 가장 뛰어난 인물이라 평가 받는 갈릴레오 갈릴레이가 압도적인 표로 임명되었다."라고 환호했다.[6]

갈릴레오가 파도바 교수직을 따내다니, 고작 4년 만에 장족의 발전을 한 것이 여실히 증명된 셈이었다. 그가 커다란 목표를 품고 있는 사람임을 분명하게 말해 주는 현실이었다. 갈릴레오보다 나이가 많고 경륜도 많으며 우월한 경로를 밟아 왔던 마지니에게는 갈릴레오에게 진 것이 모욕이었다. 마지니는 겉으로는 의연한 척하며 볼로냐로 돌아갔지만, 속으로는 부글부글 화를 끓였다. 약 20년이 지난 뒤에 마지니는 갈릴레오의 교활한 적이자 시끄러운 비평가로 공공연히 나설 것이었다.

하지만 1592년에는 갈릴레오가 마지니의 실추된 자존심을 걱정할 이유가 없었다. 갈릴레오는 마침내 중요한 학문적 위치를 따내는 데 성공했다. 게다가 훨씬 편안하게 느끼는 도시에 살게 된다는 장점도 있었다. 갑자기 갈릴레오 앞에 놓인 길이 금은보화로 치장된 듯했다.

6장

산뜻한 시작

✠

　파도바는 로마 시대 이전까지 기원이 거슬러 올라가는 고대 도시로서 카이사르 시대에 주목 받는 도시였다는 자랑도 갖고 있다. 12세기부터는 자유 도시가 되어서 경제적, 문화적으로 엄청나게 성장했다. 많은 화려한 건축물들이 그 사실을 증명하는데, 가령 도시 중심에 있는 팔라초 델라 라조네의 꼭대기 층 홀은 지지 기둥 없는 홀로는 세계 최대 규모였다고 한다. 비슷한 시기(13세기 초)에 지어진 근처의 스크로베니 성당은 경쟁자가 없을 정도로 뛰어났던 피렌체 화가 조토가 파도바에 살던 1303년과 1305년 사이에 그린 프레스코화들로 유명하다.

　갈릴레오가 파도바 대학교 자리를 놓고 경쟁하던 무렵, 도시는 200년 가까이 베네치아의 지배를 받아 온 상태였다. 파도바는 더 크고 융성한 베네치아와 공생 관계를 이루며 평화와 번영을 누렸다. 파도바 대학교는 세계 최고의 학문 중심지로 명성을 날렸다. 온 이탈리아는 물론이고 외국에서도 학생들이 밀려들었다. 대학이 15세기에 국제적으로 어마어마한 명성을 쌓은 데에는 의학부의 성공이 큰 역할을 했다. 파도바 대학교 의학부는 세계 최고였다. 안드레아스 베살리우스 같은 중요한 인물들이 가르쳤기 때문에 다른 유명 학자들도 강연을 하러 왔다. 15세기 중반, 그러니까 베살리우스가 자리 잡기 100년 전이고 갈릴레오가 도착하기 약 150년 전, 대학이 어찌나 인기 있고 성공적이었던지, 베네치아 정부를 압박해 베네치아 공화국의 신민은 누구든지 파도바 대학교 이외의 스투디움(대학교)에는 다닐 수 없다는 포고를 통과시킬 정도였다. (사실 베네치아 공화국 내에 정식 스투디움은 파도바 대학교 하나였다. ─ 옮긴이)

1592년에 베네치아는 일련의 정치적, 자연적 격변을 딛고서 다시금 깨어나고 있었다. 15년 전에 흑사병이 덮쳐서 인구의 3분의 1 가까이가 죽었고, 제일 유명한 시민인 화가 티치아노도 사망했다. 베네치아 사람들은 고작 15년 만에 도제(원수라고도 하며, 베네치아 공화국 최고 지도자의 명칭 ─ 옮긴이)가 네 번이나 바뀌는 것을 보았다. 베네치아는 프랑스, 스페인, 로마 같은 강대국들 틈바구니에서 중개인처럼 행동하며 신중한 길을 밟았다.

베네치아는 특별한 위치 덕분에 동방으로부터 문화적 영향을 받았고, 오랜 학문 전통을 소유했으며, 모험심 넘치는 여행자들이 만나는 교차점이었다. 마르코 폴로도 1271년에 이곳에서 여행을 시작했다. 폴로 같은 탐험가들이 동방에 퍼뜨린 서구 문화의 요체는 동방에서 서방으로 흘러 들어와서 리도 섬과 산마르코 광장을 건너 베네치아에 전해진 지식과 영향력에 비하면 아무것도 아니었다. 베네치아가 전 세계적 우월성을 유지했던 수백 년 동안, 그렇게 유입된 학문이 줄곧 도시를 변화시켰고, 세계주의적이고 자유주의적인 분위기를 형성했다.

베네치아의 통치 체제는 16세기 유럽에서 독특한 편이었다. 도시 국가를 다스리는 일은 원시적 형태의 민주주의로 선출된 콜레조가 맡았다. 콜레조를 구성하는 26인의 의원은 부유한 가문에서만 선출되었는데 (다만 반드시 오래 되거나 귀족 가문일 필요는 없었다.) 덜 계몽된 국가의 부패를 막기 위해서 세련된 안전 장치들이 있었다. 정부를 이끄는 것은 선출직인 '대표 행정관' 즉 도제였다. 도제는 원칙적으로 한번 선출되면 평생 자리를 지켰다. 그러나 현실에서는 도제가 정치적으로 실패하거나 추문에 휘말려 신용을 잃을 경우, 정적들이 압력을 가해서 그를 해임하고 다시는 공직에 오르지 못하게 하는 일이 많았다.

도제와 대항 관계에 있는 조직은 14세기 초에 만들어진 10인 위원회였다. 10인 위원회는 귀족들로만 이루어지는 조직으로서, 26인의 콜레조에 대항해 일종의 "제2의 의회"로 기능했다. 여기에도 부패와 체제 오용을 막는 안전 장치가 있었다. 10인 위원회의 구성원은 연달아 두 번 이상 임기를 수행할 수 없었고, 한 회기에 한 가문에서 1인 이상 임원이 될 수 없었다. 임원들 중에서 선출된 3인의 카피(수장)들이 위원회를 이끌었다. 수장들은 한 달 임기 동안 두칼레 궁(팔라초 두칼레, 도제의 거처이자 공화국 정부 건물 — 옮긴이)에 틀어박혀 철저하게 고립되어 지냈다. 10인 위원회의 주된 임무는 국가 안보였지만 국내의 법적 논쟁이나 법 집행 문제에도 관여했다. 나아가 중요한 외교 과정에도 참여했고, 공화국 내의 악습이나 도박 등을 감시하는 문제도 다루었다.

16세기의 베네치아 공화국은 수백 년의 상업적 성공을 자랑하며 세계적인 군사 강대국으로도 기틀을 다진 상태였다. 베네치아는 약 600년 동안 투크르 족, 즉 오스만 제국과 분쟁을 겪었다. 베네치아는 기독교 국가였고 교회가 십자군을 모집할 때마다 크게 기여했지만, 베네치아 사람들은 신을 따르는 것만큼이나 돈을 따랐다. 그리고 오스만 제국과는 물론이고 유럽 국가들과도 끊임없이 싸우면서 영토를 확장하려고 했다. 원래부터 빛나는 도시 국가였던 베네치아는 성공과 부를 통해 더욱 화려하고 아름다운 도시가 되었다. 1588년과 1592년 사이에 그 이름도 어울리는 폰테라는 건축가가 오늘날의 모습과 같은 리알토 다리를 건설했고 (Ponte di Rialto, '폰테'가 이탈리아 어로 '다리'를 뜻한다. — 옮긴이) 두칼레 궁은 새 감옥과 숙소와 사무실을 갖추어 훨씬 넓게 확장되었다.

도시 통치자들은 돈에 대한 관심과 신앙심이 만나는 경계에 서 있었으므로, 팽팽하게 긴장된 줄타기를 해야 했다. 대를 이은 교황들이 대를 이은 도제들과 충돌을 일으켰고, 비싼 대가를 치르며 모두가 지친 뒤에야 타협이 이루어지곤 했다. 약 반세기 전에 열렸던 트리엔트 공의회는 신학적 반항 행위를 찍어 누르면서 이탈리아를 비롯해 가톨릭 성향이 강한 국가들에서 큰 힘을 발휘했다. 베네치아와 로마는 수백 년 동안 그래 왔듯이 줄곧 영토 문제로 다투었는데, 사실 그런 의견 차이는 교리나 이데올로기적 독립성을 두고 빚어진 심각한 마찰에 비하면 그리 중요하지 않았다. 교황은 베네치아(그리고 파도바)가 칼뱅주의자, 루터파, 오컬트주의자, 기타 잡다한 이단들에게 천국 같은 피난처가 되었다면서 늘 의심했다. 외교관들이 물밑에서 논쟁을 누그러뜨릴 때가 많았고, 공개적인 갈등으로 비화하기 전에 양쪽이 조금씩 양보하고는 했다. 가능하다면 타협을 이룬 척 하는 게 모두에게 유리했다. 가끔은 베네치아가 씨름에서 이겼고, 가끔은 로마가 이겼다. 즉위하는 교황마다 베네치아의 영적 지도자는 교황이라는 사실을 분명하게 못 박았으나, 베네치아 정부는 자기네 서점에서 금서 목록에 오른 책들이 유통되는 것을 눈감아 주었다. 적어도 두 교황은 베네치아에게 더 많은 성당을 지을 자금을 대라고 강요했다. 베네치아 사람들은 칼뱅주의적 문학 작품을 도시 내에서 자유롭게 출간하고 유통하는 권리를 누렸다. 이런 타협을 통해서 베네치아 사람들은 이제까지와 같은 지위를 유지하면서 돈을 벌었고, 교황들과 추기경들은 체면을 세웠다.

베네치아와 파도바는 남부 유럽 도시들 가운데 가장 자유로웠고 비정통적인 철학자들을 환영했다. 또 베네치아와 파도바 사람들은 오래 전부터 종교 재판을 불신했다. 공화국 관료들은 교황 그레고리오 9세가 1231년에 종교 재판소를 창설한 뒤로 약 50년 동안 종교 재판소 행정가들이 도시에 발을 들이는 것을 거부할 정도로 반감을 보였다. 관료들은 1288년에야 결정을 번복했다. 교황 니콜라오 4세가 당시 도제였던 조반니 단돌로에게 바티칸의 생각에 따르지 않으면 파문하겠다고 협박했기 때문이다. 그러나 그 후에도 베네치아의 종교 재판관들은 로마의 광신적인 열정을 따르는 데는 흥미가 없었다.

한참 뒤인 1521년, 종교 개혁이 정점에 달했을 때, 베네치아는 조용히 교황의 명령을 어기면서 저만의 종교 재판 규칙을 세웠다. 주교 두 사람이 참석한 상태에서 재판을 진행하고, 어떤 형태의 고문도 금한다는 규칙이었다. 1552년부터 1594년까지 42년 동안 마술적 주문이나 마녀 행위나 마법을 수행한 죄로 베네치아 시민이 재판을 받은 예는 150건에 지나지 않았고, 그 중 여섯 명만 기소되었다. 150년에 걸친 불명예스러운 마녀 사냥의 역사 동안 베네치아에서는 처형당하거나 심하게 고문당한 사람이 하나도 없었다.

베네치아가 이처럼 영적 독립성을 추구했기 때문에 로마와의 관계는 점차 껄끄러워졌다. 1589년에 프랑스 왕 앙리 3세가 암살당했을 때 (갈릴레오가 파도바로 오기 3년 전이었다.) 베네치아는 정당한 후계자이자 신교에 너그러운 나바라 왕 앙리(앙리 4세)에게 망명처를 제공했다. 이 일은 열성적인 가톨릭파인 기즈 가문을 분노하게 했고 스페인 왕 펠리페 2세를 화나게 했으며 교황 식스토 5세를 격분케 했다. 교황은 베네치아 도시 국가 전체를 파문하기로 결심했으나, 추기경들의 현명한 조언을 듣고서 가까스로 뺐던 칼을 거두었다. 추기경들은 베네치아 파문이라는 무기를 과거에도 몇 차례 휘둘러보았으나 그 결과 그들의 반항심만 북돋웠다는 점을 지적했다. 베네치아는 교황이 가할 수 있는 궁극의 위협인 파문 조치를 네 번 겪었다. 1284년에 마르티노 4세가, 1309년에 클레멘스 5세가, 1483년에 식스토 4세가, 가장 최근인 1508년에 율리오 2세가 도시를 파문했지만, 결국 매번 바티칸이 도로 물러났고 베네치아를 교회의 품에 다시 받아들였다. 베네치아 사람들은 종교적 감성에 좌우되기도 하지만 세속적 이해관계도 영원히 버리지 못하는 사람들이었다.

교황은 파도바에서는 좀 다른 전략을 구사했다. 트리엔트 공의회의 대변인인 예수회 대학교를 통해 활동했다. 로마가 세운 예수회 대학교의 행정가와 교사들은 도시 건너편의 오래된 파도바 대학교에 둥지를 튼 자유주의자들에 맞서 상대가 대중에게 설파하는 바를 반박하는 데 총력을 기울였다.

이런 충돌은 대중에게도 구경거리였다. 파도바 시민들도 어느 편을 따르느냐에 따라 양쪽으로 나뉘었다. 갈릴레오가 도착한 지 얼마 지나지 않았을 때, 파도바 대학교 학생들 몇몇이 한밤중에 예수회 대학교를 급습해서 자고 있던 신참 사제 수십 명을 끌고 나와 억지로 거리를 행진시킨 일도 있었다.

갈릴레오는 파도바에 매력을 느낄 요인이 많았다. 연봉이 피사 때보다 세 배나 올랐고, 대학교의 자유주의적 입장도 마음에 들었다. 귀족 지식인인 잔빈첸치오 피넬리가 있다는 점도 장점이었다. 피넬리는 델 몬테의 친구로서 갈릴레오가 파도바 대학교 교수직을 얻는 데 결정적인 지원을 했다. 피넬리와 갈릴레오는 만나자마자 친한 사이가 되었고, 갈릴레오는 파도바를 처음 방문했을 때 피넬리의 저택에서 많은 시간을 보냈다. 갈릴레오가 파도바 대학교 자리를 받아들이자마자 피넬리는 갈릴레오더러 델산토 가에 있는 자신의 호화로운 저택에 넘치는 방들을 사용하라고 고집했다.

갈릴레오에게는 엄청나게 이득이 되는 관계였다. 16세기 마지막 20년 동안 피넬리의 저택은 지식인들의 집합소였다. 막 싹을 틔워 가는 과학계를 구성하게 될 인물들이 그곳에 모였다. 피넬리는 자연 철학에, 실험과 탐구라는 신선한 발상에 매료되었다. 그런데 피넬리의 관심은 그것을 넘어섰기 때문에, 갈릴레오처럼 급진적인 과학적 의견을 지닌 사람들 말고도 신비주의자, 오컬트주의자, 선도적인 로마 가톨릭 지식인, 작가, 예술가 등을 나란히 초대하곤 했다.

갈릴레오는 처음 피넬리의 집에 드나들기 시작했을 때 (파도바 대학교 수학 교수 자리를 위해 로비를 하던 1592년 봄에) 그곳에서 조르다노 브루노와 로베르토 벨라르미노를 만났을 가능성이 있다. 두 사람은 신학과 철학에서 전적으로 대조되는 견해를 지닌 사상가였지만, 피넬리는 둘 다 따뜻하게 환영했다. 브루노는 바티칸이 비난하는 유명한 이단이었다. 벨라르미노는 저명한 지식인이자 교황의 책임 참모로서, 몇 달 전인 1592년 1월에 교황관을 쓴 신임 교황 클레멘스 8세에 의해 콜레조 로마노의 영성 지도 신부로 임명되었다. 브루노와 벨라르미노는 갈릴레오의 미래에 중대한 역할을 수행할 인물들이다.

정말 갈릴레오가 브루노를 만났더라도 몹시 짧은 만남이었을 것이다. 사실 만난 적 있다는 기록도 없다. 사제 출신이면서 이름 날리는 오컬트주의자가 된 반항아 브루노는 1592년 초에 파도바 대학교에서 일했다. 브루노는 극단적인 견해를 설파하며 위험천만하게 살아가는 비정통파 인물로 온 유럽에 유명했다. 그러니 피넬리의 식탁에 초대 받기에 충분한 완벽한 손님이었고, 피넬리가 이끄는 토론 모임에서 한 자리 차지하기에도 손색없었다. 성직 교육을 받은 브루노는 스스로 독실한 가톨릭 신자라고 생각했지만, 교회는 그의 반교리적 의견을 극단적인 이단으로 여겼다. 브루노는 거의 평생을 외국에서 떠돌다가 막 이탈리아로 돌아온 참이었는데 가톨릭 국가에 발을 들여놓은 것은 스스로를 더없이 위태로운 상황으로 몰아넣은 일이었다.

브루노, 갈릴레오, 벨라르미노가 적어도 한 번쯤 델 산토 가의 저택에 동시에 초대 받았을 가능성이 있다. (절대 확실한 것은 아니다.) 그 자리에서 어떤 대화가 오갔을지, 우리는 그저 상상해 볼 뿐이다. 굉장히 똑똑하고 가차 없이 냉정한 벨라르미노는 이단에 대한 혐오감이 엄청나서 '이단을 때려 부수는 망치'라는 별명을 얻었을 정도였다. 그는 브루노를 특히 미워했다. 브루노를 악마의 사주를 받아 신앙을 타락시키는 자라고 보았다.

1592년 5월 22일, 브루노는 독일로 떠나기 전에 신변을 정리하려고 베네치아로 돌아갔다가 체포되었고, 두칼레 궁 가까이에 위치한 종교 재판소 감옥에 갇혔다. 감옥에서 채 100미터도 떨어지지 않은 곳에서 갈릴레오가 파도바 대학교 교수 선출 위원회의 심사를 준비하는 동안, 브루노는 가로세로 2미터인 지하 감방에 갇혀 사슬로 벽에 묶여 있었다. 1592년 여름과 가을 동안 갈릴레오는 파도바 대학교의 제안을 수락하여 첫 강의를 준비했고, 브루노는 재판을 받았다. 브루노는 베네치아 재판정에서 이단으로 선고 받은 뒤에 바티칸으로 이송되었고, 그곳에서 7년을 더 갇혀 산 뒤에 1600년 2월에 캄포 디 피오리 광장에서 화형에 처해졌다.

갈릴레오와 브루노가 친구가 아니었던 것은 분명하다. 그들의 길이 교차한 시점이 있었더라도 아주 잠시였을 것이 틀림없다. 더욱이 그들이 만났더라도 갈릴레오는 이 신비주의자의 신념에 대부분 동의하지 않았을 것이다. 그러나 두 사람이 개인적으로 서로 알았든 몰랐든, 갈릴레오는 브루노와 브루노의 사상에 대해서 틀림없이 잘 알았을 것이다. 몇 년 뒤에 조르다노가 처형당할 때, 그의 끔찍한 운명은 이탈리아에 살면서 반아리스토텔레스적 견해를 품은 모든 사람들에게 유령처럼 그림자를 드리웠다.

역시 피넬리의 저택에 손님으로 자주 왔고 갈릴레오의 사상과 지적 성장에 심오한 영향을 미친 사람으로 파올로 사르피가 있었다. 갈릴레오는 일찍이 델 몬테를 통해 사르피를 소개 받았지만, 제대로 알게 된 것은 피넬리의 모임에서였다. 두 사람은 즉시 친구가 되었다. 사르피는 13세기에 설립되어 성모 마리아를 섬기는 교단으로서 교회가 정통으로 인정한 조직인 성모하복회에 몸담은 수사였다. 그는 관습에 얽매이지 않는 유연하고 열린 마음을 지녔다. 비교적 가난한 가문에서 태어난 사르피는 타고난 총명함과 야심으로 자수성가했고, 1592년에는 베네치아에서 가장 유력한 성직자가 되었다.

갈릴레오의 평범한 일상은 대학교 강의실에 있었다. 그는 1592년 12월 7일에 취임 강연을 했다. 강연 내용은 남아 있지 않지만, 전통에 따라서 교수진 대부분이 참석하는 대중 강연이었을 게 분명하다. 강연자의 전문 분야에서 근본적인 주제를 라틴 어로 연설하는 형식이었다. 갈릴레오는 몇 주 동안 강연을 준비했다. 내용 전체를 암기했고 여러 번 연습했다.

강연은 대성공이었다. 파도바에 신성이 떠올랐다는 소문이 자자하게 퍼졌다. 동시대 최고의 천문학자인 튀코 브라헤에게도 소식이 닿았다. 브라헤는 덴마크의 관측소에서 연구하고 있었는데, 갈릴레오의 강연에 대해 듣고 "하늘에 새로운 별이 등장했도다."라고 말했다고 한다. 의학자 지롤라모 메르쿠리알레도 감탄하면서 갈릴레오에게 직접 말했다. "파도바 대학교는 자네의 천재성을 펼칠 고향이 될 걸세."

파도바의 학생들은 피사에서 가르쳤던 학생들보다 훨씬 수준이 높았다. 하지만 갈릴레오는 가르치는 일을 못 견디게 싫어했다. 그는 엄청난 의지를 발휘해서 흥미 없는 것을 겨우 견뎠고, 영감을 주는 교사라는 평가지 얻었지만 사실은 초보자를 가르치는 일을 가까스로 참아낼 뿐이었다. 그는 나이가 들수록 더 가르치는 일을 싫어했다. 말년에는 이렇게 단언한 적도 있다. "남에게 무엇을 가르칠 수는 없다. 그가 스스로 찾아내도록 도울 수 있을 뿐이다."

언뜻 생각하기에는 우리가 아는 그의 성격과 어긋나는 것 같다. 그는 청중의 관심을 향유한, 뛰어나고 자신감 있는 연설가였기 때문이다. 하지만 한편으로 그는 돈을 벌자고 가르치는 것을 증오했다. 강의실에서 보내는 일분일초는 연구에서 손을 떼고 있는 일분일초를 의미했기 때문이다.

피사 시절에 비교하면 파도바는 불평할 것이 없는 편이었다. 활력 넘치는 새 도시에서의 생활이 심각한 대화와 수업 임무로만 가득 찬 것도 아니었다. 갈릴레오는 언제나 삶을 즐겼다. 피사에서 교수가 된 뒤에도 그는 학생과 헷갈릴 만한 태도로 처신했고, 강의실에서 보내는 시간만큼이나 시내에 나가 노는 시간이 많았다. 그는 느긋하게 여유 부리는 것을 좋아했다. 베네치아는 그 점에서 완벽했다.

1590년대의 베네치아는 장대한 건축물들과 문화적 영향력으로 이름 높았고 향락객들과 난봉꾼들에게 인기 좋은 도시이기도 했다. 일찍이 1358년에 베네치아 대평의회는 매춘을 "세상에 필수불가결한 직종"으로 선언했고, 검열하고 금하기보다 규제하고 한계를 마련하는 방식을 취했다.[1] 매춘부들은 엄격한 복장 규정을 지켜야 했고 도시 내의 정해진 구역에서만 사업을 할 수 있었다. 마찬가지로 음주와 도박도 합법적이되 통제를 받았다. 다만 2월과 8월의 사육제 기간에는 예외라서 안 그래도 느슨한 베네치아의 규칙들이 대부분 잊혀졌다.

사교적이고 놀기 좋아하는 갈릴레오는 친구를 구하는 데 어려움이 없었다. 친구들과 함께 파도바에서 32킬로미터밖에 떨어지지 않은 베네치아까지 운하와 물길을 따라서 거룻배를 타고 여행하곤 했다. 그는 많은 친구들과 폭넓게 교류했으나 특히 가까운 사람이 있었다. 잔프란체스코 사그레도였다. 갈릴레오는 훨씬 나중인 1632년에 출간한 『대화』에서 등장인물의 이름을 사그레도라고 지음으로써 친구에게 불멸의 영광을 안겼다. 책속의 사그레도는 지적인 보통 사람의 역할을 맡아 편협한 아리스토텔레스주의자인 심플리초, 갈릴레오를 대변하는 살비아티와 함께 천문학을 토론한다.

잔프란체스코 사그레도는 허풍선이 같은 인물이었다. 물려받은 유산이 있었던 그는 갓 건설된 리알토 다리 바로 옆의 거창한 저택에 살면서 매사에 좋은 것들을 누리며 인생을 즐겼다. 저택은 "방주"라고 불렸다. 모양이 배의 선체를 닮았고, 또한 동물원에 버금갈 만큼 다양한 동물들을 사그레도가 저택 안에서 길렀기 때문이다.

사그레도는 한량에다 난봉꾼이었다. 저택 꼭대기 층에는 매춘부들과 노는 공간으로 쓰려고 특별히 치장한 방들이 있었다. 한편 그는 지적으로 조숙하고 관심사가 다양했다. 갈릴레오보다 열 살가량 어렸던 사그레도가 수학자에게 끌린 것은 갈릴레오의 활기 찬 성격 때문이기도 했지만 배울 것이 있다는 점 때문이기도 했다. 갈릴레오는 사그레도의 화려함과 활력을 좋아했고, 젊은 귀족이 제공하는 흥미진진한 생활을 좋아했다.

피넬리와 사그레도는 갈릴레오가 파도바와 베네치아에서 족히 10년을 보내는 동안 삶의 양대 산맥이나 마찬가지였다. 셋 중에서 가장 연장자인 피넬리는 지적 탐구를 지탱하는 튼튼한 기둥이었고, 이탈리아 어디에서 도 달리 찾아볼 수 없는 사회적 인맥을 제공했다. 1601년에 피넬리가 예순다섯의 나이로 죽자 갈릴레오는 그의 빈 자리를 뼈저리게 느꼈다. 사그레도도 피넬리 못지않게 부유하고 화려했지만, 피넬리가 아버지 같다면 사그레도는 바이런 경과 흡사했다. 사그레도는 갈릴레오를 특별한 사람들 속으로 끌어들였다. 그들이 어울린 사람들 중에서 둘은 나중에 도제가 되었다. 부유하고 야심 찬 니콜로 콘타리니와 레오나르도 도나였다.

갈릴레오는 세련된 부류와 섞이기 시작했다. 그러나 그는 경제적으로 약간 쪼들려 빚은 늘어만 갔고 경제적으로 안정될 기미가 보이지 않았다. 교수 연봉은 피사에서 받던 것에 비하면 풍족했고 피넬리가 그를 영예로운 손님 대우하며 편안한 방과 식사를 제공했지만, 그래도 갈릴레오는 기를 쓰고 버텨야 했다.

1591년 7월에 갈릴레오의 아버지 빈첸초가 일흔한 살의 나이로 죽었다. 빈첸초는 고난으로 뒤덮인 삶을 살았고 많은 면에서 자신의 잠재력을 펼치지 못했다. 세상으로부터 재능을 거의 인정받지 못하고 묻힌 그가 대가족에게 남긴 유산은 경제적 어려움뿐이었다.

갈릴레오는 큰아들이었고 빈첸초의 자녀 중에서 유일하게 돈을 벌었다. 그가 온 가족의 안녕을 책임져야 한다는 뜻이었다. 이것은 그의 어깨에 놓인 묵직한 짐이었다. 설상가상으로 빈첸초는 죽기 직전에 갈릴레오의 여동생인 열여덟 살의 비르지니아를 베네데토 디 루카 란두치와 혼인시키기로 결정하고 후한 지참금을 약속한 터였다. 이 문제에 대한 갈릴레오의 좌절감과 분노를 어머니에게 보낸 편지에서 훔쳐볼 수 있다. 비르지니아의 결혼식이 다가올 무렵에 쓴 편지에서, 그는 신혼부부에게 줄 선물에 관하여 말하면서 이렇게 덧붙였다. "아무에게도, 한 마디도 알리지 마십시오. 비르지니아에게 예상치 못한 선물이 되도록 말입니다. 제가 사육제 휴일에 직접 집으로 갖고 갈 텐데, 어머니만 좋다면 이전에도 말했듯이 장식된 벨벳과 다마스크 천을 가져가겠습니다. 예쁜 드레스를 네다섯 벌쯤 만들 수 있을 겁니다."[2]

란두치와 빈첸초가 합의한 지참금은 갈릴레오에게 치명적인 수준이었다. 란두치에게 일단 800두카트를 지불한 다음에 향후 5년에 걸쳐서 매년 200두카트씩 추가로 주어야 했다. 피사에서 가르칠 때 갈릴레오의 연봉은 겨우 제 입에 풀칠을 하는 수준이었다. (아버지가 죽고도 1년 동안은 피사에 있었다.) 파도바로 옮겨서 소득이 세 배로 불었지만 그래 봤자 연간 128두카트였다. 설상가상으로 비르지니아의 남편감은 완고하고 현실적인 사내였다. 지참금 분납액을 제때 받는 문제에 있어서는 친척이라고 해도 사정을 봐주는 법이 없었다.

이것도 모자라서 남동생 미켈란젤로는 야망은 없는 주제에 남의 돈, 특히 갈릴레오의 돈을 서슴없이 써 대는 나쁜 취미가 있었다. 갈릴레오가 가족을 떠나서 파도바에 자리를 잡을 때 미켈란젤로는 열일곱 살이었다. 갈릴레오를 골치 아프게 한 또 한 가지 문제는 1590년에서 1610년까지 이탈리아 거의 전역이 경제적으로 아주 불안정했다는 점이다. 인플레이션률이 두 자릿수 밑으로 떨어지는 해가 드물었고, 베네치아를 포함한 여러 도시들이 치명적인 무역 적자를 겪었다. 전통적으로 장악해 온 시장에서 해외 경쟁자들과 치열하게 경쟁하는 시대가 되었다.

짐작하기로 갈릴레오는 급박한 경제적 압박을 덜고자 돈을 꾸었을 것이다. 차용 기록이 남은 것은 없지만, 1591년 여름과 가을에 부자 친구가 하나 이상 나서서 갈릴레오를 도왔을 가능성이 높다. (늘 도움을 아끼지 않는 델 몬테였을 확률이 높다.) 그래도 갈릴레오는 지참금 지급 시기를 늘 지키지 못했다. 재정적 곤경이 점점 심해지면서 이 문제로 창피를 겪기도 했다. 1593년 5월에 갈릴레오는 매제에게 주어야 하는 그 해의 지참금 지불 기한을 몇 달 넘겼다. 갈릴레오가 파도바에 정착한 뒤로는 처음 피렌체 고향집에 방문하려는데, 여행 전날 어머니로부터 급한 연락이 왔다. "얼른 오렴. 하지만 베네데토가 당장 돈을 내놓으라면서 네가 오면 강제로 체포할 수도 있다고 으름장 놓았다는 걸 명심하려무나. 그는 그러고도 남을 사람이니까 내가 미리 알린단다. 그 비슷한 일이라도 일어났다가는 내가 너무 슬프겠구나."[3]

갈릴레오는 자금 사정을 개선하려고 열심히 일했다. 개인 교습도 했지만 별로 돈이 되지 않았다. 그는 목돈을 버는 일은 학계 밖에서나 가능하다는 것을 깨닫고 발명으로 눈을 돌렸다. 군사 기기를 제작해서 소득을 올릴 수 있을까 살펴본 것이다. 갈릴레오는 이 일에 적임자였다. 수학 교수라는 지위에다가 베네치아 권력 기구의 높은 사람들과 친분이 있으니 그들을 통해 기회를 얻을 수 있을 것이었다.

여러 면에서 갈릴레오가 당연히 떠올릴 만한 생각이었다. 베네치아는 군사력, 특히 막대한 해군력으로 유명했다. 동방과 서방의 교차점이라는 지정학적 위치는 막대한 부와 통상력을 획득하는 데 도움을 주었지만, 달리 보면 잠재적 적들과 침략자들에 둘러싸여 있다는 뜻이었다. 섬 도시라는 점은 일정 수준의 방어를 보장하는 것이라서 다른 이탈리아 도시 국가들의 부러움을 샀지만, 그것도 방어력과 해군의 무예가 뛰어날 때의 이야기였다.

베네치아 정부는 군사 예산을 엄청난 규모로 집행했다. 대부분은 방어 체계를 정비하고 무엇보다 중요한 해군을 개선하는 데 쓰였다. 갈릴레오가 파도바로 이사하기 2년 전인 1590년, 베네치아 공화국은 선박 작업을 할 목수 200명, 누수 방지공(선체의 널빤지 사이를 메우는 작업을 한다.) 450명, 노 제작공 100명을 고용했다. 조선소에서 매년 생산되는 대형 갤리선이 18척, 작은 배가 118척이나 되었다. 전설에 따르면 1574년에 프랑스 왕 앙리 3세가 방문했을 때, 도제는 자신이 군주에게 점심 대접을 하는 동안 갤리선을 한 척 건조해서 무장과 진수까지 마치라고 명했다.

약 100년 전에는 레오나르도 다 빈치가 한동안 베네치아에 머물면서 군사 고문을 맡았다. 레오나르도 다 빈치는 그 후에 체사레 보르자의 군사 고문으로서 중부 이탈리아 원정에 나서기도 했다. 갈릴레오는 기계, 그리고 과학 원리를 군사적으로 기발하게 응용하는 일에 매력을 느낀다는 점에서 레오나르도 다 빈치와 같았다. 레오나르도 다 빈치는 발명가가 통치자를 위해 복무할 수 있음을 보여 준 선례였다. 수중 호흡기, 딩기(소형 보트), 부교 같은 신기한 것들을 설계해 도제에게 바쳤다.

갈릴레오는 상상력 면에서는 레오나르도 다 빈치만큼 다채롭거나 모험적이지 않았지만, 훨씬 세련되게 수학적으로 기초 과학 원리들을 이해했다. 갈릴레오가 군대에 준 조언은 대개 선체나 방어벽 설계를 효율적으로 개량하는 내용이었다. 갈릴레오는 베네치아 전함 개량에 큰 도움을 주었다. 노잡이들의 위치를 바꾸고 노 구멍도 더 나은 위치로 옮겨서 효율을 엄청나게 향상시켰다. 흉벽과 보루를 도시의 최종 저지선으로 활용해서 더욱 빠르게 강력한 방어진을 구축하는 방법도 제안했다. 갈릴레오는 이렇게 썼다. "방어에는 두 가지 방법이 있으니, 어느 쪽이 유용할지 사령관이 결정해야 한다. 두 가지란 추진식 발사와 접지식 발사이다. 접지식 발사는 방벽에 평행하게 포탄을 쏘는 것이다. 장점은 분명하다. 외벽에 적의 사다리들이 걸쳐진 상황이라면 포탄 한 방으로 사다리 여러 개를 제거할 수 있다. 추진식 발사로는 한 번에 사다리 하나를 제거할 수 있지만, 무서운 공격 도구인 곡괭이를 가진 병사를 죽일 수 있다는 장점이 있다."[4]

군대는 자문을 환영했지만 보수를 엄청나게 잘 쳐주지는 않았다. 갈릴레오는 또다른 수입원을 탐색해야 했다. 처음 생각해 낸 것은 간단한 온도계였다. 갈릴레오는 약 60센티미터의 기다란 관이 달린 유리 공을 만들고 그 안에 물을 채웠다. 그것을 물이 든 대야에 담근 뒤 손으로 유리 공을 감싸 따뜻하게 하면서 가느다란 관 속의 수면이 올라가는 것을 관찰했다.

이런 온도계는 신기한 장난감에 지나지 않았지만, 갈릴레오는 나중에 물 대신 알코올을 유리 공에 넣는 생각을 해냈다. 알코올은 더 극적인 효과를 보여 준다. 갈릴레오 온도계는 요즘도 장난감으로 팔린다. 다양한 밀도에 다양한 색깔의 액체를 담은 자그만 공들을 물이 담긴 관 속에 넣어 밀봉한 형태로, 온도가 변하면 관 속의 공들이 특정 높이까지 올라가 둥둥 뜸으로써 온도를 알려 준다. 온도가 변하면 액체의 밀도도 변해서 공들이 물 속에서 다른 높이를 취하게 되는 것으로, 아르키메데스 원리에 입각한 단순한 기기이다.

그것은 가지고 놀기에는 좋았다. 하지만 진지한 과학 기기는 아니고, 큰 돈을 벌 계기도 못 되리라는 게 갈릴레오의 결론이었다. 1593년경에 그는 관개 시설 개량으로 관심을 돌렸고, 이런 메모를 남겼다. "땅에서 물을 끌어올리는 기기를 발명했다. 작동이 쉽고, 비용이 적게 들고, 융통성이 좋은 기구이다. 말 한 마리를 써서 구멍 스무 개에서 끊임없이 물을 내뿜을 수 있다."[5] 하지만 한 몫 잡겠다는 꿈은 또 산산조각 났다. 기계는 겨우 한 대 팔렸다. 콘타리니 가문(이탈리아에서 가장 부유하고 유력한 가문이었다.)이 자기네 화려한 베네치아 정원에 물을 주려고 한 대 샀다.

갈릴레오는 의지가 강했지만 거듭 쓸모없는 제안만 내놓는 듯했다. 그러던 1597년, 파도바에 정착한 지 8년쯤 지났을 때, 그는 최초의 상업적 성공으로 기록될 발상을 떠올렸다. 군사용 컴퍼스였다. 베네치아 병기창과 관계를 맺으며 군대에 자문을 하던 1596년쯤에 처음 생각해 냈던 것 같다.

갈릴레오의 군사용 컴퍼스는 고대인들이 방향 탐지에 쓴 컴퍼스와는 다르다. 원반에 자 같은 팔이 두 개 달려 있고, 두 팔은 한쪽 끝이 함께 물린 형태로 4분원을 이루었다. 팔에는 섬세하게 새긴 눈금과 표시들이 가득했다. 사실상 원시적인 계산자로서 복리부터 대포의 발사각까지 거의 모든 간단한 수학 문제를 풀 수 있는 도구였다.

오래 전부터 많은 전략가와 사령관들이 그런 도구가 필요하다는 생각을 했지만, 실제로 쓸 만한 도구를 제작하는 데는 갈릴레오의 특별한 재능이 필요했던 것이다. (이론적 지식과 실용적 요구 사항에 대한 이해가 필요했다.) 하지만 갈릴레오가 보기에 결정적인 점은, 군대에서만이 아니라 다양한 직종에서 쓰일 만한 발명품이라는 점이었다. 수학자, 은행가, 회계사 등이 당장 컴퍼스에 매료되었다. 갈릴레오 컴퍼스는 계산자가 나타나기까지 약 200년 동안 널리 쓰였다. 물론 전자 계산기와 컴퓨터가 계산자의 뒤를 이었다.

갈릴레오는 손수 시제품을 제작했지만 시제품을 선보여 주문을 몇 개 받은 뒤에는 마르크안토니오 마촐레니라는 장인을 고용했다. 두 사람은 정교하고 아름다운 기기를 만들었고, 상당한 이윤을 남길 수 있는 생산 기법을 개발했다.

이 몇 년 동안 갈릴레오는 산타가우시안 지구에 작은 집을 하나 빌려 살았다. 갈릴레오와 마촐레니는 동업하는 관계였다. 갈릴레오는 방 하나를 컴퍼스 제작실로 꾸몄고, 장인의 가족이 살 공간도 내주었다. 마촐레니는 컴퍼스 판매금의 3분의 2를 챙겼고 하나를 만들 때마다 별도의 제작비도 챙겼다. 갈릴레오에게 불리한 거래로 보일지도 모르겠지만 갈릴레오는 컴퍼스 판매금에서 돈이 벌리는 게 아니라 사용법을 가르치는 데에서 돈이 벌릴 것이라는 사실을 진작부터 알았다.

1597년부터 갈릴레오는 컴퍼스에 흥미를 보이는 사람들을 가르치는 데에 여유 시간을 쏟았다. 1599년이면 알자스 군주 요한 프레데리크, 오스트리아 대공 페르디난트, 만토바 공작 등이 그의 고객 및 수강생 명단에 올랐다. 수업 비용은 20스쿠도(컴퍼스는 5스쿠도였다.)였는데 갈릴레오는 귀족이나 유명 인사에게는 절대 요금을 받지 않았다. 그들을 통해서 새 일거리나 귀한 포상을 얻을 수 있으리라 생각했기 때문이다. 1600년에는 『기하 및 군사용 컴퍼스의 작동에 관하여』라는 설명서를 인쇄해서 컴퍼스 구입자들에게 개인적으로 판매했다. 갈릴레오는 설명서를 미래의 토스카나 대공인 코시모 데 메디치(1609년에 즉위하는 코시모 2세를 가리킨다. — 옮긴이)에게 바쳤다. 헌사에 갈릴레오는 이렇게 썼다. "이 자리에서 전하와 전하의 훌륭한 가문이 보여 주시는 공덕에 합당한 찬사를 늘어놓고자 한다면, 참으로 기나긴 글이 되어서 서문이 본문보다 훨씬 두꺼울 것입니다. 전체는 고사하고 절반도 맺지 못할 일임을 잘 알기에 아예 헛된 시도를 하지 않겠습니다."[6]

도제가 아니라 외국 군주에게 발명품을 바친 일이 언뜻 이상하게 여겨질지도 모르겠다. 하지만 갈릴레오가 위대한 과학자이자 실용적인 인간이었던 동시에 항상 더 큰 기회를 노리는 유능한 사업가였다는 점을 잊어서는 안 된다. 갈릴레오는 대학이든 부유한 정치가든 누군가의 후원에 의지했다. 그는 아마 선출직인 도제에게 헌사를 낭비할 필요가 없다고 생각했을 것이다. 게다가 그는 이미 베네치아 위계 사회에 편입되었고, 베네치아와 파도바를 위해 일하는 중요한 과학자로 인정받았다. 자기 위치에 만족했지만, 상황이 언제나 지금 같으리라는 법은 없다고도 생각했을 것이다. 교황을 제외한다면 이탈리아에서 가장 강력한 인물은 메디치 가였다. 우연히도 고향의 유력 가문이니 더 좋지 않은가.

17세기에 접어들 무렵, 그러니까 파도바에서 7년을 보낸 시점에, 갈릴레오는 군사용 컴퍼스로 충분히 돈을 벌어서 빚을 청산했다. 그는 친구 피넬리의 저택 가까이에 있는 세련된 비냘리 델 산토 가에 큼지막한 3층짜리 집 한 채를 장만했다. 그곳에 널찍한 공방을 만들었고 마촐레니 가족에게도 더 여유 있는 생활 공간을 주었다.

말년에 갈릴레오는 이 시기를 인생 최고의 시절로 추억했다. 그는 아직 파도바 시에 매력을 느꼈고 베네치아를 흠모했다. 많은 친구가 있었고, 돈이 있었고, 발명가이자 대학 교수로 존경을 받았다. 돈을 벌려고 공학적 발상들을 추구하는 동안에도 자연 철학에 대한 흥미는 잃지 않았지만, 적어도 잠시 동안은 이론이 뒤로 물러나 있었다. 이제 재정적 안정을 찾은 갈릴레오는 제일 사랑하는 대상인 수학으로 돌아갈 수 있었다. 마침 갈릴레오가 새로이 관심을 다진 시점은 유럽의 선구적 과학자들이 코페르니쿠스 이론의 진정한 중요성을 깨달아 가는 시기였다. 새 세기가 밝아왔다. 갈릴레오는 인생에서 가장 활기차고 믿을 수 없을 만큼 생산적인 시기로 접어들었다. 그는 세계 최고의 자연 철학자로 위치를 다지게 될 것이었고 이제 자신의 논쟁적인 의견을 공개적으로 발언할 태세가 되어 있었다.

7장

갈등

✛

서른여섯 번째 생일을 앞둔 갈릴레오는 이미 대단한 일들을 이뤘다고 흡족해 할 수도 있었다. 배포가 작은 사람이라면 안락한 중년 생활에 안주하고픈 충동을 느꼈을 것이다. 하지만 갈릴레오는 그런 사람이 아니었다. 그는 모험가였다. 개인적으로, 지적으로 추구하는 야망을 사람들에게 과시하는 사람이었다. 쉴 줄 모르고 언제나 더 많이 원하는 사람이었고, 변화와 진보를, 어떤 경우에는 갈등을 적극적으로 찾아나서는 사람이었다.

갈릴레오가 대안적 생활 방식을 추구했다는 사실을 잘 보여 주는 예는 마리나 감바와의 관계이다. 마리나는 갈릴레오의 아이들을 낳은 여인이었다. 원래 그녀는 베네치아에서 가장 가난한 동네인 산소피아 지구에서 일하던 매춘부로 두 사람은 아마 그녀가 갈릴레오의 친구 사그레도의 저택에 접대부로 고용되어 일할 때에 만났을 것이다. 마리나는 갈릴레오를 만났을 때 스물한 살이었다. 안타깝게도 마리나의 초상은 전해지는 게 없고,

그녀가 어떤 역할을 수행했는가에 관한 상세한 기록도 없다. 하지만 가족들이 주고받은 편지 속에 드문드문 그녀에 대한 언급이 담긴 것을 보면, 그녀는 성질이 불같고 혈기왕성하며 제 처지를 개선하겠다는 결심이 확고한 여성이었다.

두 사람은 결혼을 하지 않았고 한 집에 산 적도 없었다. 하지만 1599년 말에 마리나가 임신을 하자 갈릴레오는 파도바의 널찍한 자기 집 근처 폰테 코르보에 작지만 안락한 집 한 채를 얻어 주었다. 1600년 8월 13일에 마리나는 두 사람의 세 자녀 중 첫째인 비르지니아를 낳았다. 아이는 일주일 뒤에 파도바의 산로렌초 성당에서 세례를 받았다. 성당 기록을 보면 아기는 "부정한 관계로 태어났다."라고 되어 있다. 아이의 어머니로 마리나의 이름이 적혀 있지만 갈릴레오 갈릴레이의 이름은 전혀 등장하지 않는다.

이유는 분명했다. 갈릴레오는 마리나와 결혼할 마음이 없었다. 부부 아닌 관계에서 태어난 아이를 둔다는 것은 사회적 관습을 깨뜨리는 것이었으므로, 그는 마리나와 아기에게서 공식적으로는 거리를 두고 싶었다. 당시에는 혼외 정사로 아이를 낳는 게 드문 일은 아니었지만 대개 귀족이나 가난한 농부들에게 국한되는 이야기였다. 그런 계층에서는 사생아나 부모에게 불명예의 낙인이 찍히지 않는 편이었다. 그렇지만 중산 계층에서는 그런 행동이 꼴사나운 일로 여겨졌다. 부부 아닌 남녀에게 태어난 아이들은 대학에 들어가거나 직업 길드에 가입할 수 없었고, 평생 수치를 짊어지고 살아야 했다.

비르지니아의 생일로부터 딱 1년이 지난 뒤인 1601년 8월 18일에 둘째 딸이 태어났고, 아기는 27일에 세례를 받고 리비아라는 이름을 얻었다. 이번에도 등록부를 보면 아버지의 이름을 쓰는 난은 비어 있다. 1606년에 셋째 아이인 아들 빈첸초가 태어났을 때도 갈릴레오는 출생 증명서에 제 이름을 기재하지 않았다. 문서에는 이렇게 적혔다. "안드레아 감바의 딸 마리나와 알 수 없는 아버지 사이에서 난 아들 빈첸초 안드레아." 갈릴레오는 빈첸초에 대해서만큼은 자기 부모의 이름을 아기의 조부모로 기재하게 해 주었다.

당시에는 학자라면 결혼하는 경우가 오히려 드물었다. 그렇지만 정부를 두고 아이를 낳는 일은 그보다 더 드물었다. 갈릴레오가 1600년대 초반에 엄격한 가톨릭 국가에서 살았다는 점을 감안할 때, 그의 생활 방식은 관습을 벗어난 선택이었다. 그가 독립적인 사상가이자 사회적 관습에 신경 쓰지 않는 사람이란 것은 우리도 알지만, 마리나와 가족을 이룬 뒤에도 그녀를 아내로 맞지 않았다는 사실을 보면 그는 전통적인 결혼 및 가족 제도에 대해서도 큰 저항을 느꼈던 것 같다. 그는 마리나와 아이들을 먹여 살렸고, 사회가 허락하는 모든 기회를 가족에게 주었다. 하지만 한 순간도 결혼을 고려하지 않았고 1610년에 파도바를 떠날 때는 마리나를 데려가지 않았다.

갈릴레오의 동료들과 선배들이 이 상황을 어떻게 생각했는지는 알 수 없다. 어쨌든 주변 사람들도 점차 이 관계를 받아들였던 것 같다. 갈릴레오는 아이들의 출생 증명서에 자기와의 관계를 밝히지 않았지만 그렇다고 정부와의 관계를 비밀에 부치지도 않았다. 그런데 마리나를 절대 인정하지 않은 사람이 하나 있기는 했다. 갈릴레오의 어머니 줄리아였다. 콧대 높고, 까다롭고, 신분 상승을 바라는 속물 근성이 있었던 줄리아는 자기가 볼 때 천한 창부에 불과한 여자가 자기보다 좋은 집에 산다는 사실을 증오했다. 아들이 마리나에게 사치스러운 삶을 제공한다고 생각한 줄리아는 어찌나 미움이 깊었던지, 마리나의 하인에게 돈을 찔러주며 마리나를 감시하라고 했다. 폰테 코르보의 집 앞에서 두 여자가 심하게 다툼을 벌이는 바람에 갈릴레오가 달려가서 뜯어말려야 했던 경우도 적어도 한 번 이상 있었다.

갈릴레오가 결혼을 싫어했던 것은 결혼에 따르는 경제적 부담 때문이었을 가능성도 있다. 그는 대체로 마리나를 어엿한 부인으로 취급했고, 아버지로서 아이들을 뒷받침할 책임을 한번도 꺼린 적이 없었다. 그래도 공식적으로 인가된 관계가 아닌 이상, 그녀와 아이들을 부양할 의무가 있는 건 아니라는 사실을 잘 알았다. 어쩌면 그저 무의식 중에만 막연하게 그런 생각을 품었을지도 모른다. 그는 군사용 컴퍼스로 상업적 성공을 거둔 뒤에도 여전히 경제적 압박을 느끼는 처지였으므로, 그런 생각이 싹트는 것도 자연스러웠다. 그는 이제 안락한 생활을 하게 되었다. 그러나 안락을 유지하기는 쉽지 않았고, 어머니와 동생들도 아직 큰 부담이었다.

갈릴레오의 한량 동생 미켈란젤로는 어머니 줄리아가 질색을 하는데도 아랑곳하지 않고 궁정 음악가가 되겠다고 나섰다. 예측할 수 있다시피 그는 별 성공을 거두지 못했다. 갈릴레오는 끊임없이 동생을 경제적 곤궁에서 건져 주어야 했다. 그러던 1600년 초, 미켈란젤로는 자기가 몇 주 전에 결혼식을 올렸다고 하면서 사치스러운 결혼 피로연 비용을 형에게 전가했다. 형이 정당하게 항의하자, 미켈란젤로는 날 선 반박을 가했다. "형은 내가 연회에 돈을 너무 많이 썼다고 불평하는데, 물론 많이 쓰기는 했지만, 내 결혼식이었단 말이야. 손님이 여든 명도 넘게 왔고 개중에는 중요한 신사들도 많았어. 대사들도 네 분이나 참석했다고! 세상의 관습에 따라 대접하지 않았다면 창피했을 거야."[1]

미켈란젤로에게는 안 된 일이지만, 그가 화려한 결혼식으로 좋은 인상을 주려고 노력한 유명한 손님들은 그의 성공에 아무 도움도 되지 않았다. 미켈란젤로는 고생길에서 벗어나지 못했고, 근면하고 야심 찬 형으로부터 계속 돈을 뜯지 않을 수 없었다. 설상가상으로 미켈란젤로의 입에서 감사 인사가 나오는 경우는 정말 드물었다. 결혼식 직후에 그는 기진맥진한 갈 릴레오에게 이렇게 썼다. "누이들을 생각해서라도 내가 아내 얻는 일을 좀 미뤄야 했다고 형은 말하겠지. 세상에! 누이들을 위해 고작 돈 몇 푼 아끼 자고 평생을 소처럼 일해야 하다니! 무겁고 씁쓸한, 웃기지도 않는 농담이 야."[2]

누가 농담을 하는 건지 모르겠다. 엎친 데 덮친 격으로, 마리나가 갈릴 레오의 첫 아이를 낳을 참이었던 1600년 여름, 스물두 살이 되어가던 둘 째 여동생 리비아가 당장 결혼하고 싶다고 선언했다. 갈릴레오는 기뻐하지 않았고 어머니에게 이렇게 썼다. "지금으로서는 제가 동의할 수 없습니다. 리비아가 밖으로 나와 (당시 수녀원에 있었다. ─옮긴이) 세상의 고통에 한몫 하겠 다는 결심이 확고하다면, 적어도 참을성이 있어야 할 겁니다. 많은 여왕들 과 귀부인들이 리비아의 어머니가 될 만한 나이까지 결혼하지 않았다는 점을 알려 주세요."[3] 이해할 만한 반응이었다.

하지만 리비아는 완고했다. 몇 주 뒤에 갈릴레오는 지참금을 많이 요구 하지 않는 적당한 구혼자를 물색하게 되었다. 리비아는 제가 연심을 품고 있던 어느 동네 청년과 결혼하고 싶어 했지만, 갈릴레오는 그 청을 물리치 고 피사에 사는 젊은 폴란드 신사 타데오 디 체사레 갈레티로 정했다. 두 남자는 지참금 1800크라운에 합의했다. 처음에 혼수로 200크라운과 현 금으로 600크라운을 지급한 뒤에 나머지 1,000크라운은 5년에 걸쳐 분 납하기로 했다. 10년 전에 비르지니아가 베네데토 디 루카 란두치와 결혼 했을 때에 비하면 헐값에 가까웠지만, 알고 보니 갈레티는 받을 것을 챙기 는 점에 있어서는 란두치보다 철저했다. 갈릴레오가 1602년에 지불금을 내지 못하자, 청년은 처남에 대해 법적 행동을 취했다.

미켈란젤로는 리비아의 결혼 비용을 거들겠다고 형에게 약속했으나 물론 마지막 순간에 말을 바꿨다. 울컥한 갈릴레오는 동생에게 말했다. "일이 이런 식으로 될 것을 내가 알았다면 그 아이를 결혼시키지 않았을 거다. 아니면 나 혼자 댈 수 있는 금액만 약속했을 거다. 결국 나 혼자 모든 짐을 질 운명이구나."[4]

갈릴레오가 느낀 압박감은 어머니에게 내뱉듯 던진 말에서 확연하게 드러난다. "리비아가 밖으로 나와 세상의 고통에 한몫 하겠다는 결심이 확고하다면……" 여러 기준에서 볼 때 갈릴레오는 잘 해나가고 있었지만, 가족의 요구는 어마어마했고 까다로웠다.

때는 16세기에서 17세기로 넘어갔고, 사람들의 일상은 예나 다름없이 복작복작하게 굴러갔다. 영국에서 『햄릿』이 공연되었고 미래의 찰스 1세가 태어났으며 동인도 회사가 초기 자본금 7만 파운드로 설립되었다. 파도바에서는 갈릴레오가 다시 순수 연구를 시작했다. 이 시기에 그는 전혀 다른 두 가지 과학 분야에 몰두했다. 하나는 피사에서 연구하기 시작했던 역학이고, 다른 하나는 천문학이었다. 특히 코페르니쿠스의 이론에 관심을 두면서 갈수록 천문학에 매료되었다.

10여 년 전에 피사에 있을 때, 갈릴레오는 모든 물체가 질량에 상관없이 같은 시간 동안 같은 거리만큼 낙하한다는 사실을 실험으로 보였다. 그러나 물체들이 어떤 형태로 떨어지는지, 하강 중에 속도가 변하는지 변하지 않는지는 밝히지 못했다.

낙하 운동을 관찰했던 고대인들도 가속 현상을 정확하게 지적했지만 현상에 대한 설명은 엉망이었다. 아리스토텔레스는 가속이 단속적인 과정이라고 믿었다. 자유 낙하하는 물체의 속도가 갑작스럽게 올라간다는 것이다. 달리 말하면 등속으로 움직이던 물체가 순간적으로 가속력을 경험하고, 더 빠른 속도가 되면 다시 등속 운동한다는 것이다. 갈릴레오는 이 이론의 진실성을 의심했지만 낙하의 메커니즘이 그렇지 않다는 것을 실험으로 보여 주는 일은 결코 쉽지 않았다.

가속의 진정한 속성을 밝히는 실험을 구성할 때, 그는 몇 가지 장애물을 넘어야 했다. 그 하나는 17세기 초반에는 정교한 시간 측정 도구가 없다는 점이었다. 물체를 엄청나게 높은 곳에서 떨어뜨리지 않는 이상, 낙하에 걸리는 시간이 너무 짧아서 정확하게 잴 수가 없었다. 갈릴레오가 이전까지 썼던 방법(맥박을 기준으로 삼는 방법)도 이런 조사에는 만족스럽지 않았다.

갈릴레오가 이 시점에 진자 실험으로 돌아가서 새로운 모험에 쓸 만한 믿음직한 시계 장치를 발명하지 않았다는 사실이 의아하게 보일지도 모르겠다. 아마 그는 가속 연구에 집중하고 싶었기 때문에 정교한 시계 제작에 매달려 힘을 분산하기는 싫었을 것이다. 대신 그는 문제를 에둘러 가는 편을 택해 경사면에 공을 굴리는 방식을 고안했다. 시계 장치로는 이따금 맥박을 썼고, 물시계도 썼다. 물시계는 물통 바닥에 작은 구멍을 내어 물이 흐르게 한 장치였다. 한 번의 실험 동안 흘러내린 물을 받아서 양을 재면 얼마나 시간이 지났는지 계산할 수 있었다.

경사면은 실험에서 결정적인 요소였다. 2도쯤 기울어진 사면에 공을 놓으면 공이 천천히 굴러갔다. 물론 중력의 영향을 받아 굴러 내린다는 점은 자유 낙하와 다를 바 없었다. 마찰을 무시한다면, 경사면을 구르는 공의 움직임은 피사의 사탑이든 어디든 높은 장소에서 떨어지는 공의 움직임과 다르지 않았다.

다양한 시간 간격 동안 공이 구른 거리를 측정하는 것이 실험의 핵심이었다. 첫 실험에서 갈릴레오는 맥박 한 번, 또는 시계 한 단위 동안 공이 얼마나 굴러가는지 쟀다. 결과는 8피트(약 2.44미터)였다. 다음에는 맥박 두 번,

또는 시간 두 단위 동안 얼마나 움직이는지 쟀다. 결과는 18피트(5.48미터)였다. 세 단위 동안에는 총 32피트(9.75미터)만큼 경사로를 따라 움직였다.

처음과 두 번째 실험의 거리 차이는 10피트(3.04미터)로 공은 이 10피트를 첫 8피트를 움직일 때와 같은 시간 동안(한 단위) 주파했다. 세 번째 실험에서는 두 번째보다 14피트(4.27미터)를 더 갔는데 그것도 첫 8피트를 움직일 때와 같은 시간 동안(한 단위) 주파했다. 갈릴레오는 공이 많이 움직일수록 최종 속도가 빨라진다고 결론 내렸다. 공은 떨어지면서 점점 더 빠르게 움직인다. 달리 말하면 가속된다.

그 자체만으로도 의미 있는 발견이었지만, 갈릴레오가 결과를 확인하고 비교할 때 어떤 기법을 썼느냐 하는 점이 더 중요하다. 그는 정확한 측정이 실험의 핵심임을 파악했다. 그는 초기 변수들을 여러 가지로 다양하게 적용해 실험을 반복했고 실험을 수학 및 논리와 결합했다. 물론 진자 실험에서도 그랬지만, 이번 실험은 훨씬 정밀했다. 실로 혁명적인 접근법이었다. 그 순간이 현대 과학의 시작이었다고 생각하는 역사학자도 있다. 수학과 실험이 융합한 순간이기 때문이다.

갈릴레오는 물체의 낙하 거리와 물체의 이동 속도 사이에 수학적 관계가 존재한다는 걸 대번에 깨달았지만, 두 요소를 연결 짓는 법칙을 완성하기까지는 3년을 더 실험하고 측정해야 했다. 이 법칙은 그가 죽기 4년 전인 1638년에 출간한 역작 『새로운 두 과학』에 상세하게 설명되어 있다. 내용인즉, 물체의 낙하 거리는 떨어지는 데 걸린 시간의 제곱에 비례한다. 이것이 갈릴레오의 자유 낙하 법칙이고, 그의 가장 위대한 업적이다.

갈릴레오는 최초의 운동 법칙을 구축하는 동안 전혀 다른 분야에도 흥미를 갖게 됐다. 그는 피사 대학교 학생일 때부터 천문학에 매력을 느꼈지만 파도바로 옮겨서 지적 무대의 일원으로 인정받고 나서야 비로소 다른 철학자들과 천문학자들의 연구에 접촉할 수 있었다. 마침 온 유럽의 학자들이 힘을 합쳐서 하늘을 관찰하기 시작했고, 전래의 지혜와 고대의 이론을 의심하기 시작하던 시기였다.

17세기로 접어들던 당시에 천문학자의 동아리에서 가장 위대한 이름을 둘 들라면 독일의 요하네스 케플러와 덴마크의 튀코 브라헤였다. 케플러는 고작 스물여섯이던 1596년에 첫 주요 저작인 『우주 구조의 신비』를 출간했다. 책에서 그는 코페르니쿠스 우주 모형을 지지했다. 지구가 우주의 중앙에 있는 게 아니라 태양 주위를 도는 여러 행성들 중 하나로 놓이는 모형이었다.

갈릴레오가 파도바에서 일하기 시작했을 무렵에 케플러는 신성 로마 제국에 속하는 도시 그라츠에 살았다. 루터파 신자로 자란 케플러는 로마 교회가 지적 문제에 개입하는 것을 혐오했고, 가톨릭 국가에 사는 갈릴레오보다 훨씬 넓은 표현의 자유를 누렸다.

이후 10년 동안 케플러는 빠르고 눈부시게 신분 상승을 했다. 그는 그라츠를 떠나 프라하로 가서 과학계의 거물인 튀코 브라헤의 조수가 되었고 1601년에 브라헤가 죽자 스승의 뒤를 이어 궁정 수학자가 되어 당대 가장 중요한 발견을 해냈다. 행성의 운동을 정확하게 묘사한 케플러의 법칙들이었다.

갈릴레오와 케플러는 1597년부터 편지를 주고받기 시작했다. 케플러가 근래 출간된 『우주 구조의 신비』 한 권을 파도바 대학교에 있는 연장자 갈릴레오에게 보내면서부터였다. 갈릴레오는 케플러의 생각 중 몇 가지에 대해서는 유보하는 입장을 취했지만, 케플러가 자기와 기질이 비슷하다는 점은 당장 알아보았다. 아리스토텔레스에 대해서 자기만큼이나 대담한 견해를 취한다는 것을 말이다. 갈릴레오는 케플러가 훨씬 자유로운 환경에 있다는 사실에 살짝 질투도 느꼈지만, 어쨌거나 서로 도울 일이 많다고 보았다. 갈릴레오는 천문학자에게 이렇게 썼다. "진리를 추구하는 사람이 이토록 적다는 사실이 정말 개탄스럽습니다. 하지만 우리 시대의 처량한 처지를 한탄하고만 있을 계제는 아닙니다. 당신의 책을 즐겁게 읽어 보겠습니다. 나 또한 수 년 전부터 코페르니쿠스 체계를 지지해 왔기 때문입니다. 정설로 받아들여지는 이론으로는 해독하기 어려웠던 자연 현상들을 코페르니쿠스 체계는 잘 설명해 주는 것 같습니다."[5]

이 편지는 갈릴레오가 코페르니쿠스를 옹호하는 주장을 펼친 초기의 자료에 해당한다. 이런 말은 비슷한 심정의 동료 과학자에게 보내는 사적 편지에서나 안전하게 할 수 있었다. 공식 문서나 출판되는 책에서 그런 진술을 했다면 당장에 성직자들로부터 비판을 들었을 것이다. 갈릴레오는 코페르니쿠스 문제에 관해서는 사적인 대화 수준을 넘지 않도록 철저하게 입단속을 했다. 물론 코페르니쿠스 모형의 이모저모를 뜯어보고 이론화하는 일까지 그만두지는 않았다.

굳이 따지자면, 죽기 전의 브라헤는 케플러보다 더 중요한 인물이었다. 1546년에 태어난 브라헤는 귀족이었다. 대학교를 졸업한 뒤 유럽 곳곳을 여행하며 연금술에도 손을 댔고 그러던 중 천문학에 대한 사랑을 발견했다. 그는 스무 살에 결투에 휘말렸다가 코를 조금 날렸기 때문에 평생 금속 보형물로 코의 베인 부분을 가리고 살았다.

브라헤가 천문학에 기여한 바는 달리 경쟁자가 없을 정도로 대단했다. 그는 꼼꼼한 관측자였다. 가문을 통해 고위 인사들과 연이 있었기 때문에, 덴마크 왕 프레데리크 2세의 자금을 받아 코펜하겐 근처 벤이라는 작은 섬에 최첨단 천문대를 세웠고, 그곳에서 20년 넘게 일하면서 관찰하고 기록하고 젊은 천문학자들을 길렀다.

갈릴레오와 마찬가지로 브라헤도 관찰 내용을 세세하게 기록한 뒤에 이론 모형을 통해 그것을 설명하는 일을 중요하게 여겼다. 1572년에 브라헤는 '신성'이라 이름 붙인 무언가를 발견했다고 적었다. 5년 뒤에는 혜성의 경로를 추적해서 그 궤도를 계산했고 혜성이 우주의 어느 영역에서 생겨나고 머무는지 추론했다. 브라헤는 이런 발견들을 통해서 하늘이 완벽하고 변치 않는 존재라는 아리스토텔레스적 개념을 기각했다. 하지만 그는 코페르니쿠스 모형은 수긍하지 않았다. 새로운 천문학을 끌어안을 정도로 아리스토텔레스와 멀리 떨어질 수는 없었던 것이다.

브라헤가 죽은 지 3년이 지났을 때, 또 하나의 커다란 천문학적 사건이 천문학자들을 동요시켰다. 1572년의 '신성'이나 1577년의 혜성 등장과 맞먹는 사건이었다. 1604년 9월, 케플러와 갈릴레오가 처음 접촉한 후로 7년쯤 지났을 때, 또 하나의 '신성'이 하늘에 등장했다.

신성을 처음 알아챈 사람은 아마추어 천문가이자 사제인 일라리오 알토벨리였다. 그는 습관대로 밤에 관측을 하다가 사수자리 별들 속에 희미한 얼룩이 생긴 것을 알아냈고, 관찰 내용을 알리는 편지를 갈릴레오에게 보냈다. 그 편지가 파도바로 오는 며칠 사이에 온 유럽의 다른 관측자들도 이 새롭고 이상한 물체를 발견했다. 프라하의 케플러와 튀빙겐의 미하엘 마에스틀린도 마찬가지였다. 갈릴레오도 한 달 만에 직접 물체를 관찰하고 이렇게 단언했다. "어느 시점이 되면 그것은 갑자기 흐릿해지면서 빛이 줄어들 것이다. 화성의 붉은 빛에 비해 창백하게 보일 것이다."[6]

물체에 대한 의견은 각양각색이었다. 불길한 징조로 인식하는 사람이 많았다. 사람들은 새로운 천체를 두려워했고, 신성 같은 천체는 임박한 종말을 예고한다는 생각도 오래 전부터 해 왔다. 교회의 공식 입장은 물체가 지구에 가까운 영역, 이른바 "지구의 구" 안에 존재한다는 것이었다. 이것은 아리스토텔레스를 따른 생각이었다. 아리스토텔레스는 2,000년 전에 이렇게 말했다. "저 위의 하늘(창공, 별들, 태양, 달)은 지구의 물체들과는 속성이 전혀 다르다. 지구의 물체들은 쇠락을 겪는다. 원소들(불, 공기, 물, 흙)이 쇠락하기 때문이다. 하지만 저 위의 물체들은 완벽하고 (모양도 완벽하다.) 질서 있으며 (에테르로 되어 있다.) 신성하다. (신처럼 말이다.)" 그렇다면 새 별은 분명히 흠집이었으므로 "천구"에 존재할 리가 없었다.

갈릴레오든 케플러든, 당대 천문학자들 가운데 그 빛이 진짜 무엇인지 아는 사람은 아무도 없었다. 사실 그것은 초신성, 즉 나이가 들어 폭발한 별이었다. 하지만 당시의 천문학자들도 그 물체가 교황의 천문학자들이 말하는 것 같은 "천계의 증기"나 "달 안쪽에 존재하는 유성"은 아니라는 사실은 알았다. 바티칸 관측자들은 천계가 완벽하고 변하지 않는다는 아리스토텔레스 이론을 확신했기 때문에, 눈에 띄는 흠이나 변화는 틀림없이 지구 대기 아니면 지구와 달 사이 빈 공간에서 생겨난 것이라고 믿었다. 그런 공간은 천구에 속하지 않았기 때문이다.

갈릴레오, 케플러, 여타 반아리스토텔레스주의자들은 신성이 지구에서 한참 멀리 떨어져 있다고 생각했다. 저 먼 천체들 사이에 존재한다고 생각했다. 갈릴레오는 몇 달 동안 물체를 관찰하고 그 빛이 차차 바래가는 것을 목격한 뒤, 지구에서 물체를 볼 때의 시야각이 조금씩 변한다는 것을 확인했다. 그것을 근거로 해서 신비로운 물체와 지구가 둘 다 움직인다는 결론을 내렸다.

1604년이면 갈릴레오는 벌써 뛰어난 선생으로 인정받고 있었다. 사람들은 신성이라는 기묘한 물체가 하늘에 등장하는 특이한 사건이 생기자 그의 과학적 의견을 듣고 싶어 했다. 호기심 차원에서 물체의 진짜 속성을 알고 싶어 하는 사람도 있었지만, 그보다 덜 합리적으로, 하늘의 새 빛에 신비한 의미를 부여하는 사람이 더 많았다. 새 별을 매력적으로 생각한 사람들도 명성이 자자한 지식인의 입에서 안심되는 말을 듣고 싶어 하기는 마찬가지였다. 사람들은 기묘한 현상에 대한 확실한 설명을 권위자로부터 듣고 싶어 했다.

대중의 흥미를 충족시키고 신성에 대한 자신의 의견을 주장하기 위해 갈릴레오는 별빛이 시야에서 흐릿해지기 시작한 1604년 12월과 1605년 1월 사이에 세 차례의 대중 강연을 파도바에서 열었다. 강연장 문 앞에서 발길을 돌린 사람이 수백 명이었고, 강연장 안은 입추의 여지없이 빽빽하게 들어찼다.

강연 내용은 원고로 정리되어 남아 있다. 갈릴레오는 청중에게 이렇게 말했다.

여러분 모두가 증인입니다. 경이로운 현상에 관한 제 이야기를 들으려고 이 자리에 모인 젊은 여러분 모두가 증인입니다. 어떤 분들은 헛된 미신 때문에 겁에 질리고 흥분했을 겁니다. 불길한 예언이 내릴 징조가 아닌가 싶어 왔을 겁니다. 또 어떤 분들은 하늘의 별자리는 진정 변함없는 것인지, 새로 등장한 별이란 것이 지구 가까이의 증기에 불과한 것인지 알고자 왔을 겁니다. 헤르쿨레스에 걸고 말하나니! 여러분의 크나큰 관심에 대해서 가장 뛰어난 지성들이 답을 해야 마땅하거늘! 아, 저의 얄팍한 지성이 여러분이 품은 대단한 궁금증과 기대를 조금이라도 충족시킬 수 있을지![7]

갈릴레오도 신성의 실체에 대해서는 전혀 몰랐다. 하지만 그것이 아리스토텔레스와 교황의 정설을 뒤엎을 한 조각의 증거라고는 확신했다. 그리고 그 별을 관찰함으로써 지구가 움직인다는 사실을 확인했기 때문에, 코페르니쿠스 모형에 긍정적인 방향으로 더욱 의견이 기울었다. 하지만 당시로서는 그가 확실하게 말할 내용이 거의 없었고 그는 애매한 표현을 써 가며 강연을 했다. 간간이 베네치아의 하늘을 메우는 진짜 증기들을 묘사한 뒤, 그것을 새 별빛과 비교하고, 두 가지가 얼마나 다른지 말했다. 하지만 교회의 정설에 오류가 있고, 신성은 천구에 존재하는 것이며 아리스토텔레스의 단언과 달리 천구는 변함 없는 완벽한 존재가 아니라고 드러내놓고 말할 수는 절대 없었다.

갈릴레오가 이처럼 교묘하게 발언했음에도 불구하고 그 진의를 간파하고 반대 의견을 낸 사람이 있었다. 갈릴레오의 친구이기도 한 철학자 체사레 크레모니니였다. 파도바 대학교 교수인 크레모니니는 아주 존경받는 학자였다. 그는 대단한 자기 선전가였고, 스포트라이트를 즐겼고, 논쟁을 두려워하지 않았다. 그는 로마의 친구가 아니었고 강한 반예수회 정서를 지닌 것으로 유명했다. 후에 예수회는 크레모니니의 견해를 종교 재판소까지 끌고 갔다. 하지만 크레모니니는 뼛속까지 철저한 아리스토텔레스주의자였기 때문에, 갈릴레오가 자신의 영웅을 짓밟는 꼴을 가만히 앉아서 볼 수 없었다. 사적으로 두 사람은 우정 어린 관계였지만 강단에서나 자비 출판한 소책자들에서 서로의 의견을 비방하는 일은 우정과는 무관했다. 두 사람은 빤히 들여다보이는 가명 뒤에 숨어 글을 썼다. 저명한 철학자와 저명한 과학자 겸 수학자는 필명을 씀으로써 서로 갈기갈기 물어뜯을 수 있었다. 크레모니니가 먼저 「새 별에 관하여」라는 논문을 내어 포문을 열었고, 갈릴레오는 체코 디 론치티라는 필명으로 「새 별에 관한 대화」라는 논문을 내어 반박했다. 갈릴레오는 이 소책자에서도 가공의 인물들을 등장시켜 서로 다른 견해를 취하게 함으로써 토론을 붙이는, 자기가 좋아하는 서술 기법을 썼다.

그 전쟁은 이미 어느 한 쪽으로 의견이 기운 사람들의 입장을 굳히는 것 외에는 별 쓸모가 없는 다툼이었다. 두 사람은 이미 개종한 자들에게 설교하는 셈이었다. 갈릴레오는 순수한 과학적 탐구와 교회가 규정하는 이단적 견해 사이에서 아슬아슬하게 경계를 밟으면서 늘 조심성을 잃지 않았지만, 슬슬 로마로부터 급진주의자이거나 급진주의자들의 친구라는 눈총을 받기 시작했다. 신성이 등장한 지 여섯 달쯤 된 때부터였다. 당시에 베네치아와 로마는 이단을 정의하는 문제에 대한 상반된 시각 때문에 다시 충돌하기 시작했는데, 그 상황이 갈릴레오에 대한 의심을 촉발했다.

베네치아 대 로마 분쟁의 핵심에는 갈릴레오가 잘 아는 두 사람이 있었다. 베네치아 사람 파올로 사르피와 교황의 오른팔인 로베르토 벨라르미노 추기경이었다. 벨라르미노는 몇 년 전에 브루노 박해에 앞장선 장본인이었다.

벨라르미노가 파도바의 피넬리 저택에 손님으로 와서 갈릴레오를 처음 만난 지도 벌써 10여 년이 흘렀다. 그 후로 벨라르미노의 경력은 갈릴레오 못지않게 아찔하게 상승했다. 1592년에 콜레조 로마노의 학장이 되었고, 1595년에 나폴리 관구장이 되었다. 1597년에는 교황 클레멘스 8세의 개인 신학자 겸 주교들에 대한 내사관 겸 검사성성 고문이 되었다. 2년 뒤에는 추기경으로 격상되었다. 실로 놀라운 성공가도를 달렸기 때문에 벌써 그의 이름이 다음 번 교황 후보로 언급되는 판이었다.

그러나 벨라르미노는 교황관에 흥미가 없었다. 앞장서는 우두머리가 아니라 뒤에 숨은 실력자가 성미에 맞았던 그는 꼭두각시 조종가로 일할 때 교회의 미래를 더 효과적으로 바꿀 수 있다는 사실을 알았다. 그 점에서 벨라르미노는 굉장히 성공적이었다. 그는 냉정하고, 단호하고, 집중력 있었다. 그는 예수 그리스도와 사도들이 만든 형태 그대로 교회를 존속시키는 일이 무엇에 비길 수 없는 최우선 과제라고 믿었다. 그 이상을 추구하기 위해서 온갖 형태의 이단과 신앙에 대한 이데올로기적 반대를 이 잡듯 색출할 것을 허가했다.

벨라르미노의 정적 파올로 사르피는 많은 면에서 그에 맞먹는 인물이었다. 사르피는 박학다식했다. 탁월한 작가이자 자연 철학자이자 실험가였고 국제적인 명성의 신학자였다. 10년 전만 해도 사르피와 벨라르미노는 친근한 관계를 유지했고 서로의 예리한 마음과 탐구적 지성을 존중했다. 하지만 17세기가 시작되면서 둘의 세계관은 전혀 다른 방향으로 갈라졌고 이제 서로를 숙적으로 여겼다.

사르피는 독실한 가톨릭 신자였지만 로마의 운영 방침을 혐오했다. 그 점에서는 조르다노 브루노의 이상을 공유했고, 실제로 사르피는 브루노를 보호하려다가 실패했다. 사르피는 한 세대 전의 위대한 사상가인 에라스무스와도 비교될 법했다. 에라스무스처럼 사르피도 진심 어린 애국자였고, 로마가 베네치아의 영적 생활을 장악하는 데 반대했다. 이런 반항심 때문에 사르피는 베네치아에서는 어마어마하게 인기가 높았지만 로마에서는 격분을 샀다.

마침 바티칸과 로마의 지도자가 나란히 교체되면서 분쟁에 불이 붙었다. 1605년 4월에 교황 레오 11세가 죽자 이탈리아 출신 추기경 카밀로 보르게세가 바오로 5세로 즉위했다. 1년 뒤에는 반교황적인 정치적 활동가로 명망 높은 레오나르도 도나가 베네치아 도제가 되었다. 도제와 교황이 즉시 맞붙으리라는 사실은 누가 봐도 뻔했다.

바오로 5세는 가톨릭 교회의 수장이 정치적 영향력도 지녀야 한다고 믿었다. 그런 시각을 취한 교황으로 그가 처음은 아니었고 마지막도 아니었다. 더 유명하기로는 체사레 보르자의 아버지(1492년에 알렉산데르 6세가 된 로

드리고 추기경)와 그 뒤를 이은 율리오 2세(1503년에서 1513년까지 교황직을 지켰다.)가 있었다. 두 교황은 스스로를 영적 안내자뿐만 아니라 군사적 지도자로 규정했다. 그들은 이웃 나라의 땅을 장악하고 협박과 뇌물을 통해 제 의도를 강권했다. 한편 바오로 5세는 교회법에 통달한 변호사 출신답게, 무력으로 다스릴 수 없는 영토에 대해서는 교묘한 조작과 대중의 두려움을 사용해서 장악했다. 그는 권좌에 오르자마자 베네치아의 통치 방식을 뜯어고치는 일에 나섰다. 자기 코앞에서 자유주의적 국가를 운영할 수 있다고 믿는 자들을 힐문하려 나섰다. 하지만 얄궂게도 그와 거의 동시에 취임한 베네치아의 새 도제는 정부 내의 든든한 동맹자들과 함께 더욱 자유주의적인 공화국을 만들기 시작했고, 로마의 족쇄를 느슨하게 할 조치들을 수립하기 시작했다.

처음에는 정치적 게임이었다. 영토 논쟁, 교회 건물에 대한 세금 문제, 기타 시시한 문제들로 다투었다. 그러다 점차 교회 문제로 논쟁이 집중되었고, 양 진영은 장갑을 벗고 본격적으로 이데올로기 싸움에 나섰다. 이 시점에서 두 국가의 논쟁은 통치자인 바오로 5세와 도제를 떠나 각각의 대리인들에게 옮겨졌다. 바티칸에서는 벨라르미노가 바통을 넘겨받았고, 반대쪽에서는 옛날 피넬리의 파도바 저택에서부터 벨라르미노의 스파링 상대였고 지금은 도제의 신학 고문인 파올로 사르피가 나섰다.

바오로 5세가 교황이 된 지 1년이 되어가는 1606년 봄, 베네치아와 바티칸의 관계는 전무후무한 최악의 상황으로 치달았다. 바티칸은 사르피를 혐오했다. 교회 지도자들이 보기에 사르피는 베네치아 자유주의의 최악을 대변했다. 지적 영향력에서 사르피와 벨라르미노는 쌍벽을 이뤘으나, 사르피와 교황의 조연은 생각의 과정이 전혀 달랐다. 벨라르미노의 사고 과정은 협소한 하나의 궤도만을 따랐다. 한편으로는 신앙에 대한 굳건한 추종으로 흘러갔고, 다른 한편으로는 자기가 이단이라고 여기는 사람들에 대한 정신병적인 미움으로 흘러갔다. 한편 파올로 사르피는 진정한 르네상스 인이었다. 사르피는 해부학, 천문학, 수학을 공부했고, 다양한 주제에 관하여 글을 썼고, 당당한 웅변가였다. 더 중요한 점으로, 사르피는 학문을 존중했다. 폭넓은 교양의 중요성을 믿었고, 권위를 의심했고, 종종 권위의 부족한 면을 들췄다. 한번은 바티칸이 금서 목록을 제정한 데 대해 "종교가 사람을 바보로 만들려고 발명한 최초의 은밀한 기구"라고 선언해 교황을 격분케 했다.[8]

사르피는 강단에 서서 말로써 독화살을 날렸다. 정치에 개입하는 것은 교황의 일이 아니고, 교황의 역할은 군사 지도자나 지독한 막후 실력자 행세를 하는 대신 세상의 영혼들을 돌보는 것이라고 소리 높여 공격했다. 불같이 화가 난 교황은 자기가 가진 최고의 무기를 꺼내 보복했다. 도제와 사르피를 포함해 베네치아 정부 전체를 파문한 것이다. 당시로서는 가히 영혼에 대한 핵무기였다.

현대인이 보기에는 자못 우스꽝스럽지만, 17세기 사람들에게 교황의 파문은 현실적인 무게를 지녔기 때문에 많은 사람들이 겁에 질렸다. 독실한 가톨릭 신자에게 파문이 괴로운 까닭은 비단 지옥에 가게 된다는 것 때문만이 아니었다. 파문을 당하면 성찬식에 참석할 수 없었는데, 뼈를 깎는 가난과 굶주림과 때 이른 죽음이 가득한 가혹하고 무자비한 세상을 살던 평신도들에게 성찬식은 순수하게 즐길 수 있는 몇 안 되는 즐거움이었던 것이다.

그래도 사르피는 꿈쩍도 하지 않았다. 그와 베네치아 정부 고관들은 성무 금지 명령을 공포하기를 거절했다. 따라서 도시의 교회들은 모두 정상적으로 열려야 했다. 그들은 성찬식을 거부하는 사제는 당장 감옥에 넣겠다고 알림으로써 교회들이 문 닫지 못하게 했다.

베네치아 인들이 바티칸의 명령을 못 들은 체하는 상황이 지속되자, 초여름쯤에는 두 나라가 당장이라도 전쟁을 일으킬 것 같았다. 베네치아와 파도바의 예수회 사제들은 도시를 떠나거나 교황령을 무시함으로써 교황에 불복하는 두 가지 중 하나를 택해야 했고, 두 나라 정부는 외교관들을 통해서 예의를 가장한 모욕적 발언을 서로 퍼부었다. 그러나 이윽고 사태가 너무 확대되었다는 사실을 깨달았던지 쌍방이 차분해지기 시작했고, 유혈 사태는 막을 수 있었다. 잠깐이나마 고요한 시간이 흘렀다. 갈릴레오는 여름 대부분을 베네치아에서 지내며 연봉 인상을 얻어내려고 노력했다. 하지만 정부는 중대한 정치적 기류에 정신이 팔린 상태라서 당연히 교수의 급여 문제에는 신경 쓸 틈이 없었다. 8월에 갈릴레오의 셋째 아이 빈첸초가 태어났다. 베네치아와 파도바 시민 대부분이 그랬듯, 갈릴레오도 국가와 종교에 관한 굵직한 문제들을 둘러싼 분쟁을 강 건너에서 초조하게 지켜보는 구경꾼에 불과했다.

로마와 베네치아 사이의 소강 상태는 오래 가지 못했다. 1607년 초, 사르피는 정부 요직을 떠나 학문에 전념하겠다고 발표했다. 학문은 언제나 그의 제일가는 사랑이었다. 사르피는 트리엔트 공의회의 역사를 상세하게 다룬 책을 쓰기로 계획했다. 트리엔트 공의회라면 40년 전에 열린 교황 직속 회의로서 종교 개혁 및 북유럽 개신교 교회에 대한 로마의 대응책이었다. 그 이야기를 쓰려면 사르피는 정부가 보관한 문서들에 제약 없이 접근할 수 있어야 했다. 사르피가 희망을 밝히자 물론 정부는 축복을 아끼지 않았고, 도제 레오나르도 도나는 개인적 지지를 약속했다.

사르피가 일부러 도발하려고 이런 행동을 취했는지는 알 길이 없지만 위험한 행동인 것은 틀림없었다. 몇 주 만에 소문이 새어 나갔고, 교황이 수단 방법을 가리지 않고 외고집 성직자를 저지할 것이라는 이야기가 나돌았다. 처음에 바티칸은 다소 어리석은 회유책을 구사했다. 교황 대변인이 베네치아 정부에 편지를 보내 사르피를 로마로 초대했다. "신학자를 보내시면 우리가 잘 맞이하겠습니다. 그를 흔쾌하게 받아들여서 대접하겠습니다."

사르피는 바보가 아니었다. 그는 행간의 의미를 꿰뚫었다. 그가 로마에 도착하는 즉시, 화형대의 장작더미에서 피어나는 불꽃이 그를 받아들이리라. 브루노를 비롯해 무수한 무고한 자들에게 교회가 그랬던 것처럼 말이다. 서툴기 짝이 없는 교황의 행보에 사르피는 짜증이 났고 당연히 초청을 무시했다. 면박당한 교황은 마침내 폭력을 동원했다.

사르피도 아마 물리적 공격 가능성을 감지했을 것이다. 무엇보다도 전례가 있었다. 1478년에 교황 식스토 4세가 로렌초 데 메디치를 암살하려는 음모를 꾀한 적 있었다. 로렌초는 목숨을 건졌지만 형제인 줄리아노는 죽었다. 그런데도 사르피는 막상 공격을 당했을 때 철저하게 무방비 상태였다.

10월 7일 밤, 사르피는 두칼레 궁에서 열린 모임에 참석했다가 집으로 가는 길이었다. 그런데 근처에서 불길이 솟아오르기에, 경호원들은 무슨 일인가 보러 갔고, 사르피는 젊은 시종 하나와 나이 든 정부 관료 하나만 대동한 채 가던 길을 계속 갔다. 그것이 함정이었다. 경호원들이 사라진 지 몇 분 만에 암살자 다섯이 나타나서 무장하지 않은 세 남자를 덮쳤다. 암살자들은 사르피와 함께 있던 두 사람을 순식간에 쫓아 보내고 사르피를 열다섯 군데 넘게 칼로 찔렀다. 가장 위험한 상처는 왼쪽 귀를 뚫고 들어간 단검이 낸 것이었다. 단검은 위턱을 박살 내고 오른쪽 뺨까지 뚫고 나왔다.

난리통 소리에 동네 사람들이 발코니나 거리로 나왔다. 사르피는 두칼레 궁으로 옮겨졌고, 사르피와 갈릴레오가 둘 다 알고 지내던 유명한 의사인 아콰펜덴테의 파브리추스가 잠자리에서 불려 나와 사르피가 누운 곳으로 달려왔다. 사르피의 생명은 이후 3주 동안 풍전등화 상태였지만, 그는 이 끔찍한 습격으로부터 기적적으로 회생했다. 범죄자들은 베네치아를 빠져 나가 로마로 직행했다. 그들을 맞은 교황은 실망하기는 했지만 그래도 베네치아 인 살해 시도의 대가로 범죄자들에게 연금을 수여했다.

베네치아 사람들은 자기네 높고 존경받는 시민이 습격당한 사실에 격분했다. 갈릴레오도 마음이 크게 휘청거렸다. 사르피는 갈릴레오의 절친한 친구이자 갈릴레오가 안심하고 의지하는 인물이었다. 더 심각한 문제는, 두 사람이 종교와 과학과 철학에 관하여 비슷한 견해를 지녔다는 점이었다. 그러니 사르피에 대한 공격은 갈릴레오의 심리에 극적인 영향을 미쳤을 것이다. 유럽의 식자라면 누구나 그렇듯 갈릴레오도 8년쯤 전에 벌어진 브루노 처형 사건을 들어 알았다. 더구나 이제 교회는 다른 나라의 심장부에까지 마수를 뻗어서 자기에게 대항하는 유력 인사를 암살하려했다. 갈릴레오가 잠깐이라도 제 처지를 숙고했다면, 자신의 지적 여정에 관하여 처음으로 뚜렷한 불안감을 느꼈을 것이다. 자신이 정통 철학에 도전함으로써 잠자는 사자의 꼬리를 잡아당긴 꼴이 되었음을 깨달았을 것이다.

이 사건은 틀림없이 갈릴레오에게 전환점이었다. 그는 경력에 대한 전망, 인생에서 성취하고 싶은 것에 대한 시각이 바뀌었다. 갈릴레오는 그러잖아도 파도바 대학교 일에 불만을 품기 시작한 터였다. 1607년 말과 1608년 초의 겨울이 사람들이 기억하는 역사상 가장 추웠다는 사실도 한 몫 했다. 몇 달 내내 눈이 지붕을 덮고 거리를 막았다. 1월과 2월에는 온도가 영상으로 올라가는 일이 드물었다. 파도바와 베네치아에서 사람들이 굶어 죽었고, 집 안에서 얼어 죽는 사람도 있었다. 그 겨울에 갈릴레오는 피렌체 고향집을 떠올리기 시작했다. 근 10년 만에 처음으로 고국으로 돌아가면 어떨까 생각하기 시작했다. 메디치 가의 녹을 먹으면 더 좋지 않을까 진지하게 가능성을 타진해 보기 시작했다.

일단 생각을 품게 되자 도무지 벗어날 수 없었다. 갈릴레오는 파도바에 너무 오래 머물렀다는 결론을 내렸다. 새로운 자극, 환경의 변화, 참신한 뮤즈가 필요하다고 판단했다. 밖에는 눈이 쌓이는 동안 비냘리 델 산토 가의 집에서 따스한 불가에 앉아 있을 때, 갈릴레오는 어디서 어떻게 그런 변화가 올지 좀처럼 상상하지 못했을 것이다. 그러나 정말 그런 기회가 왔다.

8장

수정 같은 달

✠

    1609년 여름, 놀라운 새 기기가 등장했다는 소문이 지식인들 사이에 돌았다. 렌즈 두 개로 이루어진 관 모양의 이 단순한 도구를 쓰면 저 멀리 있는 물체를 바로 앞에 있는 듯 볼 수 있다고 했다. 발명품에 대한 정보는 희박했다. 네덜란드 미델뷔르흐 출신으로 한스 리퍼셰라는 이름의 무명 실험가이자 안경 제조공이 처음 만들었다고만 했다. 소문에 따르면 리퍼셰가 만든 실용적인 망원경은 사물을 8배까지 확대했다. 기구는 보는 것, 네덜란드 통, 실린더 등 갖가지 이름으로 불렸고 사냥꾼과 선원에게 인기를 끌었다. 물체를 3배 확대하는 소형 망원경이 파리의 시장에서 신기한 장난감으로 팔린다는 소문도 있었다. 1609년 6월에는 토머스 해리엇이라는 영국 천문학자가 이 "장난감"으로 달을 관찰한 내용을 기록했다는 이야기도 베네치아에 들려왔다.

    해리엇은 폭넓고 깊이 있는 연구로 볼 때 "영국의 갈릴레오"라고 불릴 만했다. 그를 가리켜 "옥스퍼드 대학교가 이제껏 배출한 최고의 수학자"라고 한 사람도 있었다.[1] 해리엇은 범상치 않은 삶을 살았다. 그는 월터 롤리 경과 함께 미국을 여행했고 평생 가까운 친구로 지냈는데 어쩐 일인지 무신론자라는 평판을 얻었고, 1603년에 사망한 엘리자베스 여왕의 뒤를 이은 제임스 1세의 눈 밖에 나서 궁정에서 쫓겨났다. 나중에는 화약 음모 사건(1605년에 가톨릭 세력이 벌인 제임스 1세 암살 시도 — 옮긴이)에 연루되었고 반역죄로 처형당하기 직전에 용케 탈출했다.

해리엇은 많은 과학 실험을 수행했다. 리퍼셰가 제 발명품을 광고하기 시작한 무렵과 거의 같은 시기에 해리엇이 6배율 망원경을 만들었다고 주장하는 역사학자도 있다. 해리엇이 제 발명을 상업적으로 활용하지 않았던 이유는 알 수 없다. 새 군주와 사이가 나빴던 시기(1608~1609년)라 연구를 선전하기에 애매한 처지였을지도 모른다. 리퍼셰는 해리엇과는 성격이 전혀 달랐다. 리퍼셰는 현실적인 설계자였고 사업가 기질이 강해 제 발명의 잠재력을 대번에 알아차렸고, 1609년부터 온 유럽을 여행하면서 발명품을 팔았다. 또 망원경을 더 강력한 군사적, 과학적 도구로 개량하는 일에 투자할 사람을 찾아다녔다.

망원경이 17세기에 들어서고도 한참 지난 뒤에야 발명되었다는 사실은 지금 생각하면 좀 놀랍다. 망원경의 초기 발달 과정은 아직도 제대로 알 수 없다. 일찌감치 6세기부터 아랍 과학자들이 망원경을 사용했다는 설이 있지만 근거가 박약하고, 그런 기구가 등장하는 사례나 문서가 전해지지 않기 때문에, 추정에 불과하다고 봐야 한다.

1551년에 로버트 레코드(1510~1558년, 웨일스의 학자 — 옮긴이)가, 역시 비슷한 시기에 레너드 디거스(1520~1559년, 영국의 학자 — 옮긴이)가 먼 곳의 물체를 볼 수 있는 "전망경"에 관하여 이야기했다. 1585년에는 윌리엄 본(1535~1582년, 영국의 학자—옮긴이)이, 몇 년 뒤에는 잠바티스타 델라 포르타(1535~1615년, 이탈리아의 학자—옮긴이)가 렌즈로 먼 곳을 보는 법을 발견했다고 주장했다. 레오나르도 다 빈치도 틀림없이 망원경에 대해 고찰한 적이 있었다. 레오나르도 다 빈치는 1508년에서 1510년 사이에 작성한 공책 두 권에서 그런 생각을 밝혔는데, 리퍼셰의 발명에서 정확하게 한 세기 앞선 시점이다. 레오나르도 다 빈치는 이렇게 썼다.[2] "타고난 시각으로는 멀리 있는 물체가 작게 보이지만, 그렇지 않게 하는 방법이 있다. 눈에서 유리알을 멀리 떨어뜨려 놓을수록 물체가 커 보인다……. 동일한 두 물체를 비교하되 하나는 유리알을 통해 보고 다른 하나는 맨눈으로 보면 유리알로 보는 물체가 더 커 보이고 다른 쪽은 작아 보인다."[3]

이에 관하여 짚고 넘어갈 점은, 레오나르도 다 빈치의 글이 틀림없이 가설에 불과하리라는 점이다. 레오나르도 다 빈치는 상대적으로 질이 떨어지는 렌즈들로 몇 가지 단순한 실험을 했을 것이다. 하지만 그가 실제로 작동하는 망원경을 만들었다는 구체적 증거는 없다. 역시 공책 속에서 멋지게 묘사했던 탱크나 수중 호흡기나 헬리콥터를 그가 실제로 제작하지 않았던 것과 마찬가지다.

사실 레오나르도 다 빈치가 망원경을 만들려고 했더라도 성공하지 못했을 것이다. 그가 가진 렌즈의 질이 너무 떨어져서 적합하지 않았기 때문이다. 리퍼셰 이전에 성공한 사람이 없었던 것도 그 때문일 것이다. 서툴게 연마된 렌즈를 쓰면 확대력은 빈약하고 왜곡만 크게 생긴다. 리퍼셰는 안경 제조공으로서의 기술을 총동원해 몇 년이나 노력한 끝에 깨끗한 상을 맺고 괜찮은 배율을 내는 렌즈들을 만들었다.

다른 사람들과 마찬가지로 갈릴레오도 새 발명품에 대한 소문을 들었다. 하지만 그는 다른 일로 바빴고, 그저 수군대는 소문에 얼마나 가치가 있을지 확신하지 못했기 때문에 주의를 기울이지 않았다. 그가 알기로 파리의 "장난감"은 놀잇감에 불과했다. 해리엇의 발견이나 미델뷔르흐의 정체 모를 네덜란드 인 안경 제작자의 확실한 성취에 대해서는 그가 알지 못했다. 그러던 7월 말, 갈릴레오는 반년도 전인 1608년 12월에 친구 사르피가 리퍼셰의 발명품에 관한 상세한 보고서를 받았다는 사실을 알았다. 발명품에 군사적 응용 가능성이 있는지 점검하는 보고서였다. 사르피는 급박한 국정 문제에 정신이 팔려 있었기 때문에 보고서를 받고도 아무 조치를 취하지 않았고, 사르피의 지인들 중에서 그 소식에 가장 관련이 깊은 사람일 갈릴레오에게 알려 주는 것마저 잊었다.

갈릴레오는 사르피가 망원경에 관한 보고서를 받았다는 이야기를 들은 직후인 7월 26일에 당장 사르피를 만나러 갔다. 왜 네덜란드 인의 혁신에 대해 귀띔해 주지 않았는지 갈릴레오가 묻자, 사르피는 제 실수에 당황해 구구하게 변명을 하며 전해 말에 받은 보고서 전문을 재깍 보여 주었다. 사르피가 1609년 1월에 정보 담당자에게 보낸 답장도 보여 주었다. 정보 담당자는 자크 바도브르라고, 사르피는 물론이고 갈릴레오도 아는 사람이었다. 사르피가 바도브르에게 보낸 답장은 이랬다.

한 달 전에 신식 안경에 대한 소식을 들었습니다만, 더 조사할 필요는 없다고 생각합니다. (소크라테스는 직접 목격한 경험이 아닌 이상 억측하지 말라고 했지요.) 저도 어릴 때 그런 가능성을 떠올렸던 적이 있습니다. 유리가 포물면이라면 그런 효과를 내리라는 생각이 들었습니다. 증명을 시도해 보았지만, 추상적인데다가 까다로운 문제였기 때문에 어려울 거라는 생각이 들었습니다. 더 파고들다가는 몹시 피곤해지겠기에 실험은 하지 않았습니다. 그 플랑드르 장인(리퍼셰)이 우연히 저와 같은 발상을 떠올린 것인지도 모르겠군요.[4]

갈릴레오가 1610년 3월에 낸 책 『별들의 소식』(국내에는 『시데레우스 눈치우스』로 소개되었으며 '별들의 메신저'로도 해석된다. ─ 옮긴이)에서 망원경 제작 사연을 회상한 대목을 보면 사르피에 대한 이야기가 위와는 좀 다르다.

열 달쯤 전에 어느 플랑드르 사람이 소형 망원경을 만들었다는 이야기가 내 귀에 들렸다. 망원경을 쓰면 관찰자의 눈에서 무척 멀리 떨어진 물체도 가까이 있는 것처럼 보인다고 했다. 진정 신기한 이 현상을 많은 사람들이 실험으로 확인하려 했는데, 몇몇은 신뢰할 만하다고 한 반면에 몇몇은 부정했다. 며칠 뒤에 나는 파리에 사는 프랑스 귀족 자크 바도브르의 편지를 받고서 이 현상이 사실임을 확인했고, 그때부터 비슷한 도구를 발명하겠다는 목표를 세우고 전심전력으로 방법을 찾아 나섰다.[5]

사르피와 만난 지 며칠 뒤, 갈릴레오는 리퍼셰가 베네치아 원로들에게 발명품을 선전하려고 막 파도바에 도착했다는 것을 알게 됐다. 갈릴레오는 8월 1일까지 베네치아에서 볼 일을 다 마친 뒤, 서둘러 파도바 집으로 돌아갔다. 그는 망원경에 대한 정보를 철저하게 캐내서 그것을 개량하겠다고 단단히 마음먹었지만, 실망스럽게도 리퍼셰는 베네치아로 떠난 뒤였다. 갈릴레오는 부리나케 베네치아로 돌아갔고, 사르피의 대문을 두드려 하인을 불러낸 뒤 얼른 주인을 깨우라고 했다. 잠에 취해 부루퉁한 사르피를 앞에 놓고, 갈릴레오는 어떻게든 손을 써 달라고 읍소했다. 오래된 우정을 들먹이면서, 자신에게 제때 소식을 전하지 않았던 것은 생각이 짧은 일이었다고 강조했다.

두 사람은 갈릴레오에게 유리하도록 사태를 되돌리는 일에 나섰다. 이미 망원경을 갖고 있는 리퍼셰를 어떻게든 따돌리기로 했다. 리퍼셰는 도제와 위원회에게 접견을 신청해 둔 상태였지만 사르피는 최대한 그걸 미뤄서 갈릴레오에게 시간을 벌어 주기로 했고, 갈릴레오는 망원경 발명에 맹렬하게 매달리기로 했다. 망원경을 완성하면 네덜란드 인 경쟁자가 희망하는 바로 그 사업 기회를 자신이 취할 생각이었다.

갈릴레오에게는 자투리 정보들밖에 없었다. 그는 빈틈을 직관으로 메웠다. 그는 한잠도 자지 않고 48시간 동안 작업대에서 실험했다. 다양한 렌즈들을 결합해 보고, 모양을 바꾸어 보고, 임시로 만든 나무 관 속에 오목 렌즈와 볼록 렌즈를 위치를 바꾸어 가며 놓아 보았다.

갈릴레오는 이런 기법들에 익숙했을 것이다. 그는 실제적인 기술을 지닌 사람임을 스스로 늘 자랑스럽게 여겼다. 그는 배율도 배율이지만 해상도 혹은 초점의 예리함을 개선하는 것 또한 큰 과제라는 사실을 잘 알았다. 물체를 아무리 확대하더라도 흐릿한 영상을 보여 주는 기기라면 쓸모가 없었다. 갈릴레오는 손으로 렌즈들을 갈아서 살짝 오목하거나 볼록하게 만들었다. 렌즈에 굴곡이 있으면 입사광이 굴절한다. 그런데 파장에 따라서 빛의 굴절 정도가 다르다는 게 문제였다. 붉은빛의 굴절도는 가시광선 스펙트럼에서 반대편 끝인 푸른빛의 굴절도와 다르다. 그 때문에 질 나쁜 망원경으로 먼 물체를 관찰하면 무지개 빛깔의 후광이 둥그렇게 물체를 감싼 듯한 색수차 현상이 생긴다.

갈릴레오가 만든 첫 망원경은 서로 떨어져 있는 두 렌즈의 거리를 조절해서 초점을 맞추는 형태였다. 물체를 향하는 대물 렌즈는 눈을 대는 접안 렌즈보다 곡률이 작고, 빛을 모아서 광원의 주파수에 따라 다른 지점에 초점을 맞추는 역할을 했다. 갈릴레오는 영상을 접안 렌즈의 시야 중앙에 얼추 가깝게 모을 수 있을 뿐이었다. 관찰 대상이 주로 방출하는, 즉 반사하는 색깔이 무엇이냐에 따라서 정확한 초점은 달라졌다.

갈릴레오는 자신의 노력을 이렇게 설명했다.

기구에는 유리 렌즈가 하나 이상 필요하다. 렌즈 모양은 오목하거나 볼록하거나 양면이 평행할 수 있다. 하지만 평평한 렌즈는 어떤 식으로도 물체를 확대하지 못한다. 오목 렌즈는 물체를 작아 보이게 한다. 볼록 렌즈는 물체를 커 보이게 하지만 흐릿하고 뿌옇게 만든다. 따라서 오목 렌즈와 볼록 렌즈를 결합하면 어떻게 될지 알아보는 수밖에 없었다. 그렇게 해서 나는 찾던 것을 만들어 냈다.[6]

하루가 지나자 갈릴레오는 소문으로 들었던 장난감에 근사한 물건을 만들어 냈고, 그 날 밤에는 리퍼셰의 망원경 중 가장 뛰어난 것에 비견할 만한 모형을 완성했다. 갈릴레오는 어림짐작과 즉흥적인 영감에 따라 렌즈들의 모양을 더 다듬고 관 속에서의 위치를 조정했다. 그래서 처음에는 배율이 8배에서 10배쯤 되던 망원경이 60배까지 훌쩍 개선되었다.

갈릴레오는 지체 없이 베네치아로 전갈을 보냈다.『시금사』를 보면 과장 섞인 기록이 있다. "나는 파도바로 돌아온 당일 밤에 문제를 풀었고, 다음 날 기구를 조립했다. 그리고 바로 전날 함께 문제를 토론했던 베네치아의 친구들에게 소식을 전했다."[7]

베네치아 친구들에게 보낸 전갈이란, 리퍼셰가 먼저 베네치아 고관들을 만나는 것을 수단 방법 가리지 말고 막아 달라고 사르피에게 통지했던 것을 말한다. 자신이 먼저 도제를 만나야 하기 때문이다. 사르피는 최대한 잽싸게 도제와의 만남을 주선했지만, 도제가 워낙 바쁘기 때문에 두 주가 지나서야 시간이 났다. 덕분에 갈릴레오는 기구를 개량하고 거친 모형보다 더 나은 제품을 만들 시간을 벌었다. 갈릴레오는 장인을 고용해서 아낌없이 돈을 들여 아름다운 가죽 통을 제작했고, 배율이 높지만 흐릿하고 모호한 렌즈들을 쓰는 대신 제일 정교한 렌즈들을 골라 합체했다. 배율은 10배쯤 되었지만 깨끗한 영상을 보여 주는 망원경이 만들어졌다.

갈릴레오와 사르피는 망원경의 군사적 응용성을 확실하게 알았다. 정부에 망원경의 가치를 확신시킬 때 그 점을 중요하게 강조해야 한다는 것도 알았다. 갈릴레오는 베네치아 정부에 쓴 편지에서 이렇게 말했다. "먼 물체를 가까이 있는 것처럼 깨끗하게 보여 주는 제 카노키알레(망원경)의 능력은 육상이나 해상에서 군사 활동을 할 때 이루 헤아릴 수 없는 이득을 줄 것입니다. 바다에서는 적이 우리를 보기 2시간 전부터 우리가 먼저 적의 깃발을 볼 수 있습니다. 적함의 수와 종류를 알면 교전을 해 물리칠지, 피난을 갈지 결정할 수 있습니다. 육상에서도 높은 곳에 올라가서 적군의 야영지와 요새를 관찰할 수 있습니다."[8]

갈릴레오와 사르피는 도제 레오나르도 도나(그 또한 갈릴레오의 친구이자 오랫동안 갈릴레오를 지원한 사람이었다.)와의 만남에 앞서 속속들이 연습을 해 두었다. 갈릴레오가 발명품의 역량을 시험해 보인 자리는 과학적 시연이라기보다 연극적 공연에 가까웠다.

갈릴레오가 도제와 고문들에게 수공 제작한 망원경을 보여 준 뒤, 일동은 경호원들의 경비를 받으며 두칼레 궁에서 수십 미터쯤 떨어진 산마르코 탑으로 자리를 옮겼다. 갈릴레오는 버팀대에 망원경을 설치하고 파도바를 향해 맞추었다. 렌즈를 들여다본 도제는 50킬로미터 넘게 떨어진 파도바 시 중심에 있는 산주스티나 탑을 보고 깜짝 놀랐다. 원통을 가까운 곳으로 돌려서 도시 건너편을 바라보니, 맨눈에는 티끌만 하게 보일 물체들이 탑 발치에 있는 것처럼 크게 보였다. 시선을 리도 섬 너머 아드리아 해로 돌린 도제와 고관들은 맨 눈으로는 적어도 2시간쯤 더 지나야 볼 수 있을 배들을 보았다.

궁으로 돌아온 뒤, 도제는 갈릴레오의 놀라운 기기에 대한 대가를 협상하려고 했다. 그때, 뜻밖에도 갈릴레오는 도제에게 이렇게 말했다.

저 갈릴레오 갈릴레이, 전하의 미천한 하인은 제 의무를 제대로 수행해 전하에게 도움이 되는 유용한 것을 발견하기를 언제나 충심으로 열렬하게 바랐습니다……. 드디어 제가 새로운 고안물을 내놓았습니다. 전하께서 받아 주실 가치가 있는 도구라고 판단하오니, 이것을 선물로 드립니다. 이 도구를 더 많이 제작할 것인가 하는 문제도 전하의 판단에 맡깁니다. 이것은 제가 파도바에서 17년 동안 수행한 과학의 결실입니다. 하느님과 전하께서 제게 명하고 바라신다면, 저는 남은 평생을 전하를 위해 과학을 수행하면서 더 훌륭한 발명품들을 내놓고 싶습니다.

매우 현명한 전략이었다. 도제와 고문들은 갈릴레오와 사르피가 바란 대로 망원경에 깊은 인상을 받았고, 도제는 자기가 소유하게 될 기기의 중요성을 잽싸게 알아차렸다. 베네치아의 지도자는 망원경이 군사적으로 엄청나게 중요하다는 것, 머지않아 온 세계에 유명해질 발명품이라는 것을 간파했다. 게다가 그는 갈릴레오가 망원경의 발상을 훔친 것이나 마찬가지라는 사실을 알지 못했다. 갈릴레오는 배웅을 받으면서 방을 나섰다. 연봉 1,000크라운(당시 연봉이 520크라운이었으니 거의 2배인 셈이었다.)과 파도바 대학교 종신 재직권, 더불어 현금 480크라운을 제안 받은 뒤였다.

10인 위원회는 대단히 과시하는 태도로, 상당히 부정확한 뉴스를 발표했다. "파도바에서 17년 동안 강의를 하며 모든 이를 만족시킨 갈릴레오 갈릴레이 씨는 그동안 다양한 발견과 발명을 세상에 알려 왔지만, 멀리 있는 물건을 쉽게 보여 주는 이 기구를 발명한 것은 특히 중요하다. 위원회는 공공의 이익에 봉사한 이의 노력에 후하게 사례해야 합당하다고 본다."[9]

대대적인 선전이었지만, 사실 이면에는 정부가 느낀 일말의 실망이 숨어 있었다. 정부는 갈릴레오가 망원경을 최초로 발명한 게 아니라는 사실과 이웃 국가들이 이미 비슷한 기구를 소유하고 있다는 사실을(물론 갈릴레오가 만든 것처럼 질이 좋지는 않았다.) 뒤늦게 알았던 것이다.

실망으로 따지면 갈릴레오도 마찬가지였다. 연봉 인상은 기뻤지만, 일견 너그러운 제안에 부대 조건이 딸렸다는 사실을 무시할 수 없었다. 첫째, 한번으로 끝나는 인상이었다. 갈릴레오가 대학에서 일하는 동안 연봉 1,000크라운보다 1크라운이라도 더 받기는 불가능하다는 뜻이었다. 물론 괜찮은 금액이었지만 그게 요점이 아니었다. 갈릴레오는 구속되고 우리에 가둬진 기분이었다. 설상가상으로 연봉 인상은 1년 뒤부터 적용되었다.

도제가 리퍼셰 때문에, 그리고 베네치아만 발명품을 가진 게 아니라는 사실 때문에 대가를 줄였다는 점도 갈릴레오를 괴롭혔을 것이다. 갈릴레오는 리퍼셰의 설계를 훔쳤다는 사실에 대해 좌우간 표면적으로는 조금도 가책을 느끼지 않았다. 우리는 갈릴레오가 자만심 강한 사람이었음을 기억해야 한다. 그는 겨우 사용할 만한 설익은 모형을 자기가 진정한 과학 도구로 변형시켰다고 믿었을 것이다. (아주 틀린 말도 아니다.) 갈릴레오가 당시든 이후이든 광학 이론을 몰랐다는 사실은 참 놀랍다. 그는 오로지 실용적 노하우와 타고난 천재성만을 사용해서 이제까지의 어떤 모형보다 훌륭한 망원경을 만들어 냈다.

리퍼셰는 이미 온 유럽 사람들의 주의를 끌었고, 망원경의 진짜 발명가로 인정받았다. 그는 갈릴레오에 맞먹을 만큼 성공적인 경력을 이어가는 터였다. 이탈리아에 망원경이 도입될 때는 갈릴레오가 리퍼셰의 명성을 살짝 빼앗은 게 사실이지만, 그것이 네덜란드 발명가에게 그리 큰 타격은 아니었다. 오히려 갈릴레오의 개입 때문에 리퍼셰의 모형이 다소 원시적이라는 문제가 슬쩍 가려졌다. 리퍼셰도 응당 갈릴레오만큼 훌륭한 모형을 만들었어야 했다는 점에 대해 사람들이 조용히 넘어갔다.

갈릴레오가 정부의 제안에서 제일 못마땅했던 점은 평생 파도바 대학교에서 가르쳐야 한다는 것이었다. 갈릴레오는 학생을 가르치는 일이 여전히 싫었다. 1609년의 갈릴레오는 고역을 끝낼 기미가 전혀 없는 채로 또 신학기를 시작한다는 사실이 생각만 해도 참을 수 없을 지경이었다.

갈릴레오는 도제에게 망원경을 바칠 때 저로서는 최대한 확실하게 이 점을 언급했다. "이 망원경은 제가 파도바에서 17년 동안 수행한 과학의 결실입니다. 하느님과 전하께서 제게 명하고 바라신다면, 저는 남은 평생을 전하를 위해 과학을 수행하면서 더 훌륭한 발명품들을 내놓고 싶습니다." 다르게 말하면 이런 뜻이다. "당신들이 내게서 빌어먹을 수업 부담이라는 족쇄를 풀어 주고 내 일만 하도록 내버려 두면 내가 놀라운 것들을 얼마나 많이 만들 수 있겠는가. 너희 바보들은 그걸 정말 모르는가?"

갈릴레오가 성질 급하고 거만한 사람으로 보일지도 모르겠다. 하지만 그가 단지 제 직업의 기본적 요구 사항을 싫어해서 응석받이처럼 반항한 것은 아니었음을 이해하자. 얄궂게도 그는 훌륭한 강사였고, 학생들에게 풍부한 영감을 주며 과학에 대한 욕망을 불어넣는 선생이었다. 다만 본인이 가르치는 일에서 통 즐거움을 느끼지 못했다.

더 중요한 문제는, 강의실에서 보내는 일분일초는 실험을 하지 못하는 일분일초였다는 사실이다. 이제 놀랍도록 새로운 도구를 발명했고, 그것으로 이제껏 숨겨져 있던 천계와 자연의 경이로움을 연구할 참이었으므로, 그 제약이 더욱 거슬릴 수밖에 없었다.

하지만 갈릴레오는 파도바를 벗어날 길이 없다는 것을 알았다. 그에게는 이제까지 익숙해진 방식대로 뒷받침해 주되, 수업이나 그 밖의 시시하고 수고로운 궁정 임무를 부과하지 않는 후원자가 필요했다. 그것이 가능한 곳은 딱 한 군데였다. 토스카나 대공의 궁정, 즉 갈릴레오가 15년 전에 떠나온 메디치 가문의 궁정이었다.

메디치 가문은 피후견인을 정할 때 몹시 변덕스러웠다. 140년 전, 레오나르도 다 빈치나 미켈란젤로나 보티첼리처럼 시대의 상징이 될 10여 명의 예술가들이 피렌체에 머물 때, 피렌체의 제1시민이자 훌륭한 취향과 재능을 지녔던 로렌초 데 메디치는 레오나르도 다 빈치에게는 아무런 관심을 보이지 않으면서 미켈란젤로는 지나칠 정도로 오냐오냐 받들었다. 비슷한 식으로, 지금의 메디치 가문은 갈릴레오에게는 하찮은 부스러기만 나눠주면서 그보다 훨씬 못한 사람들에게는 돈과 자원을 아낌없이 퍼부었다. 어쩌면 갈릴레오가 1592년에 그곳을 떠난 일 때문에 기분을 잡쳤던 것인지도 모른다.

갈릴레오는 메디치 가와 끈을 놓지 않았다. 연을 끊었다면 그야말로 바보스러운 짓이었을 것이다. 하지만 갈릴레오가 피사를 떠난 1592년부터 베네치아 통치자들에 대한 환상에서 깨어난 1609년에서 1610년 무렵까지, 그와 이탈리아 최고 가문의 관계는 잘 해봐야 미적지근한 정도였다. 1608년에 갈릴레오는 친구 사그레도에게 빌린 천연 자석을 피렌체 궁정에서 선보였다. 천연 자석은 경이로운 물건으로 여겨졌다. 작은 자석이 제 무게의 3배쯤 되는 쇳가루를 들어올렸기 때문이다. 페르디난도 1세의 아내인 크리스티나 대공 부인은 과학자와의 교유를 남편보다 더 즐겼던 것 같다. 대공 부인은 1604년부터 3년 동안 여름마다 갈릴레오를 초빙해서 아들 코시모를 가르쳐 달라고 했다. 1608년에 코시모가 결혼을 할 때도 극구 갈릴레오를 초대했다. 1609년에 페르디난도가 죽자 갈릴레오는 메디치

가에 더 가까워졌고, 총애를 받을지도 모른다는 희망도 커졌다.

가능성이 눈앞에 보이자, 갈릴레오는 할 수 있는 일은 죄다 했다. 메디치 가문에 책을 헌정했고, 코시모에게 극진한 관심을 쏟았다. 코시모에 대한 애정은 아마 진심이었던 것 같다. 그러나 아부를 하고 주의를 기울이는 것 말고는 그가 그런 높은 분들에게 영향을 미칠 방법이 없었다. 무릇 외교적 전략, 전술, 개인적 변덕으로 진행되는 일을 그가 더 빠르게 진전시킬 도리는 없었다. 갈릴레오는 그 생각을 접고, 사태가 알아서 돌아가게 내버려 두었다. 대신에 다시 과학적 관심사로 눈길을 돌려 망원경의 렌즈 너머에서 그를 기다리는 무한한 우주를 연구하기 시작했다.

과학자가 먼 곳의 배와 옆 도시의 탑을 본 뒤에 달로 망원경을 향한 것은 논리적으로 당연한 순서였다. 1609년 첫 석 달 동안 갈릴레오는 매일 밤마다 달 표면을 조사했다. 그러다가 천구에 대한 아리스토텔레스의 이론이 완전히 틀렸음을 보여 주는 첫 진지한 증거를 찾아냈다.

아리스토텔레스에 따르면 달은 완벽하게 매끄러우며 눈에 띄는 특징이 하나도 없는 밋밋한 구이고, 변화가 없고, 흠이 없었다. 갈릴레오는 이것이 허튼소리임을 확인했다. 그가 보니 달은 구멍이 숭숭 뚫렸고, 표면은 군데군데 울퉁불퉁한데다가 간간이 갈라진 곳도 있었다. 오히려 아무리 작은 면적이라도 매끄럽거나 특징이 없거나 흠이 없다고 묘사할 만한 곳을 찾기가 힘들었다. 갈릴레오는 이렇게 썼다. "달의 표면은 고르지 않고, 거칠고, 구덩이와 돌출부가 가득하다."[10]

그는 이렇게도 썼다. "달 표면은 청색 눈 무늬가 흩뿌려진 공작 꼬리처럼 점으로 가득하다. 혹은 뜨거울 때 찬물에 담가져서 표면이 쭈글쭈글해진 유리 꽃병을 닮았다."[11] 가장 눈에 띄는 발견은 달에 산맥이 있다는 사실이었다. 갈릴레오는 어떤 산은 높이가 6킬로미터를 넘는다고 계산했다.

갈릴레오는 이런 관찰들을 수집해 달이 위상을 바꿀 때 표면이 어떻게 변화하는지 상세하게 스케치했다. 달이 어떻게 태양빛을 반사하느냐에 따라 지구에서 보이는 달 표면 특징들이 바뀌는 모습을 그림으로 그렸다. 관찰 내용을 세세하게 말로도 풀어 적었고, 그림을 그린 시각을 기록했고, 달의 위치와 별 같은 고정된 천체들의 상대적 위치도 적어 두었다.

어느 때보다 다사다난하고 생각이 많았던 한 해가 막을 내릴 무렵, 갈릴레오는 배율이 30배나 되면서도 깨끗하고 선명한 영상을 내는 망원경을 만드는 데 성공했다. 1609년 성탄절에도 그는 잔치며 휴일 분위기를 무시하고 계속 일했고, 새 학기가 시작되기 전인 1월에는 자신의 이름을 불멸로 만들 발견을 해냈다. 이 발견으로 갈릴레오의 이름은 영원히 망원경과 그 놀라운 도구가 몰고 온 새 천문학과 이어지게 된다.

갈릴레오가 목성의 위성들을 처음 목격한 것은 1610년 1월 7일이었다. 그 시점에서는 그도 위성이라는 것은 몰랐고, 거대한 목성 가까이에 있는 작고 밝은 천체 셋을 확인하고 "별들"이라고 불렀다. 이후 여드레 밤 동안 갈릴레오는 불침번을 서듯 관측을 계속해 "별들"의 위치를 쫓았고, 그들의 밝기가 변한다는 사실, 세 별과 비슷해 보이는 네 번째 물체가 어느 날 밤에 나타났다는 사실을 기록했다.

그 천체들이 목성에 비하면 턱없이 작고, 달이 지구 주변을 돌듯이 목성 주변을 돈다는 사실이 점차 분명해졌다. 갈릴레오는 이렇게 썼다. "금성과 수성이 태양 주변을 도는 것처럼 세 별이 목성 주변을 맴도는 게 분명하다고 나는 마음을 정했다."[12]

1610년 3월에 출간된 『별들의 소식』에는 더 상세한 설명이 있다. "무엇보다도 그들이 서로 같은 간격을 둔 채 가끔은 목성을 뒤따르고 가끔은 목성을 앞서간다는 점, 목성의 동쪽에 있든 서쪽에 있든 늘 제한된 거리

내에 머문다는 점을 볼 때, 그들이 목성을 가운데 두고 회전한다는 것, 그리고 그 모두가 우주의 중심을 가운데 두고 12년 주기로 회전한다는 것에 의심의 여지가 없다."[13] 달리 말하면 위성들이 목성 주위를 돌고, 목성계 전체가 우주의 중심을(지구이든 태양이든) 12년 주기로 회전한다는 것이다.

갈릴레오가 보기에 이것은 코페르니쿠스 이론이 우주의 역학을 정확하게 묘사한다는 사실을 더없이 분명하게 보여 주는 증거였다. 그는 목성계의 모습이 행성들이 태양을 공전하는 코페르니쿠스 모형과 비슷하다는 것을 깨달았다. 코페르니쿠스에 반대하는 사람들은 지구가 달을 거느린 채 태양을 돌 수는 없다는 주장을 흔히 내세웠는데 (그러면 달이 우주 공간으로 떨어져나갈 거라고 생각했다.) 이제 목성이 우주 중심 천체를 (코페르니쿠스의 태양이든, 아리스토텔레스의 지구이든 상관없다.) 회전하면서도 제 위성들을 단단히 움켜쥔 모습을 보게 된 것이다.

갈릴레오는『별들의 소식』뒷부분에서 거듭 주장했다.

코페르니쿠스 체계를 논할 때 행성들이 태양 주변을 회전한다는 사실은 별 어려움 없이 받아들이면서도 달이 지구를 회전하고 지구가 달과 함께 태양을 연중 회전한다는 사실은 혼란스럽게 생각해 그런 우주 구조 전체를 불가능하다고 기각하는 사람들이 있다. 이제 우리는 그들의 의구심을 잠재울 만한 강력하고 우아한 논증을 갖게 되었다. 비단 한 행성이 다른 행성을 회전할 뿐만 아니라, 달이 지구를 맴돌듯이 네 개의 별(위성)들이 목성을 맴도는 것을 보았다. 전체가 12년마다 한번 태양을 커다랗게 회전한다.[14]

1610년 1월 말이면 갈릴레오는 책을 내기에 충분할 정도로 자료를 수집했다. 그는 대단히 서둘러서 2월 초에 원고를 최종 손질한 뒤, 톰마소 발리오니라는 베네치아 출판업자에게 득달같이 가져갔다. 출판업자는 원고를 라틴 어로 번역한 뒤 인쇄해 배본 준비를 마쳤다. 3월 중순, 갈릴레오가 처음으로 내는 중요 저작인 『별들의 소식』이 출간되었다. 초판 550부는 갈릴레오의 지인들, 이탈리아 여러 대학의 유력 인사들, 주요 도시의 서점으로 배포되었다.

첫 장에서 갈릴레오는 자신의 사명을 또렷하게 밝혔다.

나는 세상이 시작되었을 때부터 우리 시대까지 누구도 본 적 없는 네 개의 행성을 발견하고 관측했다. 나는 지난 두 달 동안 그들의 위치, 움직임, 크기 변화를 관찰했다. 이에 그 내용을 세상에 공개하고자 책으로 내며, 모든 천문학자들에게 이 별들의 주기를 결정하고 확인하는 일에 나서 줄 것을 요청한다. 주기만큼은 아직 내가 알아내지 못했기 때문이다……. 이 글을 쓰는 해인 1610년의 1월 7일, 자정 넘어 한 식경에 나는 망원경으로 하늘의 별자리들을 바라보다가 목성을 시야에 포착했다. 내가 쓴 도구는 직접 제작한 것으로 성능이 몹시 뛰어나기 때문에, 나는 전에 본 적 없는 어떤 현상을 목격할 수 있었다. 작지만 밝은 별 셋이 목성 가까이에 있었다. 나는 그것들이 하늘에 무수히 흩어진 붙박이별들일 것이라고 생각했지만, 그것들은 볼수록 놀라웠다. 황도와 평행한 일직선상에 놓여 있고, 다른 별들과 크기는 비슷하지만 훨씬 밝았기 때문이다……. 운명에 이끌렸던지, 나는 1월 8일에도 지난밤에 관찰했던 쪽으로 망원경을 향했다가, 이번에는 전혀 다른 상황을 보았다. 작은 별들이 모두 목성의 서쪽으로 가 있었고, 전날보다 목성에 훨씬 가깝게 붙어 있었다.[15]

갈릴레오는 미칠 듯 흥분했고, 이것이 정말 특수한 상황임을 확실하게 깨달았다. 우주를 눈앞에 펼쳐 보이는 도구가 갈릴레오의 손에 들어온 것은 어쩌면 그저 행운이었는지도 모른다. 그러나 분명히 그는 준비된 사람이었다. 같은 나라 사람인 위대한 마키아벨리가 갈릴레오로부터 한 세기 전에 역작 『군주론』에서 말했던 바대로다.

행운은 광포한 강물에 비교할 수 있다. 홍수가 나면 강물은 평야로 넘치고, 나무와 건물을 덮치고, 흙을 이쪽저쪽으로 쓸어 나른다. 모든 것이 강물 앞에 흩어지고, 그 폭력에 모두가 굴복한다. 어떻게 해도 그 힘에는 버틸 수 없다. 그러나 자연이 원래 그런 것이라고 해도, 날이 좋을 때 우리가 대비해 둘 필요가 없는 것은 아니다. 우리는 대응책을 찾고 방벽을 쌓아야 한다. 다시 강물이 불어도 물이 운하로만 무사히 흘러들도록, 그 힘을 위험하지 않은 수준으로 억제하도록 대비해야 한다. 행운도 마찬가지다…….[16]

갈릴레오는 준비된 사람이었기에 행운을 최대한 활용할 수 있었다. "나에게는 유용한 기구들이 많다. 하지만 그것들을 제대로 활용할 수 있는 사람은 군주뿐이다. 군주들만이 전쟁을 수행하고, 방벽을 건설해 방어하고, 제왕다운 오락에 아낌없이 지출하기 때문이다."[17]

갈릴레오가 크게 흥분했던 데에는 두 가지 서로 다르지만 관계 있는 이유가 있었다. 첫째는 위대한 과학적 도약을 이루겠다는 기대에 찼기 때문이다. 그는 우주의 구조를 풀어내는 법을 익혀서 이제까지 누구도 이해하지 못한 것들을 알아내리라고 기대했다. 망원경이 쥐어 준 엄청난 힘을 자신의 수학 지식과 결합할 수 있음을 깨달았다. 그런 작업을 할 수 있는 과학자가 유럽에 많지 않다는 것도 알았다. 케플러는 갈릴레오를 이해하고 공감하는 동료일 뿐이었다. 리퍼셰는 과학에 전혀 흥미가 없고 철저하게 실제적인 사람이었다. 사르피는 다른 일들에 몰두해 있었고, 교황 자객들의 손에 거의 죽다 살아난 뒤로는 일하는 속도가 크게 더뎌진 터였다. 새로운 천문학을 선전하고, 그것을 통해 우주에 대한 인류의 이해를 촉진할 조건을 모두 갖춘 사람은 사실상 갈릴레오 혼자였다.

물론 이 일을 막아선 장벽이 있었다. 로마 교회였다. 하지만 갈릴레오는 당장은 교회와의 충돌을 미뤄두었다. 훨씬 급박한 관심사가 있었기 때문이다. 갈릴레오는 이 발견을 활용해서 메디치 가문이 자기를 받아들이게 할 수 있으리라고 판단했다.

갈릴레오는 1월 30일에 코시모 데 메디치의 비서인 벨라사리오 빈타에게 편지를 써서 제 업적을 알림으로써 차근차근 토대를 다졌다. 갈릴레오는 신나게 지껄였다. "저는 끝없이 경이로움을 느끼고, 시간이 시작된 이래 지금까지 숨어 있던 놀라운 것들을 제가 최초로 목격하도록 기꺼이 허락해 주신 하느님께 무한한 감사를 드립니다."[18]

다음으로 갈릴레오는 『별들의 소식』을 코시모 대공에게 바쳤다. 아첨 일색인 헌사는 이렇게 시작한다. "전하…… 불멸의 고상함을 지닌 전하의 영혼이 지구에 빛을 비추자, 하늘에서도 밝은 별들이 빛을 드러냈습니다. 그 별들은 사람의 혀처럼 전하의 지극한 덕망을 이야기하고 찬양할 것입니다……."

이것으로도 부족했던지, 갈릴레오는 지나치다 싶을 정도로 밀어붙였다. 목성의 위성들에 대공 형제들의 이름(코시모, 프란체스코, 카를로, 로렌초)을 붙이게 해 달라고 청한 것이다.

작전은 먹혀들었다. 코시모와 조신들은 과학자에게 새로 흥미를 느꼈다. 『별들의 소식』이 유럽 전역에서 대단히 호평 받았다는 점도 한 몫 거들었다. 책은 이탈리아에서 출간되자마자 대성공이었고, 영국, 스페인, 네덜란드 등에서도 잘 팔렸다.

『별들의 소식』이 출간된 1610년 3월 13일에 베네치아 주재의 영국 대사 헨리 워턴 경은 "세계 어느 곳에서 들었던 이야기보다 기묘한 소식"에 관하여 본국에 보고했다. 그는 갈릴레오가 망원경을 써서 '네 개의 새 행성들'(목성의 위성들)을 발견했고, "달은 매끄러운 구형이 아니라 돌출된 데가 많다는 것"과 "지구가 반사한 태양빛을 받아 빛난다는 것"을 설명했다. 갈릴레오와 새 책에 관한 이야기로 사방이 소란스럽고, 이 발견들이 천문학과 점성술을 통째 뒤엎을 것이라고 정확하게 예측했다. "여기 이탈리아에서는 이 발견들에 대한 이야기로 시끄럽지 않은 곳이 없습니다." 워턴은 갈릴레오가 "엄청나게 유명해지거나 혹은 엄청나게 우스꽝스러워질 운명"이라는 말로 열띤 편지를 맺었다.[19]

케플러도 못지않게 열광적인 반응을 보였다. 케플러는 갈릴레오에게 편지를 써서 단언했다. "제가 스스로 경험을 통해 확인하기 전에 성급하게 당신의 주장을 받아들이다니, 좀 경솔한지도 모르겠습니다……. 하지만 최고로 학문이 높은 수학자를 믿지 않을 이유가 어디에 있겠습니까? 평소의 당신을 볼 때 당신의 판단이 분명히 건전할 텐데 말입니다."[20]

코시모 측과의 협상은 질질 끌었지만 결과는 걱정할 필요가 없었다. 갈릴레오는 유럽에서 제일 주목 받는 지식인이었다. 능력이 되는 후원자라면 그를 곁에 두는 게 대단한 자산임을 모를 턱이 없었다. 단 하나 예외는 베네치아 지도자들이었다. 그들은 갈릴레오의 갑작스러운 명성에 보조를 맞추지 못했다. 갈릴레오가 생각하기에 베네치아의 후원자들은 그를 당연한 존재로 여겼고, 그가 더 나은 자리를 찾아 떠날 거라는 생각을 전혀 하지 않을 정도로 자만에 빠져 있었다.

베네치아 지도자들이 정말 그렇게 사태를 파악했다면, 착각도 이만저만 한 착각이 아니었다. 1610년이면 갈릴레오는 이미 파도바에서의 위치에 대해 철저하게 환멸을 느꼈기 때문에 양쪽을 줄다리기 시켜서 어부지리로 더 나은 계약을 따낼 생각조차 없었다. 1610년 봄과 여름에 걸쳐서 피렌체의 메디치 가문과 후원의 세부 사항들을 몰래 협상했을 뿐이다.

갈릴레오가 무엇보다 중요하게 생각한 조건은 가르치지 않아도 되느냐 하는 점이었다. 그는 대공을 대신해 협상한 벨라사리오 빈타에게 이 점을 똑똑하게 밝혔다. "저는 오로지 저술 작업만을 통해 먹고 살기를 바라며, 모든 저작을 고귀한 군주께 바칠 것입니다."[21] 갈릴레오는 도제에게 받았던 것과 똑 같은 연봉인 1,000크라운에 흔쾌히 동의했다. 갈릴레오가 마지막으로 한 가지 불만을 제기한 것은 공식 직함 문제였다. 갈릴레오는 직함의 중요성, 세상 사람들의 인정의 중요성을 잘 알았다. 그는 최고 수학자 대신에 토스카나 대공의 최고 수학자 및 철학자라는 직함을 요청했다.

차이가 미묘할지 몰라도 갈릴레오에게는 매우 중요했다. 그 직함을 얻으면 『별들의 소식』의 저자로서 갈릴레오의 명성에도 더욱 고무적일 것이었다. 그의 의견이 수학의 범위를 넘어선다는 것을 공식적으로 인정하는 셈이기 때문이다. (수학은 17세기 초에는 아직 중요한 분야로 여겨지지 않았다.) 갈릴레오가 유명 철학자들의 가설에 대해 동등한 자격에서 이의를 제기할 수 있다는 뜻이었다.

7월 초에 계약서 세목들에 대한 합의가 도출되었고, 갈릴레오의 새 일자리에 관한 소식이 세상에 공포되었다. 갈릴레오는 파도바 대학교 수학 교수직을 사임하고 대공의 제안을 수락한다는 의향을 발표했다. 그가 물 밑에서 어떤 모의를 꾀하는지 전혀 몰랐던 베네치아 사람들은 씁쓸한 입맛을 다졌다. 9월 중순, 갈릴레오는 피렌체에 안착했다.

9장

교황의 비밀과 성스러운 음모

✠

갈릴레오는 계절이 바뀌는 시점에 피렌체에 도착했다. 도착하자마자 그는 만성 류머티즘으로 앓기 시작했다. 남은 평생 그를 끈질기게 괴롭힐 병이었다. 새 일자리로 옮긴 뒤 첫 여섯 달은 오히려 힘들었다. 그는 한시바삐 파도바를 떠나 토스카나 대공의 최고 수학자 겸 철학자로 새 삶을 시작하고 싶은 마음에 이사 준비를 제대로 하지 않았고, 그래서 잠시나마 일상이 혼돈에 빠졌다.

갈릴레오는 물질적으로 풍족해졌다. 더 중요한 점은 이제 온 시간을 연구에만 쏟을 수 있다는 것이었다. 그러나 동시에 그는 베네치아가 제공하던 교회 검열로부터의 보호막을 포기했다. 토스카나는 로마에 종속되어 있고, 지극하게 종교적인 가문이 다스리는 곳이었다. 당시에 중동에 있던 친구 사그레도는 갈릴레오에게 이 점을 경고하는 절절한 편지를 보냈다. "베네치아보다 더 자유로운 곳이 있겠는가?" 사그레도는 물었다.

자네는 고귀한 고향 땅으로 돌아갔지만, 많은 좋은 것들을 누렸던 장소를 떠난 것임을 알아야 하네. 자네의 군주가 숱한 약속을 할지 몰라도, 이곳에서는 오히려 자네가 통치자에 대한 결정권을 가졌지. 이곳에서는 자네가 우주의 왕인 양 자기 자신만 섬기면 되었지……자네 군주의 젊음을 비난할 생각은 없네만 삶에 어떤 사건들이 벌어질지는 누구도 모르는 일 아닌가? 시기하는 자들의 계획을 누가 미리 짐작하겠는가? 그런 이들이 군주의 마음에 중상하는 거짓 생각을 불어넣어서 늠름한 인간을 망칠 수도 있는 걸세.[1]

갈릴레오는 파도바를 떠나면서 10년 동안 애인이었던 마리나 감바와 결별했다. 두 사람은 결혼이라는 공식적인 관계를 맺지 않았지만, 비공식적 관계나마 끝이 났으므로 이제 갈릴레오가 둘 사이에서 난 세 아이를 온전히 책임지게 되었다. 열 살이 된 큰딸 비르지니아는 벌써 피렌체에서 할머니인 일흔세 살의 줄리아와 긴 여름을 보내고 있었고 아홉 살의 리비아는 갈릴레오가 피렌체로 가는 길에 데려갔다. 막 네 살이 된 아들 빈첸초는 좀더 클 때까지 제 어머니와 살다가 나중에 오기로 했다.

마리나는 갈릴레오와 헤어진 지 여섯 달 만에 작은 사업을 하는 조반니 바르톨루치와 결혼했다. 갈릴레오는 애인이었던 마리나와 계속 연락을 했다. 그녀의 결혼식 비용을 보탰고, 헤어진 지 몇 년이 지난 뒤에도 돈을 보내곤 했다. 바르톨루치와도 친밀하게 지냈다. 바르톨루치가 자신의 부유한 파도바 친구들과 사업상 안면을 트도록 도왔다. 바르톨루치는 답례로 가격이 합리적이면서도 질 좋은 렌즈들을 구해다가 망원경에 쓰라고 갈릴레오에게 보냈다.

피렌체에서 첫 두세 달 동안 갈릴레오는 집안일을 보살피느라 바빴다. 그는 매제인 베네데토 란두치한테 빌린 집에서 어머니와 딸들과 살았다.

란두치는 과학자에 대해 예전보다 확연히 호의적이었다. 갈릴레오가 이제 유명했고 부유했고 빚도 다 갚았기 때문이다. "집은 높은 지붕에 테라스가 딸려서 온 하늘을 볼 수 있었다." 시간 날 때마다 천체 관측을 하기에 알맞았기에 그는 그 집을 택했다.[2]

몸이 괜찮을 때면 갈릴레오는 궁정의 관례를 익히려고 애썼다. 몇 년 전에 코시모 데 메디치를 가르치러 여름에 몇 번 왔기 때문에 어느 정도 알고는 있었지만, 지금의 상황은 그때와 달랐다. 소년은 자라서 어른이 되었고, 부유하고 세속적이고 역동적인 국가의 통치자가 되었다. 갈릴레오도 더는 좌절에 휩싸인 변방 대학 교수가 아니었고, 유럽 최고의 과학자로 출세한 몸이었다.

피렌체로 오고 얼마 뒤인 1610년에 갈릴레오는 두 딸 비르지니아와 리비아를 근처에 있는 프란체스코회 소속의 산마테오 수녀원에 넣었다. 소녀들에게는 안 된 일이지만, 그곳은 가난한 클라라 수녀회라는 극단적인 교단의 본산으로, 이름이 암시하듯 가난을 추구하며 자신을 그리스도의 도구로 한없이 낮추는 교단이었다. 가난한 클라라 수녀회에 속했던 마리아 도미틸라라는 수녀는 교단에 들어오려는 소녀들에게 다음과 같은 모습을 미리 보여야 한다고 조언한 바 있다.

우리가 꾀죄죄한 옷을 입고, 언제나 맨발로 다니고, 한밤중에 일어나고, 딱딱한 바닥에서 자고, 걸핏하면 단식하고, 거칠고 빈약하여 고기라고는 없는 음식을 먹고, 하루의 대부분을 성무일도(하루에 여러 번 일정한 시각에 일정한 형식으로 드리는 기도—옮긴이)를 낭송하거나 기나긴 기도문을 머릿속에서 외우면서 보낸다는 것을. 우리의 오락과 즐거움과 행복은 사랑하는 주 그리스도를 섬기고 사랑하고 받드는 데 있고, 주의 거룩한 덕성을 본받으려 애쓰는 데 있고, 금욕하고 고행하는 데 있고, 주의 사랑을 받기 위해 경멸과 굶주림과 목마름과 더위와 추위와 온갖 불편한 것들을 견디는 데 있다는 것을.[3]

리비아는 새 삶에 적응하지 못하고 괴로움을 겪었다. 갈릴레오와 가족이 주고받은 편지들을 볼 때 소녀는 일종의 신경 쇠약을 겪었던 것 같다. 그녀는 제 안에 파묻혔고 아무와도 소통하지 않았으며 아버지와 거의 관련이 없는 삶을 살았다. 한편 비르지니아는 천성이 훨씬 금욕적이고 독실했다. 비르지니아는 해가 갈수록 갈릴레오와 가까워졌고 아버지가 수녀원을 자주 찾아와서 음식이나 담요나 따뜻한 옷가지 같은 작은 친절을 베푸는 것을 고맙게 여겼다.

갈릴레오가 딸들을 그런 제도에 집어넣은 게 자상하지 못함은 물론, 잔인한 일로 보일지도 모르겠다. 하지만 갈릴레오가 지금으로부터 400년 전을 살았음을 기억해야 한다. 지금과는 전혀 다른 시대였다. 17세기에는 여성 해방이라는 개념은 그야말로 생소했다. 여자들은 남자들이 시키는 대로 따랐고, 특히 시키는 사람이 아버지일 때는 더욱 거절할 수 없었다. 갈릴레오의 딸들은 아버지의 분부라면 뭐든 토 달지 않고 따랐을 테고, 갈릴레오는 딸들의 행복을 고려해야 한다는 생각 따위는 하지 않았을 것이다. 그 세상에서는 그런 것은 애초에 고민거리가 아니었다.

새 직장의 압박감과 거치적거리는 가정 문제에서 갈릴레오를 벗어나게 했던 것은 필리포 살비아티라는 젊은 추종자였다. 살비아티는 갈릴레오가 아낄 만한 제자였다. 예민하고 총명한 귀족 청년은 갈릴레오를 떠받들고 치켜세웠다. 살비아티는 르네상스 시대 이탈리아 귀족의 좋은 점들만 모은 완벽한 표본 같았다. 굉장히 잘 생겼고, 무척 부자였고, 예리한 지성의 소유자였다. 예술 공부를 했던 살비아티는 춤과 운동 실력도 괜찮았는데, 지적 세계에는 늦게 발을 담근 편으로 특히 수학과 과학에는 늦었다. 하지만 갈릴레오를 만나기 전에 이미 『별들의 소식』을 읽고 열렬하게 빠져들었다. 그래서 초심자를 가르치는 것을 아주 싫어하는 갈릴레오가 이 젊은이만큼은 기꺼이 개인적인 제자로 받아들였다.

두 사람은 만나자마자 죽이 맞을 정도로 기질이 비슷했다. 물론 갈릴레오는 살비아티가 제공하는 현실적인 이점들 때문에 그에게 열중한 것이기도 했다. 살비아티를 통해 유용한 사회적 관계들을 맺을 수 있을 테고, 부자들이나 상업계와 연이 닿으면 망원경을 팔아서 수입을 올릴 수도 있을 것이었다. 살비아티는 갈릴레오더러 자신의 호화로운 교외 저택에 묵으라고 졸랐다. 피렌체에서 24킬로미터 떨어진 라스트라 아 시냐라는 마을에 있는 레 셀베(숲)라는 이름의 저택이었다. 살비아티는 피렌체의 사그레도였고, 레 셀베는 새 방주였다.

갈릴레오는 1611년 겨울을 대부분 레 셀베에서 보냈다. 잘 먹고 마시며 네 기둥 달린 널찍한 침대에서 자고 모닥불을 피운 개인 서재에서 따뜻하게 지냈다. 몸이 괜찮고 하늘도 맑으면 파도바를 떠나면서 손을 놓았던 천체 관측을 재개했다. 그가 밝혀야 할 경이로운 현상들이 아직 많았다.

그때까지 갈릴레오의 발견들 중 제일 중요한 두 가지는 달 표면의 분화구와 산맥을 알아낸 것과 목성의 위성들을 관측한 것이었다.* 전자는 반아리스토텔레스적 우주관을 뒷받침하는 무기나 마찬가지였다. 그리스 인

---

* 갈릴레오가 파도바에서 이뤘던 세 번째 중요한 천문학적 발견은 토성 고리 관측이다. 하지만 그의 망원경으로는 깨끗한 영상을 얻을 수 없었고, 당시 고리들의 각도가 관찰하기 어려운 상태여서 갈릴레오는 토성이 이른바 '삼중 행성'인 것 같다는 잘못된 판단을 내렸다. 1657년이 되어서야 크리스티안 하위헌스가 훨씬 강력한 망원경으로 토성에 여러 겹의 고리들이 둘러져 있음을 확인했다.

들의 생각과 달리 달이 완벽하고 무결한 구가 아님을 보여 주었기 때문이다. 두 번째 발견은 더 의미가 컸다. 행성이 하나 이상의 위성을 거느리고도 우주의 중심을 공전할 수 있음을 뜻하기 때문이다. 코페르니쿠스 모형의 유효성에 무게를 더하는 사실이었다. 1611년 겨울에 갈릴레오는 밤하늘에서 두 번째로 밝은 물체인 금성을 향해 처음으로 망원경을 돌렸다. 여름에는 금성이 태양에 너무 가까이 있어서 관측할 수 없었다.

갈릴레오는 몇 주에 걸친 관찰 끝에 금성에도 '위상'이 있다는 것을 확인했다. 금성은 둥그렇게 빛나는 구형이었다가, 반구가 되었다가, 초승달 형태가 되었다가 하며 마치 달처럼 위상이 변했다. 갈릴레오가 보기에 이것은 금성이 태양을 회전한다는 증거였다. 금성이 지구에서 제일 멀 때는 (지구와 금성이 태양을 사이에 놓고 서로 다른 편에 있을 때) 태양빛을 온전하게 반사해서 보름달처럼 빛난다. 그 밖의 지점에 있을 때(지구와 금성이 태양을 기준으로 같은 편에 있을 때)는 부분적으로 그늘이 진 모습으로 우리 눈에 보인다. 그래서 금성은 지구와 금성의 상대적 위치에 따라서 커다란 동그라미 같거나 얇은 초승달 같은 모습 사이에서 다양한 모양을 보인다.

1540년대의 코페르니쿠스는 맨눈으로 관찰을 했기 때문에 자신의 이론과 관찰 사이에 일치하지 않는 부분이 있는 것을 보았다. 이론이 옳다면 금성과 지구가 가장 멀 때, 즉 태양의 서로 다른 면에 있을 때, 금성은 평소보다 훨씬 작아 보여야 했는데 그렇지가 않았던 것이다. 코페르니쿠스는 그런 위치에서는 금성의 위상이 보름달과 같기 때문에 오히려 더 커 보인다는 사실을 알지 못했다.

그런데 아리스토텔레스 지지자들이 코페르니쿠스 모형에 의존하지 않고도 금성의 상 변화를 설명할 수 있는 방법이 변변치 못할망정 하나 있었다. 갈릴레오의 선배 세대인 튀코 브라헤가 낸 의견으로, 금성이 태양을 돌고 (태양계의 다른 관측 가능 행성들도 그럴 것이라고 보았다.) 그 체계 전체가 지구를 돌고, 지구는 우주의 중앙에 고정된 모형이었다.

브라헤는 훌륭한 천문학자였고, 갈릴레오처럼 한참 어린 사람들이 내놓는 새로운 과학적 발상들을 기꺼이 수용한 열린 사람이었다. 고대의 개념들 가운데 잘못된 몇 가지를 기각하기도 했다. 하지만 브라헤는 아리스토텔레스의 족쇄를 완전히 떨쳐 내지 못했다. 그는 종교적 자유에 비교적 너그러운 나라에 살면서도 독실한 신앙을 견지했고, 신학적 문제를 중요하게 생각했다. 브라헤의 모형은 관찰 내용을 깔끔하게 설명하는 방법으로 보였고, 신학자들도 만족시켰다.

이런 배경을 무시하고 이론만 보더라도, 브라헤의 의견은 갈릴레오가 얼마든지 기각할 수 있었다. 갈릴레오의 추론은 이러했다. 브라헤가 묘사한 대로 태양계의 행성들이 태양 주위를 회전한다면, 회전을 일으키는 힘은 반드시 지구에도 영향을 미쳐서 지구 위치를 바꿔 놓을 것이다. 그렇다면 브라헤의 모형은 논리적으로 말이 안 된다. 브라헤의 모형을 효과적으로 반박할 수 있다면, 즉 전통적인 지구 중심 우주 모형으로는 갈릴레오가 관찰한 반박 불가능한 증거들을 설명할 수 없다면, 관찰 내용은 코페르니쿠스의 태양 중심 모형에 조금이나마 무게를 실어 주는 셈이 된다.

1611년 초,『별들의 소식』이 쇄를 바꾸어 계속 인쇄되면서 갈릴레오의 명성이 유럽에 널리 퍼졌고, 하늘로 망원경을 향하는 실험가들이 늘어났다. 그런데 천문학자들 중에는 경험이 부족한 사람이 많았고, 그들이 사용하는 망원경은 갈릴레오의 것에 비해 질이 아주 떨어졌다. 그래서 갈릴레오의 책을 읽은 뒤 목성 부근을 수색해 보아도 위성을 발견하지 못하는 사람이 많았다. 달로 망원경을 돌리면 산맥과 분화구를 볼 수 있었지만, 그것도 또렷하지 않았다. 갈릴레오의 묘사를 믿기 싫었던 이들은 이 점을 구실로 삼아서 아예 그런 것들이 존재하지 않는 척했다. 망원경 렌즈를 들여다보기조차 거부하는 철학자도 있었다. 갈릴레오의 비판자들은 무지함과 서툰 관찰을 무기로 삼아 천문학자와 새로운 천문학을 공격했다.

이 무렵, 갈릴레오의 천문학 발견에 대한 서면 반박이 볼로냐에 등장했다. 마르틴 호르키라는 젊은 천문학자가 『시데레우스 눈치우스(별들의 소식)에 반대하는 짧은 여행』이라는 책을 냈다. 호르키는 제 이름을 알리려고 나선 무명 학자에 불과했고, 잘못된 근거에서 갈릴레오를 공격했다. 왜인지 몰라도 그는 공개적으로 갈릴레오를 비판하면 사람들의 호감을 사리라고 생각했고, 특히 한때 스승이었던 케플러의 총애를 받을 수 있으리라고 생각했다. 그러나 케플러는 갈릴레오의 열렬한 지지자였기 때문에 호르키의 계획은 역효과만 낳았다. 케플러는 호르키의 광대 짓을 듣자마자 바로 갈릴레오에게 편지를 써서 사과했고, 옛 학생을 "허섭스레기 같은 인간"이라고 불렀다.

그러나 공격은 그치지 않았다. 역시 삼류 천문학자인 시치라는 프란체스코회 수사가 『별들의 소식』을 신학적 근거에서 공격하는 「천문학, 광학, 물리학에 관한 생각」이라는 논문을 냈다. 시치는 성경에 목성의 위성들이 언급된 바가 없기 때문에 그런 것은 존재할 수 없다고 했다. 시치의 주장은 간단하게 기각할 수 있는 헛소리였지만(실제로 갈릴레오가 간단히 반박했다.) 한 가지 문제는 시치가 교활하게도 그 책을 조반니 데 메디치에게 바쳤다는 점이다. 조반니라면 메디치 가문에서 유일하게 갈릴레오를 미워하는 사람이었다. (20년 전에 리보르노 항구 준설을 둘러싸고 충돌한 일이 있었다.) 시치가 조반니에게 책을 바쳤다고 해서 책 속의 의견들이 나아지는 건 아니었고, 발전적으로 생각할 줄 아는 과학자들은 알아서 내용을 에누리해 받아들였다. 하지만 메디치와 연관되었다는 사실만으로도 책은 널리 읽혔고, 실제 가치보다 훨씬 진지하게 내용을 받아들이는 사람도 생겼다. 시치의 책에는 연금술 개념을 끌어다 갈릴레오를 폄하하는 멍청한 대목도 있다.

소우주를 보면 사람의 머리에 일곱 개의 "창문들"이 있듯이(콧구멍 두 개, 눈 두 개, 귀 두 개, 입 하나) 하느님은 대우주에도 두 개의 유익한 별(목성, 금성), 두 개의 유해한 별(화성, 토성), 두 개의 발광체(태양, 달), 하나의 중립적인 별(수성)을 두었다. 일주일이 7일인 것도 이에 따른 것이다. 마지막으로 고대부터 연금술사들은 일곱 가지 금속이 각각의 행성에 대응한다는 사실을 알았다. 금은 태양, 은은 달, 구리는 금성, 수은은 수성, 철은 화성, 주석은 목성, 납은 토성에 대응한다.

이런 사실을 볼 때, 그리고 일곱 금속과 비슷한 자연 현상이 일일이 열거하기 성가실 정도로 많다는 것을 볼 때, 행성의 수는 일곱일 수밖에 없다……. 현재의 유럽 인뿐 아니라 유대 인이나 다른 고대 민족들도 일주일을 7일로 나누었고, 일곱 행성을 따서 요일 이름을 지었다. 이제 와서 행성의 수를 늘리면 온 체계가 무너진다……. 게다가 위성들이 맨 눈에 보이지 않는다는 것은 그들이 지구에 아무런 영향을 못 미친다는 뜻이고, 따라서 그들이 쓸모없다는 뜻이고, 따라서 존재하지 않는다는 뜻이다.[5]

갈릴레오는 피렌체에 도착한 직후부터 질 나쁜 망원경들이 이런 문제를 일으키리란 사실을 예측했다. 어떻게 하면 나쁜 평에 대항해 자신의 입장을 방어할 수 있을까? 처음에는 관심 있는 사람들에게 널리 망원경을 보급하는 것 외에는 다른 방법이 생각나지 않았다. 또 갈릴레오는 목성계가 안 보인다는 사람이나 달을 아무리 들여다봐도 그냥 흐릿하다는 사람의 편지에 귀찮더라도 일일이 답장해서 도와주었다. 그러나 그것으로는 부족했다. 갈릴레오가 어떤 식으로든 주장을 강화하지 않으면 비판자들이 그의 업적을 충분히 파괴할 것 같았다. 갈릴레오가 코시모 대공에게 로마를 방문하겠다고 청한 것은 『별들의 소식』의 내용을 다시 한번 강하게 발언해야겠다는 생각 때문이었다. 로마야말로 적들의 목소리가 크고 강하게 울리는 곳이었다. 갈릴레오는 코시모의 비서인 벨리사리오 빈타에게 쓴 편지에서 방문 목적을 분명하게 밝히며 "악랄한 소문을 한번에 죄다 뿌리 뽑으려면" 직접 갈 필요가 있다고 했다.[6]

코시모를 설득하기는 쉬웠다. 코시모는 그 계획에서 자기도 얻는 바가 있다는 것을 알아차렸다. 그는 로마 엘리트들에게 건넬 소개장을 써 주었고, 갈릴레오가 여행 중에 좋은 숙소에서 묵도록 주선했다. 특히 로마에서는 판테온 근처에 있는 토스카나 대사의 저택 팔라초 피렌체에서 묵게 했다. 새 옷을 장만하라고 따로 돈도 주었다. 갈릴레오가 교황이나 귀족들 앞에서 이야기할 때 말쑥하게 보이도록 말이다.

코시모 대공은 2월 말에 로마 대사 조반니 니콜리니에게 편지를 써서 갈릴레오의 여행이 자기에게도 중요하다고 알렸다.

친애하는 수학자 겸 철학자 갈릴레오 갈릴레이가 로마로 가고 있습니다. 그를 대사의 저택에 묵게 하기로 결정했으니 그를 반가이 맞이하고, 그와 하인 한 명의 비용도 살펴주기를 바랍니다. 기록을 했다가 나중에 청구하십시오. 대사도 그를 만나면 반가울 것이고, 그의 지성과 유쾌한 성격을 좋아할 겁니다. 여행 목적은 그가 직접 말할 테니 대사는 그가 요청하는 대로, 그리고 본인 판단 하에 최대한 돕기 바랍니다. 특히 델 몬테 추기경을 만나는 문제에 조언을 주세요. 추기경께 드릴 추천서를 내가 갈릴레오에게 써 주었습니다. 갈릴레오가 수행하는 사업은 세상의 학문과 우리 가문의 영광에 유용하여 아주 중요한 것입니다. 하느님의 가호와 축복이 대사에게 있기를.[7]

갈릴레오는 항상 자신감이 넘쳤고, 남들의 떠받듦이나 감탄을 무엇보다도 즐겼으며, 관심의 대상이 되는 것을 좋아했다. 그러니 지체 높은 청중들 앞에서 이야기할 때도 떨지 않고 스스로 못미더워하지도 않았을 것이다. 1611년 3월 29일에 로마에 도착한 갈릴레오는 자신의 명성이 앞질러 도착해 있음을 발견했다. 갈릴레오는 빈타에게 이렇게 썼다.

성 화요일에 건강한 몸으로 도착했고 대공의 편지를 대사에게 전했습니다. 대사는 정중하게 저를 반겼고 저는 지금 대사와 함께 지냅니다. 저는 도착한 그날로 델 몬테 추기경을 방문해 대공의 편지를 전달했고, 여행 목적을 간단하게 말씀드렸습니다. 추기경은 정중하게 저를 맞아 제 말을 주의 깊게 들어주셨습니다. 저는 제 발견과 관찰과 글이 완벽한 진실이라는 것을 충분히 설명하기 전에는 로마를 떠나지 않을 것이라고 결연한 바람을 밝혔습니다.[8]

갈릴레오와 식사하고 토론했던 사람들 중에는 그의 과학적 의견에 동의하지 않는 이도 많았다. 하지만 갈릴레오는 어디에서나 공손하고 정중한 대접을 받았다. 상반된 견해를 고수하는 유력 인사로 독일 출신의 예수회 수학자 크리스토퍼 클라비우스가 있었다. 당시에 일흔세 살로 인생의 말년을 보내고 있던 클라비우스는 옛날에 갈릴레오를 만난 적이 있었다. 24년 전에 새파랗게 젊은 갈릴레오가 볼로냐 대학교의 자리를 얻는 문제로 수학자의 도움을 청하러 온 일이 있었다. 그러나 클라비우스가 오랫동안 연구하고 가르쳐 온 콜레조 로마노를 이제 다시 방문한 갈릴레오는 그 세월 동안 전혀 다른 인물이 되어 있었다.

갈릴레오가 목성의 위성들을 발견했다는 소식을 듣고 클라비우스는 이렇게 말했다고 한다. "천구의 체계 전체가 무너졌으니 손을 봐야 할 것이다." 하지만 클라비우스는 소중한 아리스토텔레스 이론을 그냥 내버릴 수 없었기 때문에, 피해 가는 방법을 고안했다. 클라비우스는 주장하기를, 달에 산맥과 분화구가 있는 게 사실이라면 아마 달 전체에 수정 같은 막이 덧씌워져 있기 때문에 그리스 인들이 생각했던 것처럼 완벽한 구형이 되는 것이라고 했다. 갈릴레오는 허무맹랑한 의견에 대해 이렇게 대응했다. "아름다운 상상이다. 다만 증명된 바가 없고 증명할 수도 없는 생각인 게 문제다."[9] 나중에는 더 단도직입적으로 반박했다. 새 천문학에 격렬하게 반대하며 클라비우스를 지지한 어느 학자의 편지에 답하면서 이렇게 일갈했다. "내키는 대로 마음껏 상상해도 좋다면, 투명하고 눈에 보이지 않는 수정 물질이 달을 둘러쌌다고 말하는 것도 제 자유이다. 하지만 그 상상을 인정한다면 다음 주장도 인정해야 한다. 수정막 표면에 무수히 많은 높은 산들이 솟아 있고, 그 산들은 지구의 산들보다 30배나 높지만, 다만 속이 비치는 물질로 만들어져서 눈에 보이지 않는지도 모른다."[10]

클라비우스와 조수들도 직접 망원경으로 천체 관측을 했다. 그들도 금성의 위상 변화와 목성의 위성들을 부인할 수는 없었다. 예수회 학자들은 갈릴레오의 관측 내용에 대해 머뭇거리면서 결정을 내리지 못했다. 클라비우스가 죽기 몇 달 전에 쓴 글을 보면 꼭 갈릴레오를 지지하는 것 같다.

1610년에 베네치아에서 나온 갈릴레오 갈릴레이의 신뢰할 만한 작은 책『별들의 소식』을 참고하자. 그가 최초로 목격한 별들의 관찰 내용을 담은 책이다. 그가 망원경으로 목격한 현상들 중 중요한 것을 꼽자면, 금성이 달처럼 태양빛을 받기 때문에 태양과의 거리에 따라서 가끔은 초승달처럼, 가끔은 다르게 보인다는 사실이 있다. 나도 로마에서 다른 사람들과 함께 한번 이상 이 현상을 관측했다. 또 토성 곁에는 작은 별 두 개가 딸려 있는데 하나는 동쪽에, 다른 하나는 서쪽에 있다. 마지막으로 목성은 네 개의 회전하는 별들을 거느린다. 별들의 위치는 서로 간에, 그리고 목성에 대해서 상당히 크게 바뀐다. 갈릴레오 갈릴레이가 꼼꼼하고 정확하게 묘사한 그대로다. 사정이 이러므로 천문학자들은 천구의 궤도들을 어떻게 배열해야 이런 현상을 다 포괄할 수 있는지 고민해야 할 것이다.[11]

하지만 아리스토텔레스를 포기하는 것은 클라비우스에게는 너무 앞서 나가는 일이었다. 클라비우스는 목성계가 예외적 사건이고, 튀코 브라헤의 모형(앞서 설명했다.)이 금성의 상 변화를 적절하게 설명할 수 있음을 보이려고 죽을 때까지 애썼다.

갈릴레오는 자기 생각에 가장 목청 높게 반대할 사람은 예수회 학자들이라는 것을 알았다. 예수회를 설득해서 관찰에 대한 자기 해석을 받아들이게 한다면 아리스토텔레스주의와의 싸움은 다 이긴 것이나 마찬가지였다. 그러나 그것이 쉽지 않은 일이란 것도 잘 알았다. 그가 로마를 방문하기로 굳게 마음을 먹은 것도 예수회와 일전을 벌이기 위해서였다. 이 점을 보면 갈릴레오가 제 인생의 의무 내지는 임무를 무엇이라고 생각했는지 알 만하다. 그는 사람들에게 가르침과 정보를 주는 것, 사람들의 인식을 현격하게 바꿔 놓는 것을 의무로 여겼다. 클라비우스를 만난 직후에 갈릴레오는 빈타에게 낙관적인 전망을 전했다.

제가 확인한 바, 예수회 신부들도 마침내 메디치 행성들이 진정한 존재들임을 인정했습니다. 신부들은 두 달 전부터 정기 관측을 실시했는데, 그들의 관찰 내용을 제 것과 비교한 결과, 완벽하게 일치했습니다. 신부들은 별들의 회전 주기를 알아내려고 노력하고 있습니다만, 황제의 수학자 요하네스 케플러가 지적했듯 그 일은 아주 까다로워서 불가능할지도 모른다는 생각입니다. 하지만 저는 주기를 발견하고 확인할 수 있기를 바랍니다. 전능하신 하느님께서 은혜를 베푸시어 당신 손으로 빚은 수많은 경이로운 것들을 제가 발견하게 하셨으니, 정확한 회전 주기를 알아내는 일도 허락하시리라 믿습니다. 어쩌면 제가 피렌체로 돌아갈 무렵까지 해낼 수 있을지도 모릅니다. 지금껏 해 온 것처럼 밤늦게까지 관찰할 체력이 된다면 새 행성들이 미래 시점에 어느 위치에 올지, 과거에 어느 위치를 점했는지 알아낼 수 있을지도 모릅니다.[12]

로마는 아리스토텔레스 이론의 아성이었다. 로마로 간다는 것은 상대와 정면 대결을 벌인다는 뜻이었다. 하지만 갈릴레오는 걱정하지 않았다. 그는 새로 발견한 지식을 반대자들의 면전에 들이대는 일을 즐겼다. 물론 태도는 아주 정중했다. 갈릴레오의 주장을 사사건건 걸고 넘어지는 적들도 이때는 아직 예의 바르게 저항했기 때문이다. 하지만 허울 아래에서는 상반된 이데올로기가 충돌했고 기저의 흐름은 곧 수면 위로 터져 나올 것이었다.

견해 충돌이 명확하게 드러난 경우가 두 번 있었다. 갈릴레오가 로마에서 참석한 모임들 중에서 가장 중요한 자리들이었다. 하나는 교황 바오로 5세와의 만남이었고, 다른 하나는 벨라르미노 추기경이 주재한 콜레조 로마노 모임이었는데, 이때 갈릴레오는 명예 학위에 해당하는 상을 받았다.

바오로 5세는 모든 면에서 지극히 보통의 르네상스 교황이었다. 그는 자기밖에 몰랐고 탐욕스러웠다. 하지만 앞서 교황관을 썼던 사람들에 비해 더 낫지도, 더 나쁘지도 않았다. 굳이 힘들게 찾지 않아도 이런저런 증거를 볼 때 그랬다. 그는 자기 뜻대로 되지 않는다면서 베네치아 정부 전체를 파문했고 정적 사르피의 암살을 사주했으며 베네치아 인을 살해하려다 실패한 암살자들을 추어올렸다.

바오로 5세가 저지른 불미스러운 행동을 하나 더 들면 피치나르디라는 이름 없는 작가의 안타까운 사건이 있었다. 이 불행한 남자는 바오로 5세의 전임자인 클레멘스 8세의 전기를 썼다. 책을 출간하지는 않았지만, 원고에서 클레멘스 8세와 로마 황제 티베리우스를 비교했다는 말을 친구에게 했는데, 티베리우스는 어린 소년들에 대한 취향으로 악명 높았기 때문에 칭찬하는 비교라고는 할 수 없었다. 바오로 5세는 서너 다리 건너서 그 이야기를 듣고 작가를 체포해 감옥에 넣었다. 어느 날 밤, 교황은 술에 취해 잔뜩 화가 올라서는 즉흥적으로 처형을 결정했다. 부하들이 죄수를 감옥에서 끌고 나와 산탄젤로 다리로 데려가 목매 죽인 뒤에, 시체에서 썩은 내가 나고 새들이 살을 쪼아 뼈가 드러날 때까지 그곳에 매달아 두었다. 흥미롭게도 『뉴애드벤트: 가톨릭 백과사전』의 온라인 판에는 이런 행위에 대해서 일언반구가 없다. 바오로 5세에 대해서 "모든 나라에서 교회의 이해가 지켜지도록 빈틈없이 경계했다."라고만 평한다.

갈릴레오는 바오로 5세의 매력적인 면만 접했다. 교황은 갈릴레오를 만나자마자, 무릎 꿇지 말고 서서 이야기하라고 종용해서 과학자를 깜짝 놀라게 했고, 망원경과 갈릴레오의 발견에 대해 축복을 내렸다. 하지만 교황이 천문학적 발견을 구체적으로 해석하는 문제에 대해서는 한 마디도 하지 않았다는 점은 지적할 만하다. 교황은 그런 것은 예수회 과학자들의 몫으로 남겼다.

갈릴레오는 교황과의 만남에 적잖이 흥분했다. 알현 다음날 피렌체에 있는 친구 살비아티에게 이렇게 썼다.

모든 친구들과 후원자들에게 일일이 편지를 쓸 시간은 없으니 자네에게 보내는 편지를 모두에게 쓰는 것이라고 생각하겠네. 여러 높은 추기경들, 성직자들, 왕족들이 축하연을 베풀어 주셨고, 내 관측 내용을 알고 싶어 하셨네. 나는 나대로 조각, 그림, 프레스코 벽화, 저택, 정원 등 멋진 것들을 구경해 즐거웠다네.

오늘 아침에는 교황 성하에게 인사를 드리러 갔네. 우리 대사 각하께서 나를 교황에게 소개했는데, 대사에 따르면 성하께서 내게 예외적인 친절을 베푸신 것이라네. 왜냐하면 나를 보자마자 즉각 무릎 꿇지 말고 서서 말하라고 하셨기 때문일세.[13]

교황을 알현한 직후, 갈릴레오는 콜레조 로마노의 모임에 주빈으로 참석하는 영예를 누렸다. 콜레조 로마노 건물은 로마 중심가에 있어서, 갈릴레오가 묵는 피렌체 대사의 집 팔라초 피렌체나 판테온에서 금방 걸어갈 만한 거리였다. 사교계 소식지는 이렇게 보도했다. "지난 주 금요일 저녁, 콜레조 로마노에 추기경들과 후원자 몬티첼리 후작이 모였고, 그 자리에서 대공 수학자 갈릴레오 갈릴레이를 칭송하는 라틴 어 연설과 기타 문장들이 낭송되었다. 갈릴레이가 고대 철학자들도 몰랐던 새 행성들을 관측한 일을 치사하고 칭송하는 자리였다."[14]

갈릴레오가 직접 강연을 하지는 않았다. 대신 예수회 신부 오도 마엘코테가 미리 준비한 연설문을 읽었다. 추기경들, 귀족들, 로마 고위 인사들에게 갈릴레오의 발견을 설명하는 글이었다. 사실 마엘코테의 라틴 어 연설에는 가치 있는 내용은 하나도 없었다. 망원경으로 본 달의 모습을 미사여구로 묘사했을 뿐, 산맥이나 분화구는 언급하지 않았다. 갈릴레오가 신기한 광경을 발견했다고 말했지만 감히 의미를 해설하지는 않았다.

듣기 좋은 말이었지만 그저 공연일 뿐이었다. 주최자를 맡은 벨라르미노는 겉으로는 상투적인 칭송을 늘어놓았지만 속으로는 갈릴레오의 생각에 의혹을 품었다. 추기경은 교회의 수호자라는 제 역할을 무척 진지하게 생각했고, 교리에 대한 위협을 미리 감지해 타격을 차단하는 제 능력을 자랑스럽게 여겼다. 자기가 볼 때 영특한 반항아에 불과한 갈릴레오 같은 사람들이 지적 천계에 잔물결을 일으키는 것을 감지하면, 벨라르미노는 즉각 활기를 띠며 방어 태세를 취했다. 몇 년 뒤인 1615년에 그가 칼라브리아의 카르멜 수도회장인 파올로 안토니오 포스카리니 신부에게 쓴 편지를 보면 잘 알 수 있다. 벨라르미노는 이렇게 고집했다.

"태양은 뜨고 지지만, 떠올랐던 그곳으로 서둘러 돌아간다."(「전도서」 1장 5절 — 옮긴이)라는 말은 솔로몬 왕의 말입니다. 솔로몬은 하느님으로부터 영감을 받아 말했을 뿐 아니라, 신의 창조물에 대한 인간의 과학과 지식에서 어느 누구보다 학식이 깊었습니다. 솔로몬의 지혜는 하느님으로부터 왔으니, 이미 증명되었거나 앞으로 증명될 진실에 반하는 말을 했으리라고는 생각하기 힘듭니다. 그런 솔로몬이 겉모습만 보고 말했을 리 있습니까. 배에 탄 사람이 보면 해안이 배에서 멀어지는 것처럼 느껴지듯, 우리가 보기에 태양이 움직이는 듯하지만 사실은 지구가 움직이는 것이라고 말하는 사람들이 있습니다. 물론 항해자는 배가 해안에서 멀어지는 게 아니라 해안이 배로부터 물러나는 듯 보이더라도, 그것이 착각임을 깨닫고, 착각을 바로잡을 수 있습니다. 해안이 아니라 배가 움직인다고 인식할 수 있을 것입니다. 하지만 우리는 태양과 지구의 문제에 관해서는 그런 식으로 판단을 바로잡을 필요가 없습니다. 지구가 가만히 있는 것 같다는 우리의 경험은 사실이고, 태양과 달과 별들의 움직임도 눈속임이 아니기 때문입니다.[15]

벨라르미노는 이데올로기적 경계를 조금이라도 벗어나는 것은 참지 못했다. 콜레조 로마노에서 다정한 척 연극을 펼치기 얼마 전에, 벨라르미노는 동료인 클라비우스에게 편지를 썼다. 며칠 전에 이미 갈릴레오를 만나 발견들에 관하여 토론한 클라비우스가 그 발견과 주장에 관하여 어떻게 생각하는지 알고 싶었다.

수학자는 갈릴레오에게 들은 이야기 외에는 달리 할 말이 없었다. 클라비우스는 목성 위성들의 존재나 금성이 달처럼 주기에 따라 위상을 바꾼다는 사실을 부정할 수 없었다. 하지만 이런 발견이 전통 우주론에 도전하는 것은 아니라고 강조했다. 클라비우스는 달의 산맥을 믿지 않았다. 달 표면에 투명한 수정막이 덮였거나, 달에 "더 희박하거나 더 밀집된" 영역들이 존재해서 그 밀도 차이 때문에 우리 눈에 그렇게 보이는 것뿐이라고 끝까지 주장했다.[16]

클라비우스는 갈릴레오의 해석에 관해서도 판단을 하지 못했다. 갈릴레오의 책을 읽은 독자들이 으레 그랬듯, 그도 『별들의 소식』에서 주워들은 이야기를 늘어놓을 수 있을 뿐이었다.

이것은 벨라르미노에게 아무 도움이 못 되었다. 벨라르미노는 무엇을 어떻게 할지 한동안 결정하지 못했다. 그러나 들춰내야 할 이단이 존재할지도 모르는데 손놓고 있을 수만은 없었다. 갈릴레오가 아직 로마의 인기인으로 각광 받을 무렵인 5월, 그의 이름은 벨라르미노가 지시한 다른 조사에서도 튀어나왔다.

5월 17일에 검사성성과 종교 재판소는 파도바의 철학자 체사레 크레모니니를 조사하기로 했다. 크레모니니는 오랫동안 갈릴레오를 완고하게 비판하면서도 친밀한 관계를 유지한 학자로서, 모르긴 몰라도 살아 있는 학자들 중 제일가는 아리스토텔레스 추종자였다. 교회가 불안을 품은 이유는 노 철학자가 얼마 전에 쓴 책 『천구에 관한 토론』때문이었다. 편협한 시각의 추기경들이 보기에 크레모니니는 영지주의적인 자연론에 위험할 정도로 가까이 다가갔다.

크레모니니를 조사하는 동안(조사는 길게 이어지지 않았지만 크레모니니는 평생 의심을 받았다.) 종교 재판관들은 그가 갈릴레오와 친근한 사이임을 알고 나쁜 쪽으로 상상을 했다. 그들은 그 내용을 충실하게 기록해 두었다. 이로써 갈릴레오의 이름에 오점이 하나 더 붙었다. 참 아이러니한 일이었다. 두 사람의 종교적, 과학적 견해는 그보다 더 다를 수 없을 만큼 딴판이었기 때문이다. 크레모니니는 망원경 렌즈에 눈을 대 본 적이 없으며 그럴 마음이 눈곱만큼도 없다는 것을 자랑스럽게 떠벌린 사람이었다.

벨라르미노는 자신이 공개적으로 칭송하고 존중했던 과학자의 활동과 생각을 비호의적인 관점에서 조사하는 중이라는 사실을 용의주도하게 감췄지만, 때로 표리부동함이 드러나는 경우가 있었다. 갈릴레오의 첫 공식적 로마 방문으로부터 3년이 지났을 때, 피렌체 대사는 코시모 대공에게 보낸 편지에서 이렇게 회상했다.

> 1611년에 갈릴레오는 저와 함께 며칠을 보냈습니다. 그의 가르침과 그 이상의 무언가가 검사성성 고문들과 추기경들의 구미에 맞지 않았습니다. 특히 벨라르미노는 자기들이 대공을 지극히 존경하지만, 만약 갈릴레오가 이곳에 더 오래 머물렀다면 그의 문제를 들여다보지 않을 수 없었을 것이라고 제게 말했습니다. 저는 갈릴레오가 여기 있을 때부터 그런 단서 내지는 경고를 주었습니다만, 안타깝게도 그는 제 말을 기껍게 받아들이지 않은 것 같습니다.[17]

갈릴레오가 친구들을 통해 미리 불길한 기색을 감지하지 못했더라도, 자신에 대한 적의가 로마를 넘어서까지 번졌다는 사실을 곧 똑똑히 깨달을 기회가 있었다. 갈릴레오가 로마에서 틈 날 때마다 어울렸던 친구인 화가 루도비코 카르디 다 치뇰리(1559~1613년, 치골리라고도 하며 화가이자 건축가, 시인 — 옮긴이)는 1611년 말에 갈릴레오에게 경고 편지를 썼다.

내 친구로서 자네를 아주 좋아하는 어느 사제에게 들은 이야기네. 자네의 미덕과 능력을 시기하는 심술궂은 무리가 피렌체 대주교의 집에 모여서 머리를 맞대고는 지구의 움직임 문제로든 다른 문제로든 어떻게 하면 자네를 해칠까 사악한 작당을 한다는 걸세. 자네가 불경스러운 주장을 입에 담는다는 이야기를 강론 중에 언급할 설교자를 물색한다는군. 훌륭한 기독교인이자 정의로운 사람으로서 사제가 그들의 적의를 내게 귀띔해 주었지. 내 말을 명심하고 모리배들의 질투와 악의를 경계하게.[18]

갈릴레오의 적들은 가지각색이었다. 저마다 망원경이 드러낸 사실들 중에서도 어느 특정한 부분에 싸움을 걸고 싶어 했다. 가장 시끄럽게 가장 비합리적인 공격을 연거푸 가한 사람은 루도비코 델레 콜롬베라는 철학자였다. 그가 갈릴레오를 혐오하게 된 데에는 갈릴레오가 『별들의 소식』 출간 직후에 공개적으로 그를 조롱한 탓이 컸다. 콜롬베는 갈릴레오의 발견이 거짓이거나 (렌즈에 난 흠이거나) 잘못 해석된 것이라고 주장했다. 갈릴레오는 대꾸하는 것조차 위신에 손상 가는 일이라고 생각했기 때문에 과학적으로 대답하지 않았다. 대신 그를 놀림감으로 삼았고 콜롬베가 이탈리아 어로 비둘기를 뜻한다는 데 착안해 그를 "비둘기"라고 불렀다. 이후로 갈릴레오와 그 지지자들은 콜롬베와 콜롬베의 친구들을 "비둘기파"라고 불렀다.

콜롬베는 종교적 극단주의자들이 점령한 시대를 살아간 또 한 명의 광

신자였다. 그는 어떤 형태의 발견이나 관찰보다도 성서의 옳은 길을 따르는 것이 우선이라고 절박하게 주장했다. 그는 이렇게 말했다. "수학, 철학, 신학의 신조들을 거짓이라고 말하는 자, 감히 전래의 지혜와 성사에 반하는 증명을 하려는 자는 성서를 끝장내려는 자이다."[19]

콜롬베는 맹목적인 신앙심 못지않게 자기 과시욕으로 자극 받았다. 그는 갈릴레오를 공격함으로써 교회의 총애를 얻고 제 위치를 높일 수 있다고 믿었다. 물론 그는 실패했고, 오늘날은 천박하고 순진한 기회주의자라는 적절한 평가를 받는다.

갈릴레오의 적들이 가장 불만스러워한 대목은 갈릴레오의 관찰과 이론이 코페르니쿠스를 지지하는 것 같다는 점이었다. 피렌체 출신으로 로마에 살던 갈릴레오의 친구 피에로 디니는 또 다른 갈릴레오의 지인인 페루자 사람 코시모 사세티에게 이렇게 말했다. "갈릴레오는 자기를 믿지 않았던 상반된 견해의 사람들을 매일 몇 명씩 개종시킵니다. 그래도 여전히 어떤 이들은 목성을 도는 별들에 관하여 알고 싶지 않은지, 쳐다보기조차 거부합니다."[20]

반대는 로마나 교회 동아리에 국한된 것이 아니었다. 사세티가 디니에게 보낸 답장에 따르면 페루자에도 갈릴레오의 생각에 격분한 지식인들이 있었다. "갈릴레오에 반대하는 성난 목소리가 들립니다. 저는 주된 반대자 가운데 두 사람과 이야기해 보았는데, 그들은 프톨레마이오스 본인이 마음을 바꾼다고 해도 의견을 바꾸지 않을 것입니다."[21]

하지만 갈릴레오는 지지자가 많다는 것도 알았다. 소신에 따라 아리스토텔레스주의에 대한 지지를 철회한 사람도 많았다. 갈릴레오를 만나려고 콜레조 로마노에 모였던 교수와 행정가들 가운데 있었던 2대 몬티첼리 후작 페데리코 체시도 그런 사람이었다. 체시는 갈릴레오를 숭앙했고, 『별들의 소식』이 이제껏 씌어진 가장 중요한 과학책이라고 믿었다. 모임이 파한 뒤 체시는 자신을 소개했고, 근처에 있는 자신의 호화로운 저택으로 저녁 식사 초대를 했다.

체시는 갈릴레오의 삶에 큰 영향을 미칠 인물이었다. 그는 린체이 학회라는 비밀 학회를 창립했다. 기성 학계에 반하는 자유주의적 의견을 가진 사람들이 모인 소규모 단체였다. 오늘날 린체이 학회는 거의 최초의 과학 학회로 일컬어진다. 또한 그것은 기성 철학 및 합리성의 변방을 탐구하는 모임이었다.

체시는 갈릴레오가 평생 곁에 모았던 특출한 젊은이들 가운데 하나였고, 여러 면에서 볼 때 그 엄선한 청년들 중에서 제일 중요했다. 두 사람이 만났을 때 체시는 스물여섯 살이었지만 이미 상당한 지위에 오른 상태였다. 어마어마하게 부유한 가문에서 태어나 사회적 신분이 높았던 체시는 (1613년에 군주가 되었다.) 뭐든 하고 싶은 대로 하며 살 수 있었다. (체시는 몬티첼리 후작이자 아콰스파르타 공작, 산폴로와 산탄젤로의 군주였다. ─옮긴이) 젊은 페데리코는 향락적인 생활을 추구하는 대신에 철학과 신과학을 공부했다. 특히 반아리스토텔레스적인 시각을 설파하는 학자들에게 끌렸다. 갈릴레오를 만난 1611년에 체시의 개인 도서관은 과학, 철학, 오컬트 분야에 있어서 이탈리아 최고였다.

체시는 철학 변방의 급진적 발상과 자유주의적 사상을 추구하는 데에 흠뻑 빠져 열여덟 살 때인 1603년에 린체이 학회를 창립했다. 학회의 이름은 링크스라고 불리는 스라소니에서 딴 것인데, 스라소니는 큰 고양이과 동물들 중 가장 눈이 밝다고 했다. 모임의 강령은 이러했다. "사물에 대한 지식과 지혜를 획득함으로써 정의롭고 경건하게 어울려 살고, 나아가 그것을 말과 글을 통한 무해한 형태로 평화롭게 사람들에게 보여 준다." 실로 고상한 의도였고, 진심이었다. 그런데 체시는 위험할 정도로 이단에 가까운 분야들에도 마음이 끌렸고 교회가 고깝게 보는 인사들과도 교유했다.

창립 첫 몇 년 동안 린체이 학회 회원은 다섯뿐이었다. 일단 체시 본인이 있었다. 그리고 오컬트와 철학의 대변인으로서 자연 마술과 연금술에 관한 책을 쓴 잠바티스타 델라 포르타라는 나이 지긋한 사상가가 있었다. 그는 마술 행위에 개입했다는 소문이 교황의 귀에 들어가는 바람에 로마 종교 재판소에서 심문을 받은 적도 있었다. 또 다른 회원 얀 에크는 플랑드르 출신 의사로서, 살인죄로 유죄 선고를 받은 전력이 있었다. 에크는 흑마술 동아리와 밀접한 연관을 맺은 것으로 알려졌고 이단죄로 처형당하기 직전에 네덜란드에서 도망쳐 나왔다. 네 번째와 다섯 번째 회원은 수학자 프란체스코 스텔루티와 철학자 아나스타시오 데 필리스였는데, 둘 다 급진적인 견해를 지녔다는 평이었다.

한 사람 한 사람 모두 급진주의자였다. 에크가 가장 비정통적이고 극단적이었겠지만, 다른 이들도 전복적이고 반문화적이라고밖에 할 수 없는 인물들이었다. 그들이 서신을 주고받을 때 가명을 썼다는 점도 음모의 분위기를 더했다. 체시의 가명은 "일 첼리바고(별 여행자)"였고 에크는 "일루미나토(깨달은 자)"로 통했다. 악명 높은 술주정뱅이였던 체시의 아버지는 자신의 반지성주의를 외려 자랑스럽게 여기는 사람이었는데 그는 아들이 어디에 정신이 팔렸는지, 어떤 사람들과 어울리는지 알고서는 강제로 모임을 해산시키려 했고, 시도가 실패로 돌아가자 즉시 아들의 상속권을 박탈했다.

어쩌면 체시는 아버지가 그런 관심사를 꺼렸기 때문에 더욱 지성주의에 끌렸는지도 모른다. 체시는 아버지의 조치 때문에 금전적으로 제약을 받았지만, 상속권을 박탈당할 무렵에 이미 독자적인 재원을 확보해 두었다. 후에 왕자로 신분이 상승하면서 더 큰 사회적 찬사와 인정을 받았으며 특히 이탈리아의 젊은 귀족들 사이에서 이름이 높았다.

체시가 자신을 중심으로 결성한 이 단체에는 한 가지 놀라운 점이 있었다. 교회의 간섭을 억누를 수 있었다는 점이다. 체시의 아버지가 두 회원을 잠시 로마에서 쫓아낸 적은 있었다. 체시의 아버지가 하도 끈덕지게 쫓아다녀서 체시의 친구 하나가 미쳐 버렸다는 소문도 있다. 하지만 학회의 우두머리는 처음부터 끝까지 체시였고, 그가 1630년에 죽을 때까지 단체는 다른 누구의 간섭도 받지 않았다. 바티칸도 린체이 학회가 저 하고 싶은 대로 하도록 내버려두었다.

린체이 학회가 무풍지대였던 까닭은 체시의 신분이 교회의 박해를 벗어날 만큼 높았기 때문이다. 그 말인즉, 극단적인 견해를 취해도 괜찮은 사람과 그럴 수 없는 사람을 가르는 기준이 엉터리였다는 말이다. 급진적인 철학자 조르다노 브루노는 물론 극단주의자였다. 그는 가난한 무명 가문에서 태어나 사회적 지위가 없었고, 교수나 학자라는 공식 직함을 가진 적이 없었다. 그래서 브루노는 화형 당했고, 그의 뼈는 가루로 으깨졌고, 그의 책들은 공개적으로 파괴되었다. 한편 갈릴레오는 과학계에서 이름 난 인물이었어도 역시 일반인이었기 때문에 후에 종교 재판소에서 가혹한 대접을 받았다. 반면에 체시는 왕족이었고, 그래서 누구도 그에게 손댈 수 없었다.

교회의 이중적인 태도가 극단적으로 드러난 사례는 프란체스코 바르베리니이다. 1623년에 추기경이 된 바르베리니는 코페르니쿠스 이론과 갈릴레오 과학에 대한 지지자로 알려져 있었다. 그는 린체이 학회의 주요 회원으로 활약했고, 오컬트 동아리와 관계 있는 것으로도 유명했다.

그건 그렇고, 예리한 눈을 가진 학회 회원들은 어떤 일을 했을까? 그들은 정말 기성 학계에 반기를 든 위험한 인물들이었을까? 아니면 급진적 사상을 장난감 삼아 그저 소란이나 피우는 부자 청년들이었을까?

그들은 자기네 연구를 무척 진지하게 생각했다. 과학, 철학, 종교에서 극도로 자유주의적이고 때로는 급진적인 견해를 취했다. 회원들은 직접 작명한 가명을 쓰면서 마스체라 도로(황금 가면) 가에 있는 체시의 저택에서 정기적으로 만나 최신 과학 개념들을 토론했다. 린체이 학회는 과학 단체였다. 회원들의 독창적인 연구를 책으로 펴냈고, 서로의 생각을 장려했다. 몇몇 회원들은 정말 중요한 연구를 해냈고, 발견물을 다른 회원들과 공유했다. 갈릴레오의 유명한 작업을 제외할 때, 단체는 식물학, 동물학, 지질학에 강했다. 그들은 현미경으로 곰팡이를 관찰해 아름다운 세밀화를 그렸다. 로버트 훅이 유명한 『미크로그라피아』를 출간하기 40여 년 전이었다. 회원들은 원시적 고식물학이라 할 만한 연구를 진지하게 수행했고, 처음으로 동식물 해부를 수행한 축에 속했다. 체시는 "식물 철학표"라고 명명한 도표 작성에 착수했는데, 자연을 분류하는 작업이었다. 안타깝게도 작업은 그가 죽으면서 중단되었다.

회원들은 연금술, 강신술, 마법 등도 드러내놓고 이야기했다. 어쩌면 말에 그치지 않고 실험까지 했을 수도 있다. 실제로 그랬다면 참으로 위험천만한 체제 전복자들이었던 셈이다. 비밀을 엄수하고 체시의 힘으로 보호받은 덕택에 무사했다고밖에 할 수 없다.

최근 들어 일루미나티라는 전설의 신비주의 단체, 또는 비밀 결사 학회에 사람들의 관심이 쏠렸다. 일설에 따르면 일루미나티는 르네상스 초기에 결성된 중요한 반기독교 비밀 결사로서 레오나르도 다 빈치, 아이작 뉴턴, 갈릴레오 같은 역사적 위인들이 이끌었고, 현재까지 명맥을 유지한다는 것이다. 안 된 일이지만 그런 단체가 존재했다는 증거는 거의 없다. 극단적인 주장을 하는 지지자들도 (갈릴레오가 화형주에 매였다가 가까스로 구출되었다는 등, 존 F. 케네디 대통령의 암살에 단체가 관계했다는 등) 조직의 성격이나 활동에 대해 혼란스럽거나 상반된 견해들을 보인다.

갈릴레오가 오컬트 같은 비정통적 견해와 조금이라도 관련을 맺었던 것은 체시의 린체이 학회가 유일하다. 갈릴레오와 린체이 학회의 관계는 그가 1611년에 로마를 방문했을 때 시작되었다. 앞서 말했듯 단체는 자유주의적인 지적 연구에 헌신했고, 오컬트와도 연관이 깊었다. 하지만 학회는 오래 가지 못했다. 과학계 최고의 인물들을 수십 명 회원으로 끌어들이며 중요 과학 단체로 부상하기는 했지만, 후에는 가뭇없이 잊혀졌다. 린체이 학회와 일루미나티의 유일한 연결 고리라면 오컬트주의자이자 마술사였던 얀 에크가 학회용 가명으로 일루미나토라는 낯 뜨겁게 거창한 이름을 썼다는 빈약한 증거뿐이다.

갈릴레오는 체시를 비롯한 열정적 회원들과 강한 유대를 맺었다. 갈릴레오는 4월 초에 체시의 집에서 저녁 식사를 하고(콜레조 로마노 모임으로부터 얼마 지나지 않아서였다.) 다른 회원들을 만난 자리에서 여섯 번째 회원이 되어 달라는 요청을 받았다. 그는 주저 없이 받아들였고, 회원 명부에 자랑스럽게 썼다. "피렌체에서 빈첸초의 아들로 태어난 나 갈릴레오 갈릴레이는 여기 로마에서 마흔여덟의 나이로 린체이 회원이 되었음을 1611년 4월 25일에 내 손으로 직접 적는다."[22]

갈릴레오는 재미로 가입한 것이 아니었다. 그는 진심으로 영광스럽게 느꼈다. 다른 회원들은 위대한 인물이 이토록 쉽게 초대를 받아들인 것에 흥분했고, 감사했다. 1611년 4월부터 갈릴레오와 체시는 막역한 친구로 지냈으며 체시가 죽는 19년 뒤까지 관계는 변함이 없었다. 학회는 갈릴레오의 책 중 『태양 흑점에 관한 편지』(1613년)와 『시금사』(1623년)의 출간을 재정적으로 지원했다. 갈릴레오와 교회의 충돌에 기여한 책들이었다. 교회 권위자들은 두 책 모두 반기독교적 작품이라고 판단했고, 이단적 저술로 딱지 붙여 금서 목록에 올렸다.

갈릴레오의 로마 체류는 8월에 드디어 끝났다. 피렌체로 돌아온 그는 개선 영웅 대접을 받았다. 코시모 대공이 보기에 갈릴레오는 제 뛰어남과 박학함을 과시함으로써 군주도 덩달아 조명 받도록 한 훌륭한 하인이었다. 교회 사람들 중 갈릴레오와 가장 가까웠고 코시모 대공의 친구이기도 한 프란체스코 델 몬테 추기경은 대공에게 보내는 편지를 과학자의 손에 쥐어 주었다. 내용은 이랬다. "갈릴레오는 로마에 체류하는 동안 우리에게 대단한 만족을 선사했습니다. 자신도 그만큼 만족했을 것입니다. 자신의 발견을 선보일 기회를 충분히 누렸고, 도시의 학식 있고 이름 난 명사들이 그 발견에 대해 놀라우면서도 진실되고 근거 있다고 인정했기 때문입니다. 지금이 고대 로마 공화국이라면 그를 기념하는 동상이 카피톨리노 언덕(로마의 일곱 언덕 중 하나로, 마르쿠스 아우렐리우스 황제의 동상이 있다. ─옮긴이)에 세워졌을 것입니다."[23]

하지만 숱한 찬사와 지식인들의 인정에도 불구하고 갈릴레오를 둘러싼 논란은 잦아들 줄 몰랐다. 그가 피렌체로 돌아오자마자 여러 곳에서 공격이 쏟아졌다. 볼로냐의 학자들은 반갈릴레오 단체를 결성해 과학자가 쓰거나 말한 모든 내용을 걸고 넘어졌다. 단체를 조직한 인물이 조반니 안토니오 마지니라는 점은 특기할 만하다. 1592년, 그러니까 족히 20년 전에 갈릴레오가 그를 누르고 파도바 대학교 수학 교수 자리를 차지한 일 때문에 마지니는 갈릴레오에 대한 적개심으로 똘똘 뭉쳐 있었다.

공격자들은 갈릴레오의 명성에 흠을 내려고 했지만 목표 달성에는 처참하게 실패했다. 그래도 그들이 날린 화살이 아프지 않은 것은 아니었다. 갈릴레오는 초연한 태도를 취하려고 노력했지만 속으로는 부글부글 끓었다. 그는 근래에 쓴 글을 대공에게 바치며 딸려 보낸 편지에서 한탄했다. "지극히 무지한 자와는 논박해 봐야 소용이 없습니다. 그의 어리석음을 반박하는 데 막대한 책장이 소요될 테니, 글의 본문보다 더 많은 분량을 할애해야 할 것입니다."[24]

솔직히 어느 정도는 갈릴레오가 숱한 공격과 비판을 자초한 면이 있었다. 그가 급진적인 의견을 공개해 대중의 관심을 끈 것은 비난 받을 일이 아니다. 그의 의견이 옳았고, 적들의 의견이 틀렸기 때문이다. 하지만 갈릴레오는 결코 외교에 뛰어나지 못했고, 겸손하다고도 할 수 없었다. 그는 목소리가 크고, 강압적이고, 논쟁적이고, 전투적이었다. 격렬한 토론을 좋아했고, 적수가 똑똑할수록 논쟁을 즐겼다.

중상 모략가 중 몇몇은 끔찍할 정도로 무지했다. 1612년 11월에 니콜로 로리니라는 도미니코회 수사가 피렌체 성직자 모임에서 갈릴레오를 공격했다. 로리니는 천문학을 전혀 모르는 주제에 갈릴레오 이론을 원칙적으로 반대했다. 소식을 들은 갈릴레오가 로리니에게 해명을 요구하자, 도미니코회 수사는 황급히 발을 빼면서 성직자들끼리 비공식적으로 만난 자리에서 좀 비판했을 뿐이라고 말했다. 갈릴레오에게 보낸 답장에서 로리니는 이렇게 말했다.

위령의 날에 제가 철학 문제를 토론하는 자리에 끼어들어 누군가를 비난했다는 의혹은 새빨간 거짓말이고 근거 없습니다……. 남들이 토론을 시작하자 제가 몇 마디 거들기는 했지만, 논쟁하려는 게 아니라 멍청이로 보이기 싫어서 이 페르니쿠스인가 뭔가 하는 사람의 의견은 성서에 적대적인 것일지도 모른다고 말했고, 지금도 그렇게 말할 뿐입니다.[25]

갈릴레오가 대중의 관심을 사랑했다는 점도 염두에 두자. 그는 사람들을 마구 휘저어놓는 것을 좋아했고, 자신의 비정통성을 즐겼다. 가끔 자기가 절대 틀릴 리 없고, 자신의 영향력을 감안할 때 사상 때문에 심각한 곤란에 빠질 리는 없다고 믿었던 것 같다. 그는 어마어마하게 인기가 있었고 수많은 지지자를 거느렸다. 유력하고 존경받는 코시모 데 메디치의 후원을 받았다. 각광 받는 학자였고, 가장 중요한 점으로, 결정적인 발견들을 세상에 선보였다.

물론 갈릴레오는 착각에 빠져 있었다. 교회의 발톱에서 자유로운 사람은 아무도 없었다. 가톨릭 권력자들이 보기에 지성은 별 가치가 없었다. 부자이거나 사회적 지위가 높으면 교회로부터 스스로 보호할 수 있었지만, 갈릴레오는 부자도 귀족도 아니었다. 교회와의 갈등이 불거지기 직전인 이 시점에 (로마에서 흘러나오는 희미한 적대적 목소리를 그가 듣기 전이다.) 갈릴레오는 잘못된 자기 확신으로 붕 뜬 상태였다. 그는 자신이 발견한 과학적 진리에만 한결같이 집중했다. 그래서 앞 못 보는 사람처럼 제 발로 곤란 속으로 들어갔다.

갈릴레오가 제 견해 때문에 위험한 영역으로 떨어졌으면서도 왜 무방비 상태로 곤란을 겪는지 까맣게 몰랐다는 점을 보여 주는 완벽한 일화가 있다. 또 한 가지 중요한 천문학적 발견을 둘러싼 문제였는데, 갈릴레오는 이때도 사람들로부터 부정적인 반응을 끌어냈다. 목성계와 달의 불규칙한 표면을 처음 관찰했던 1609년 여름에, 갈릴레오는 태양 표면에 있는 기묘한 얼룩들을 처음 보았다. (이후 흑점이라고 불린다.) 갈릴레오는 로마에 있을 때 이 내용을 린체이 학회 회원들, 화가 친구 치뇰리 등 친한 지인들에게 알렸다.

1611년 8월 말에 피렌체로 돌아온 갈릴레오는 흑점을 면밀하게 조사하기 시작했다. 그는 열의에 불타는 살비아티와 긴밀하게 소통하며 함께 작업했다. 살비아티는 갈릴레오가 없는 동안에도 강력한 망원경을 써서 밤마다 나름대로 관측을 했다. 두 사람은 베네데토 카스텔리가 고안한 혁신적인 기법으로 크게 도움을 받았다. 카스텔리는 갈릴레오가 파도바에서 가르쳤던 학생으로, 베네딕토회 수사가 된 뒤에도 스승과 스승의 천문학적 견해에 충성스러웠다. 카스텔리도 스승처럼 태양에서 의미 있는 발견을 해내려고 노력하는 중이었다. 그런데 맨 눈으로 망원경을 보면 태양을 고작 몇 초만 볼 수 있었고, 엄청나게 위험했기 때문에 카스텔리는 접안 렌즈에서 조금 떨어진 곳에 흰 종이에 세운 뒤 태양의 상을 그곳에 투영하는 방법을 고안해 냈다. 종이 위의 영상은 아무런 위험 없이 찬찬히 조사할 수 있었다. 카스텔리, 살비아티, 갈릴레오는 이 기법을 써서 태양을 관찰했고, 표면 곳곳에 정체 모를 어두운 점들이 무질서하게 흩어진 것을 보았다. 갈릴레오는 로마의 체시에게 편지를 써서 말했다. "저는 천체 관측을 소홀히 하지 않을 겁니다." 그리고 당당하게 덧붙였다. "이제까지의 발견들에 또 하나의 특출한 발견을 더할 테니 기대하십시오."[26]

1611년 겨울 내내, 그리고 다음 해 초봄까지도 갈릴레오는 태양 관측에 매달렸다. 얼룩들이 이동하는 모습을, 느닷없이 새 반점이 생기는가 하면 있던 것이 감쪽같이 사라지는 모습을 보았다. 그리고 1612년 3월에 갈릴레오는 책을 낼 준비를 마쳤다. 하지만 이때 충격적인 소식이 들려왔다. 저명한 과학자는 아니지만 독일 아우크스부르크의 행정장관이자 은행가인 믿을 만한 친구 마르크 벨저가 피렌체의 갈릴레오에게 편지를 보내 알렸는데 (벨저는 나중에 린체이 학회에 가입한다.) 아펠레스라는 가명을 쓰는 이름 모를 천문학자가 최초로 태양 흑점을 관측했다고 주장한다는 것이었다. 그 천문학자는 흑점이 태양 앞에서 움직이는 별들 때문에 생기는 현상이라고 해석했다.

갈릴레오도 같은 것을 보았지만 해석은 천지 차이였다. 갈릴레오는 친구에게 보낸 편지에서 제 생각을 이렇게 갈무리했다.

흑점이 지구 구름과 같은 재료로 된 구름인지, 아니면 지구에서 증발해 태양으로 끌려간 액체 상태의 기포인지 확신하지 못하겠네. 우리는 그와 비슷한 어떤 것에 대해서도 아는 바가 없다네. 기포 아니면 증기, 구름, 태양에서 뿜어져 나온 연기, 다른 곳에서 생겨나 태양으로 이끌린 연기 등 멋대로 상상할 수 있겠지만, 정작 어느 것인지 결정할 수는 없지. 우리가 모르는 무수한 다른 어떤 것들 중 하나일 수 있다네.

계속해서 이렇게 썼다.

어쨌든 내게 의견을 내라고 하면, 흑점은 태양에서 생성되어 표면으로 녹아 나온 것이라고 하겠네. 태양과 접촉해 있기 때문에, 태양이 태음월마다 한 바퀴씩 제 축을 따라 회전할 때 그것들도 함께 움직이지. 한 달 넘게 존재하는 흑점이라면 사라졌다가 다시 등장할 수도 있겠지만 그 모양과 형태가 자주 바뀌기 때문에 우리가 쉽게 알아보지 못하는 것일세.[27]

경쟁자가 있다는 심란한 소식과 더불어 갈릴레오의 건강도 다시 나빠졌고, 기분도 침울해졌다. 그는 새 발견에 관한 두 가지 점이 마음에 걸렸다. 첫째, 아펠레스라는 정체 모를 천문학자는 잘못된 해석을 퍼뜨렸다. 둘째, 아펠레스가 흑점 발견의 선취권을 주장했다. 갈릴레오는 1609년 여름에 자기가 베네치아에서 처음 관찰한 내용을 친구들과 동료들에게 이미 언급했고, 그때부터 데이터를 잘 기록해 두었다는 점을 생각하며 마음을 가라앉혔다. 하지만 전혀 다른 시각을 지닌 누군가 때문에 억지로 경쟁에 휘말렸다고 생각하니 압박감이 심해서 편하게 있을 수가 없었다. 1612년 1월에 아펠레스가 한발 앞서서 『태양 흑점에 관한 세 통의 편지』라는 책을 내자, 압박감은 더 커졌다.

화는 났지만 조금도 주춤하지 않은 갈릴레오는 원고 작업을 계속했다. 그리고 자신의 해석에 대해 교회의 승인을 요청했다. 조심성을 발휘한 것이다. 갈릴레오는 당시 로마 종교 재판소의 소장이었던 카를로 콘티 추기경에게 편지를 썼다. 얼룩에 관한 자신의 해석이 반아리스토텔레스적인 것은 분명하지만 반교리적인지는 확실치 않다며, 그 점에 관하여 신학자의 의견을 물었다.

콘티 추기경은 당연히 아무 생각이 없었다. 하지만 아무 생각이 없다고 말할 수야 없었기 때문에 그냥 중립을 지켰다. 추기경은 갈릴레오의 흑점 해석이 성서에 반하는 것은 아니라고 했다. 왜냐하면 성경에는 그런 현상에 대한 언급이 전혀 없기 때문이다. 그렇다고 얼룩들을 무시할 수도 없는 노릇이기에, 추기경은 그것들이 태양 앞을 움직이는 별일 것이라고 했다. 아무 짝에도 쓸모가 없고 오히려 혼란을 가중하는 대답이었다. 아리스토텔레스는 별이 창공에 고정된 존재라고 단언했다. 그런데 어떻게 별이 태양 앞을 움직여 다니겠는가?

갈릴레오가 말귀를 못 알아듣는 추기경을 이해시키려고 힘을 쏟는 동안, 출판 발행인 겸 후원자 역할을 맡은 체시는 흑점에 관한 천문학자의 책을 내려고 길을 닦고 있었다.

모든 출판물이 반드시 교회의 인증을 받아야 하는 지도 어언 100년째였다. 1515년에 교황 레오 10세는 교황청 검열을 통과하는 책만 이탈리아에서 출간할 수 있다는 칙령을 내렸다. 그것을 지키지 않으면 작가와 인쇄업자는 물론이고 불법 도서를 읽은 독자도 무거운 벌금이나 파문, 투옥 등을 당했다. 책은 공개적으로 불살라졌다.

이런 엄격한 조치는 트리엔트 공의회가 빚은 결과 중 하나였다. 교황청은 세상에 널리 존재하게 된 문자야말로 자기들에게 가장 적대적인 세력이라고 판단했다. (꽤 정확한 판단이었다.) 많은 유럽 인들이 글을 읽을 줄 알게되고 출판물을 이해하는 것은 교회의 입장에서 골칫거리였다. 교황청은 책을 검열하고 금지하고 불태움으로써 어느 정도 통제할 수 있다고 믿었다. 그런데 종교나 과학을 다루는 책만 감시하고 "교정"해서는 충분치 않았다. (역시 꽤 정확한 판단이었다.) 겉으로 별 해가 없어 보이는 책 속에서 근심스러운 개념이나 급진적 발상이 얼마든지 솟아날 수 있기 때문이다. 그렇다면 아예 모든 출판물을 검열하는 편이 나았다.

체시는 1613년 1월에 마침내 갈릴레오의 『태양 흑점의 속성 및 역사와 증거에 관하여』에 대한 출판 허가를 받았다. 책은 3월에 인쇄기에서 나왔다. 갈릴레오는 책의 의견에 대해 유례없는 비난이 쏟아지리라고 예견했고 체시에게 편지로 말했다. "구름 문제로 받게 될 질책에 비하면 달의 산맥을 둘러쌌던 소동은 농담에 불과했다고 생각될 것입니다."[28]

갈릴레오의 짐작은 틀리지 않았다. 사방팔방에서 공격이 쏟아졌다. 어떤 사람들은 사실 확인은 하지도 않은 채 신학적 관점에서 책에 반대했다. 갈릴레오의 해석은 성서에 전혀 위배되지 않는데도 말이다. (콘티 추기경이 지적했듯 성경에는 흑점에 관한 언급 자체가 없다.) 또 어떤 사람들은 차마 아리스토텔레스를 버리지 못해 전전긍긍하면서도, 전통 학설을 하나 이상 깨뜨리지 않는 한 현상을 달리 설명할 방도를 찾지 못했다. 또 어떤 사람들은 저자가 갈릴레오라는 이유만으로 갈릴레오와 책을 공격했다. 또 어떤 사람들, 특히 성직자들은 갈릴레오와 린체이 학회 회원들이 의도적으로 방언으로 씌어진 철학책을 냈다는 사실에 비분강개했다. 지적 재산의 배타성을 무너뜨리고, 일반인들에게 위험한 생각을 읽힌다는 이유였다.

갈릴레오는 노발대발했다. 그 해 봄에 체시에게 보낸 편지에서 이렇게 말했다. "어떤 사람들은 속된 상식은 지녔지만 자기에게 '그리스 어처럼 불가해한' 것은 읽을 능력이 없는데, 그 때문인 줄도 모르고 어떤 논리와 철학을 가리켜 이해 불능이라고 합니다. 그들이 좀 제대로 보기를 바랍니다. 자연이 자신의 작품을 잘 보라고 그들에게 두 눈을 주었고, 잘 꿰뚫어 이해하라고 뇌를 주었으니까 말입니다."[29]

분명 갈릴레오는 비판자들의 야유에 마음을 다쳤다. 무지한 독설이라고 생각하면서도 계속 짜증이 났다. 갈릴레오는 몇몇 비판자들에게는 가르치려 드는 답장, 혹은 퉁명스러운 답장을 써서 직접 대응했지만, 나머지에 대해서는 그저 친구들과 주고받는 사적인 편지에서 신랄한 풍자 거리로 삼았다. 갈릴레오는 사적인 편지를 통해서 울분을 풀어냈다. 갈릴레오가 사람들의 공격을 아프게 느꼈다는 사실은 8년 뒤에 『시금사』에 이렇게 쓴 것만 봐도 알 수 있다. "얼마나 많은 사람들이 무수한 가면을 쓴 채 태양 흑점에 관한 내 글을 공격했던가! 그들은 그 책을 통해 제 마음의 눈을 열고 기특한 고찰을 해야 했지만 오히려 야유하고 조롱했다. 책의 내용을 불신하거나 이해하지 못한 사람이 많았다. 그저 내게 동의하기 싫어서 내 생각에 대항하는 우스꽝스럽고 불가능한 의견을 개발해 내는 사람도 많았다.' 나아가 예의 그 겸손과는 거리가 먼 태도로 말했다. '또 어떤 사람들은 내 주장에 압도되고 설득되어, 마땅히 내것인 영광을 강탈하려고 했다. 내 글을 읽지 않은 척하면서 이 인상적인 경이로움을 처음 발견한 사람이 자기라고 주장했다."[30]

갈릴레오는 공격을 꿋꿋이 참아 낸 끝에 개인적으로 작은 보상도 하나 얻었다. 흑점 발견을 놓고 경쟁했고 그 속성에 관한 비판을 처음 주고받았던 학자 아펠레스의 정체가 밝혀진 것이다. 그는 크리스토퍼 샤이너라는 예수회 신부로서, 바이에른 주의 작은 마을 잉골슈타트에서 수학을 가르치는 교수였다. 샤이너는 경력 초기에 과학 도구 설계에 크게 기여한 적 있었다. 그림을 복사하거나 확대할 때 쓰는 사도기라는 유용한 기구를 발명했다. 하지만 흑점 문제에서는 아리스토텔레스에 대한 집착에 눈이 흐려졌던지 과학적으로 엄정한 태도를 취하지 못했다.

샤이너가 끝까지 이름을 감춘 데에는 예수회 교단의 압력이 한 몫 했다는 사실을 갈릴레오도 알게 됐다. 지역 교단의 수장인 샤이너의 상관이 그 주제에 개입하지 말라고 샤이너에게 경고했다. 샤이너에게 보낸 편지에서 상관은 말했다. "아리스토텔레스의 저작을 모조리 읽은 사람으로서 확실하게 단언하는 바이니, 자네 말과 비슷한 내용은 전혀 찾아볼 수 없다네. 그러니 진정하게나. 자네가 말한 흑점이란 것은 렌즈 아니면 자네 눈의 결함으로 생긴 것이라네."[31]

소식을 듣고 갈릴레오는 잠시나마 기분이 밝아졌다. 하지만 머지 않아 그는 저도 모르게 교회의 덫에 발을 들여놓을 것이었다. 후에 돌이켜볼 때 경력에서 중요한 전환점이 되는 사건이 곧 닥칠 터였다. 1613년 12월 당시에 갈릴레오는 자기가 얼마나 취약하게 노출되었는지 깨우쳤다. 갈릴레오에게는 지지자가 많았지만 이제까지 보았듯, 그는 적대적인 비판자들의 공격 대상으로 부각된 형편이었다. 게다가 그가 토스카나에 산다는 점도 중요했다. 피렌체는 적응주의자이자 보수주의자인 메디치 가문이 통치하는 국가로서 자유주의자들의 성소나 마찬가지인 베네치아와는 달라도 한참 달랐다. 이후 몇 년 동안, 갈릴레오는 베네치아 공화국을 버린 것을 후회할 것이었다. 자신의 진정한 신념을 끝까지 고집하는 한, 세상에 믿을 사람은 아무도 없다는 것을 뼈저리게 느낄 것이었다.

10장

싸움을 시작하다

✠

사건의 발단은 1613년 12월 12일 점심 식탁에서 오간 별 뜻없는 대화였다. 메디치 가가 피사에 갖고 있는 베르가 도로라는 저택에서 마련된 자리였는데, 정확하게 말하면 평범한 점심 식사는 아니었다. 대공의 보좌관들이 대학교 교수들을 초청했기 때문이다. 그 중에는 갈릴레오의 제자 출신으로 지금은 신부가 된 반아리스토텔레스주의 학자 베네데토 카스텔리도 있었다. 참석한 왕족은 대공 코시모 2세, 아내인 대공비 마리아 마델레나, 대공의 어머니인 대공 부인 크리스티나였다.

카스텔리는 스승이 태양 흑점을 연구할 때 큰 도움을 주었다. 감사하는 뜻으로 갈릴레오는 카스텔리가 피사 대학교에서 수학 교수가 되는 것을 도왔다. (갈릴레오가 재직했던 바로 그 자리이다.) 카스텔리는 1613년 가을부터 새 직장에서 일하기 시작했다.

카스텔리의 입장에서는 학계의 사다리에서 엄청나게 상승한 셈이었다.

하지만 피사 대학교는 갈릴레오가 불만스럽게 여겼던 16세기 말의 사정에서 거의 조금도 변한 점이 없었다. 보수적이고 정체된 대학교였기 때문에 혁신적 사고가 발붙일 곳이 못 되었다. 카스텔리는 강한 견해를 가진 인물이었는데 말이다. 사실 피사 대학교가 그를 받아들였다는 것 자체가 토스카나에서 갈릴레오의 영향력이 얼마나 대단했는지 잘 보여 주는 사례이다. 어쩌면 대학교는 울며 겨자 먹기로 수락했을지도 모른다. 카스텔리를 임명한 지 몇 주가 지난 뒤에 대학교 감독관인 아르투로 델치는 카스텔리를 사무실로 불러서 자리를 보전하고 싶으면 반아리스토텔레스적 이데올로기는 한 마디도 가르쳐서는 안 된다고 똑 부러지게 언질을 주었다.

카스텔리는 대학에 순응했고, 주어진 내용만 가르쳤다. 하지만 개인적으로는 연구를 계속 했고, 책을 냈고, 갈릴레오와 자주 편지를 주고받았다. 야심 찬 신참 교수로서 신중한 자세를 취하는 것은 당연했다. 카스텔리는 대의를 위한 싸움은 자신의 안내자인 갈릴레오에게 맡겨 둬도 좋다고 생각했다.

베르가 도로의 점심 모임은 메디치 사람들에게는 어디까지나 기분 전환에 불과했다. 하지만 코시모 대공과 그 어머니는 스스로 지성인이라고 생각하기를 즐겼다. 그들은 최신 철학 이론에 관한 활기찬 토론을 즐겼고, 좌중의 학자들 앞에서 자신의 박식을 드러내고 싶어 했다. 그래서 카스텔리는 개인적으로는 몹시 회피하고 싶었을 논쟁에 말려들고 말았다. 갈릴레오의 발견이 어떤 내용인지, 그것이 아리스토텔레스 이론에 어떤 의미를 지니는지 토론하게 된 것이다.

카스텔리가 이틀 뒤에 갈릴레오에게 쓴 긴 편지를 보면 당시의 상황을 상세하게 알 수 있다.

목요일 오전에 후원자들과 점심을 먹었습니다. 대공께서 대학교에 관하여 물으시기에 자세하게 설명해 드렸고, 대공은 아주 흡족해 하셨습니다. 대공은 망원경이 있느냐고도 물었습니다. 저는 그렇다고 답하고 지난밤에 관찰했던 메디치 행성들(목성의 위성들)에 관하여 말씀드리기 시작했습니다. 크리스티나 대공 부인은 행성들의 위치를 알고 싶어 했는데, 그러다가 이야기가 그것들이 진짜 물체인지, 혹 망원경의 허상은 아닌지 하는 내용으로 넘어갔습니다.

카스텔리가 식사 후에 떠나려고 하는데 코시모의 하인이 붙들더니 대공 부인이 긴히 할 말이 있다고 했다. 카스텔리는 이렇게 보고했다. "이야기를 계속 하기 전에 먼저 아셔야 할 점은, 식탁에서 의사 보스칼리아가 부인의 귀를 솔깃하게 만드는 이야기를 했다는 것입니다. 그는 당신이 하늘에서 발견한 것은 모두 진실이라고 인정하면서도 지구가 움직인다는 생각만은 좀 미심쩍다고 했습니다. 성서가 그에 상반되는 말을 하기 때문에 그런 일은 있을 수 없다고 했습니다."[1]

대공 부인은 만만치 않은 여성이었다. 그녀는 부유하고 강인했고, 아들이 나라를 다스리는 데에도 상당한 통제력을 미쳤다. 그녀는 독실하고 보수적인 가톨릭 신자로도 유명했다. 그런데 그저 신앙심 깊고 권세 있는 여성이기만 한 것은 아니었다. 그녀는 지적 호기심이 많았고 신의 창조물을 이해하려는 순수한 열망도 품고 있었다. 남의 말을 곧이곧대로 받아들여 만족하는 사람이 아니었다.

대공 부인은 카스텔리에게 이런저런 질문을 던져 대답을 들은 뒤에도 확신을 하지 못했다. 놀랄 일도 아니었다. 카스텔리는 갈릴레오에게 허풍을 떨었다.

대공 부인이 논쟁을 시작했습니다. 저는 적절하게 부정을 한 뒤에, 단호하고 위엄 있게 신학자에게 의견을 개진했습니다. 제 이야기를 들으셨다면 좋았을 텐데 말입니다. 또 다른 손님 안토니오 씨가 저를 보조해 주어서, 저는 귀한 왕족분들 앞에서 주눅이 들기는커녕 배짱 있게 마치 전사처럼 주장을 밀고 나갔습니다. 대공과 대공비(대공의 아내)의 마음은 제게 거의 넘어왔고, 안토니오 씨는 성서에서 적절한 인용구를 뽑아내어 저를 도왔습니다. 크리스티나 대공 부인은 여전히 반대했지만, 부인의 태도로 보건대 제 답을 들으려고 일부러 그런 것 같습니다. 보스칼리아 교수는 한 마디도 하지 않았습니다.[2]

카스텔리는 그 편지가 갈릴레오에게 깊은 인상을 주어 둘의 관계를 더 매끄럽게 하리라 생각했던 것 같다. 하지만 사실 편지는 갈릴레오에게 걱정만 안겼다. 갈릴레오는 대공 부인의 성격을 잘 알았다. 메디치 가가 갈릴레오를 고용하도록 뒤에서 영향력을 미친 사람이 바로 크리스티나 대공 부인이었기 때문에 그는 그녀에게 큰 빚을 진 입장이었다. 그녀는 항상 갈릴레오에게 존경과 호의를 베풀었다. 갈릴레오는 자신이 섬기는 귀부인이 자신의 발견들 때문에 창피당하는 일은 절대로 원치 않았다. 특히 적들이 그를 둘러싸기 시작한 시점이라 더 그랬다.

갈릴레오는 이 사건 때문에 빚어질지도 모르는 문제를 신속하게 떨쳐 버려야겠다고 결심했다. 그는 말보다 펜을 선택해서, 카스텔리에게 자기 입장을 분명하게 밝히는 편지를 썼다. 갈릴레오는 편지가 카스텔리의 학계 지인들 사이에 널리 유통되리라는 걸 알았다. 그럼으로써 고상한 점심 식탁에서 생겨났을지도 모르는 부정적인 소문에 대항할 수 있을 거라고 생각했다. 어쩌면 토스카나 지식인 사회에 벌써 소문이 스며들었을지도 몰랐다. 갈릴레오는 후에 이 편지를 개작해 「토스카나의 크리스티나 대공

부인께 드리는 편지」로 바꿔 썼다. (부록 2 참고)

크리스티나 부인이 던진 첫 번째 일반적인 질문에 관해서라면, 당신이 부인께 내놓은 답변이 아주 신중했다고 봅니다. 성서는 실수하지 않으며, 그 안에 담긴 선언들은 절대적으로 옳고 불가침의 것이라는 부인의 의견에 당신이 양보하고 동의한 것은 신중한 일입니다. 나라고 해도 오직 이 말만 덧붙일 수 있었을 것입니다. 성서는 실수하지 않지만, 성서를 해설하고 주석하는 사람들은 많은 면에서 실수할 가능성이 있다는 것입니다……. 그들이 단어를 문자 그대로의 의미에 기초해 해석한다면 많은 모순이 생겨날 뿐더러, 심지어 심각한 이단 행위와 신성 모독을 저지를 수도 있습니다. 왜냐하면 그럴 경우 하느님에게 손과 발과 눈을 부여하게 되고, 분노와 후회와 미움, 간혹 과거에 대한 망각과 미래에 대한 무지 같은 인간적이고 육체적인 감정들까지 부여하게 되기 때문입니다.

갈릴레오는 날카로운 주장을 이어갔다. "성서와 자연은 모두 성스러운 말씀에서 생겨났습니다. 전자는 성령의 말씀을 받아 적은 것이고, 후자는 하느님의 명령을 충실하게 집행한 결과물입니다."[3]

공평무사한 시각에서 본다면 갈릴레오의 진술은 명확하고 세련되며 논리적이고 일관된다. 하지만 때는 종교적 편집증이 판을 쳤고, 갈릴레오에게는 적이 많았기 때문에, 이 편지는 실제로 널리 읽혔지만 오히려 그를 위험한 상황으로 몰아넣는 역효과를 낳았다. 미처 깨닫지 못했겠지만 갈릴레오는 이 진술을 함으로써 신학자들에게만 허락되는 성스러운 영역을 또 침범한 것이었다. 그는 이미 망원경을 통한 발견에 정통 성직자들이 얼마나 적대적인 반응을 보였는지 경험한 바 있었다. 성직자들은 누군가가,

특히 한낱 수학자이자 철학자에 불과한 사람이 자신들의 견해와 나아가 신앙 체계의 근간에 감히 의문을 제기한다는 것을 생각만 해도 몸서리쳐 했다.

벼락같은 반응은 이로부터 1년 뒤에야 떨어질 것이었다. 갈릴레오는 그동안 연구를 계속하면서 음해자들의 공격을 받아 넘겼다. 그는 그 편지로 논쟁의 문을 걸어 잠갔다고, 언쟁이 터지기 전에 이성적인 논변으로써 반대를 종식시켰다고 생각했을지도 모른다. 그로서는 그렇게 생각할 만도 했다.

갈릴레오는 개인적인 비극에 정신이 팔려 있었다. 1614년 1월에 아끼는 친구 겸 조수인 살비아티가 스페인에서 살해당했다. 살비아티는 갈릴레오의 제자들 중에서 제일 재능이 뛰어났을 것이다. 그는 대담한 상상력과 진취적인 지성을 갖추었다. 갈릴레오는 후에 살비아티에 관하여 이렇게 말했다. "그는 숭고한 지성을 소유했고, 고상한 사념을 추구하는 것을 최고의 즐거움으로 여겼다."[4]

그런데 살비아티는 성미가 급했다. 1613년 가을에 그는 메디치 가문의 한 사람(돈 베르나르데토 데 메디치)과 격렬한 분쟁에 휘말렸다. 살비아티는 어쩔 수 없이 물러났지만, 자존심 때문에 피렌체를 떠나 유럽 일주 여행에 올랐다. 1613년에 그는 베네치아에서 사그레도를 만났고, 한 해가 저물어갈 무렵에는 제노바로 가서 갈릴레오 지지자들 및 반대자들과 토론을 벌인 다음에 스페인으로 들어갔다가 술집에서 주먹다짐에 말려들어 죽었다.

갈릴레오의 마음은 황폐해졌다. 너무나 큰 손실이었다. 살비아티는 고작 서른하나였고 권세의 절정에 있었는데, 아무것도 아닌 일 때문에 죽어 버렸다.

1614년 12월에 갈릴레오는 신학적 몽상을 그만두고 기계적인 실험에 몰두했다. 하지만 다른 사람들은 그를 잊지 않았고, 용서하지 않았다. 21일 아침에 갈릴레오는 걱정스러운 소식을 들었다. 과거가 자신을 쫓고 있으며, 「토스카나의 크리스티나 대공 부인께 드리는 편지」 속의 선동적인 문장들이 이글이글 빛을 발하게 되었음을 깨닫게 하는 소식이었다.

약 120년 전인 1490년대, 그러니까 레오나르도 다 빈치와 마키아벨리의 시대에, 지롤라모 사보나롤라라는 도미니코회 수사가 잠깐 피렌체 정부를 이끌었다. 사보나롤라는 복음 전파에 미친 사람이었다. 그의 치세는 오래 가지 않았고, 그는 자신이 잠시 다스렸던 사람들의 손에 처형을 당했다. 하지만 사보나롤라의 영향력은 살아남았다. 그의 광적인 열정은 가느다란 물줄기로 축소되었을망정 꾸준히 이어져서 어느 지나치게 독실한 성직자 집단으로 흘러들었다. 이 단체는 일종의 긴밀한 비밀 결사로서, 자신들이 판단컨대 "반정통적 사변"인 진보적 사상에 반기를 들었다.

1614년 강림절 주간의 네 번째 일요일은 12월 21일이었다. 이 날, 젊은 도미니코회 수사 톰마소 카치니가 행동에 나섰다. 카치니는 사보나롤라의 뜨거운 가르침을 받들어 살아가는 수사로서, 자기가 새 시대의 토마스 아퀴나스라고 믿었기 때문에 이름을 코시모에서 톰마소로 바꾼 사람이었다. 설교단에 선 카치니는 제가 생각하는 진짜 적그리스도, 바로 갈릴레오 갈릴레이를 공개적으로 규탄했다.

카치니는 명예욕에 들뜬 삼류 성직자에 불과했다. 그는 자기가 사보나롤라나 아퀴나스와 대등한 인물이라고 공상했지만 실은 전혀 그런 수준이 못 되었고, 자기가 설교하는 교리보다 자기의 안위를 더 신경 쓰며 출세에 목마른 인물이었다. 하지만 확실히 기민하기는 했다. 그는 젊은 근본주의자랍시고 선배들로부터 격려를 받았고, 마침내 1614년 12월 21일에 토스카나에서 제일 중요한 성당인 피렌체의 산타마리아 노벨라 성당에서 지옥의 불을 뿜는 듯한 통렬한 설교를 했다. 어쩌면 갈릴레오를 경멸하는 사람들, 아마도 콜롬베와 그 친구들로 이루어진 "비둘기파"에게서 자극을 받았는지도 모른다. 카치니는 과학자 갈릴레오 갈릴레이의 평판을 망가뜨리겠다는 단 한 가지 목표를 품고 설교대에 섰다.

카치니에게는 두 가지 무기가 있었다. 갈릴레오가 1년 전에 카스텔리에게 보낸 편지의 사본, 그리고 성경에 관한 (왜곡되었지만) 깊은 이해였다. 카치니는 청중에 대해서도 잘 알았고 어떻게 하면 자기가 원하는 반응을 끌어내는지도 알았다. 그는 청중에게서 이른바 정당한 분노를 끌어내기 원했다. 갈릴레오가 수학자 주제에 끼어들 곳이 아닌 데에 끼어들어 혼란을 일으켰다는 사실에 대해 청중이 적개심을 느끼기 바랐다. 카치니는 「여호수아기」 10장 12~14절을 인용하며 설교를 시작했다.

여호수아가 주께 아뢰었다……. 이스라엘이 보는 앞에서 외쳤다. 해야, 기브온 위에, 달아, 아얄론 골짜기 위에 그대로 서 있어라.

그러자 백성이 원수들에게 복수할 때까지 해가 그대로 서 있고 달이 멈추어 있었다……. 해는 거의 온종일 하늘 한가운데에 멈추어서, 지려고 서두르지 않았다.

주께서 사람의 말을 그날처럼 들어주신 때는 전에도 없었고 후에도 없었다.

인용문에 태양, 지구, 우주의 불변성이 언급되어 있으므로, 신의 말씀은 반아리스토텔레스적 말썽쟁이들에 대한 반박 증거라는 게 카치니의 주장이었다. 카치니도 마음 깊은 곳에서는 여호수아의 구절이 갈릴레오 같은 이들이 제기하는 질문과 상관이 없다는 것을, 이것은 믿음과는 상관없는 문제라는 것을 알았을 것이다. 그러나 카치니는 영리했고, 청중을 조작하는 법을 알았다. 카치니는 신약으로 넘어가서 「사도행전」의 한 구절을 라틴 어로 읊었다. 이런 구절이었다. "갈릴래아 사람들아, 왜 하늘을 쳐다보며 서 있느냐?(「사도행전」 1장 11절 ─ 옮긴이)" 그러고는 직접 갈릴레오를 공격했다. 우리가 적절한 언어를 배워서 우주의 이야기를 담은 대상들과 친숙해져야만 제대로 이해할 수 있다고 한 갈릴레오의 말을 인용했다. 우주 모형은 수학적 언어로만 묘사될 수 있고, 수학 언어가 없으면 우주를 파악할 수 없다고 한 갈릴레오의 말이 사제에게는 진정한 신성 모독이었다. "기하학은 악마의 것이고, 수학자들은 이단의 작가들이니 모두 추방해야 합니다." 카치니는 호통 쳤다.[5]

카치니의 기개와 극적인 장면을 연출하는 능력만큼은 높이 사야 할 것이다. 현대의 텔레비전 선교사들도 자랑스러워할 만한 공연이었고 의도한 효과를 정확하게 거두었다. 이전에도 사제들이 설교로 갈릴레오를 공격한 적이 있지만, 이토록 전투적이고 신랄한 공격은 처음이었다.

카치니의 맹공은 파괴력이 대단했고 두 사람 모두에게 해를 입혔다. 카치니 때문에 갈릴레오는 교회 권력자들과 처음으로 충돌하게 되었다. 성직자들은 코페르니쿠스 이론이 정통 교리에 유해하다는 사실을 차차 깨우치고 있었다. (아직 공식적인 이단으로 선포한 것은 아니었다.) 카치니는 중간자적인 사람들로부터 질타당했다. 볼로냐 대주교가 공식적으로 카치니를 나무랐고, 이탈리아 전역의 성직자들이 갈릴레오에게 편지를 써서 품위 없는 공격에 반대한다고 말했다. 눈에 띄는 사람은 카치니의 친형인 마테오였다. 당시 로마에서 바르베리니 추기경의 신참 조수로 있던 마테오는 동생에게 편지를 써서 말했다.

네가 글을 배운 것 자체를 후회할 날이 올지도 모르겠다. 네 행동은 이곳 고관들과 높은 분들을 성가시게 했다……. 대단히 버릇없는 짓이었다……. 내 말을 믿어라. 세상을 움직이는 것은 평판이다. 하물며 우리는 높은 분들의 가호를 통해 네 경력을 높이려고 노력하는 중이었는데 말이다. 이제 네가 어디로 가고 싶은지 생각해 보거라. 거기서는 미움을 받을 테고, 여기서는 더하니까 말이다……. 정말 한심한 멍청이처럼 행동했구나.[6]

갈릴레오는 공개적인 보복은 격 낮은 일이라고 생각했다. 대공도 신하가 그러기를 원치 않을 것이었다. 그러나 개인적으로 갈릴레오는 불같이 성을 냈다. 카치니를 일러 "무지하고, 독이 가득 차 관용이라고는 없는 자"라고 했다.[7]

체시도 카치니 같은 사람을 기생충이나 다를 바 없다고 평했다. 카치니와 친구들을 가리켜 "지식의 적, 결코 입 다물지 않을 음흉한 미치광이"라고 했다.[8] 하지만 카치니의 공격은 갈릴레오가 받을 최후의 공격은 아니었다. 그리고 사제의 말은 그가 설교한 도시의 집들과 교회들을 벗어나 한참 멀리까지 퍼졌다. 로마까지 전해졌고, 촉각을 곤두세우고 있던 검사성성까지 들어갔다.

종교 재판소는 이전에 작성했던 갈릴레오 문서철을 열어서 카치니 사건을 간단하게 적어 넣기만 했다. 적어도 당시에는 별다른 말을 하지 않았다. 하지만 카치니는 거기서 끝내는 데 만족하지 않았다. 그는 임무를 끝까지 수행해야 했다. 게다가 동맹으로 여겼던 사람들에게서 예기치 못한 비난까지 받은 터였다. 카치니는 검사성성에 면담을 신청했다. 갈릴레오와 "새로운 과학"을 검사성성에 고발하고자 했다.

종교 재판소는 굳이 카치니를 만나야 하나 생각했던 것 같지만, 결국 그 문제를 종교 재판소의 정기 모임 의제로 채택하겠다고 교황에게 보고한 뒤에 승락을 받았다. 1615년 3월 20일, 카치니는 종교 재판관들을 만났다.

카치니의 주장은 크게 매력적이지 않았다. 카치니는 갈릴레오의 이론과 코페르니쿠스에 대한 지지가 성서와 아리스토텔레스에 위배된다는 신념을 되풀이 말했다. 과학자가 이단자 사르피와 막역한 친구라는 사실을 재판관들에게 상기시켰다. 사르피는 여태 교황 성하에 대항하는 음모를 꾸며대는 인물로 여겨지고 있었다. 카치니는 덤으로 갈릴레오가 린체이 학회 회원이라는 사실도 언급했다. 갈릴레오가 체시 일당의 친구이며, 학회 회원들은 오컬트주의자나 흑마술사들과 관련이 있다는 것을 지적했다. 갈릴레오가 성서에 관하여 비정통적인 언급을 하는 것을 들은 증인이 피렌체에 둘 있다고 했다.

종교 재판소는 피렌체 재판관에게 연락을 했다. 하지만 크게 내키지는 않았던 것 같다. 로마는 피렌체 재판관에게 증인들을 면담한 뒤 보고서를 제출하라고 지시했다. 지시는 늦게 수행되었고 (여덟 달 뒤인 그 해 11월에 완료되었다.) 별 특기할 사항도 없는 두 증인의 증언이 바티칸의 갈릴레오 문서철에 덧붙여졌다.

증인은 도미니코회의 젊은 사제인 페르디난도 시메네스와 피렌체 귀족 자노초 아타반티였다. 시메네스는 갈릴레오가 감각적인 신에 관하여 이야기하는 것을 들었다고 증언했다. 갈릴레오가 울고 웃는 신을 믿는다고 말했다는 것이다. 아타반티가 내놓은 증언은 어느 모임에서 과학자가 코페르니쿠스 모형을 지지하며 그것이 우주의 진정한 운행 메커니즘이라고 말하는 것을 들었다는 이야기였다. 그러나 관계자들이 잘 아는 바, 코페르니쿠스 이론은 독실한 신자들에게 못마땅한 이론일지 몰라도 1615년에는 아직 이단으로 규정되지 않았다. 아타반티는 『태양 흑점에 관한 편지』도 언급했다. 종교 재판소는 후에 조사하기 위해서 책을 한 권 입수했다.

증인들은 갈릴레오가 훌륭한 가톨릭 신자임에 틀림없다는 의견을 밝혔다. 갈릴레오가 좋은 신자가 아니라면 대공의 신하로 있지 못할 테고, 애초에 메디치 가의 후원을 받을 수도 없었을 것이라고 했다. 코시모와 메디치 가문은 고용인의 추문이나 부적절한 행위에 어떤 식으로든 연루될 마음이 없을 것이다. 갈릴레오에 대한 비판은 자기들에 대한 비판이 될 것이기 때문이다.

갈릴레오는 로마의 연락책을 통해서 종교 재판소에서 벌어진 일을 들었다. 피렌체 종교 재판관이 면담을 했다는 이야기도 들었다. 갈릴레오는 카치니에 대해 울컥하는 감정을 억누르기 어려웠다. 그런데 그보다 중요한 사실은 사제의 설교가 일으킨 열광적인 반응이 갈릴레오의 바람처럼 그냥 흩어져 버리지 않았다는 걸 확실히 알게 된 점이었다. 대중의 생각이 그를 위기로 몰아갈지도 모른다는 것을 알려 주는 소식이었다.

갈릴레오의 친구들은 지지세를 규합했다. 로마에서는 두 사람의 막역한 동지들이 활동에 나섰다. 탁월한 외교관으로서 바티칸의 윗선에 아는 사람이 많았던 피에로 디니, 그리고 갈릴레오의 충실한 제자이자 믿음직한 친구인 조반니 참폴리였다. 두 사람은 로마의 유력 인사들을 만나 카치니와 비둘기파의 주장을 반박하고자 최선을 다했다.

갈릴레오는 이제 확실히 경계심을 갖게 됐다. 카스텔리에게 보냈던 흑점 관련 편지의 사본이 로마 종교 재판소에 조사 자료로 전해졌다는 이야기를 듣고, 편지가 부정확하게 위조되었을지도 모른다고 걱정했다. 스스로를 변호하고 싶었던 갈릴레오는 원본에 살짝 수정을 가한 뒤, 복사본을 디니를 통해 벨라르미노 추기경에게 전달했고, 내용에 대하여 추기경의 의견을 물었다.

디니에 따르면 추기경의 반응은 명확했다.

당신도 겪어 보아 알다시피 언제나 당신을 높게 평가해 온 벨라르미노 추기경은, 어제 저녁에야 비로소 그 의견들에 관하여 내게 입장을 밝혔습니다. 추기경은 자신이라면 프톨레마이오스의 주장을 넘어서지 않도록 각별히 주의할 것이고, 물리학과 수학의 한계를 넘지 않을 것이라고 말했습니다. 왜냐하면 신학자들은 성서 해석을 자기네 영역으로 주장할 테니, 아무리 존경할 만한 인물이라고 해도 누군가 새로운 이야기를 끌어들이려 하면, 모든 신학자들이 그 이야기를 사심 없이 받아들이지는 않을 것이기 때문입니다.[9]

그런 반응은 갈릴레오를 초조하게 만들 뿐이었다. 당연히 그는 남들이 자기 의견을 대변한다는 사실에도 불안감을 느꼈다. "새로운 과학"의 선동적인 성격이 세상에 분명히 알려지기 시작했으니, 갈수록 빠르고 거칠게 공격해오는 적들과 벨라르미노처럼 미적지근한 사람들에 대항해 스스로를 지키려면 직접 행동에 나서야 했다. 그러려면 다시 한번 로마를 방문하는 것 외의 방법이 없었다.

어떤 역사학자들은 갈릴레오가 세련되지 못한 편이었다고 평가한다. 어수룩한 사람이 소용돌이 같은 로마에 들어갔기 때문에 쉽게 속았고 쉽게 조작을 당했다고 본다.[10] 하지만 내가 볼 때 그런 이미지는 갈릴레오의 배경이나 편지와 문서에서 드러나는 모습과는 맞지 않는다. 오히려 갈릴레오는 아주 세속적인 인간이었고 일종의 선수였다. 거의 20년 동안 갈릴레오는 세계 문화의 중심에 가까운 파도바에 살았다. 신분 높은 사람들과 어울린 지는 그보다 더 오래 되었다. 그의 가족은 한때 피렌체의 엘리트 계층에 속했고, 그는 메디치 귀부인들부터 미래의 교황들까지 당대의 유력인사들에게 인정과 접대를 받았다.

갈릴레오가 고위층의 강력한 인물들에게 압도당했다고 보는 것은 비현실적이다. 그렇다고 로마가 거동하기 편한 장소였다는 말은 절대 아니다. 오히려 반대였다. 1615년의 로마는 음모를 꾀하는 기회주의자들, 구변 좋은 관료들, 제 잇속만 차리는 귀족들로 가득 찬 도시였다. 비정통적 견해를 지닌 사람에게는 여러 모로 위험하고 겁나는 장소였다. 교회 문제에 휘말려 로마로 들어가면서 언제 자기 등을 찌를지 모르는 단검을 조심하지 않는 사람이 있다면 그건 바보였다.

구변 좋은 카치니는 갈릴레오를 파멸시킬 작정이었다. 과학자가 로마로 향한 의도는 분명했다. 갈릴레오는 코페르니쿠스 문제에 대한 교회의 입장을 분명하게 알고 싶었고, 자기 이름에 덧씌워진 그림자를 몰아내어 비둘기파가 입힌 피해를 복구하고 싶었다. 1615년 5월 초에 피에로 디니에게 쓴 편지에서 갈릴레오는 감정을 드러냈다.

> 제가 아는 한, 성서에 대한 토론은 언제나 잠잠했습니다. 적당한 한계 안에 머무르는 천문학자나 과학자가 그런 일에 파고든 적은 이제껏 없었습니다. 저 역시 교회가 인정한 책(코페르니쿠스의 『천구의 회전에 관하여』)의 가르침을 따랐을 뿐인데, 그런 문제에 무지한 몇몇 철학자들이 제게 반대하면서 책의 명제들이 신앙에 상충한다고 주장합니다. 저는 최대한 그들의 잘못을 보여 주고 싶은데, 제 입은 막혀 있고, 성서를 파고들면 안 된다고 합니다. 그렇다면 교회가 인정한 코페르니쿠스의 책에 이단적 내용이 담겨 있다고 인정하는 꼴입니다. 누구든 맘대로 그 책에 반대할 수는 있지만, 그 책이 성서에 반하지 않는다는 것을 보여 주는 논쟁을 벌여서는 안 된다는 말이 됩니다.[11]

친구는 로마로 오라고 권했다. "모두 당신을 환영할 겁니다. 내가 듣기로 많은 예수회 학자들이 비록 침묵을 지키고 있지만 속으로는 당신의 입장에 동의한답니다."[12]

갈릴레오는 심각하게 여행을 고려하기 시작했고, 시간 끌 것 없이 즉시 주군인 코시모를 통해 계획을 진행했다. 대공은 다시 한번 갈릴레오에게 길을 닦아 주었다. 11월 28일에 대공 비서인 빈타가 신임 토스카나 대사 피에로 구이치아르디니(조반니 니콜리니의 자리를 물려받았다.)에게 편지를 썼다. "갈릴레오 갈릴레이가 경쟁자들이 제기한 고발에 대해 자신을 변론하고자 로마로 갈 것을 청했습니다. 그는 건강이 나쁘니 평화롭고 조용한 숙소가 필요합니다." 갈릴레오에게 부족함 없는 숙소를 제공하고, 하인 하나와 시종 하나를 붙이고, 작은 노새도 한 필 마련해 주라고 당부했다.[13]

갈릴레오가 1611년에 로마로 갔을 때는 중상 모략자들을 물리친다는 목적도 있었지만 망원경의 신비를 선전하고 『별들의 소식』을 홍보한다는 목적도 있었다. 다시 여행을 준비하면서, 갈릴레오는 이번 여행은 훨씬 대립적일 것이라고 짐작했다. 교회는 세 가지 점에서 갈릴레오에 대한 의혹을 키워갔다. 첫째, 비판이 높아 가는 와중에도 갈릴레오는 카스텔리에게 보낸 편지의 수정본인 「토스카나의 크리스티나 대공 부인께 드리는 편지」에서 무모하게 신학자들에게 대들었으며, 과학을 성서 해석보다 높은 자리에 두었다. 둘째, 갈릴레오는 계속 이탈리아 어로 책을 써서 일반인들에게 널리 의견을 알리려 했다. 셋째, 갈릴레오는 코페르니쿠스 이론을 지지했고 반아리스토텔레스적 견해를 설파했다.

대공이 주고받는 편지들을 갈릴레오가 읽을 수 있었다면 자신이 로마에서 얼마나 어려운 입장에 처하게 될지 미리 알았을 것이다. 최고 수학자 겸 철학자에게 숙소를 마련해 주라는 빈타의 지시에 답장을 쓰며, 구이치아르디니는 불평하고 짜증냈다. "갈릴레오가 여기에 제법 오래 머무른다면, 자기 견해에 대해 변호하는 입장이 될 겁니다. 그의 견해가 얼마나 바꾸었고, 그의 성미가 얼마나 누그러졌는지 모르겠습니다만, 검사성성에 영향력이 있는 몇몇 도미니코회 사제들이 그를 좋게 보지 않는다는 점만은 분명합니다. 이곳은 달에 관하여 논쟁할 만한 장소가 아니고, 지금은 새로운 발견을 변호할 만한 시기가 아닙니다."[14]

어떤 식이든 충돌은 피할 수 없을 것 같았다. 갈릴레오는 갈릴레오대로 완고했다. 화를 참고 있지만 언제 터질지 몰랐다. 그는 교회 지도자들의 변덕을 잘 알았다. 그러나 갈릴레오는 지적 자유를 주창하는 전도사나 마찬가지였고, 그가 보기에 과학은 질식할 위기에 놓였다. 갈릴레오는 몇 년 뒤에 이렇게 썼다. "나는 철학적 지식과 신학이 객관적 확실성 면에서 동등하다고 믿습니다. 지식은 필연성을 이해하는데, 그 이상 확실한 사실이란 없기 때문입니다."[15]

코페르니쿠스 대 아리스토텔레스 문제에 관한 한 벨라르미노는 의견이 명확했고, 그의 의견은 엄청난 무게를 지녔다. 벨라르미노의 견해는 복잡하지 않았다. 그는 당대 천문학을 상당히 깊게 이해했지만 확증이 없는 이상 진지한 것으로 간주하지 않았다. 그의 신앙은 철저하게 정통적이었다. 그의 마음에는 신앙과 모순적인 사고 체계는 전혀 들어설 여지가 없었다. 벨라르미노는 말하기를, 만약 과학이 정말로 반박 불가능한 증거를 제공해 지구가 신의 창조물들 한가운데에 있는 게 아님을 증명한다면, 그때는 신학자들도 성경 해석을 재고해 자신들의 실수를 조사할지 모른다. 그렇지만 벨라르미노가 보기에 문제는 간단했다. 가톨릭 교회는 신성한 조직, 하느님의 시종들이 만든 조직, 무류한 교황의 인도를 따르는 조직이었다. 교황 성하가 무류한 분일진대, 어떻게 성서에 대한 교회의 해석이 틀리겠는가?

교회는 모든 혁신의 불꽃을 말끔히 꺼뜨려야 했다. 갈릴레오가 과학을 변호하려고 로마로 온다니, 벨라르미노의 입장은 이랬다. 코페르니쿠스 이론을 논하고 쓰는 것은 괜찮다. 갈릴레오는 원하는 대로 무엇이든 주장해도 좋다. 다만 그 묘사가 가설에 지나지 않는다는 사실을 명확하게 밝혀야 한다. 벨라르미노는 코페르니쿠스 모형이 실세계를 묘사한다고 가르치는 사람에 대해서는 즉시 입을 막고 글을 금지하라고 했을 것이다.

이해할 만한 일이지만, 갈릴레오는 이 견해에 반대했다. 갈릴레오는 신식 철학자, 일종의 "원시 과학자"였다. 그는 혁명적인 방식으로 우주를 인식하는 새로운 길을 닦았다. 갈릴레오가 볼 때 어떤 사실을 오로지 가설로만 생각하라는 명령을 철학자는 받아들일 수 없었다. 그런 제약 아래에서는 현대인들이 말하는 이른바 "과학적 진보"가 이뤄질 수 없다고 생각했다. 그는 자기가 개시한 "새로운 과학"의 위력을 알았다. 그 위력은 추론을 통해서 가설을 이론으로, 다시 증명으로, 다시 이해로 끌어올리는 데 있었다. 가설을 넘어서는 단계들이 없다면 갈릴레오가 목표하는 작업에는 아무 의미가 없었다. 벨라르미노도 이 점을 꽤 잘 알았지만, 갈릴레오와는 전혀 다르게 생각했다. 과학이 종교를 위협한다면 과학을 억압하는 것이 벨라르미노의 목표였다. 벨라르미노에게는 신앙이 전부였고 진실이란 신이 주시는 "통찰"을 통해 얻는, 신앙의 부산물이었다. 사실 벨라르미노의 우주에는 갈릴레오의 혁신들이 존재할 필요가 없었다.

벨라르미노는 갈릴레오의 로마 방문이 탐탁지 않았을 것이다. 벨라르미노는 제 견해를 신자들에게 분명하게 밝혔고, 이 문제에 관하여 더는 할 말이 없었다. 신학 토론에 말려드느니 조용히 임무를 수행하고 싶었을 것이다. 그러나 갈릴레오는 벨라르미노를 짜증나게 하고 성직자들의 화를 공연히 부추겼으되, 아직 이단의 경계선을 넘어서지 않았다. 당시에 벨라르미노가 취할 수 있는 최선의 조치는 과학자를 냉대해서 가급적 빨리 고향으로 쫓아 보내는 것이었다.

로마에 도착한 지 몇 주 만에 갈릴레오는 그런 눈총을 받기 시작했다. 지인들과 친구들이 갑자기 그를 만나기를 내켜 하지 않았고, 그가 철학 모임에서 강연하는 것을 반기지 않았다. 물론 벨라르미노가 조종한 일이었지만, 냉랭한 분위기에는 갈릴레오의 책임도 있었다. 절대 수줍어하는 법이 없고, 높은 지붕에 올라가 외치는 것이 자기 생각을 알리는 최선의 방법이라고 믿었던 갈릴레오는, 기회마다 제 견해를 목청 높여 주장해 사람들을 질리게 했다.

갈릴레오가 로마에 체재한 첫 한두 주 동안에는 새로 갈릴레오를 알게 되어 그에게 매료된 이들도 적잖게 있었다. 일례로 로마의 사제인 퀘렝고는 사교 모임에서 갈릴레오를 본 뒤에 상관인 알레산드로 데스테 추기경에게 편지를 써서 말했다.

갈릴레오가 논쟁하는 모습을 보았다면 즐거우셨을 것입니다. 그는 이 집 저 집을 다니며, 자신을 격렬하게 공격하는 열다섯에서 스물 남짓한 사람들 한가운데서 논쟁합니다. 그의 의견은 탄탄한 증거들로 뒷받침된 것이라서, 그는 많은 공격자들을 간단하게 웃어넘깁니다. 그의 의견이 너무 새롭기 때문에 사람들이 쉽게 설득되지는 않지만, 어쨌든 그는 상대의 주장이 대부분 가짜임을 쉽게 보여 줍니다. 특히 월요일에 페데리코 기실리에리의 집에서 보여 준 묘기는 감탄할 만했습니다. 제가 재미있었던 점은, 그가 적들의 반대에 답하기 전에 그 주장을 더 발전시켜서 그럴싸하게 만든 뒤, 한꺼번에 허물어뜨려서 적들을 더 우스꽝스럽게 만든 것입니다.[16]

그러나 처음부터 좋은 인상을 받지 못한 사람도 많았다. 피렌체 대사인

구이치아르디니는 갈릴레오에게 한번도 마음을 열지 않았다. 대공에게 보낸 보고서에서도 따끔하게 말했다.

> 그는 열정적으로 싸움에 몰두해서, 주변 상황을 전혀 보거나 느끼지 않습니다. 그 결과로 그는 발을 헛디뎌 곤란을 자초할 것이고, 그의 시각을 지지하는 사람들까지 곤란에 빠뜨릴 것입니다. 그는 맹렬하고 완고하며 지나치게 몰두해 있어서, 주변 사람 누구도 그의 손아귀에서 빠져 나가지 못합니다. 이것은 결코 장난이 아니고, 심각한 결과를 불러올지도 모릅니다. 그런 사람이 여기에서 우리의 보호와 책임 아래에 있습니다.[17]

갈릴레오는 등 뒤에서 문이 닫히는 것을 느끼면서 친구인 쿠르치오 피케나에게 한탄했다.

> 내 일이 훨씬 어려워졌고 시간도 많이 걸린다네. 원래 그런 일이라서가 아니고, 외부적 상황 때문이네. 의논 상대들과 공개적으로 이야기를 나눌 수가 없는데, 나로서는 내 친구들에 대한 편견을 조장하지 말아야 하기 때문이고, 친구들은 나와 소통하려면 심각한 검열의 위험을 져야 하기 때문이네. 그래서 나는 까다롭고 주의 깊게 제3자를 찾아야 하네. 제3자들은 내 의도를 이해하지도 못하면서 주요 인물들과 나 사이에서 중재를 하지. 나는 마치 부차적인 것처럼, 또는 그들의 요청 하에 내 주장의 세목들을 전달한다네. 나는 또 요점을 글로 써서, 읽어 주었으면 하는 사람들에게 개인적으로 전달했네. 많은 경우에 사람들은 생생한 연설보다 죽은 글에 더 쉽게 양보하지. 왜냐하면 글에 대해서는 얼굴 붉히는 일 없이 찬성하거나 반대할 수 있고, 자기 자신 말고는 목격자가 없으니 남의 주장에 쉽게 양보할 수 있거든. 반면 남들 앞에서는 마음을

바꾸는 일이 쉽지 않아.[18]

2월에는 긍정적인 소식이 들려왔다. 종교 재판소가 또 한번 모인 끝에 멍청한 카치니가 제기한 고발에 대해 갈릴레오가 전적으로 무죄임을 결정했다. 며칠 후에 카치니가 대사관으로 갈릴레오를 찾아왔다. 겉으로는 사과한다는 핑계였지만 염탐 목적도 있었을 것이다.

갈릴레오는 그 만남에서 은밀한 기쁨을 느꼈다. 그는 카치니에게 전혀 여지를 주지 않았다. 사과를 받아들이거나 용서하지 않았다. 갈릴레오는 피케나에게 이렇게 썼다. "단 둘이 만난 첫 30분 동안, 그는 아주 겸손한 자세로 제 행실을 사과하고, 내 마음을 풀어 주고 싶다고 말했네. 고발은 자기 생각이 아니었다며 믿어 달라고 하더군. 끝내는 내가 엄연하게 아는 내용을 두고 사실이 아니라고 설득했지."[19] 카치니가 갈릴레오에게 접근한 것은 겉치레였다. 카치니는 과학자와 절대 화해하지 않았고 이후에도 몇 십 년 동안 최선을 다해서 문제를 일으켰다.

재판소는 카치니의 모호한 고발에 대해서 갈릴레오의 결백을 인정했지만, 사제의 공격을 전적으로 무시한 것은 아니었다. 벨라르미노는 갈릴레오의 의견을 깊이 알수록 의구심이 커졌다. 그래서 예방 차원에서 갈릴레오의 과학적 주장을 조사하는 위원회를 설치했다. 처음에는 사실을 수집하는 활동에 지나지 않았지만, 사태는 곧 그 이상으로 커졌다.

벨라르미노의 위원회는 열한 명의 "심사자" 즉 전문가로 이루어졌다. 교회 내의 여러 단체에서 모인 사람들이었다. 도미니코회 소속도 있고 예수회 소속도 있었으며, 학계의 신학자도 있고 검사성성의 고위 간부도 있었다. 위원회의 임무는 태양 중심 우주 모형이 이단적인지 아닌지 판단하는 일이었다. 하지만 그들은 모두 신학 전공자였다. 과학이나 철학이나 수학을 한 마디라도 이해하는 사람이 아무도 없었다.

그처럼 교양이 부족한 사람들이 모였으니 결과는 짐작할 만했다. 그들은 코페르니쿠스 이론을 호되게 다뤘다. 어떻게 보면 참 모순적이었다. 코페르니쿠스가 태양 중심 모형을 상세하게 다룬 책『천구의 회전에 관하여』는 무려 73년 전에 출간되었고, 이미 널리 읽혔기 때문이다. 책이 나온 이래로 여러 지식인들이 태양 중심 모형에 대한 지지를 방언으로 출간했지만, 몇몇 엘리트들만 이해할 수 있는 형태였다. 갈릴레오는 코페르니쿠스 진영의 주동자라고 할 만했지만 유일한 지지자는 아니었다. 20년 전에 브루노가 최전선에서 그런 주장을 하다가 1600년에 캄포 디 피오리 광장에서 대가를 치렀다. 최근에는 가톨릭 사제인 파올로 안토니오 포스카리니가『지구의 운동에 관한 피타고라스 학파와 코페르니쿠스의 견해』라는 논문에서 코페르니쿠스 과학과 가톨릭 교리의 차이를 화해시키려는 진심 어리고 경건한 시도를 꾀한 적 있었다.

포스카리니는 운 좋게도 브루노 같은 끔찍한 운명은 피했다. 검사성성은 포스카리니가 사태를 명확하게 정리하려다가 말이 안 되는 길로 빠졌다고 보았다. 벨라르미노는 특별히 그 책을 예외로 삼았고, 사제를 개인적으로 꾸짖기만 했다. 벨라르미노의 논리는 일관되었다. 코페르니쿠스 이론을 가설로, 추상적 사상으로, 정신적 훈련으로 논하는 것은 허락한다. 하지만 진실된 모형의 지위를 부여하고 성서와 동등하게 언급하는 것은 교리에 반한다.

벨라르미노로부터 코페르니쿠스 문제에 대한 교회의 입장을 정리하라는 임무를 받은 위원회는 2월 19일에 뻔히 예상 가능한 두 가지 결론을 냈다. 첫째, "태양이 우주의 중심에 완벽하게 정지해 있다는 생각은 멍청하고 어리석은 철학이고, 정식으로 이단이다. 성서의 여러 구절들이 말하는 교리에 확연히 위배되기 때문이다. 성서를 문자 그대로 보든, 교부들과 학자들의 해석에 따르든 마찬가지다." 둘째, "지구가 움직인다는 주장 역시 철학적으로 믿을 만하지 못하고, 신학적으로 보면 적어도 신앙에 문제가 있는 발상이다."[20] 갈릴레오에게 치명적일 만한 결론이었다. 갈릴레오야말로 가장 유명한 코페르니쿠스 지지자이자 아리스토텔레스 비방자였기 때문이다.

벨라르미노는 교황을 만나 시정 조치를 의논했다. 그들은 코페르니쿠스에 관계된 모든 작업에 대해, 반아리스토텔레스적 철학의 유행에 대해, 태양 중심이냐 지구 중심이냐 하며 우주의 속성을 논박하는 것에 대해 확실한 한계를 긋고 싶었다. 구체적으로 말하면 갈릴레오가 반교리적인 의견을 끈질기게 선전하는 것을 막고 싶었다. 두 사람은 세 가지 길 중 하나를 따르기로 했다.

첫째, 벨라르미노가 갈릴레오를 불러서 코페르니쿠스 이론을 버리라고 훈계한 뒤 가설로만 논하겠다는 동의를 받아 낸다. 갈릴레오는 아마 순종할 테고, 그러면 사태는 여기에서 끝난다.

갈릴레오가 훈계에 굴하지 않으면 두 번째 조치를 취한다. 벨라르미노가 갈릴레오에게 코페르니쿠스 이론을 철회하고 가설로라도 다시는 토론하지 말 것을 명하는 금지 명령서를 발행하고, 공증인 하나와 적당한 증인들의 서명을 받는다. 이 조치마저 실패하면 추기경은 과학자를 즉각 구금하는 수밖에 없다.

두 사람은 토론 내용을 문서로 공식화했고 바오로 5세가 서명을 했다. 문서에는 이렇게 적혔다. "교황 성하는 벨라르미노 추기경에게 명하기를, 갈릴레오를 추기경 앞에 불러들여서 의견을 버리도록 경고하라. 갈릴레오가 따르기를 거절하면, 공증인 하나와 증인들이 있는 앞에서 주교 대리가 갈릴레오에게 금지 명령서를 발행해, 다시는 그 학설과 의견을 가르치거나 변호하거나 논하지 말 것을 명한다. 그러고도 갈릴레오가 순응하지 않으면, 그를 투옥한다."[21]

2월 26일에 갈릴레오는 벨라르미노의 집으로 초대 받았다. 그곳에서 추기경은 결정 사항을 알렸다. 갈릴레오는 코페르니쿠스 모형에 관한 공식 교리를 따르겠는가?

이 지점부터 우리는 정확한 사태를 알 수 없다. 여러 학자들의 모호한 의견과 추측이 있을 뿐이다. 벨라르미노와 갈릴레오가 둘이서만 만난 게 아님은 확실하다. 도미니코회 대표로 종교 재판소에 파견된 미켈란젤로 세기치와 수행원들이 있었고, 이름을 알 수 없는 증인 두 사람이 더 있었다. 하지만 그밖에는 누가 무슨 말을 했고 누가 어떻게 절차를 진행했는지 확실하게 알 수 없다.

다만 분명한 것은 갈릴레오가 벨라르미노의 요구에 흔쾌하게 동의했고, 코페르니쿠스 이론을 가설 이상으로는 가르치거나 쓰지 않겠다고 약속했다는 점이다. 벨라르미노는 갈릴레오의 구두 약속에 만족했던 것 같은데, 이때 세기치가 끼어들었다. 세기치는 갈릴레오에게 "어떤 식으로든 다시는 코페르니쿠스 이론을 주장하거나 가르치거나 변호하지 않겠다."라는 장담을 하라며 경고의 수위를 높였다.[22] 세기치는 갈릴레오더러 이 명령이 적힌 공식 문서에 서명하라고 했다.

이상한 일이다. 왜냐하면 벨라르미노와 교황이 개인적으로 의논한 바에 따르면 이런 조치는 갈릴레오가 최초의 명령에 따르기를 거부할 때만 취하기로 했기 때문이다. 게다가 세기치가 내놓은 문서에는 결국 아무도 서명하지 않았다. 벨라르미노의 집에서 열린 모임에 관한 공식 기록을 보면 세기치의 개입 사실이 적혀 있기는 하지만 그 기록에도 역시 벨라르미노나 갈릴레오의 서명은 없다.

더 혼란스러운 점은, 약 17년 뒤에 갈릴레오가 종교 재판소에서 재판을 받을 때 사람들이 세기치의 문서를 찾아보았더니, 잘못된 위치에 철해져 있었고 게다가 이전에 사용된 다른 문서의 뒷면에 적혀 있었다는 점이다. 이것은 종교 재판소가 여간 해서는 저지르지 않는 실수였다. 종교 재판소는 기록 보관에 있어서 광적일 만큼 철저한 것으로 유명했다.

그날 벨라르미노의 집에서 실제로 어떤 일이 벌어졌는가는 여전히 논란의 대상이다. 어떤 역사학자들은 그것이 날조된 문서라고 생각한다. 갈릴레오의 적이 한참 후에 종교 재판소 문서철에 살짝 끼워 넣었다고 생각한다.

그러나 요즘 학자들의 의견은 대체로 일치하는 바, 문서는 진짜이고 만남 당시에 작성된 것인 듯하다. 그게 사실이라면 벨라르미노 추기경이 서명하지 않은 이유는 두 가지로 추론 가능하다. 첫째, 그는 세기치의 행동에 동의하지 않았다. 코페르니쿠스 문제에 관한 추기경의 입장은 가설임을 밝히는 한 자유롭게 논해도 좋다는 것이었다. 갈릴레오에게 그 소재에 관하여 일언반구도 하지 말라고 강요하는 것은 그가 보기에 비합리적이고 불필요했다. 서명을 하지 않은 두 번째 동기라면 세기치의 개입에 화가 났기 때문일 것이다.

세기치가 바티칸의 내부자 모임에서 힘 있는 사람임은 분명했지만, 엄격하게 말하면 벨라르미노가 세기치의 상관이었고, 교황과도 더 가까웠다. 게다가 벨라르미노는 교황과 미리 의논을 해서 그날 취할 행동을 결정해 둔 터였다. 그는 위임권을 가진 셈이었고, 세기치는 아무 관련이 없었다.

세기치가 도미니코회 소속이라는 사실도 짚어 볼 필요가 있다. 두 달 전, 피렌체 대사 피에로 구이치아르디니는 검사성성에 상당한 영향력이 있는 몇몇 도미니코회 사람들이 갈릴레오를 좋게 보지 않는다고 말했다.

유능한 외교관이라면, 특히 1616년의 로마 같은 독사 소굴에 몸담은 외교관이라면, 효율적인 첩보망에 의존해야 했다. 구이치아르디니는 갈릴레오의 적들에 관하여 과학자보다 훨씬 잘 알았는지도 모른다.

2월 26일에 추기경의 집에서 가진 만남의 세부 사항은 이후 갈릴레오의 삶에서 결정적인 역할을 한다. 하지만 당시에는 별 성과라고 할 만한 것이 없었다. 갈릴레오는 과학적 견해에 관하여 교회에 한 수 접고 들어가야 했고, 그래서 울분을 품게 되었다.

갈릴레오가 분노한 까닭은 교회의 개입이 부당하다고 생각했기 때문이다. 교회는 과학을 검열하려고 했다. 갈릴레오는 코페르니쿠스 이론이 가설일 뿐임을 명확하게 밝히지 않는 이상 그것에 대해 써서도, 가르쳐서도, 주장해서도 안 된다는 약속을 구두로만 했다. 그래도 화가 나고 혐오감이 들었다. 자기보다 못한 사람들의 요구에 질식되는 기분이었다. 갈릴레오는 이렇게 말했다. "지식에 관한 무지야말로 가장 심각한 미움이다."[23]

교회 지도자들은 마침내 중간자적 태도를 버리고 고압적으로 검열권을 행사하기 시작했다. 이조차 시작에 불과함이 곧 드러날 것이었다. 교황과 심복들은 반교리적인 과학이 검열을 피해 돌아다니는 것에 질렸다.

갈릴레오의 입을 공식적으로 막은 교회는 여드레 뒤에 『천구의 회전에 관하여』의 유통을 중단시켰다. 공식 교리에 합치하는 방향으로 교정하기 전에는 못 팔게 했다. 검열 책임을 맡은 바티칸 금서성성은 이렇게 발표했다.

금서성성이 파악한 바, 지구가 움직이고 태양이 부동하다는 피타고라스적 주장은 거짓이며 성서에 전적으로 반하는데, 이 내용이 니콜라우스 코페르니쿠스의 책 『천구의 회전에 관하여』와 디에고 데 수니가(1536~1598년, 스페인의 신학자─옮긴이)의 책 『욥기 주해』에서 다루어질 뿐더러, 해외로까지 널리 전파되어 많은 사람들에게 채택된다고 한다. 이 내용은 카르멜회 사제가 쓰고 1615년에 나폴리에서 라차로 스코리고가 인쇄한 책『지구의 운동, 태양의 부동성, 새로운 피타고라스적 세계관에 대한 피타고라스적, 코페르니쿠스적 의견에 관하여 카르멜회 사제 포스카리니가 드리는 편지』에서 잘 드러난다. 상기한 포스카리니 신부는 앞서 말한 주장, 즉 태양이 지구 중심에 고정되어 있고 지구가 움직인다는 주장이 진실이며 성서에 반하지 않는다고 말했다. 이런 의견이 가톨릭의 진리에 더는 해를 입히지 못하도록, 금서성성은 상기한 니콜라우스 코페르니쿠스의『천구의 회전에 관하여』와 디에고 데 수니가의『욥기 주해』에 판매 중지 및 수정 명령을 내린다. 카르멜회 신부 포스카리니의 책을 금서로 지정하고, 마찬가지 내용을 가르치는 다른 책들도 금지한다. 이에 칙령을 통해 각각의 책들을 금서로 지정하고, 유죄 선고하고, 유통 중단을 명한다.*

검사성성의 입장에서는 직설적이고 공격적인 조치였다. 하지만 이런 구속에도 불구하고, 갈릴레오는 반대되는 신호도 함께 받았다. 갈릴레오는 적들로 인한 파멸의 잔해에서 무엇이라도 건져 보겠다며 로마에 오래 머물렀지만, 사실 그의 존재는 교회 관계자들을 짜증나게만 했다.

벨라르미노는 과학자와 교회의 논쟁이 2월 26일자로 끝났다고 생각했을 것이다. 다음 주에 금서성성이 공식 발표를 한 것으로 문제가 일단락되었다고 생각했을 것이다. 교황도 분명히 그렇게 생각했다. 그래서인지 벨라르미노와 바오로 5세는 갈릴레오를 꺼리기는커녕 더 터놓고 대했다. 갈릴레오는 초대를 받아서 교황을 알현했고, 두 사람은 교황청 정원을 거닐었

---

* 의미심장하게도, 발표문이 나온 지 한 달 만에 포스카리니의 책을 낸 인쇄업자 스코리조가 체포되었고, 1616년 6월에 포스카리니 신부도 서른여섯의 나이로 갑자기 죽었다.

다. 갈릴레오는 친구 피케나에게 편지를 써서 교황 성하에게 솔직하게 털어놓았다고 자랑했다. 갈릴레오가 자신을 박해하는 자들 때문에 걱정이라고 했더니 교황은 이렇게 반응했다고 했다.

교황께서는 내 정직함과 충직함을 알고 계셨네. 적들의 무자비한 앙심에 쫓길까 봐 미래가 불안하다는 속내를 내가 드러냈더니, 성하는 나를 격려하면서 걱정을 치워도 좋다고 하셨네. 성하와 검사성성 전체가 나를 대단히 존중하니 비방하는 보고서들에 가벼이 귀를 내주지 않겠고, 성하께서 살아 있는 한 나는 안전하다고 하셨네. 내가 자리를 뜨기 전에, 성하께서는 당신이 내게 선의를 품고 있으며 언제든 애정과 호의를 보여 줄 거라고 거듭 안심시키셨네.[24]

벨라르미노도 더 친근하게 대했다. 갈릴레오는 지난 12월의 로마 방문이 자발적 여행이 아니라 소환이었다는 소문이 도는 것을 들었다. 적들이 그의 이미지를 망치고 입지를 무너뜨리려고 유포한 악소문이었다. 갈릴레오와 신과학에 대한 바티칸의 분위기는 불붙기 일보 직전이었으므로, 소문이 정말 갈릴레오의 평판을 해칠지도 몰랐다. 갈릴레오는 소문을 듣자마자 벨라르미노에게 보고하는 기지를 발휘함으로써 겨우 최악의 상황을 막았다.

추기경은 로마 곳곳에 눈과 귀를 두고 있었으므로 틀림없이 소문을 먼저 들었을 것이다. 어쨌든 추기경은 공식적인 면책문을 써서 널리 유포시키는, 특별한 조치를 취해 주었다. 벨라르미노의 확인서는 이러했다.

나, 로베르토 벨라르미노 추기경은, 이 문제에 관하여 우리가 갈릴레오 갈릴레이의 의견 철회를 받아냈고 회심 고해하게 했으며 진실을 고하도록 강요했다는 거짓 소문을 들은 바, 이에 해명한다. 우리는 갈릴레오에게 의견이나 주장을 철회하라고 명령한 일이 없고, 우리가 아는 한 로마나 다른 어디의 누구도 그렇게 명령한 바가 없다. 다만 교황 성하가 지시하고 금서성성이 발표한 명령의 내용을 갈릴레오에게 알렸을 뿐이다. 내용인즉, 지구가 태양 주위를 돌고, 태양은 동서로 움직이는 게 아니라 우주 중심에 고정되어 있다는 주의, 코페르니쿠스가 처음 말했다는 그 주의는 성서에 반하므로 더는 변호하거나 주장해서는 안 된다는 것이다. 1616년 3월 26일에 증인 배석 하에 이 문서를 직접 작성하고 서명한다.[25]

검사성성 고관들은 좋은 사제, 나쁜 사제 놀이라도 하는 것 같았다. 갈릴레오의 혼란을 더는 데 하등의 도움이 못 되었다. 갈릴레오는 로마에 온 지 여섯 달이 되어도 떠날 맘이 없었고 아직 할 일이 남았다고 믿었다. 하지만 착각이었다. 그가 로마에서 할 수 있는 일은 하나도 없었다. 그의 존재는 사람들의 짜증을 부채질했다. 5월 말에 대사 구이치아르디니는 코시모 대공에게 이렇게 알렸다. "갈릴레오는 수사들과 고집을 겨루고, 공격했다가는 자기만 망할 것이 뻔한데도 명사들과 다툴 기세입니다. 그가 미친 듯이 나락으로 굴러 떨어졌다는 소식을 피렌체에서도 곧 듣게 되실 겁니다."[26]

코시모는 구이치아르디니와 갈릴레오를 둘 다 아꼈지만, 최고 수학자 겸 철학자가 개인적 갈등을 처리할 시간을 충분히 누렸다고 생각했다. 대공은 숙련된 외교술을 발휘해서 갈릴레오더러 피렌체로 돌아오라고 했다. 그의 존재와 능력이 절실히 그립다고 하면서 말이다.

갈릴레오는 전갈을 받고 귀향길에 올랐다. 그는 교회와의 충돌 때문에 자기 삶이 축소되었다고 생각했다. 옳은 판단이었다. 더 중요한 점은, 추기경들의 개입이 "새로운 과학"의 발전을 심하게 해치지는 않아도 적어도 더디게 하리라는 확신이 갈릴레오에게 든 것이다. 한편 벨라르미노와 바오로 5세가 그를 존중하여 계속 연구를 허락했다는 점은 작은 위안이었다. 코페르니쿠스 이론은 정식으로 이단이 되었다. 갈릴레오는 코페르니쿠스 이론을 가설로만 다룰 뿐 그 이상은 꾀하지 않겠다고 약속해야 했지만, 약속을 글로 못박은 것은 아니었다. 정식으로 서명까지 된 명령서가 있어서 그것을 엄수해야 하는 것은 아니었다. 갈릴레오는 벨라르미노의 엄정한 말은 경고일 뿐이라고 판단했다. 갈릴레오는 앞으로 조심스럽게 헤쳐나가야 할 것이었다. 그것만은 분명했다. 하지만 그는 잘못된 교리에 휘둘려 제 길에서 벗어나지는 않을 테고, 그렇게 되도록 놓아두지도 않을 것이었다.

한창 때의 갈릴레오 갈릴레이. 1606년의 초상으로, 갈릴레오가
파도바 대학교 교수로 있으면서 이미 탁월한 학자로 알려졌던 때이다.

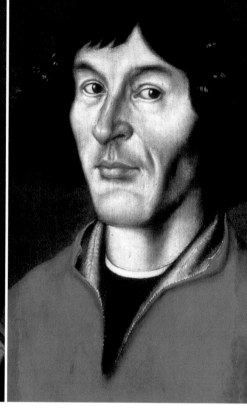

(왼쪽 위) 요하네스 케플러(1571~1630년). 갈릴레오와 오랫동안 편지를 주고받았던 케플러도 아리스토텔레스 천문학을 거부했다. 케플러는 뛰어난 수학자였고, 행성 운동을 묘사하는 일련의 법칙들을 만들어 냈다.

(오른쪽 위) 니콜라우스 코페르니쿠스 (1473~1543년). 코페르니쿠스가 죽기 며칠 전에 펴낸 『천구의 회전에 관하여』는 천문학사의 분수령이 되는 저작이었다. 천체들의 배열에서 지구가 차지하는 위치에 관하여 과학과 신학의 갈등을 촉발시킨 책이라고도 할 수 있다.

(왼쪽) 조르다노 브루노(1548~1600년). 브루노는 한때 사제였지만 결국 과학을 위한 순교자로 삶을 마감했다. 그는 이단으로 몰려 화형 당했는데, 코페르니쿠스식 태양 중심 우주 모형을 고집한 죄도 있었다.

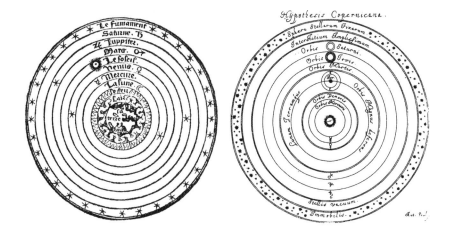

(**왼쪽 위**) 태양과 행성들이 지구를
중심으로 회전하는 지구 중심 우주
모형. 고대에 만들어진 이래 줄곧
신학의 지지를 받았다.

(**오른쪽 위**) 코페르니쿠스의 태양
중심 모형.

(**오른쪽**) 갈릴레오의 망원경과 대물
렌즈. 망원경의 최초 발명가라고
하는 네덜란드 인 한스 리퍼셰의
것보다 훨씬 발전된 형태였다.
갈릴레오는 이런 망원경들을 써서
목성의 위성들과 달의 분화구를
관측했다.

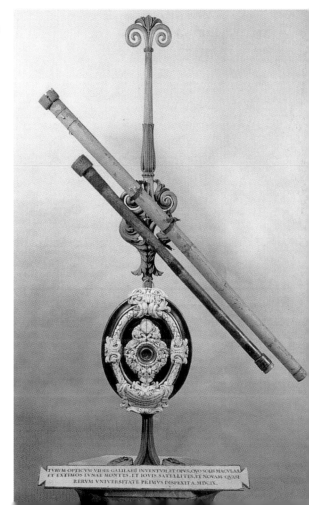

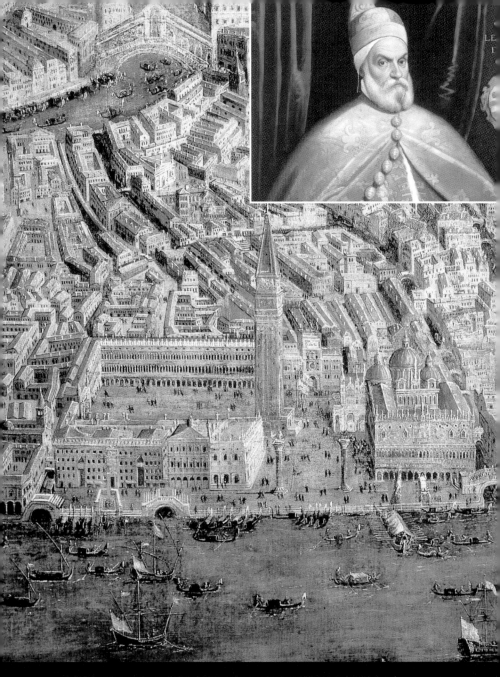

베네치아 조감도. 산마르코 광장이 가운데 보이고 오른쪽에 두칼레 궁이 있다. 갈릴레오가
근처 파도바에서 일할 때쯤에 그려진 그림이다.

(삽입) 레오나르도 도나(레오나르도 도나토, 1536~1612년). 1606년부터 죽을 때까지
베네치아의 도제를 지냈다. 도나는 갈릴레오와 잘 아는 사이였다. 그는 베네치아의
통치자로서 과학자가 만든 첫 망원경을 구입했다.

(왼쪽 위) 교황 바오로 5세(1550~1621년). 바오로 5세는 갈릴레오의 지지자였지만, 벨라르미노 추기경과 의논하여 갈릴레오에게 코페르니쿠스 주의를 가설 이상으로 설파하지 말라는 경고를 내렸다.

(오른쪽 위) 교황 우르바노 8세(1568~1644년). 우르바노 8세는 지식인이었고, 처음에는 갈릴레오의 친구이자 지지자였다. 하지만 『대화』의 내용에 격분한 뒤, 과학자에 대한 박해를 이끌었다.

(왼쪽) 토스카나 대공 부인 크리스티나(1565~1637년). 메디치 가의 귀부인인 크리스티나는 갈릴레오의 지지자였고 그의 경력에 큰 도움을 주었다. 하지만 그녀는 독실하고 정통적인 가톨릭 신자로서, 갈릴레오의 반아리스토텔레스적 사상에 대한 의혹을 버리지 않았다.

CA·SIVS·LYN·P·I·M·CÆL·MA

LVS·SARPIVS·VENET^VS
NCILII·TRIDENTINI
EVISCERATOR

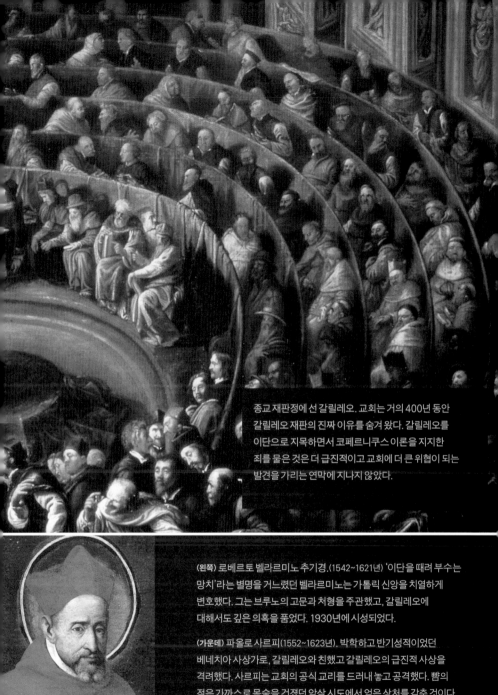

종교 재판정에 선 갈릴레오. 교회는 거의 400년 동안 갈릴레오 재판의 진짜 이유를 숨겨 왔다. 갈릴레오를 이단으로 지목하면서 코페르니쿠스 이론을 지지한 죄를 물은 것은 더 급진적이고 교회에 더 큰 위협이 되는 발견을 가리는 연막에 지나지 않았다.

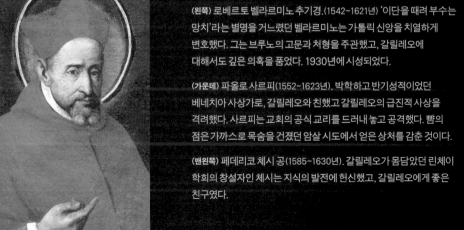

(왼쪽) 로베르토 벨라르미노 추기경.(1542~1621년) '이단을 때려 부수는 망치'라는 별명을 거느렸던 벨라르미노는 가톨릭 신앙을 치열하게 변호했다. 그는 브루노의 고문과 처형을 주관했고, 갈릴레오에 대해서도 깊은 의혹을 품었다. 1930년에 시성되었다.

(가운데) 파올로 사르피(1552~1623년). 박학하고 반기성적이었던 베네치아 사상가로, 갈릴레오와 친했고 갈릴레오의 급진적 사상을 격려했다. 사르피는 교회의 공식 교리를 드러내 놓고 공격했다. 뺨의 점은 가까스로 목숨을 건졌던 암살 시도에서 얻은 상처를 감춘 것이다.

(맨왼쪽) 페데리코 체시 공(1585~1630년). 갈릴레오가 몸담았던 린체이 학회의 창설자인 체시는 지식의 발전에 헌신했고, 갈릴레오에게 좋은 친구였다.

(맨위) 아르체트리의 자택 일 조이엘로(작은 보석)에
연금되어 있었을 때의 병들고 눈 먼 갈릴레오. 그
앞에는 서기 겸 제자였던 빈첸치오 비비아니이다.

(위) 일 조이엘로에서 바라본 베네치아 풍경.
갈릴레오는 이 집에서 1642년에 죽었다.

(오른쪽) 피렌체 산타크로체 성당에 있는 갈릴레오와
그의 제자 겸 전기 작가 비비아니의 기념비.
갈릴레오가 죽은 지 거의 100년이 지난 뒤인
1737년에 만들어졌다. 갈릴레오 사후 몇십 년 동안은
바티칸의 압력 때문에 누구도 갈릴레오 기념비를
제작할 수 없었다.

11장

폭풍 전야의 고요

✠

갈릴레오가 재판을 두 번 받았다고 말하는 사람들이 종종 있다. 과학자가 벨라르미노 추기경의 집에 갔던 것도 재판이라는 말이다. 그러나 그렇지 않았다. 갈릴레오의 진짜 재판은 1633년에 벌어졌고, 그것은 1616년 2월 26일에 받았던 가벼운 질책과는 전혀 성격이 달랐다.

분수령 같은 두 사건 사이에 갈릴레오의 삶은 여러 면에서 크게 바뀌었다. 그의 삶에서 주도적인 배역을 맡았던 인물들이 지지자나 중상자 할 것 없이 무대에서 사라졌고, 주인공인 갈릴레오도 고통의 시기와 행복감 및 승리감의 시기를 둘 다 맛보았다. 그는 위대한 과학적 저술을 생산했고, 뉴턴 등의 과학자들이 다음 세기에 발달시킬 학문의 기초를 놓았다. 더불어 교황의 검열이 시작된 때로부터 종교 재판소의 벼락이 떨어지기까지 16년 동안, 갈릴레오는 점점 더 정통 이론에서 멀어졌다. 이 시기에 갈릴레오는 의도적으로 교회에 대항했고, 가톨릭 교리의 정곡을 강타하는 이론과 생각을 내놓았고, 이로써 자유를 빼앗기게 될 마지막 결전의 무대를 제 손으로 마련했다.

1616년 6월 4일에 로마를 떠날 때 갈릴레오는 머릿속이 복잡했을 것이다. 북쪽으로 향하는 마차에 올라 흔들릴 때, 그의 생각도 부목처럼 이쪽저쪽으로 흔들렸을 것이다. 앞으로 어떻게 해야 할까? 그는 생명을 귀중하게 여겼고 브루노의 전철을 밟을 생각은 추호도 없었다. 하지만 동시에 그는 과학의 자유도 소중하게 여겼다.

그가 이후 2년 동안 선혜엄을 치듯 정체되어 있었다는 것만 보아도 그의 혼란을 짐작할 수 있다. 1616년에 그는 거처를 옮겼다. 피렌체 서쪽 언덕배기 높은 곳에 틀어박힌 벨로스구아르도라는 널찍한 시골집을 빌렸다. 그곳은 평화와 은둔의 공간이었고, 딸들이 사는 수녀원과도 가까웠다. 벨로스구아르도에서 그는 실험을 하고, 항해 기기들을 고안하고, 목성계의 역학을 연구했다. 목성계 연구는 교회가 무해하다고 간주한 몇 안 되는 천문학 연구 분야였다.

아무 사건이 없었다면 갈릴레오는 이 생활을 몇 년 더 지속했을지도 모른다. 그런데 1618년 10월과 11월에 세 혜성들이 잇달아 하늘에 등장했고, 그 때문에 그는 싸움판으로 돌아오고 말았다. 혜성의 등장은 다양하고 격렬한 추측들을 일으켰고, 갈릴레오는 세계에서 제일 유명한 천문학자였기 때문에 사람들은 혜성에 관한 그의 의견을 들으려고 졸라 댔다.

처음에 갈릴레오는 침묵을 지켰다. 몸이 아프기도 했고, 최근에 로마에서 겪은 일을 볼 때 곤란을 야기할 것이 뻔한 논쟁에 끌려들기 싫었다. 그는 친구들과 적들을 모두 실망시키며 잠자코 있었다. 그러다가 1619년 초에 『1618년의 세 혜성들에 관하여, 예수회 신부가 콜레조 로마노에 공개적으로 제안하는 천문학 담론』이라는 책이 출간된 것을 보고 그는 침묵을 깼다. 참 소심한 제목의 책이었지만, 저자의 이름은 빠르게 알려졌다. 담론을 쓴 사람은 천문학계와 종교계 양쪽에서 유력하고 존경받는 인물인 오라치오 그라치였다. 독실한 예수회 사제로서 클라비우스의 뒤를 이어 콜레조 로마노의 수학 교수가 된 사람이었다.

그라치는 혜성들이 지구와 달 사이 어딘가에서 유래했다고 말했다. 안전한 아리스토텔레스식 설명이었다. 혜성들이 천구에서 온 것이 아니라는 말인데, 기성 학설에 따르면 "완벽한 천구"에는 한곳에 못 박힌 완벽한 별들만 존재하기 때문이다. 갈릴레오는 혜성이 지구에 속하는 현상으로서 대기 이상으로 생긴 사건이라는 견해를 오래 전부터 지녔다.

이 문제에 관해서는 갈릴레오도 그라치도 틀렸다. 오히려 그라치가 진실에 좀더 가까웠다. 하지만 그는 관찰 내용으로 코페르니쿠스를 반증하는 데에만 정신이 팔려 있었다. 그라치는 혜성이 무척 빠르게 움직이는 것을 볼 때 궤도가 아주 클 것이라고 추론했다. 그라치의 계산에 따르면 혜성의 궤도는 완벽한 원이 아니라 기름하게 늘어진 타원이었다. 반면 코페르니쿠스 지지자들은 모든 행성의 경로는 원형이라고 주장했다. (케플러가 이것이 거짓임을 보일 때까지 말이다.) 갈릴레오는 로마의 친구 조반니 바티스타 리누치니의 편지를 통해 그라치의 연구를 알게 됐다. 리누치니는 이렇게 알렸다. "예수회는……대중 강연에서 혜성에 대해 논한 뒤 현재 인쇄물도 만들고 있습니다. 그들은 혜성이 천구에 속한다고 굳게 믿습니다. 예수회 교단 밖에서도 어떤 사람들은 그것이 코페르니쿠스 체계에 대한 최고의 반론이고, 코페르니쿠스 이론을 완벽하게 때려눕힐 증거라고 말합니다."[1]

혜성의 진정한 성격은 갈릴레오와 그라치의 시대로부터 수백 년쯤 지난 뒤에야 밝혀진다. 요즘 천문학자들에 따르면 혜성들은 대개 태양계 저 바깥쪽의 오르트 구름이라는 영역에서 온다. 하지만 갈릴레오가 말려든

새 싸움은 순수한 과학적 경쟁이라고 할 수 없었다. 갈릴레오는 예수회를 미워했다. 그들이 과학에 재갈을 물리려 한다며 비난했고, 독창적 사상에 대한 교회의 비합리적 태도를 혐오했다. 그가 볼 때 클라비우스는 현대적 사고에 보조를 맞추지 못하는, 전성기를 한참 지난 학자였다. 그러나 그라치는 위험했다. 그라치는 똑똑하고, 정치적으로 기민하고, 의지가 강하고, 신앙심이 깊었다.

그라치의 책이 출간되자 갈릴레오는 고치에서 빠져 나와 의견을 주고 받기 시작했다. 유치하거나 모욕적일 때가 많은 언쟁이었다. 두 사람은 뻔히 들여다보이는 가명 뒤에 숨었다. 갈릴레오는 그라치와 동조자들에 대해 이렇게 말했다. "흉한 색깔에 조잡한 구도의 그림으로 그들은 화가가 되길 열망한다. 그들의 기술로는 평범한 그림밖에 그릴 수 없는데 말이다."[2] 또 다른 곳에서는 그라치의 의견에 대해 "난도질당하고 상처를 입어서 꼬리 끄트머리에만 겨우 생명이 남았지만, 건강하고 기운찬 척하며 계속 기어가는 뱀" 같다고 했다.[3]

그라치도 꼬집는 말로 받아 쳤다. "스라소니의 눈을 가졌다는 천문학자는 망원경을 갖고서도 사람들 마음속에 숨겨진 생각을 들여다볼 줄 모르는 모양이다."[4]

두 사람의 동조자들도 전열을 이루어 대항했다. 예수회는 자신들의 학문적 대장의 뒤에 섰고, 린체이 학회는 갈릴레오의 변호자로 행세했다. 하지만 결국 혜성 논쟁은 흐지부지되었다. 갈릴레오도 그라치도 주장을 입증하지 못했다. 천문학자들이 혜성의 근원과 구조를 이해하게 되기까지는 앞으로 수백 년이 더 필요했다. 논쟁 이면의 씁쓸함은 가시지 않았고, 이 충돌은 특히 갈릴레오에게 상처가 컸다. 갈릴레오에게도 지지자는 많았으나 진정한 정치적 영향력은 없었다. 그라치는 중요한 연줄을 갖춘 사람이었다. 질투심과 적개심에 자극 받은 그라치는 경쟁자에게 얼마든지 해를 끼칠 수 있었고, 실제로 그럴 것이었다.

갈릴레오와 그라치가 다투는 동안 30년 전쟁이 발발했다. 전쟁은 갈릴레오와 교회의 관계가 악화일로로 치닫는 동안 줄곧 배경에 있었다. 이탈리아는 전쟁에 직접 개입하지 않았지만, 가톨릭 국가들과 개신교 국가들의 분쟁이 전쟁의 핵심이었기 때문에 바티칸이 군사적으로 싸움에 끼어들지 않더라도 교황의 정책은 전쟁으로부터 큰 영향을 받을 수밖에 없었다. 로마는 계속 전쟁에 한눈을 팔아야 했다. 로마가 보기에 전쟁은 루터파가 만들어 놓은 신교와의 간극을 넓히는 사건이었다.

벨로스구아르도의 갈릴레오는 전쟁터와는 멀리 떨어져 있었지만, 이데올로기 분쟁의 한가운데에 사로잡혔다. 그는 누가 뭐라 해도 자신이 자연철학자라는 사실을 한 순간도 잊지 않았다. 전쟁이 격화되는 와중에도 실험과 글쓰기를 계속했다. 그는 권세의 정점에 있었고, 재갈을 문 상태였지만 아직 할 말도, 할 일도 많았다.

쉽게 예상할 수 있다시피, 갈릴레오는 교황 검열을 겪은 뒤 천문학에 대한 흥미가 수그러졌다. 과학의 다른 영역으로 관심이 옮겨갔다. 그는 1616년부터는 특히 원자 이론과 물질의 속성에 흥미를 품었다. (이 분야는 아직 교황의 조사 대상이 아니었다.) 이 관심으로부터 한 권의 책이 탄생했는데, 갈릴레오의 가장 위대한 업적이라고도 할 수 있는 『시금사』는 새 교황 우르바노 8세에게 바쳐졌다. ('시금사(試金師)'라는 제목도 그라치를 겨냥한 것인데, 그라치가 『천문학과 철학의 저울』이라는 책을 내자 갈릴레오는 그라치의 견해가 너무 가벼워서 금을 재는 미세 저울로나 잴 수 있다며 이렇게 제목을 지었다. ─ 옮긴이) 책은 약 1,600년 전에 씌어진 루크레티우스의 『사물의 본성에 관하여』 이래로 가장 명쾌하고 세심하게 소우주에 관한 합리적 이론을 제공한 역작이었다. 그런데 로마와의 말썽을 피하고자 우주에 대한 관심을 거두고 대신 『시금사』를 쓴 것이, 실은 가장 문제적인 작품을 내놓는 결과가 되고 말았다.

『시금사』의 내용은 다음 장에서 자세하게 설명하겠다. 책이 1623년에 출간되었고 출간 당시에 놀랍고 혁신적인 자연 철학 저작으로 칭송 받았지만, 진정한 중요성이 밝혀진 것은 10년 뒤이기 때문이다. 갈릴레오가 우르바노 8세 및 비타협적인 추기경들과 끔찍한 갈등을 빚을 때, 이 책이 문제의 핵심에 있었다.

책에서 갈릴레오는 물리학의 밑바닥 기초에 관심을 쏟았다. 아리스토텔레스식의 물질 근본 구조에 대항해 설득력 있는 대안을 제공했다. 갈릴레오는 이제껏 쓴 어떤 글에서보다 강경하게, 순수한 추론보다 실험과 수학적 검증이 중요하다고 주장했고, 자연의 근본 원칙을 깊게 파고들었다. 영광스러울 정도로 전투적인 문장을 인용해 보자.

나라면 언제든지 실험으로 입증할 문제에 대해 사르시(그라치가 갈릴레오와 서신 교환할 때 썼던 가명)가 증언을 통한 입증만을 고집하는 것은 놀랄 일이다. 증언은 과거에 지나간 불확실한 문제를 점검할 때 쓰는 것이지, 현재에 사실로 존재하는 문제에 쓰는 게 아니다. 가령 판사는 어젯밤에 피에트로가 조반니를 해쳤는가 판단할 때 증언을 동원해야겠지만, 조반니가 다쳤는가를 판단할 때는 그럴 필요 없이 제 눈으로 직접 보면 된다. 나는 설령 추론을 통해서만 결론 내릴 수 있는 문제에서도, 다수의 증언이 소수의 증언보다 더 가치 있다고 생각하지 않는다. 복잡한 문제에 대해 추론을 잘 하는 사람이 못 하는 사람보다 훨씬 적기 때문이다. 추론이 짐 끌기와 같다면 여러 명이 하나보다 낫다는 데에 나도 동의하겠다. 여러 마리의 말이 한 마리 말보다 곡물 자루를 잘 끌 테니까 말이다. 하지만 추론은 짐 끌기가 아니라 경주다. 한 마리의 바르바리 종마가 100마리

의 마차 끄는 말들을 앞지른다.[5]

이 놀라운 책을 배태하는 일은 쉽지 않았고, 마침 몇 가지 개인적 충격이 갈릴레오를 덮쳤다. 『시금사』를 생각하고서 출간하기까지 2년 동안 가까운 지인 중 여섯 명이 세상을 떴다. 세 자녀의 어머니인 마리나 감바가 1619년 2월에 죽었다. 다음 해 2월 28일에 후견인인 코시모 대공이 고작 서른 살의 나이로 죽었다. 6년 동안 앓아 온 질병에 무너진 것이었다. 공국은 대공의 아내인 대공비와 어머니인 대공 부인의 손에 넘어갔고, 두 여인은 대공의 열 살 난 아들인 페르디난도 2세가 8년 뒤에 왕좌에 오를 때까지 섭정을 했다.

대공의 죽음은 뼈저린 손실이었다. 갈릴레오와 메디치 가문과의 관계에는 영향이 없었지만 (그는 크리스티나를 비롯한 다른 메디치 사람들과도 관계가 돈독했다.) 코시모는 인내심과 신뢰심이 두터운 후원자였을 뿐 아니라 친구였다. 갈릴레오는 젊은 지도자를 애도했다. 하지만 정말로 대공의 부재를 아쉬워하게 되는 것은 10년 뒤일 것이다.

이 어두운 시절에 갈릴레오에게 가장 고통스러운 상실은 오랜 친구인 괴짜 사그레도의 죽음이었다. 사그레도는 코시모가 죽은 지 일주일도 못 되어 독감으로 죽었다. 사그레도와 갈릴레오는 과학자가 파도바에 살았던 첫 몇 년 동안 꼭 붙어 다녔다. 1609년에 사그레도는 중동에서 중요한 공직을 맡게 되어 시리아에서 몇 년 살았고, 파도바로 돌아왔을 때는 이제 갈릴레오가 도시를 떠났다. 그 후로도 두 사람은 늘 다정했다. 만나는 일은 드물었지만 애정 어린 편지와 선물을 종종 주고받았다. 사그레도의 신념과 사상은 갈릴레오와 잘 조응했고, 두 사람은 빈정대는 유머 감각과 정통성에 대한 건전한 불신 등 비슷한 특징이 많았다.

자연히 사그레도는 갈릴레오가 예수회와 분쟁을 일으켰을 때 갈릴레오의 편을 들었고, 상대적으로 안전한 베네치아 공화국에 살기 때문인지 성직자들의 괴롭힘에 대한 불만을 공공연하게 토로했다. 사그레도는 갈릴레오더러 베네치아로 돌아오라고 줄기차게 설득했고, 베네치아야말로 과학자의 고향이라고 했다. 갈릴레오가 1616년에 로마에서 마찰을 겪은 뒤 피렌체로 돌아갔을 때, 사그레도는 인도산 새를 한 마리 선물로 보내며 쪽지를 덧붙였다.

이 새는 울지 않는다네. 잡곡과 물만 먹고, 달리 돌볼 필요가 없다는 미덕도 있지. 다만 먹이가 하나도 없으면, 밤이고 낮이고 성가시게 큰 소리를 낸다네. 자네가 받아 준다면 나는 자꾸 이 새를 구해 달라고 조르는 사람들의 요청에서 자유로워질 걸세. 솔직하게 말하면 새가 보살핌을 받지 못해 죽는다고 해도 별로 심란할 것 같지 않네. 자네가 나를 이 새로부터 자유롭게 해준다면 오히려 내가 고맙겠지. 마찬가지로 나는 자네를 괴롭히는 끔찍한 야수들로부터 자네를 자유롭게 해 달라고 하느님에게 기도한다네. 자네가 이 새를 받아들여서 그 야수들의 극악무도한 짓에도 불구하고 자네를 사랑하는 이 친구에 대한 생각을 잊지 않기를 기도하네.[6]

갈릴레오는 친구의 배려에 감사하고, 태연하게 대꾸해 안심시켰다. 그렇지만 파도바나 베네치아로 돌아간다는 생각은 조금도 하지 않은 것이 분명했다.

사그레도가 죽고 여섯 달이 지난 1620년 9월, 여든두 살 된 어머니 줄리아가 오랜 육체적, 정신적 투병을 마치고 죽었다. 갈릴레오는 해방감을 느꼈을 것이다. 오래도록 어머니 때문에 고초를 겪었기 때문이다. 늘 그렇듯 생각만 많은 동생 미켈란젤로가 1년 전에 갈릴레오에게 이렇게 쓴 적 있었다. "어머니가 몹시 불쾌하게 군다고 들었는데, 전혀 놀랍지 않아. 하지만 어머니도 퍽 연세가 드셨으니 곧 싸움질도 끝이 나겠지."[7] 이렇게 말한 미켈란젤로는 독일에 살면서 집안 책임은 모두 회피했다.

네 사람의 죽음은 방식과 정도는 다를지언정 모두 갈릴레오에게 감정적인 영향을 미쳤다. 역시 이 시기에 갈릴레오와 가까운 사람이 두 명 더 죽었는데, 갈릴레오의 미래와 경력에 더 큰 영향을 미칠 죽음이었다.

한 사람은 교황 바오로 5세였다. 그는 1621년 1월에 갑자기 죽었다. 30년 전쟁에서 아주 중요한 전장이었던 빌라호라 전투(백산 전투라고도 한다. ─ 옮긴이)가 가톨릭 세력의 승리로 돌아가자 바티칸에서도 기념 연회가 열렸는데, 일흔 살의 교황은 포도주를 너무 많이 마시고 기름진 음식을 너무 많이 먹었다. 교황은 뇌졸중을 일으켜 식탁에 머리를 박고 죽었다.

갈릴레오는 그 소식에 아마 안도했을 것이다. 그는 교황의 비위를 맞추는 데 성공했지만(달리 어떻게 할 수 있었겠는가?) 바티칸 사람들이 다 알았듯이 그도 교황이 과대망상증을 앓는다는 것, 극히 조심스럽게 다뤄야 하는 사람인 것을 잘 알았다. 바오로 5세를 이어 누가 교황이 될지는 아무도 정확하게 추측하지 못했지만, 갈릴레오를 비롯한 많은 사람들은 누가 되든지 바오로 5세보다 못할 수는 없을 거라고 생각했다.

바오로 5세를 승계한 그레고리오 15세는 교황직에 2년 머물렀다. 그는 무해한 인물이었다. 쇠약한 노인이어서 재임 중에 아무것도 바꾸지 않았고 누구도 해치지 않았다. 1623년에 그가 죽자 우르바노 8세의 치세가 열렸다. 앞으로 보겠지만, 갈릴레오의 친구이자 찬미자였던 우르바노는 교황관을 받고서 10년 뒤인 1633년에 발 벗고 나서서 과학자를 종교 재판정에 세웠다.

벨라르미노의 사망 소식은 갈릴레오가 『시금사』를 최종 손질할 때 들려왔다. 추기경은 1621년 9월 17일에 죽었고, 며칠 뒤에 소식이 전해졌다. 일흔여덟 살의 성직자는 활동을 접은 지 꽤 되었다. 바오로 5세의 15년의 치세 내내 가장 중요한 성직자였던 벨라르미노는 그레고리오 15세 시절에는 아무 일도 하지 않았다. 그는 1616년에 갈릴레오가 로마를 떠난 직후에 고위직에서 물러나 은둔하기 시작했다. 이단을 때려 부수기에는 너무 나이가 들었기 때문에, 명상을 하고 추상적인 신학적 주제에 관하여 글을 쓰며 말년을 보냈다.

너무나 지쳐 있던 갈릴레오는 벨라르미노와 바오로 5세의 죽음 덕분에 새 희망을 품게 됐다. 『시금사』는 그에게 깊은 만족감을 주었지만 그는 불행했고 자주 아팠다. 친구들이 그리웠다. 사그레도는 죽었고, 예순아홉의 나이로 투병 중인 사르피는 베네치아에서 멀리 여행할 수 없었다. 갈릴레오는 어느 때보다도 외로웠다.

그의 비참함을 가중시키려는지, 그 몇 년 동안 유럽의 겨울 날씨는 사람들의 기억 속 어느 겨울보다 혹독했다. 기온이 떨어지면 갈릴레오는 류머티즘이 심해져서 실험을 할 수 없었다. 글을 쓰는 것도 고통스러웠다. 전쟁이 온 유럽으로 번졌고, 뜨거운 여름에는 흑사병이 기세 좋게 퍼져서 무작위로 사람들을 죽였다.

이 황량한 시절에도 단 하나 밝은 햇살이 있었다. 어머니와 친구들이 죽은 뒤, 갈릴레오와 큰딸 비르지니아의 관계가 활짝 피어났다. 비르지니아는 1616년 10월에 수녀 서원을 해 마리아 첼레스테라는 이름을 얻었다. 그녀는 산마테오 수녀원의 가혹한 규율에 잘 적응하며 신앙에 투신했다. 세속의 과학자와 경건한 수녀 딸은 해가 갈수록 가까워졌다.

갈릴레오는 1623년 봄에 『시금사』를 완성했다. 린체이 학회 사람들은 열광적으로 반겼다. 그들이 보기에 『시금사』는 '신과학'의 선언서로 손색이 없었고, 예수회의 주장을 때려눕힐 강력한 무기였다. 학회가 인쇄 및 출간 비용을 댔다. 책은 이전 저서들과 마찬가지로 온 유럽 철학자들과 지식인들에게 따뜻한 반응을 받았다. 이탈리아 어로 씌어진 책은 교회가 어둠과 혼란 속에 남겨 두고 싶어 한 것을 환하게 드러냈고, 예상대로 교회의 적의를 일으켰다.

새 책을 낸 갈릴레오는 다시 한번 로마를 방문해 글의 주장을 보강하고 싶었다. 다시 한번 사람들을 가르치고, 감화하고, 자극하고 싶었다. 체시에게 쓴 편지에서 그는 말했다.

교황 성하의 발에 다시 입 맞추고 싶은 바람, 아니 의무를 실행하는 문제에 관하여 각하의 조언이 절실합니다. (저는 각하를 누구보다 신뢰합니다.) 그 일을 적절한 순간에 시행하고 싶기 때문에, 각하께서 말씀할 때까지 기다리려고 합니다. 제 마음속에 몇 가지 중요한 학문적 문제들이 자라나고 있습니다. 지금 같은 상서로운 기회에 그것들을 내놓지 않으면 미래에는, 적어도 제가 보는 한은, 다시 기회가 오지 않을 것 같습니다.[8]

체시는 당장 동의했다. 10월 21일에 답장을 써서 얼른 계획을 행동으로 옮기라고 종용했다. 체시는 말했다. "꼭 방문하셔야 합니다. 교황 성하께도 큰 기쁨이 될 것입니다. 성하께서 당신이 언제 오느냐고 물으시기에, 아마 당신에게는 일각이 여삼추로 느껴질 것이라고 대답했습니다. 성하에 대한 당신의 헌신을 나 나름대로 최대한 말씀드렸고, 당신이 책을 들고 올 거라고 했습니다. 성하께서는 당신을 높이 생각하시고, 어느 때보다 좋아하십니다."[9]

갈릴레오도 조바심이 났겠지만, 그는 아팠고 궁정에서 할 일도 있었기 때문에 여행은 자꾸 미뤄졌다. 다음해 4월 22일에야 갈릴레오는 로마로 들어갔고, 유력하고 부유한 변호사 친구 마리오 구이두치의 집에 여장을 풀었다. 구이두치는 이탈리아 지성계에서 높은 평가를 받는 피렌체 학회라는 조직의 행정관으로 막 선출된 참이었다.

갈릴레오는 로마가 8년 전과는 전혀 다른 곳이 되었음을 즉각 감지했다. 그와 친구들은 새 교황에 크나큰 희망을 걸었다. 교황은 피렌체 사람이었고, 지식인이었고, 젊은 시절에 철학과 "새로운 과학"에 진심 어린 호기심을 표출한 사람이었다. 교황은 갈릴레오의 작업을 높이 샀고 과학자가 쓴 글은 죄다 읽었다. 갈릴레오는 교황과의 우정을 10여 년 전으로까지 짚어 갈 수 있었다.

우르바노 8세는 갈릴레오가 로마에 머무는 동안 호의적으로 대했다. 6주의 체재 동안 두 사람은 여섯 차례 만났는데, 1시간 넘게 이야기한 적도 몇 번 있었던 듯하다. 두 사람은 전대 교황의 통치에 대해, 그리고 1616년에 바오로 5세가 갈릴레오에게 코페르니쿠스 모형에 관하여 가르치거나 쓰지 말라고 명령했던 것에 대해서도 살짝 이야기했던 것 같다. 우르바노 8세는 그 규칙이 이탈리아에서만 적용된다는 사실에 언짢아했다. 외국에서도 적용되어야 한다고 생각해서가 아니라, 그 때문에 이탈리아의 학문이 뒤처질 것임을 뻔히 알았기 때문이다. 이탈리아는 오랫동안 르네상스의 진원지로 여겨졌는데, 이제 그 밖에서 개신교 사상가들과 과학자들이 지적 발달의 고삐를 쥔다는 생각에 교황은 심란했다.

그렇지만 우르바노 8세는 민활한 인물이었다. 과거의 판단을 뒤엎겠다는 정치적 의지는 없었다. 교회 정치의 현실에서는 지적 관심사들이 아무 가치가 없다는 사실을 교황은 잘 알았다. 우르바노 8세는 교회의 교리는 가벼이 만지작거릴 물건이 못 된다는 사실을 잘 알았고, 그런 문제들에 관해서는 조언자들의 의견을 들었다. 선대의 명령을 전복하는 일은 없을 것이다. 그러나 동시에 우르바노 8세는 갈릴레오에게 코페르니쿠스 이론을 생각하지 말라고 금하지도 않았다.

우르바노 8세와의 대화 덕분에, 갈릴레오는 올 때보다 한결 현명해진 상태로 6월에 로마를 떠났다. 그는 새 친구들을 사귀었고 귀중한 영향력을 확보했다. 갈릴레오는 얼마 전에 등장한 신식 기구인 원시적 형태의 현미경을 접하고서, 흥행사 기질을 유감없이 발휘해 부자들과 유력 인사들을 깜짝 놀라게 했다. 갈릴레오는 현미경으로 곤충, 사람의 머리카락, 나뭇잎 등을 조사했다. 그의 손에 이끌려 현미경 렌즈를 들여다본 귀족들, 추기경들, 아마추어 철학자들은 새 발명품이 보여 주는 것에 놀라고 즐거워했다.

갈릴레오는 현미경에 대해 체시에게 이렇게 말했다.

저는 작은 동물들을 관찰하며 대단한 경외감을 느꼈습니다. 벼룩이 제일 흉측했고, 모기와 나방은 아주 아름다웠습니다. 파리 같은 작은 동물들이 어떻게 거울에 거꾸로 붙어 걷는지 확인하고 무척 기뻤습니다. 공께서도 자질구레한 것을 무수히 관찰하실 기회가 있을 것입니다. 어느 것에 호기심이 가는지 알려 주신다면 감사하겠습니다. 요컨대, 자연의 위대함, 이토록 미묘하고 이루 형언할 수 없이 세심한 자연의 작동 방식은 끊임없는 고찰의 원천입니다.[10]

그는 로마 여행에서 물질적인 소득도 거두었다. 교황은 갈릴레오의 아들 빈첸초에게 연금을 수여했고, 금메달 하나, 그림 한 점, 돈 약간을 주었다. 갈릴레오의 딸들이 있는 수녀원을 돌봐 주라는 지시를 피렌체의 대리인에게 내리겠다고 약속했다.

가장 중요한 점은, 갈릴레오가 코페르니쿠스 문제에 대해 조금쯤 명쾌해진 입장으로 돌아왔다는 것이다. 코페르니쿠스 이론에 대한 교황의 태도는 다른 성직자들과 비슷했다. 그것은 흥미로운 개념이고 그로부터 실용적인 이득이 나올지도 모르지만, 여전히 가설이고 정신적 오락이고 사고 실험일 뿐, 그 이상은 아니라는 것이다. 하지만 벨라르미노나 바오로 5세와 달리 새 교황은 코페르니쿠스 지지자들의 의견을 억누르는 데에는 크게 관심이 없는 듯했다. 인정하건대, 우르바노 8세는 종교 재판소가 과학을 열성적으로 억압하는 일을 좋게 생각하지 않았다. 1616년에 금서성성이 코페르니쿠스의 위대한 저작을 유통 금지시켰을 때, 그 책을 "정식으로 이단"으로 선언하려는 동료들에게 맞섰던 것이 우르바노 8세였다. 공식 발표문의 문장을 "성서에 반하는 거짓"으로 바꾸자고 주장해서 이긴 것이 바로 우르바노 8세였다. 그저 표현일 뿐이지만, 로마의 신학자들에게는 금서성성이 어떤 용어를 사용하느냐 하는 점이 엄청나게 중요했다.

갈릴레오가 로마를 떠날 때 체시는 이렇게 말했다. "성하께서 말씀하시기를, 교회는 코페르니쿠스의 견해를 이단으로 선고하지 않았고, 앞으로도 그러지 않을 거라 합니다. 그 의견은 경솔할 뿐이고 그것이 진실로 입증되지 않는 이상 두려워할 필요도 없다고 했습니다."[11] 교황은 개인적인 호의도 베풀었다. 비서를 시켜서 토스카나 대공에게 전할 편지를 썼는데, 그 속에서 이렇게 말했다. "우리가 관찰한 바에 따르면 갈릴레오는 문학적으로 탁월할 뿐만 아니라 종교적 신심도 깊어 교황의 총애를 받기에 충분합니다. 우리는 피렌체 특유의 유창한 웅변에 참신한 명망을 더한 그의 박학한 설명을 즐겁게 들었습니다. 목성과 그 위성들이 하늘에서 빛나는 한 그의 명성도 땅에서 빛날 것입니다."[12]

갈릴레오는 이 말을 마음에 새겼다. 유월의 따스한 햇살을 즐기며 북으로 여행할 때, 그는 몇 년 동안 느끼지 못했던 활력과 영감으로 가득했다. 그리고 새 책의 발상이 머릿속에서 형태를 갖춰 가고 있었다. 갈릴레오가 이후 5년에 걸쳐 완성하게 될 그 책은 『대화』였다.

새로운 저작을 낳는 일은 쉽지 않았다. 갈릴레오는 1624년 가을에 집필을 시작했지만, 잇단 질병과 집안의 격변과 흑사병으로 인한 참화 때문에 자꾸 집중이 깨어졌다. 1년 내도록 작업을 멈췄다가 1626년 여름에서야 겨우 재개했다. 이때쯤에는 책이 영원히 완성되지 못할 거라고 생각한 친구들도 많았다.

갈릴레오는 여러 가지 병을 앓았기 때문에 생산성이 크게 떨어졌다. 통증이 매섭게 닥치면 거의 아무 것도 할 수 없었다. 겨울에는 이글거리는 난롯불 가까이 놓은 편안한 의자에 파묻혀 조수에게 책의 일부를 구술하여 받아 적게 하는 게 최선이었다.

나쁜 건강으로 진척이 더딘 것도 모자라, 가족도 끊임없이 그를 괴롭혔다. 동생 미켈란젤로는 어릴 적부터 갈릴레오를 고생시키는 눈엣가시였다. 미켈란젤로는 결혼을 해서 아이들을 낳았고, 궁정 음악가로서 벌이가 변변치 않은 직장을 여기저기 옮겨 다니는 내내 유명하고 부유한 형에게 의존했다. 미켈란젤로의 무책임함은 1627년에 절정에 달했다. 30년 전쟁이 번지기 시작해서 (초기에는 독일 지역에서만 벌어졌다.) 폴란드, 영국, 덴마크, 홀란드, 스페인까지 전쟁에 끌려 들어간 때였다. 가톨릭 신자들에게 이탈리아는 안전한 도피처가 되었다.

1627년 여름, 갈릴레오가 책의 마지막 3분의 1을 쓰기 시작했을 때, 가족과 뮌헨에 살던 미켈란젤로가 형에게 제안이라기보다 선언에 가까운 편지를 보내 예의 주제넘은 태도로 말했다. 갈릴레오의 집이 다가오는 전쟁의 위협에 대한 완벽한 피난처가 될 테니 가족을 피렌체로 데려가겠다는 것이다. "우리 둘 다에게 좋을 거야." 미켈란젤로는 말했다.

형의 집은 좋고, 믿을 만하게 관리될 테지. 나는 경제적 부담이 감당이 안 되니, 조금이라도 덜어야 해. 키아라가 아이를 몇 명 데려갈 테니, 형에게는 즐거움이, 키아라에게는 위안이 될 거야. 식솔 한둘 더 생긴다고 형이 경제적으로 부담될 것 같진 않아. 그리고 내 가족이 지금 형 곁에 있는 사람들보다 더 부담을 주는 것도 아닐 테고, 사실 그 사람들은 우리처럼 형의 친척도 아니고 우리만큼 형의 도움을 필요로 하지도 않잖아.[13]

갈릴레오는 울며 겨자 먹기로 수긍했다. 7월이 되자, 예순세 살 먹은 노인은 피렌체를 굽어보는 언덕에서 명상에 잠겨 지내던 조용한 삶이 "식솔 한둘 더" 도착함으로써 완전히 초토화되었음을 깨달았다. "식솔 한둘"이라더니 미켈란젤로, 아내 안나 키아라, 유모, 아홉 달 된 마리아에서 스무 살의 빈첸초까지 일곱 아이들이 몰려왔다. 오래 버틸 만한 환경이 못 되었다. 연말에 갈릴레오는 시내에 있는 친구 집으로 피신했고, 다음해 여름에 미켈란젤로 가족이 북쪽으로 떠난 뒤에야 벨로스구아르도로 돌아왔다. 지난해에 가톨릭 군대가 승전을 거둔 덕분에 미켈란젤로가 살던 독일 집이 다시 안전해진 것이다.

벨로스구아르도의 평화와 고요를 되찾은 뒤에도 『대화』를 마무리하기까지는 1년이 더 걸렸다. 1629년 가을에 갈릴레오는 원고를 인쇄업자에게 넘길 준비를 마쳤다. 갈릴레오는 언제나 문장을 대단히 중요하게 생각했다. 건조하고 딱딱하고 차가운 글을 원치 않았다. 사람들이 자기 글을 그냥 읽는 게 아니라 이야기로 즐기기를 바랐다. 최대한 많은 독자에게 영향을 미치고 싶었다. 그래서 그는 이탈리아 어로 썼고, 최대한 접근하기 편하게 자기 생각을 소개했다. 그는 피사에서 초기 저작들을 쓸 때 사용했던 대화체 형식을 『대화』에도 적용했다. 가상의 등장인물들을 만들어서 그들로 하여금 각자 다른 견해를 취하게 하고, 주제에 관하여 논쟁하게 하는 형식이었다.

『대화』는 갈릴레오의 옛 친구 사그레도의 베네치아 저택을 무대로 한다. 이야기는 나흘에 걸쳐 펼쳐진다. 그동안 새로운 과학의 여러 주장들이 그에 대응하는 아리스토텔레스 이론들과 각축을 다투며, 결국 신과학이 훨씬 견고하고 발전적인 이론임이 드러난다. 주인공은 셋이다. 그 중 둘은 갈릴레오가 사랑한 친구로, 무덤에서 살려 낸 인물들이다. 잔프란체스코 사그레도는 주최자이자 호기심 많은 일반인 역할로, 코페르니쿠스 이론이 옳다고 반쯤 믿는다. 필리포 살비아티는 확실한 코페르니쿠스 지지자 역할로, 갈릴레오의 견해를 대변하는 목소리다.

배역의 나머지 하나는 심플리초다. 그는 순진하되 호감 가는 인물로서, 알고 보면 사그레도와 살비아티의 놀림감이 되는 희생양이다. 갈릴레오는 얼간이라는 뜻의 이탈리아 단어에서 이름을 땄으니, 장난이 지나친 셈이었다. 대부분의 독자들이 삼인조 중에서도 심플리초를 참 좋아했지만, 결국 이 인물이, 그리고 갈릴레오가 그의 입을 빌어 뱉은 말들이 머지않아 작가에게 크나큰 곤경을 안길 것이었다.

갈릴레오는 도입 장에서 등장인물에 관한 저자의 의도를 이렇게 설명했다.

몇 년 전에 나는 경이로운 도시 베네치아에 종종 머물며, 고귀한 혈통에 예리한 재치를 지닌 신사 조반니 프란체스코 사그레도와 토론하곤 했다. 피렌체에는 필리포 살비아티가 있었다. 그는 고상한 혈통과 막대한 부를 지닌 신사였으나 그것은 그가 지닌 숱한 영광들 중 제일 하찮은 것들이었다. 그의 숭고한 지성은 늘 세련된 명상을 갈구했고, 그 이상의 기쁨을 알지 못했다. 나는 두 사람과 여러 문제들에 대해 이야기하고는 했는데, 어느 소요학파 철학자도 함께 할 때가 많았다. 그는 아리스토텔레스 해석으로 명망 높은 사람이었는데, 바로 그 명망이 그가 진리를 이해하는 데 큰 장애물이 되는 듯했다.

씁쓸한 죽음이 베네치아와 피렌체를 덮쳐 인생의 절정에 있던 두 훌륭한 명사를 앗아갔으니, 나는 이 책에서 논쟁을 벌이는 대담자들에게 그들의 이름을 붙임으로써, 내 보잘것없는 능력으로나마 최선을 다해 그들의 명성을 책장에 되살리기로 결심했다. (훌륭한 소요학파 철학자에게 할애하는 공간도 부족하지 않을 것이다. 그는 심플리치우스(490?~560?, 아리스토텔레스에 대한 주석으로 유명한 시칠리아의 심플리치우스를 가리킨다. ─ 옮긴이)의 주석에 극도로 애착을 갖고 있으니, 본명을 언급하지 않고 그가 그토록 공경하는 저자를 따서 가명으로 부르는 게 옳겠다고 정했다.) 내가 마음으로 영원히 공경하는 두 위대한 영혼이, 내 꺼지지 않는 사랑에 대한 공개적 기념비인 이 책을 보고 기뻐하기를 바란다. 그들의 유창한 웅변을 들었던 기억이 나를 도와서, 후대에게 남기는 이 성찰을 잘 설명할 수 있기 바란다.

갈릴레오는 1624년의 로마 방문에서 다시 코페르니쿠스 이론을 다루어도 좋다는 모종의 허가를 받은 것처럼 생각했다. 기록으로 남은 증거는 없지만, 갈릴레오와 우르바노 8세가 이런 식의 책에 관하여 이야기했던 것 같다. 논쟁의 양 진영이 동등한 목소리를 내는 책, 당대 최고로 여겨지는 과학자의 입을 통해서 코페르니쿠스 견해는 물론이고 교회가 견지하는 주장도 나란히 선전하는 책 말이다. 하지만 설령 우르바노 8세가 갈릴레오와 만난 자리에서 그런 발언을 한 적이 있더라도(그런 책을 통해 교회와 과학이 공통의 기반을 닦아서 다음 단계로 진전할 수 있다고 생각했을 것이다.) 갈릴레오가 교황의 생각을 오해했거나, 의도적으로 전혀 다르게 왜곡시킨 것이 분명했다. 『대화』는 아리스토텔레스 우주론을 싹 몰아내고 코페르니쿠스 주장을 확실하게 밝히는, 전적으로 편파적인 책이었기 때문이다.

책의 첫 번째 장인 '첫째 날'에서 갈릴레오는 천구가 완벽하다는 아리스토텔레스 사상에 도전한다. 아리스토텔레스에 따르면 지구 위의 하늘을 이루는 물질은 낙오자 같은 인간 세상을 이룬 물질보다 훨씬 세련된 것이다. 교회는 왜 이 개념을 애지중지했을까? 천구가 완벽하지 않다면 혹 다른 세상에도 생명이 존재할지도 모른다고 생각할 수 있으므로, 그런 생각을 차단하기 위해서였다. 외계 생명이라는 개념은 수습이 불가능한 신학적 문제들을 무수하게 발생시켰다. 특히 우리 주 예수 그리스도가 어떻게 외계 존재를 구원할 수 있겠느냐는 문제가 있었다.

갈릴레오는 그런 걱정을 헛소리라고 기각했고 다른 세상에도 실제로 생명이 존재할지도 모른다고 추론했다. (브루노가 한 세대 전에 했던 생각과 같다.) 갈릴레오가 주제를 다룬 방식은 브루노보다 훨씬 세련되었다. 브루노는 다른 행성의 생명체가 주는 영적, 형이상학적 의미가 무엇이냐는 문제에 집중한 반면, 갈릴레오는 그리스도가 그들을 구원했느냐 하지 못했느냐 하는 문제는 과학자가 추구할 게 아니라고 믿었다. 과학자에게 흥미로운 것은 외계 생명의 존재 가능성뿐이라고 했다. 달의 분화구와 산맥, 태양 흑점의 존재 같은 예들을 동원해서, 갈릴레오는 완벽한 천구라는 고대 이론은 더는 지속될 수 없다고 주장했다.

『대화』의 두 번째 장 즉 둘째 날에, 사그레도의 집에 모인 사그레도와 살비아티와 심플리초는 코페르니쿠스 이론을 직접 살펴보는 단계로 넘어가서 지구의 자전을 숙고한다. 셋째 날에는 태양을 회전하는 지구의 움직임에 관하여 토론한다. 어느 경우이든 살비아티는 코페르니쿠스식 주장을 내놓고, 사그레도는 종종 살비아티를 지지한다. 사그레도는 살비아티에 공감하지만 확실한 지식이 부족하기 때문에 살비아티에게 의존하는 입장이다. 심플리초는 토론 내내 이들에게 저항하는데, 저항은 전적으로 무지에 기초한 것이어서 결코 튼튼한 발판을 마련하지 못한다. 갈릴레오는 심플리초에게 취약한 주장들을 내놓게 한 뒤, 다른 두 주인공들로 하여금 '신과학'으로 그것을 쓸어 버리게 한다. 심플리초를 이용하는 셈이다.

좋은 예문을 보자. 지구는 쉽게 부패하지만 천구는 부패하지 않고 완벽하다는 아리스토텔레스 개념을 두고 심플리초와 살비아티가 대화하는 대목이다.

심플리초: 지구에는 풀, 나무, 동물들이 태어나고 죽고 하지. 그리고 비바람, 폭풍우, 태풍이 일어나. 한 마디로 말해서 지구의 생김새는 계속 바뀌거든. 그러나 하늘의 물체에서는 이런 변화를 볼 수가 없네. 천체는 늘 같은 위치에 있으며 생김새도 바뀌지 않네. 어떤 새로운 것도 생기지 않았고 어떤 오래 된 것도 없어지지 않았네.

살비아티: 자네같이 그렇게 직접 눈으로 보거나 관찰할 수 있는 것만 믿는다면 중국이나 아메리카는 천체와 마찬가지이겠군. 이탈리아에서 생기는 변화들은 많이 보았겠지만 중국이나 아메리카에서 어떠한 변화가 일어나는 것은 자네가 본 적이 없을 테니까. 그러니 거기에는 아무런 변화도 일어나지 않겠군.

심플리초: 내 눈으로 그곳에서 일어난 변화를 본 적은 없지만, 믿을 만한 근거는 있다네. 그리고 전체에 대해 성립하는 이론은 각 부분에 대해서도 적용할 수 있지. 그 나라들은 우리나라와 마찬가지로 지구

에 있으니까 변화가 일어나게 마련이지.

살비아티: 하지만 어째서 직접 관찰하지 않고 남들의 말에 만족하나? 어째서 자네 눈으로 직접 보지 않나?

심플리초: 중국이나 아메리카는 너무 멀리 떨어져 있어서 볼 수가 없네. 하도 멀리 있어서 변화가 있다 하더라도 우리 눈으로 볼 수는 없지.

살비아티: 자, 자네가 한 말에 대해서 생각해 보게. 자네의 주장이 거짓임이 은연중에 드러났구먼. 지구상의 가까운 곳에서 일어나는 변화는 볼 수 있지만 아메리카에서 일어나는 일은 너무 멀어서 볼 수가 없다고 했지. 그렇다면 그보다 수백 배 먼 달은 더 보기 힘든 것이 당연하지. 멕시코에서 온 소식을 듣고서 멕시코에 어떤 일이 일어났는지 믿는다고 했는데, 달에 변화가 없다는 소식을 달에서 받은 적이 있는가? (설령 변화가 일어나더라도 멀기 때문에, 그리고 아무런 소식을 받을 수 없기 때문에 우리는 알 수 없지.) 그러니 그것을 바탕으로 하늘에는 아무런 변화도 없다고 추리해서는 안 되네. 마치 지구 위에서 일어나는 일처럼 눈으로 보고 아무런 변화도 없다고 결론을 내리려 하면 안 되지.

심플리초: 그런 것이 달에서 벌어진다면 여기서도 보일 걸세. 옛 기록을 참고하면, 과거에 지브롤터 해협은 아빌라(지금의 모로코 세우타 — 옮긴이)와 칼페(지금의 스페인 지브롤터 바위산 — 옮긴이)가 야트막한 산으로 이어져 바닷물을 통과시키지 않았지. 그런데 어떤 원인 때문에 산이 갈라진 틈으로 바다가 들어갔고 넘쳐 든 물이 지중해가 되었지 않나. 이것이 얼마나 대규모의 사건인지 고려할 때, 그리고 멀리서 본 바다와 땅의 모습이 얼마나 달랐을지 고려할 때 달에 사람이 있었다면 이 변화를 쉽게 목격했을 걸세. 마찬가지로 달에 그런

변화가 있었다면 지구의 거주자들이 발견했겠지. 그러나 역사에는 그런 일이 목격되었다는 이야기가 전혀 없네. 그러므로 천체가 변화한다는 것은 아무런 근거도 없는 주장일세.

『대화』의 마지막 장인 넷째 날에 갈릴레오는 조수 현상으로 이야기를 옮긴다. 우리가 매일 조수의 힘을 목격한다는 사실이야말로 지구의 움직임에 대한 증거라고 주장한다. 갈릴레오는 조수의 메커니즘을 오랫동안 생각해 왔고 현상을 설명하는 이론도 구축해 두었다. 이 주제를 처음 생각한 것은 1596년이었던 것 같다. 1년 뒤에 케플러에게 편지를 쓰면서 당시의 생각을 설명한 바 있기 때문이다.[14] 나중에 파도바에 살면서 운하를 따라 베네치아를 자주 방문할 때, 그는 배의 화물실이나 갑판에 놓인 양동이 속에서 물이 움직이는 모양을 관찰했다. 배의 움직임에 맞춰 물이 이리저리 쏠리는 모습을 골똘하게 보았다. 그리고 바다의 움직임도 그와 비슷하겠다고 유추했다.

1616년에 갈릴레오는 짧은 논문을 쓸 수 있을 만큼 생각을 다듬었고, 「조수에 관하여」라는 논문을 친구 오르시니 추기경에게 보내는 사적인 편지 형태로 작성했다.[15] 편지에서 갈릴레오는 꽃병에 담긴 물이 움직이는 방식을 먼저 이야기했다. 그 후 개념을 확장해 지구의 조수 현상을 설명했고, 그것을 지구의 움직임과 연결지었다. 바닷물의 움직임이 변하는 것은 지구의 움직임이 불규칙한 탓이라고 가정한 뒤, 코페르니쿠스가 설명했던 지구의 움직임은 두 가지 원운동의 영향을 결합한 것이라고 결론 내렸다. 1년에 한 번 태양을 회전하는 운동, 그리고 지구 축을 기준으로 하루에 한 번 자전하는 운동이다. 두 운동이 결합한 결과, 지구 표면의 이동 속도는 12시간마다 변한다. 지표면의 한 지점은 12시간 동안 동쪽으로 이동하다가 (서쪽으로 움직이는 지구와 반대되는 방향이다.) 다음 12시간 동안은 서쪽으로 이동한다. (지구의 움직임과 같은 방향이다.) 그렇기 때문에 지표의 수위가 부풀었다 꺼졌다 한다. 베네치아 운하에 뜬 배의 양동이 속 물이 철썩거리듯이 말이다.

이 가정은 독창적이긴 하지만 완전히 틀렸다. 갈릴레오가 완벽하게 잘못 생각한 몇 안 되는 사례들에 속한다. 당시에도 조수 현상이 달과 지구의 인력 때문이며 지구의 공전과는 상관없다는 사실을 아는 사람들이 있었다. 갈릴레오는 이 사실을 절대 인정하지 않았다. 무덤에 갈 때까지 조수 현상이 코페르니쿠스 이론의 훌륭한 증거라고 믿었다.

1629년 11월에 갈릴레오는 새 책에 대해 교황 승인을 얻는 지난한 과정에 돌입했다. 『시금사』를 출간했던 린체이 학회가 이 책도 펴낼 것이고, 교황의 공식 검열관인 니콜로 리카르디는 학회와 친분이 두터웠다. 리카르디는 1623년에도 별 어려움 없이 『시금사』를 검열에서 통과시켜 주었다. 갈릴레오는 새 책도 검열 문제는 없으리라고 자신했다.

그런 느긋한 태도는 큰 착각이었다. 리카르디는 개인적으로야 반대 의견이 없었지만, 갈릴레오가 한계 너머까지 지나치게 밀어붙였다는 것을 알게 됐고, 규칙에 따라 처리할 수밖에 없다고 생각했다. 리카르디는 몇 군데 손볼 것을 제안했다. 서문과 결론을 추가해서 내용이 사변에 불과하다는 점을 확실하게 밝히라고 조언했다. 코페르니쿠스 모형은 논증의 한쪽 면일 뿐이고, 신학자들이 취한 입장보다 나을 것 없는 의견임을 밝히라고 했다.

갈릴레오는 리카르디의 제안이 흡족하지 않았지만 게임의 논리를 이해했다. 그는 책이 가급적 많은 독자들에게 읽히기를 바랐고 그러자면 교황청의 요구를 만족시켜야 한다는 것도 알았다. 갈릴레오는 로마로부터 온 첩보를 듣고 재차 마음을 놓았다. 우르바노 8세가 『대화』의 일부를 낭독시켜 듣고는 아주 흥분하면서 갈릴레오의 기지와 박학을 칭찬했다고 했다.

1630년 5월 초, 리카르디 신부는 계속 『대화』를 검토하는 중이었다. 갈릴레오는 아직 신부에게 적당한 서문과 결론 글을 주지 못했지만, 어쨌든 잠시 로마를 다녀왔다. 신부를 재촉해서 검열 과정을 한시라도 단축시키려는 목적이었다. 친구들과 지지자들을 들썩이게 해 놓고, 교황의 시선도 끌어서, 『대화』의 앞날을 탄탄대로로 만들려는 의도도 있었다.

이 여행은 참담한 실패로 끝났다. 로마의 분위기는 갈릴레오가 6년 전인 1624년에 방문했을 때와 전혀 달랐다. 지난 여행에서 갈릴레오를 그토록 격려했던 사려 깊고 말수 많은 교황은 전혀 다른 사람으로 변해 있었다. 그 사이에 우르바노 8세는 바티칸을 장악했다. 앞뒤의 교황들이 취했던 전략을 그대로 따라서, 우르바노 8세도 맨 먼저 족벌주의를 통해 입지를 세웠다. 가정이 있는 형 카를로를 교황군 사령관으로 임명했고, 카를로의 아들 프란체스코를 추기경으로 만들었다. 그런 뒤에는 전제 정치의 옷을 걸쳤다. 취조 중에 죽은 이단자들의 유골을 파내서 썩어 가는 시체를 대중 앞에 불태웠다. 이단으로 여겨지는 시인들과 작가들을 추적했고, 성당에서 코담배를 피우는 사람을 즉각 파문하는 칙령까지 내렸다.

우르바노 8세의 자아는 교황으로 선출되자마자 걷잡을 수 없이 팽창했다. 우르바노 8세는 교황관이 머리에 놓이는 순간 느닷없이 부복하며 성찬대에 몸을 던졌다. 이 가짜 같은 폭발적 신앙심에 참관인들은 놀라고 당황했을 것이다. 교황에 오른 지 며칠 만에 우르바노 8세는 신자들의 영적 안내자를 넘어 군사적 지도자로도 자신을 내세우기 시작했다. 그는 이렇게 말했다. "살아 있는 교황 하나의 판단이 죽은 교황 100명의 격언보다 가치 있다."[16] 추종자들과 아첨꾼들이 교황의 기념비를 세우겠다며 허가를 요청하자 참모들은 생전에 그러는 것은 적절해 보이지 않는다고 의구심을 표했지만, 우르바노 8세는 잘라 말했다. "그냥 두라. 나는 평범한 교황이 아니니라."[17]

1630년이면 우르바노 8세는 편집증에 사로잡혔고, 자기 내부에 틀어박혔다. 건강 염려증이 있었던 그는 자신의 죽음이 임박했다고 점친 예언이 있다는 소문에 진지하게 걱정했다. 교황은 직원들을 거의 다 해고한 뒤새로 경호원들을 고용했고, 독살에 대비해서 새로 시식 시종들을 고용했다. 예언이 그의 마지막 날이라고 예측한 당일에는 문을 걸어 잠근 채 방에 틀어박혔다. 위험이 지나갈 때까지 아무도 들이지 않고 아무 것도 먹지않았다.

그동안 흑사병이 이탈리아를 종횡무진 누볐다. 질병이 휩쓴 자리에 무수한 사망자가 남았다. 밀라노는 인구 절반이 사라졌고, 베네치아는 인구의 3분의 1이 굴복했고, 이탈리아에서 가장 크게 타격을 입은 도시인 만토바에서는 인구의 4분의 3가량이 죽었다.

로마에 있던 갈릴레오는 막역한 친구들이나 린체이 학회 사람들 말고는 신학적 논쟁이나 "새로운 과학"의 대담한 제안에 흥미를 보이는 사람이 거의 없음을 발견했다. 사실 죽음과 질병, 전쟁과 역병은 대중의 신앙심을 굳게 만들었다. 솔직히, 과학이 인류에게 흑사병의 칼날에 대항할 무기를 줄 수는 없지 않은가?

교황은 갈릴레오에게 한 차례 짧은 접견을 허락했다. 갈릴레오는 으레 참가하곤 했던 사교 모임들을 죽 돌아보았지만 그 결과도 실망스러웠다. 최악은 1630년 6월 말에 갈릴레오가 피렌체로 돌아온 후에 벌어졌다. 리카르디가 『대화』를 잡고 우물쭈물하는 동안, 갈릴레오의 친구이자 후원자인 체시가 아콰스파르타의 자택에서 흑사병에 희생된 것이다.

체시는 죽을 무렵에 갈릴레오의 걸작을 출간할 준비를 하는 중이었다. 리카르디에게서 검열이 해결되었다는 소식이 오기만 기다렸다. 그런데 대부분의 사람들이 몰랐던 바, 체시는 거의 파산 상태였고, 유언도 없이 죽었다. 『대화』의 출간은 이중고를 겪게 되었다. 일단 리카르디의 저항을 넘어야 했고 다음으로는 갈릴레오의 최고의 동맹이자 가장 영향력 있는 친구의 죽음을 극복해야 했다. 상황이 이랬으므로, 갈릴레오는 책을 내줄 다른 후원자를 찾아봐야 했다.

달력이 1630년에서 1631년으로 넘어가는 동안, 갈릴레오를 둘러싼 세상은 산산이 무너져 내렸다. 질병에 발목이 잡히고, 주변에서 많은 사람이 죽어 가는 것을 무력하게 바라보고 (동생 미켈란젤로도 대가족에게 동전 한 푼 남기지 않은 채 이때 죽었다.) 검열의 그물에 걸렸으며 한쪽에서는 교황의 지지가 사라지고 다른 한쪽에서는 린체이 학회의 지지가 사라졌으니, 갑자기 후원자도 없이 빈손이 된 갈릴레오는 덫에 걸린 기분에 무력했다. 비참함을 더하는 요소가 하나 더 있었다. 흑사병 때문에 유럽의 통신 체계가 심각하게 망가진 것이었다. 피렌체에서 로마로 가는 우편 배달은 믿을 만하지 못하게 되었고 느려졌다. 갈릴레오는 교회의 요구대로 원고를 수정하고 다듬고자 리카르디와 계속 편지를 주고받았는데, 그 왕래는 이제 가뭄에 콩 나듯 드문드문하게 되었다.

1631년 내내 갈릴레오는 불확실한 상태에 묶여 있었다. 날이 서늘해져 흑사병이 잦아들고 서서히 일상이 정상의 꼴을 찾아가고서야 마침내 피렌체에서 책을 출간해도 좋다는 허락이 왔다. 서문과 결론을 추가해야 한다는 조건은 변함이 없었고, 두 글은 리카르디가 썼다. 여기에 토스카나 지역 검열관이 작성한 공식 보고서도 붙었다. 좌우간 드디어 책을 사람들에게 읽힐 수 있게 됐다.

1632년 2월, 원고가 완성된 후로 2년도 더 지나서야 겨우 최종교가 인쇄기에 걸렸고, 『대화』가 마침내 세상 빛을 보았다. 피렌체에서 인쇄된 책은 유럽 전역에 배포되었다. "새로운 과학"의 충성분자들은 허겁지겁 책을 탐독했다. 우주의 메커니즘이 고대 철학자들의 법칙 및 추론과 거의 무관하다는 사실을 이미 받아들인 독자들은 책을 걸작으로 칭송했다.

1632년 초에 교황청에도 책이 한 권 전달되었다. 하지만 교황은 너무 바빠서 신경을 쏟을 틈이 없었다. 갈릴레오는 교회 안팎의 부유하고 영향력 있는 친구들의 책상에도 증정본을 한 부씩 배달했다. 온 유럽 대도시 서점들에 멋지게 장정된 책이 배달되었다. 교황은 제 문제와 전쟁 문제에 몰두하느라 갈릴레오의 최신 증정본을 못 읽었지만, 로마의 갈릴레오 지지자들과 불구대천의 원수들은 당대 최고 석학의 사상을 당장 파고들었다. 그리고 아군이든 적이든 가릴 것 없이 책의 진짜 성격을 당장 알아차렸다.

과학자를 혐오하면서도 그의 글을 읽은 적들은 저자의 기술과 문학적 재능에는 탄복하지 않을 수 없었으나, 갈릴레오가 대체 어떻게 검열을 빠져 나갔는지 놀라워하며 생각에 잠겼다. 갈릴레오의 친구들과 지지자들도 바티칸이 그토록 분명한 것을 놓쳤다는 사실에 놀랐을 것이다. 갈릴레오 비난에 가장 열심인 소수의 정적들이 보기에는 그가 틀림없이 미쳤거나, 일부러 자기들을 자극하는 것이었다. 그들이 보기에 『대화』는 너무 멀리 내디딘 한 발짝이었다. 갈릴레오가 새 책으로 제 무덤을 팠다고 생각하는 적들도 있었다. 그 점에 있어서는 적들의 생각이 크게 틀리지 않았다.

12장

신성하지 못한 음모

✠

1632년에는 런던 최초의 커피숍이 문을 열었고, 존 로크와 크리스토퍼 렌과 베르메르와 스피노자가 태어났고, 렘브란트가 「니콜라스 튈프 박사의 해부학 강의」를 그렸다. 『대화』가 출간된 지 거의 여섯 달이 지났지만 적대적 반응은 전혀 없는 듯했다. 갈릴레오는 계속 몸이 아파 정신이 산란한데다가 이미 새로운 생각을 하기 시작했기 때문에, 책에 대한 걱정을 털어 버렸을지도 모른다. 자신의 명성, 교황의 총애, 메디치 가와의 관계가 결합한 결과, 교리에 반하는 내용이 있더라도 권력자들이 짐짓 못 본 체했다고 생각했을지도 모른다. 갈릴레오가 정말 그렇게 생각했다면 엄청난 착각이었다. 적들은 벌써 행동에 나섰다.

갈릴레오의 새 책에 사악한 면이 있다고 교황에게 경고한 사람이 누구인지는 알 수 없다. 문서나 편지 기록이 남지 않았기 때문에 정확하게 알수가 없다. 하지만 갈릴레오의 적들과 경쟁자들에 대한 정보를 바탕으로 살펴볼 때, 그럴싸한 가설을 세울 수 있다. 문제를 일으킨 사람은 틀림없이 예수회 소속이었을 것이다.

예수회는 스스로 교회의 지적 분파라고 생각했다. 그들은 실험을 했고, 천문 관측을 했고, 과학적 문제나 과학과 종교의 접점에 관하여 학술서를 썼다. 물론 편파적인 작업이었다. 콜레조 로마노를 비롯한 유럽 전역의 예수회 단체들은 그런 연구를 학생들에게 가르쳤다. 이런 활동의 진정한 동기는 교회 친화적인 대안 과학을 형성해 세속의 학문을 꼬치꼬치 반박하는 것이었다. 예수회는 기회가 있을 때마다 갈릴레오를 부정했다. 예수회의 앙심이 얼마나 크고 강했는가는 콜레조 로마노의 유력 인사인 크리스토프 그리엔베르거가 쓴 편지에서 엿볼 수 있다. 1634년의 편지에서 사제는 말했다. "콜레조 신부들의 호의를 유지하는 법을 알았다면, 갈릴레오는 세상 앞에 영광된 삶을 살았을 것이고 어떤 불행도 겪지 않았을 것입니다. 원하는 대로 어떤 소재든 쓸 수 있었을 것입니다. 지구의 운동에 관해서라도 말입니다."[1] 예수회에는 갈릴레오를 유독 경멸한 유력인사가 둘 있었다. 오랜 정적인 크리스토퍼 샤이너 신부와 콜레조 로마노의 수학 교수인 오라치오 그라치 신부였다.

당시의 기록을 볼 때, 샤이너는 오래 전에 갈릴레오가 자신에게 가한 모욕을 절대 용서하지 않았던 것 같다. 어느 갈릴레오 지지자로부터 『대화』가 훌륭한 작품이라는 말을 듣고, 샤이너는 분노에 휩싸여 당장 책방으로 달려가, 주인에게 서둘러 책을 구해 주면 원래 가격의 5배를 쳐주겠다고 했다.[2]

그라치는 어땠을까? 그게 가능한 일인지는 모르겠지만, 그라치는 샤이너보다 더 갈릴레오를 미워했다. 갈릴레오는 예수회 사람들의 악감정을 휘저어놓았고, 특히 최근에 그라치의 철학이 비논리적이라고 공개적으로 비판함으로써 그라치의 화를 폭발시켰다. 그라치에 대한 갈릴레오의 비판은 『대화』에도 나온다. "철학은 『일리아드』나 『오를란도 푸리오스』처럼 사람이 창조한 가공의 책과 마찬가지이고, 그런 책들에서는 내용의 진실성은 우선적으로 고려할 것이 못 된다."라고 했던 그라치의 믿음을 조롱했다. 갈릴레오는 이렇게 열변을 토했다. "사르시(그라치의 가명) 씨여, 상황은 그렇지 않습니다. 철학은 우주라는 위대한 책 속에 씌어진 채 우리 앞에 펼쳐져 있으니 우리는 먼저 씌어진 언어를 익히고 상징을 파악해야 철학을 이해할 수 있습니다. 그 언어는 수학이고, 그 상징은 삼각형과 원 같은 기하학적 도형들입니다. 수학 언어의 도움이 없다면 우리는 한 단어도 파악하지 못한 채 캄캄한 미로를 헛되이 방랑할 뿐입니다."[3]

그라치는 복음주의자였고, 갈릴레오에 대한 반대가 신성한 대의를 띤다고 믿었다. 『대화』가 출간되기 8년 전인 1624년, 그라치는 전해에 출간된 『시금사』를 공격하는 책을 쓸 계획이라고 갈릴레오의 로마 친구인 마리오 구이두치에게 말했다. 그 책에서 이단적인 속성들을 가려내어 공개할 작정이라고 했다.[4] 같은 해에 누군가가 『시금사』의 내용을 빌미로 종교 재판소에 갈릴레오를 고발했다. 고발장은 익명이었다. 그때 종교 재판소는 고발장을 철해 둔 뒤 잊어버렸지만, 이 문서는 나중에 갈릴레오의 재판과 유죄 선고 드라마에서 결정적인 역할을 한다. 익명 고발자의 정체는 지금도 미궁 속에 남아 있다. 하지만 아마 종교 재판소에 영향을 미칠 만한 예수회 고위 간부였을 것이고, 거의 틀림없이 그라치였을 것이다.

1624년에 갈릴레오를 밀고한 익명 고발자가 정말 그라치인지, 그리고 1632년에 『대화』를 고발한 사람도 혹시 그라치인지 확실하게 말해 주는 증거는 없다. 하지만 갈릴레오의 지인들은 두 사건의 배후에 대해 강한 심증을 갖고 있었다. 리카르디 신부는 갈릴레오의 어느 지인에게 쓴 편지에서 "예수회가 갈릴레오를 철저하게 박해할 것입니다."라고 말했다.[5] 갈릴레오는 파리의 친구에게 보낸 편지에서 말했다. "믿을 만한 소식통으로부터 듣자니, 예수회 신부들이 몇몇 주요 인사들을 설득해서 내 책이 저주의 대상이고, 루터나 칼뱅의 저작보다 더 교회에 해롭다고 믿게 한 모양입니다. 책이 금지될 것이 뻔합니다. 내가 출판 허가를 받으려고 직접 로마로 가서 성궁장(출판 여부를 결정하는 직책이었고, 여기에서는 리카르디 신부를 말한다. —옮긴이)의 손에 원고를 전달했는데도 말입니다."[6] 몇 달 뒤에 쓴 다른 편지에서는 이렇게 결론을 내렸다. "보다시피 내가 이제까지 공격 받아 왔고 지금도 공격 받는 이유는 이런저런 의견 때문이 아닙니다. 단지 예수회가 나를 싫어하기 때문입니다."[7]

구이두치는 갈릴레오와 그라치의 충돌을 '전쟁'에 비유했다. 구이두치는 갈릴레오에게 편지로 말했다. "그라치가 전쟁을 일으켜 우리를 몰아붙일 것이라는 소문이 파다합니다. 나조차도 그가 제대로 된 반박을 준비한 게 아닐까 생각될 정도입니다. 하지만 한편으로는 그가 어떻게 우리를 공격할지 잘 모르겠습니다. 비르지니오 말베치 백작이 거의 확실하게 말하듯, 물질의 열, 맛, 냄새 등의 속성에 관한 당신의 견해에 대해 그라치는 튼튼한 반대 의견을 구축하지 못했습니다. 당신이 이 문제에 관하여 완전 무장한 상태로 자신이 있기 때문에 책을 써서 일부러 논란을 일으킨 것 아니냐고 백작은 생각하더군요."[8]

후에 갈릴레오가 재판과 선고를 받은 뒤에도 그라치는 문제를 덮을 생각이 없었고, 이렇게 말했다. "갈릴레오는 스스로 파멸했다. 그는 남의 재능을 업신여기고 제 재능에 도취했다. 모든 사람이 그를 해치려는 마음을 품은 것도 무리가 아니다."[9] 이 말로 미루어 1624년과 1632년에 폭로문을 쓴 장본인이 그라치라고 못 박기는 힘들 것이다. 그냥 그만큼 갈릴레오가 미워서 한 말일지도 모른다. 하지만 그라치가 적절한 장소와 적절한 시점에 영향력 있는 위치에 있었던 것은 분명하다. 또 그에게는 동기가 차고 넘쳤다.

1632년 여름이 되자 갈릴레오를 재판정으로 끌어낼 여러 요소들이 각기 세력을 발휘하기 시작했다. 갈릴레오에 대한 박해는 여러 요인들이 복잡하게 섞여 빚어낸 결과였다. 시시한 요인도 있고, 교회와 정통 교리에 근본적으로 문제가 되는 요인도 있었다. 갈릴레오의 책은 최악의 시기에 등장했다. 그도 어느 정도 그 점을 인식했지만, 검열을 억지로 통과하느라 너무 오래 시간을 끌었기 때문에 더는 출간을 미룰 여유가 없었다. 아무튼 1632년은 『대화』를 출간하기에 좋지 못한 시점이었다. 갈릴레오의 조바심이 적들의 정치적 움직임을 자극해 조사를 부추긴 셈이었다. 그런데 위대한 인물의 몰락에 이바지한 요인들 중에는 속세의 요인도 몇 가지 있었다.

먼저 정치적 양상이 갈릴레오에게 불리했다. 1632년에 30년 전쟁은 14년 가까이 진행된 참이었다. 각국의 군사적 명운은 어마어마하게 복잡한 기복을 겪다가 1630년경에 전쟁이 새 국면에 접어들었다. 스웨덴 왕 구스타프 2세의 군대가 프랑스와 동맹을 맺고 개신교 국가인 독일을 침공함으로써 유럽이 완전히 뒤흔들릴 찰나였다. 1632년 5월, 그러니까 갈릴레오 사건이 터지기 몇 달 전, 독일 마그데부르크 시가 약탈 당해 적어도 2만 명의 시민이 목숨을 잃었다. 사건은 유럽 전역에 충격파를 던졌고, 교황의 개입을 바라는 사람들은 이 일을 기회로 목소리를 높였다.

당연히 이 사건은 로마에도 심각한 반향을 끼쳤다. 우르바노 8세는 세속의 책임을 기꺼이 지는 사람이었다. 군사 지도자와 국가 수장으로서의 지위를 진지하게 받아들였다. 하지만 그는 자금 부족에 시달렸고, 그렇잖아도 세금을 올린 일로 로마 시민들에게 인기가 없었다. 그가 지출하는 군비 때문에 바티칸은 빚에 시달렸다. 교황관을 쓴 이래 탐욕스럽게 사욕을 채우고 일가친척에게 일자리를 준 것도 순수한 이미지를 더럽히는 데 일조했다.

우르바노 8세의 편집증은 점점 심해졌다. 그는 아무도 믿지 않았다. 마그데부르크 약탈 두 달 전인 1632년 3월 초, 갈릴레오의 『대화』가 로마에 막 도착했을 무렵에, 교황과 지지자들은 가스파레 보르히아가 이끄는 반항적인 스페인 추기경들과 꼴사나운 실랑이를 벌였다. 보르히아 추기경은 교황이 스페인의 동맹으로 전쟁에 참가하지 않는다고 겁쟁이라고 했다. 3월 8일 추기경 모임에서 분란은 최고조에 달했다. 서로 주먹을 날리기 일보직전까지 사태가 악화되는 바람에 스위스 근위병들이 달려와서 성직자들을 뜯어 말렸다.

우르바노 8세는 마음이 불편해졌고, 점점 더 초조하고 고립된 신세가 되었다. 교황은 당장 스페인 사람들을 바티칸에서 몰아냈다. 다음에는 갈릴레오의 친구이자 한때 학생이었던 조반니 참폴리에게 눈길을 돌렸다. 참폴리는 1620년대에 바티칸의 위계 사다리에서 빠르게 출세를 한 끝에 교황의 개인 시종 및 왕족과의 서신 교환 비서라는 영예로운 자리에 임명되었다. 참폴리는 거만하고 자기 중심적인 사람이었다. 의심할 여지없이 몹시 똑똑했지만 음모와 간계로 출세한 인물이었다. 그런데 참폴리는 갈릴레오를 진심으로 좋아했고 갈릴레오의 사상을 존경했다. 오랫동안 참폴리는 아주 유용한 바티칸 정보원이었다. 그런 참폴리가 1632년 3월, 교황에 대항하는 스페인 추기경들의 정치 분규에 연루되었다. 참폴리는 한 달 후에 귀양에 처해졌고 남은 평생 추방된 채로 살았다.

이런 아슬아슬한 분위기에서, 그라치든 샤이너든 아무튼 영향력 있는 어느 성직자가 교황의 귀에 추문을 속삭였다. 갈릴레오가 최근작 『대화』

에서 교황을 인격적으로 모독했다고 말이다. 고발자는 갈릴레오의 반가톨릭 이데올로기를 지적하는 것을 넘어, 두 가지 용서받지 못할 죄가 더 있다고 했다. 첫째, 갈릴레오는 몇 년 전에 교황과 여러 번 만나 합의했던 내용을 따르지 않고서 책을 냈다. 둘째 죄목은 어쩌면 더 극악했다. 갈릴레오가 『대화』에서 멍청한 등장인물의 입을 통해, 즉 사람 좋지만 총명하다고는 할 수 없는 심플리초의 입을 통해 교황의 정서와 이데올로기를 이야기했다는 점이다.

밀고자가 누구였든, 참으로 교활한 자였다. 우르바노 8세가 스스로를 과대평가한다는 점, 심각한 편집증까지 있다는 점은 로마에 자자하게 소문난 사실이었다. 고발자는 과학적 주제로 공격하는 것은 위험하고 더딜 것이라고 생각했던 게 분명하다. 성공 확률도 낮다고 보았을 것이다. 대신에 교황의 명예와 지성을 의심하는 문제로 바꿔서 개인적 주제로 돌변시킨 것은 그야말로 뛰어난 정치적 기술이었고 마키아벨리적 우회 공격이었다.

작전은 멋지게 들어맞았다. 안 그래도 반항적인 추기경들과 채권자들과 정체 모를 비판자들 때문에 잔뜩 초조했던 우르바노 8세는 격분을 토했다. 교황은 그간 무수한 칭찬과 명예를 갈릴레오에게 쏟았고 돈독한 우정을 과시했기에, 갈릴레오가 이중으로 배신했다고 믿기 쉬웠다. 교황이 생각하기에 갈릴레오는 로마를 떠날 때부터 책을 쓸 작정이었고, 자기와 이야기했던 것과 전혀 다른 교활한 책을 쓸 작정이었다. 더구나 과학자는 자기를 멍청이로 그렸다. 갈릴레오는 죄의 대가를 치러야 할 것이다.

우르바노 8세가 당장 보인 반응은 특별 조사 위원회를 설치해서 갈릴레오의 책을 상세하게 조사시킨 것이었다. "갈릴레오는 지구의 움직임과 태양의 부동성을 확고하게 단언함으로써 가설에서 벗어났으니, 자기에게 주어졌던 지침을 어겼다."라고 교황은 말했다.[10]

다음으로 교황은 토스카나 대사인 프란체스코 니콜리니를 불러들였다. 갈릴레오는 이 만남을 전해 듣고서 비로소 로마에서 빚어진 문제에 대해 알았다. 니콜리니가 페르디난도 대공에게 보고하기를 교황은 "화를 터뜨렸고, '가련한 갈릴레이 씨'에 대해 엄청나게 언짢은 기색을 드러냈다." 교황이 화를 낸 이유는 분명했다. 교황은 "갈릴레오 갈릴레이가 겁도 없이 나를 조롱했다."라고 울분을 토했다. 니콜리니는 경고했다. "교황 성하의 머리에 어떤 생각이 떠오르면, 그것으로 끝입니다. 누군가 성하께 반대하거나 위협하거나 반항하면 더 그렇습니다. 교황은 완고해져서 누구에게도 존중을 표하지 않습니다……. 정말 까다로운 일이 될 것 같습니다."[11]

며칠 뒤에 갈릴레오는 종교 재판소 직원들이 피렌체 인쇄업자 란디니의 사업장에 들이닥쳐서 『대화』의 생산과 배포를 중단시켰고, 책에 관한 자료를 모두 압수했다는 소식을 들었다.

갈릴레오가 벌집을 쑤셔놓았다는 사실이 이제 극명해졌다. 분노에 휩싸인 교황은 기독교계에서 가장 극악한 이단에게나 행하는 것이었던 특별 조사를 갈릴레오를 대상으로 시행했다. 교황을 기꺼이 돕는 조력자가 부족할 일은 없었다.

교황 검열관인 리카르디 신부는 『대화』를 잘못 다룬 일로 끔찍한 곤란을 겪을 처지였다. 어쩌면 "교정하지 않은" 책을 살포한 책임을 떠맡게 될지도 몰랐다. 그러나 행운이 비쳤다. 어떤 이유에서인지는 몰라도 교황은 리카르디도 갈릴레오에게 속았다는 결론을 내렸고, 『대화』가 검열의 그물을 빠져 나간 데에 신부의 책임은 없다고 보았다. 리카르디가 성실하게 행동했다는 것을 믿는 증거로서, 교황은 신부를 갈릴레오 특별 조사 위원회의 의장으로 앉혔다. 함께 일할 적당한 신학자 둘을 골라서 최대한 빨리 보고서를 제출하라고 했다. 리카르디는 교황의 개인 신학자인 아뇨스티노

오레조와 예수회 신부 멜키오르 인코페르를 선택했다.

교황이 리카르디에 대해서 어떻게 생각했든, 사제는 여전히 갈릴레오에게 우호적인 편이었다. 당연히 자기의 감정을 비밀로 했지만, 지적 탐구의 자유를 추구하려는 과학자의 열망에 어느 정도 공감했다. 리카르디가 특별 조사 위원회 구성원을 고를 때 의심을 사지 않으면서도 은근히 갈릴레오에게 호의적일 것 같은 사람들을 택했을 수도 있다. 오레조에 관해서는 그 짐작이 옳았다. 하지만 인코페르를 택한 것은 실수였다.

마흔일곱 살의 인코페르는 독일 출신 사제였다. 신학계에서 빠르게 승진해 시칠리아 섬 메시나에 있는 예수회 대학교의 신학 교수가 되었다. 그는 격렬한 반코페르니쿠스, 반갈릴레오주의자였는데, 딴 속셈도 하나 있었다. 인코페르가 1632년에 로마에 있었던 것은 검사성성이 요청해서였다. 그가 쓴 『메시나 사람들에게 동정녀 마리아의 편지를 옹호함』이라는 책 때문이었다. 인코페르는 책에서 처녀 잉태에 관한 자칭 "증거"를 제공했는데, 제 신념을 지지하려는 의도에서 지나칠 정도로 물질적 증거를 추구한 나머지 교회가 보기에 정통 교리를 넘어선 것 같았다.

검사성성 관계자들이 중요한 재판으로 예상하는 갈릴레오 사건에 대한 증거를 위원회가 수집하고 대조하는 동안, 인코페르의 책은 금서 목록에서 "교정"을 기다렸다. 인코페르는 이 기회에 제 무죄를 입증하고 싶었다. 그래서 갈릴레오에 불리하게 사용될 만한 것이라면 종이 조각 하나도 놓치지 않고 최대한 모으기 시작했다.

1632년 9월에 인코페르는 바티칸 문서실에 보관된 갈릴레오 관련 문서철을 철저하게 뒤졌다. 그러던 중 앞으로 재판에서 결정적인 요소로 작용할 문서들을 발견했다.

인코페르의 눈에 들어온 첫 번째 문서는 1616년의 명령서였다. (갈릴레오도 벨라르미노도 서명하지 않은 문서였다.) 코페르니쿠스 이론을 어떤 식으로든 다시는 가르치지도, 주장하지도 않는 데에 갈릴레오가 동의했다는 내용이었다. 종교 재판소의 도미니코회 대표였던 미켈란젤로 세기치 신부가 고집을 부려 작성했던 문서다. 그 문서는 갈릴레오의 죄를 입증하는 증거였고, 재판에서 검사의 주요 자료로 쓰일 것이었다.

인코페르는 훨씬 중요한 문서도 우연히 발견했다. 1624년에 누군가가 익명으로 갈릴레오의 책 『시금사』를 고발한 문서였다. 고발자에 따르면 갈릴레오는 원자 이론을 주장하면서 가톨릭 신앙의 정수인 성찬식의 기적에 의혹을 제기했다. 주장대로라면 갈릴레오는 코페르니쿠스 모형을 지지하는 것보다 더 심각한 이단 행위를 저지른 셈이었다.

성찬식은, 가톨릭이 말하는 대로라면, 너무나 기이한 교리이다. 마술, 부두교 의식, 중세 기독교를 섞어 놓은 듯하다. 놀랍게도 그것은 어엿한 교의, 아니 교조로서 가톨릭 신앙의 중심 기둥이다. 성찬식은 그리스도 최후의 만찬에 담긴 경건하고 깊은 의미에 뿌리를 둔 의식이다. 신앙의 주춧돌이고, 논의의 대상이 될 수 없다. 성 아우구스티누스는 성찬식을 가리켜 "이성으로 탐구할 수 없는 신비"라고 했다.[12] 역사학자 피에트로 레돈디는 실체 변화 (교회가 생각하는 성찬식의 메커니즘) 개념에 대한 가톨릭의 집착을 이렇게 표현했다. "성찬식의 역사는 길고 복잡하다. 이성과 신앙이 내내 갈등을 빚어온 역사이다. 지동설이라는 천문학적 진실에 대한 반대는 이 문제에 비하면 짧고 주변적인 일화에 불과하다."[13]

가톨릭 교도들은 신교도들과 달리 성찬식을 상징적 의식으로 생각하지 않는다. 가톨릭에서 성찬식은 신자가 하느님과 하나가 되는 사건이고, 빵과 포도주가 정말로 그리스도의 몸과 피가 되는 예식이다. 그것이 실체 변화의 핵심이다. 개신교에서는 빵과 포도주가 그리스도의 몸과 피를 상징하거나 대변할 뿐이다. 성찬식 중에 정말 실체 변화가 일어나는 것은 아니다. 성찬식은 성스러운 의식일 뿐 그 이상은 아니다.

사소한 차이로 보일지 몰라도, 이것이 로마 가톨릭과 개신교를 가르는 결정적인 차이이다. 가톨릭 교도인 동시에 코페르니쿠스 지지자일 수는 있어도, 가톨릭 교도이면서 트리엔트 공의회의 성체 성사 개념(성찬식 중에 성삼위일체의 작용이 신자에게 일어난다고 보는 개념이다.)을 존중하지 않는 것은 불가능하다는 말이 있을 정도다.[14]

실체 변화는 12세기와 13세기 신학자들이 발명한 개념이었다. 대표자격인 토마스 아퀴나스를 비롯한 철학자들은 아리스토텔레스 원자 모형에 의존해 실체 변화를 해석했다. 아리스토텔레스에 따르면 만물은 이중적 속성을 지녔고('실체성'과 '우유성(偶有性)') 두 가지는 분리된다. "실체"는 "영혼"의 다른 말이고, "우유성"은 "육체"의 완곡어법이다. 이렇게 표현할 수도 있다. "실체"는 어떤 물체의 존재를 가리키는 말로서 "그 물체"를 바로 "그 물체"로 만드는 핵심적 속성을 가리키는 한편, "우유성"은 그 물체의 물리적 특징들, 즉 우리가 관찰할 수 있는 특징들을 가리킨다.

가톨릭 교리에 따르면 하느님은 성찬식 중에 빵과 포도주의 '실체'(또는 정수)를 그리스도의 몸과 피로 바꾼다. 하지만 "우유성"(빵과 포도주의 이차적 특질들)은 영향을 받지 않기 때문에 빵과 포도주는 보통의 빵과 포도주의 모습과 맛을 유지한다.

갈릴레오가 『시금사』에서 주장한 원자 모형에 따라 물질의 구조를 해석하면 이런 실체 변화는 불가능했다. 갈릴레오는 이렇게 썼다. "맛, 냄새, 색깔 등은 그 속성을 품고 있다고 간주되는 물체에 주어진 이름일 뿐이다. 우리의 의식 속에서만 존재하는 속성들이다. 만약 모든 생명체가 사라진다면, 그런 특질들도 싹 사라질 것이다."[15] 신학자들은 이름, 즉 사물을 묘사하는 단어의 힘을 믿는다. 갈릴레오는 아니었다. "의견과 목소리로 어떤 것에 이름을 붙여 그것을 존재하게 만들 수 있다면, 부탁하건대 호의를 베풀어 내 집의 오래된 가재도구들에 '금'이라는 이름을 붙여 달라."[16]

『시금사』에서 갈릴레오는 이렇게 말했다.

> 우리는 유형의 물질 또는 실체를 생각할 때, 그것의 경계가 어디까지인지, 이런 모양인지 저런 모양인지, 다른 물질에 비해 큰지 작은지, 이곳에 있는지 저곳에 있는지, 이때 있는지 저때 있는지, 움직이는지 정지했는지, 다른 물체와 접촉하는지 하지 않는지, 하나인지 몇 개인지 여러 개인지 등을 필연적으로 함께 생각한다. 아무리 노력해도 물질과 그런 조건들을 떼어서 생각할 수는 없다. 하지만 그것이 흰지 붉은지, 쓴지 단지, 소리가 나는지 조용한지, 좋은 향이 나는지 나쁜 향이 나는지 하는 조건들은 필연적으로 물질에 따라붙는 것이 아니다.

갈릴레오의 원자 이론은 물론 반아리스토텔레스적이었고 철저하게 급진적이었다. 그는 물질이 눈에 보이지 않는 작은 입자(원자 또는 분자)들로 이루어졌기 때문에 맛이나 색 같은 속성을 지닌다고 생각했다. 제일 중요한 대목은 물질이 다른 물질로 바뀔 때 원래의 특징들도 따라서 변한다는 주장이었다. 『시금사』는 그 원칙을 주로 소개한 책이었다. 갈릴레오는 『대화』에서도 살비아티(저자의 대변인이다.)의 입을 빌려 다시 이 철학을 설명한 바 있다. "물질이 철저하게 파괴되면서 원래 존재는 하나도 남지 않고 전혀 다른 것이 생겨난다는 주장, 이른바 실체 변성 주장을 나는 도무지 이해할 수가 없습니다."

이런 말은 토마스 아퀴나스식 실체 변화 원리를 거부하는 것이었다. 게

다가 역사상 어느 때보다 교회가 스스로 취약하게 느끼며 방어적이었던 시기에 신앙을 공격했기 때문에, 참으로 선동적인 진술이었다. 토마스 아퀴나스는 1264년의 『신학대전』에서 실체 변화 교리를 똑똑하게 설명했다. 그것에 대해서는 논쟁이 있을 수 없었다. 우주는 그냥 그렇게 돌아가는 것이다. 1545년부터 1563년까지 열린 트리엔트 공의회는 실체 변화 교리를 새로운 차원으로 끌어올렸다. 공의회는 성명서에서 단언했다. "성스러운 성찬 예식에서 축성된 빵과 포도주 안에, 그리고 그것을 잘게 나눈 것 안에 그리스도의 몸과 피가 고스란히 들어 있다는 사실을 부인하는 자에게 저주 있으라."

"그에게 저주 있으라." 종교 재판소가 좋아하는 말이었다. 교회에 동의하지 않는 자는 그냥 "틀린" 게 아니라 "사악"하고 "반기독교"적이기 때문에 화형주의 불꽃만이 어울렸다. 트리엔트 공의회의 성직자들은 아퀴나스의 현혹적인 형이상학을 평신도에게 쉽게 가르치려고 다음과 같은 개념을 빚어냈다. 적어도 자기들이 보기에는 명확하고 간결한 명제였다. "우유성은 그리스도의 몸과 피로부터 분리될 수 있다……. 자연의 질서를 거스를 순 없기 때문이다." (달리 말하면 빵과 포도주의 외형적 특징들은 성령이 이들의 '실체'를 기적처럼 바꿔놓는 동안에도 변치 않는다는 말이다.) 이런 뻔뻔스러운 거짓말도 덧붙였다. "이는 가톨릭 교회가 꾸준히 단일하게 믿어 온 신념이다." 사실은 고작 300년 전에 인간들이 고안해 낸 개념이었다.[17]

예수회는 실체 변화에 대한 반대 의견을 꼼꼼하게 공격하는 데에 특히 신경을 썼다. 원자론을 원천 봉쇄함으로써 대안적 물질 이론은 아예 제기되지 못하게 하려 했다. 1632년 8월, 갈릴레오의 『대화』가 검열에 직면했던 바로 그때, 예수회 지도자들은 최고 간부들만 보는 내부 성명을 발행해 어떤 형태이든 원자 이론을 가르치거나 포교하는 것을 금한다고 못 박았다.[18] 성명서의 배후에 있던 인물은 당시 예수회에서 가장 권세 있는 지적 안내인이었던 그라치 신부였다.

앞서 보았듯 그라치는 1624년에 갈릴레오와 격렬하게 싸웠다. 그리고 그라치는 콜레조 로마노의 수학 교수로서 성직계에서 유력한 위치였다. 『시금사』에 담긴 이단적 명제들을 익명으로 적절하게 공격하면 갈릴레오에게 큰 상처를 입힐 수 있다고 그라치가 생각했을 법도 하다. 고발장은 종교 재판소의 조언을 구하려는 듯 겸손을 가장한 문장으로 시작한다.

저는 며칠 동안 갈릴레오 갈릴레이의 『시금사』를 정독한 결과, 일찍이 몇몇 고대 철학자들이 설파했으나 아리스토텔레스가 효과적으로 반박한 주장을 갈릴레이가 되살려 냈음을 발견했습니다. 저는 그 주장을 진실하고 한 치 틀림없는 계시를 통한 원칙과 비교해 보았습니다. 신앙의 실천과 미덕을 통해 어둠에서도 환하게 빛나며 어느 자연 현상보다 안전하고 확실하게 우리를 비추는 말씀의 빛 아래에서 볼 때, 그 주장은 거짓이고, 나아가 까다롭고 위험해 보입니다. (저로서는 판단이 안 됩니다.) 저는 교회의 법칙을 따르는 자로서 사람들과 이야기를 하거나 더 심각한 문제를 판단할 때 망설임이 있어서는 안 되겠기에, 존경하는 사제에게 이 문제를 제기하기로 마음먹었습니다. 간청하오니, 뜻을 알려 주시면 귀감으로 삼겠습니다.

몇 단락 뒤에는 글쓴이의 요점이 분명하게 드러난다.

우유성에 대한 갈릴레오의 철학이 진실이라면, 제가 보기에, 신성한 성찬식에서 빵과 포도주의 우유성이 실체로부터 분리될 수 없습니다. 그런 관점에서 감촉과 시각과 맛 등을 판단하자면, 빵의 실체를 이루는 작은 입자들이 존재해서 그것이 우리의 감각을 움직이는 것입니다. 그런데 그 입자들이 실체라면, 성찬식 중에 빵과 포도주의 실체가 남는다는 말이 됩니다. 이것은 성스러운 트리엔트 공의회가 13회기 제2법에서 잘못이라고 규정한 내용에 해당합니다.[19]

『시금사』에 대한 비난은 10년 가까이 잊혀졌다. 정확한 이유는 지금도 알 수 없다. 종교 재판소가 문제를 조사했지만 공개적으로 보이기엔 너무 위험하다고 판단했을지도 모르고, 아니면 우연히도 갈릴레오에게 공감하는 사람의 손에 고발장이 접수된 것인지도 모른다. 어쨌든 1624년에 갈릴레오의 지인들 중 몇몇은 고발장의 존재를 알고 있었다. 구이두치는 갈릴레오에게 편지를 써서 그라치가 『시금사』를 공격하는 책을 쓸까 한다고 알린 바 있는데 (앞서 인용했다.) 이때쯤 린체이 학회의 지도자인 체시에게도 이렇게 알렸다.

몇 달 전에 어느 독실한 신자가 『시금사』를 금하거나 수정할 것을 검사성성에 제안했습니다. 책이 코페르니쿠스주의를 칭송해 지구의 움직임을 주장한다는 게 고발 이유입니다. 그래서 한 추기경이 상황에 관하여 파악하고 보고할 임무를 맡았는데, 다행히도 그가 사건을 구에바라 신부에게 넘겼습니다. 신부는 미님파라고도 불리는 테아티노 수도회의 회장인데, 교황 특사 추기경과 함께 프랑스로 가면서 책을 꼼꼼하게 읽었답니다. 신부는 무척 즐겁게 읽었고, 추기경에게 대단히 칭찬했답니다. 보고서에도 변호하는 말을 썼습니다. 지구의 움직임을 주장하는 교의가 이단적이지 않다고 말입니다. 그래서 당분간은 문제가 가라앉았습니다.[20]

이 편지는 정말 이상하다. 언뜻 보면 말이 안 된다. 구이두치가 암호로 쓴 것이 아니라면, 갈릴레오에 대한 서면 공격이 어떤 내용인지 자세하게 몰랐고 그저 어느 유력 인사가 종교 재판소에 모종의 고발을 접수했다는 정도만 알았던 것 같다. 코페르니쿠스를 언급한 것을 볼 때 그랬을 가능성이 높다. 『시금사』에는 코페르니쿠스 이론이나 천체 역학에 관한 말은 한 마디도 없기 때문이다.

그로부터 10년 뒤, 사건이 다른 차원에 이르러서 갈릴레오가 교회의 직접적인 위협 아래 놓였을 때, 인코페르는 아마 그라치의 펜으로 작성되었을 가능성이 높은 이 폭로문을 발굴해 냈다. 인코페르는 운 좋게 금맥을 찾았다고 생각했을 것이다. 자기 중심적인 벼락 출세자 갈릴레오를 화형대로 보낼 확실한 증거가 손에 들어왔으니 말이다.

나중에 보겠지만, 인코페르가 만약 그렇게 생각했다면 지나치게 낙천적이었다. 자신도 깊게 연루된 복잡한 정치적 형국에 대해 너무 순진하게 파악한 것이었다. 충격적이게도 이 문서(요즘 역사학자들은 G3 문서라고 부른다.)는 검사성성에서 아주 잠깐 조명을 받았다가, 다시 문서 보관소로 사라졌다. 그리고 350년이 더 지난 1982년에서야 다시 발굴되었다. 문서를 두 번째로 발굴한 사람은 갈릴레오 학자인 피에트로 레돈디였다.

G3 문서는 갈릴레오의 고난과 재판에서 중추적인 역할을 한다. 레돈디는 성 베드로 광장 옆에 있는 검사성성 궁에서 다른 사료를 수색하던 중에 그것을 발견했다. (이탈리아 어로 적혀 있다.) 금서성성의 기록(프로토콜리)들은 A, AA, B, BB 하는 식으로 대문자 표기를 달고 분류되어 있는데, G3 문서는 EE권의 292장(앞뒤)과 293장으로 철해져 있었다.*

---

* 왜 이 문서가 G3라고 불리는지는 아무도 모른다. 아마 세 쪽짜리이고 갈릴레오에 관한 것이라서 그런 것 같다.

레돈디는 내용을 보자마자 흥분했고, 다음 해인 1983년에 갈릴레오의 재판을 새롭게 설명한 『이단자 갈릴레오』를 출간했다. 레돈디는 갈릴레오가 재판정에 서게 된 이유에 대해 기존과 다른 분석을 제안했다. 이 학설에 대해서는 다음 장에서 자세하게 이야기할 것이다.

1632년으로 돌아가자. 오늘날 G3라고 불리는 문서에 담긴 주장을 읽어본 뒤, 예리하고 빈틈없는 인코페르는 정황을 상세하게 설명한 보고서를 작성했고, 『대화』에 관한 의견을 특별 조사 위원회에 제출할 때 함께 붙여서 금서성성에 보고했다. 그런데 이 문서 역시 잠깐 빛을 본 뒤 금세 바티칸의 문서 보관실 속에 숨었다. 오늘날 EE291 문서라고 불리는 이 문서는 1999년에야 발견되었다. 이탈리아 역사학자인 마리아노 아르티가스가 레돈디가 조사했던 바로 그 권(EE)을 뒤지던 중에 우연히 찾아냈다. 문서는 라틴 어로 씌어졌고 두 쪽이며 292장 앞면 전체와 뒷면 절반에 걸쳐 있다. (그래서 EE291이다.) G3에서 딱 한 장 앞이었는데도 레돈디가 이 문서를 놓친 까닭은 1982년에는 그 부분을 보는 게 금지되어 있었기 때문이다. 1999년에는 규칙이 완화되었기 때문에 아르티가스가 책 전체를 살펴볼 수 있었다.

G3에 관한 인코페르의 보고서(EE291 문서) 전문은 다음과 같다.

저는 린체이 회원(인코페르는 문서에서 갈릴레오를 이렇게 부른다.)의 담론을 읽어 본 결과, 그것이 진실한 철학을 준수하지 않는 사람의 철학임을 깨달았습니다. 실수이든 무지이든, 경솔한 것은 마찬가지입니다.

1. 그는 먼저, 외부의 물질에 작용을 가하는 물체 속에 일차적 특질과 이차적 특질이 나뉘어 존재한다는 점을 부인하는 오류를 범했습니다. 가령

우리에게 작용을 가해 우리를 따스하게 만드는 불 속에 열기가 내재되어 있음을 부인합니다.

2. 그는 유형의 실체와 그 실체를 한정하는 우유적 특징을 개념적으로 구분하기가 불가능하다고 말하는 오류를 범했습니다. 가령 물체의 수량과 수량에 따른 특징들을 구분하는 것이 불가능하다고 합니다. 그런 의견은 전적으로 신앙에 반합니다. 가령 성찬식에서는 수량이 실체로부터 구분될 수 있는 것은 물론이고, 아예 별개로 존재하기 때문입니다.

3. 그는 맛, 냄새, 색깔 등이 그저 이름일 뿐이거나 감각을 지닌 개체가 외부에서 부여한 호칭일 뿐이라고 말하는 오류를 범했습니다. 그것들이 일차적이고, 진실하고, 진정한 우유성들이 아니라서 개체가 사라지면 그 특징들도 함께 사라진다고 말합니다. 여기에서 두 가지 오류가 더 따라옵니다.

3-1. 동일한 양과 형태를 지닌 개체는 동일한 맛, 냄새 등을 지니게 됩니다.

3-2. 냄새와 맛을 잃어버린 개체는 양과 형태까지 잃게 됩니다. 린체이 회원의 상상 속에서는 양과 형태가 맛이나 향기 등과 구별되지 않기 때문입니다.

4. 그는 작용을 정의하기를, 살아 있는 개체가 외부 물체의 영향을 받을 때, 가령 깃털 같은 물체로 간질일 때 느끼는 감각과 같다고 말하는 오류를 범했습니다. 그러나 이것은 철학자가 세련되지 못해서 저지른 실수라고 용서할 수 있습니다.

5. 그는 냄새와 맛이 간지러움과 같은 이유로 생긴다고 말하는 오류를 범했습니다. 간지러움이 외부의 개체가 일으키는 것이되 그것을 받아들이는 사람의 육체의 유기적 구조에 따라 다르게 느껴지듯, 감각도 받아들이는 개인에 따라 다르게 느껴진다고 말합니다. 하지만 맛과 냄새는 물체의 특질에서 나오고, 물체의 혼합 구조로부터 비롯합니다. 수용자의 감각 기관

도 이러저러하게 서로 다른 구조라서 어떤 사람은 남보다 덜 느끼기도 하고 더 느끼기도 하는 것입니다.

6. 그는 뜨거운 철의 열기가 감각 있는 존재만을 따스하게 만든다고 말하는 오류를 범했습니다. 불 앞의 물체가 "혼합된" 개체여야, 즉 제5원소로 이루어진 개체가 아닐 때에만 열을 받아들인다고 말합니다. 그러나 저는 감각적 특질을 미치는 물질 옆에 놓인 개체는 무엇이든 물질의 특질을 받아들인다고 생각합니다.

7. 저자의 의견에서 곧바로 따라 나오는 결론은, 성찬식에서 우유적 특징들이 빵의 실체와 무관하게 존재할 수 없다는 것입니다. 우유적 특징들이 작은 입자들로 나뉘어서 감각 기관에 작용한다니까 말입니다. 입자들은 전체와 같은 양일 수 없기 때문에 (그렇지 않다면 촉감에만 작용할 것입니다.) 실체의 일부여야 합니다. 즉 빵의 실체의 일부여야 합니다. 달리 무엇의 일부이겠습니까? 실체의 일부는 양에서는 구별되지만 다른 속성에서는 구별될 수 없다고 단정하는 데에서도 동일한 결론이 드러납니다.

8. 또한 성찬식에서 양과 형태 외에는 어떠한 우유적 특징들도 남지 않는다는 결론이 따라 나옵니다. 그가 그릇되게 믿는 바에 따르면 맛과 냄새는 감각에 관여하지 않는 이상 단순한 말에 불과하기 때문입니다. 따라서 우유적 특징들이 양이나 형태 등과 절대적으로 구분될 수 없게 됩니다.

저자는 감각적 개체로서 모종의 최소 입자들을 상정하는데, 고대 철학에서 그런 의견을 지지한 사람이 몇 있긴 했지만, 어쨌든 신앙에 반하는 어리석은 주장을 제기하는 꼴입니다. 지금으로서는 이 정도로 말씀드리면 족하고, 이 문제에 관하여 검사성성에서 추가로 조사할 수 있을 것입니다.[21]

특별 조사 위원회는 1632년 9월 첫 주에 결성된 뒤로 2주 동안 다섯 차례 만났다. 9월 23일 목요일에 24시간에 걸쳐 다섯 번째이자 마지막 모임을 가진 뒤, 세 성직자는 자기들이 알아낸 사실을 교황이 주재하는 금서성성 회의에 제출했다. 위원회의 발견은 즉각적인 혼란과 적잖은 경각심을 일으켰을 것이다. 우르바노 8세가 갈릴레오와 『대화』에 대한 전면전에 돌입한 까닭은 그 패씸한 저술이 그를 화나게 만들었기 때문이고, 그렇게 하는 것이 정치적으로 합당하다고 믿었기 때문이다. 이제 교황은 인코페르 덕분에 갈릴레오의 더 큰 약점을 쥐게 되었다. 그런데 갈릴레오를 대이단 자로 재판정에 세워서 새로운 과학 이론을 통해 성찬식의 해석에 의문을 제기한 죄를 묻는다면, 교황은 판도라의 상자를 열게 될지도 몰랐다. 교황이 세상에서 제일 바라지 않는 일이 바로 실체 변화의 메커니즘에 사람들의 이목을 집중시키는 일이었다. 교황의 생각에 그보다 더 위험한 일은 없었다.

13장

교회의 완력

✠

갈릴레오의 책을 들여다본 특별 조사 위원회의 세 사람은 『시금사』와 성찬식에 관한 발견을 보고할 때 『대화』에서 저자가 아홉 가지 실수를 저질렀다는 의견도 교황에게 제출했다.

목록 제일 위에는 갈릴레오가 로마 검열 체계를 기만했고, 한참 전인 1616년에 받았던 금지 명령을 관계자에게 알리지 않았다는 지적이 있었다. 나머지 여덟 가지 문제의 소지들로는 책에 실린 교회의 서문이 본문과는 다른 글씨체로 인쇄되었음을 볼 때 갈릴레오가 그 내용으로부터 거리를 두었다는 점, 코페르니쿠스 모형을 가설로만 다뤄야 하는 원칙을 자주 어긴다는 점, 균형 잡힌 서술을 하는 척하지만 사실 명백하게 코페르니쿠스 모형을 사실로 지지한다는 점, 수학과 자연 철학에서는 인간의 지식이 신에 맞먹는다고 주장한다는 점 등이 있었다.

우리는 이 대목에서 갈림길을 만난다. 갈릴레오 재판 배후의 모략에 관하여 두 가지 시나리오를 생각해 볼 수 있다. 첫째는 전통적인 해석이다. 갈릴레오가 공공연히 교회를 무시하고 코페르니쿠스 이론을 지지했기 때문에 재판정에 섰다는 시나리오다. (공식적 표현으로는 코페르니쿠스의 『천구의 회전에 관하여』를 "정식으로 이단"이 아니라 "성서에 반하는 거짓"이라고 규정했지만 말이다.)

하지만 교황 우르바노 8세와 종교 재판소가 오늘날 소위 G3 문서를 소유하고 있었음을 볼 때, 그 위반 사항이 재판의 유일한 이유였다는 견해에 의혹이 든다. 갈릴레오에 대한 교황의 모략이 최근까지 우리가 생각했던 것보다 훨씬 복잡했을지도 모른다는 점을 G3 문서가 암시한다. 레돈디의 학설(앞장에서 언급했다.)은 이 시나리오를 주장한다. 나도 전통적인 설명보다는 이 쪽이 갈릴레오의 재판과 선고로 이어지는 사건들의 정황을 설명함에 있어 훨씬 설득력 있다고 믿는다. 갈릴레오가 교회에 불복해 코페르니쿠스 이론을 지지한 죄로 재판을 받았다는 이야기는 수백 년 동안 사람들의 입과 글로 전해진 유명한 이야기다. 하지만 여기에서 나는 레돈디가 1980년대 초에 제안한 더 복잡한 설명을 소개하려고 한다.

1632년에 위원회의 결론을 보고받은 교황은 뭔가 조치를 취해야 했다. 기소의 핵심은 코페르니쿠스 이론을 가설 이상으로 가르치거나 써서는 안 된다는 교회의 명령을 갈릴레오가 어긴 문제가 될 것이었다. 갈릴레오가 저지른 더 큰 이단 행위, 즉 원자 세계의 성격과 그것이 성찬식의 기적에 대해 갖는 의미를 논한 죄는 한 마디도 언급하지 않을 것이었다. 토마스 아퀴나스식의 전통적인 실체 변화 해석이 오류일지도 모른다는 암시를 털끝만큼이라도 주면 로마의 무수한 적들이 이용하려 들 것이기 때문이다.

바티칸에서의 이 중요한 모임이 있고 며칠 뒤, 교황은 갈릴레오에게 당장 로마 종교 재판소로 출두하라는 서면 소환장을 보냈다. 하지만 갈릴레오는 지체하지 말라는 명령을 받고도 꾸물거렸다. 바티칸의 부름에 충격을 받아서였는지, 정말 아파서 여행하기 힘들었는지 몰라도, 그는 꼼짝하지 못하고 굳어 버렸다.

갈릴레오는 『대화』에 대한 우르바노 8세의 반응에 충격을 받았다. 갈릴레오의 첫 대응은 동료 린체이 학회 회원이자 믿음직한 친구인 교황의 조카 프란체스코 바르베리니 추기경에게 편지를 쓴 것이었다. 탄원의 글을 보면 갈릴레오가 엄청난 절망을 느꼈고 겨우 분노를 억누르는 상태임을 눈치 챌 수 있다.

저와 친구들은 최근에 제가 낸 책 『대화』를 중상하는 자들이 따르리라는 것을 예견하고 있었습니다. 전작들의 운명을 참고해도 그렇고, 흔하고 관성적인 의견에서 두드러지게 벗어나는 주장에 대해서는 일반적으로 그런 일이 벌어지기 때문입니다. 하지만 저와 글에 대한 몇몇 사람들의 미움이 최고위 성직자들로 하여금 제 책의 출간 가치를 의심하게 할 정도로 위력이 있을 줄은 차마 몰랐습니다. 한때 명사들의 귀에 제 이름을 알렸던 오랜 연구와 노동의 결실이 이제 오히려 심각한 오점으로 둔갑해 적들의 공격 기반이 된 것 같습니다. 적들은 제 친구들을 짓밟으려 하고, 최악의 비행을 저지른 사람이 서는 검사성성 재판소에 저를 세우려고 합니다. 저는 너무나 심란합니다. 그동안 연구에 쏟은 시간이 저주스러울 정도입니다. 저는 학자들의 케케묵고 흔한 생각에서 조금 떨어져 있고자 했을 뿐입니다. 작품의 일부를 세상에 노출한 것이 후회되다 보니, 제 손에 남은 것들마저 숨기거나 불태울까 하는 생각이 듭니다. 제 생각을 골칫거리로 여기는 적들의 잔혹한 구미를 만족시키는 일이 되겠지요.[1]

그는 예순여덟 살이었고 출간을 위해 싸우고 다닌 탓에 지쳐 있었다. 더욱이 바로 그 책 때문에 토스카나 대사 니콜리니가 완곡하게 표현한 대로 "까다로운 일"에 피치 못하게 노출되었다는 사실에서 견디기 힘든 스트레스를 받았을 것이다.

어떤 친구들은 그에게 이탈리아를 떠나서 독일이나 홀란드로 옮기라고 충고했다. 그곳은 주로 신교도들이 다스리는 국가였고, 특히 홀란드는 종교적 소수자나 이데올로기에 대한 관용이 높기로 유명했다. 갈릴레오는 가톨릭 교도였지만 그런 곳에서도 영웅 대접을 받을 것이고, 어쩌면 복수심에 불타는 대가로 여겨질지도 몰랐다. 그런 곳에서는 정말 사람들의 생각을 바꿀 수 있을지도 몰랐다. 하지만 갈릴레오는 이 제안을 한번도 진지하게 생각해보지 않은 것 같다. 그는 이탈리아 사람이었고, 이탈리아 내부에서 지성계에 영향을 미칠 수 있다고 굳게 믿었다. 게다가 그가 자주 방문했던 사랑하는 딸들도 피렌체 근처 갈릴레오의 집 가까운 곳에 있었다. 딸들은 그리스도와 혼인한 몸이니 그와 함께 어디로 떠날 수 없었다.

갈릴레오는 순진하게도 친구이자 후원자인 대공이 크게 도와주리라고 믿었다. 그러나 잘못된 희망이었다. 페르디난도 대공은 갈릴레오를 좋아했지만 교황을 두려워했다. 그 해 봄에 우르비노 공국의 통치자인 프란체스코 델라 로베레가 급사하자 교황은 원래 메디치 가문에게 돌아와야 하는 그 영토를 낚아챘다. 그것은 이탈리아의 위계 서열을 분명히 보여 준 사건이었다. 페르디난도는 어리고 약했으며, 신앙심 투철한 할머니의 영향을 크게 받았다. 크리스티나 대공 부인도 갈릴레오를 무척 좋아했지만 그의 철학에는 전적으로 동의하지 않았다. 페르디난도가 힘닿는 한 갈릴레오를 도왔다는 데에는 의심의 여지가 없지만, 교황의 결정에는 대공도 아무런 영향을 미칠 수 없었기 때문에 갈릴레오가 고난을 겪는 동안 물질적으로 편하게 만들어 주는 게 고작이었다. 페르디난도는 대리인인 로마의 토스카나 대사를 통해서 우르바노 8세와 소통을 유지했고, 갈릴레오가 교황청으로부터 특별한 배려를 받도록 했다.

갈릴레오가 주역을 맡게 될 앞으로의 재판 과정은 검사성성의 여타 재판들과는 꽤 달랐다. 갈릴레오가 굉장히 유명하고 중요한 인물이었음을 기억하자. 그는 국가의 보물이었고, 천재로 유명했고, 발견들과 발명들로 말미암아 유럽 전역에 이름을 떨쳤다. 이 사실이 종교 재판소의 태도에 분명히 영향을 미쳤다.

원래 종교 재판소의 절차는 냉철하고 가차 없었다. 약 30년 전에 브루노가 받았던 취급을 떠올려보면 갈릴레오와 좋은 비교가 된다. 브루노는 악취 나고 쥐가 들끓는 감옥에 갇혀 거듭 고문을 받았다. 갈릴레오는 로마에 도착한 뒤 대사관저에 묵었고 무엇이든 원하는 대로 안락한 의식주를 제공 받았다. 그리고 토스카나 대사를 통해서 바깥 세상과 소통할 수 있었다. 하지만 정해진 절차라는 면에서 보면 갈릴레오도 종교 재판소의 다른 죄수들과 동일한 규칙을 적용 받았다. 자신에게 제기된 죄목이 무엇인지 듣지 못했고, 누가 고발을 했는지도 듣지 못했다. 검사 이외의 사람들에게 자신의 사상을 이야기하는 것도 금지였다.

1632년 마지막 몇 달 동안 갈릴레오는 건강 악화를 핑계로 계속 로마 여행을 미뤘다. 그는 의사 진단서를 제출했고, 대공의 장관들은 바티칸에 편지를 써서 교황의 의심을 진정시키려 노력했다. 갈릴레오에게는 여행을 미룰 합리적인 이유가 하나 더 있었다. 흑사병 때문에 여행이 쉽지 않다는 점이었다. 하지만 12월 말이 되자 교황은 온갖 변명들에 질렸다. 교황은 12월 30일에 토스카나로 전령을 보내서 갈릴레오에게 당장 로마로 오지 않으면 사슬에 묶여 끌려오게 될 것이라고 말했다.

그러고도 7주가 더 지나서야 갈릴레오는 로마에 도착했다. 페르디난도 대공은 갈릴레오에게 대사관저인 팔라초 피렌체에 묵으라고 했다. 도착이

늦어진 것은 갈릴레오의 탓이 아니었다. 흑사병 때문에 그는 토스카나와 교황령의 경계에 있는 폰테 아 센티노라는 작은 마을에서 발이 묶였다. 그곳에서 22일 동안 격리 기간(검역 기간 또는 쿼런틴, 흑사병의 확산을 막고자 도시로 들어가려는 사람을 얼마 동안 유예시킨 제도—옮긴이)을 보내면서 달걀과 빵과 포도주만 먹었다. 그러나 로마에 도착할 무렵에 갈릴레오는 놀랍도록 몸이 가뿐했다. 젊은 시절의 투사 기질이 슬며시 살아났는지도 모르고, 눈앞에 놓인 위험을 더는 회피할 수 없음을 인정하고 불확실성에 적응한 것인지도 모른다.

갈릴레오의 이번 로마행은 과거의 방문들과는 전혀 달랐다. 대사는 그를 귀한 손님으로 맞아 저택에서 제일 좋은 방을 내주었지만, 갈릴레오는 어디까지나 팔라초 피렌체에 갇힌 몸이었고 허가된 손님만 만날 수 있었다. 성대한 저녁 식사도, 부유한 유명 인사들의 집에서 열리는 환영 만찬도, 새로운 기기를 시연해 사람들의 존경을 받는 일도 없었다. 갈릴레오가 로마에 당도한 날은 매섭게 쌀쌀한 일요일이었다. 1633년 2월 13일로 사순절 첫날이었고, 갈릴레오의 예순아홉 번째 생일에서 이틀 전이었다.

이때부터 갈릴레오는 그냥 방치되었다. 갈릴레오의 정신을 좀먹으려는 우르바노 8세의 의도적인 계략이었다. 2월이 지나고, 3월이 지나고, 4월이 왔다. 갈릴레오는 내내 팔라초 피렌체에 갇혀 있었다. 기나긴 낮에는 꽃이 만발한 저택 정원을 오락가락했고, 저녁에는 잠들지 못한 채 복도를 서성였다.

갈릴레오는 갇힌 몸이지만 니콜리니 대사는 아니었다. 대사는 자신의 책임이 된 과학자가 대사관저에 묶여 있는 두 달 동안 여러 차례 교황을 만났다. 매번 교황의 마음을 풀어 보려 노력했지만 교황은 꼼짝도 않았다. 교황은 갈릴레오의 개인적인 요청에는 수용의 여지를 보여서 친구들을 만나는 것이나 저택 영지를 자유롭게 돌아다니는 것을 허락했다. 대공을 봐서 자애롭게 베푼 친절이었다. 하지만 교리 문제나 갈릴레오의 명백한 불복종에 관해서라면 우르바노 8세의 시각은 흔들림이 없었다.

재판 없이 사태를 해결해 보려는 니콜리니의 노력은 벽에 대고 말하는 꼴이었다. 대공은 대리인인 대사를 통해 교황의 태도를 유화시키려 노력했지만 교황은 전혀 말을 듣지 않았고 단호했다. 교황은 니콜리니에게 말했다. "빠져 나갈 길은 없소. 이런 문제에 참견한 그를 하느님께서 용서하기를 바랄 뿐이오. 이제까지 누구도 반박할 수 없었던 논증이 하나 있다면, 하느님은 전능하시므로 무엇이든 할 수 있다는 사실이오. 하느님께서 정말로 전능하시다면 뉘라서 감히 하느님을 구속할 수 있겠소?"[2]

갈릴레오 소송이 계속 늦춰진 것은 이 사건을 어떻게 처리할 것인가를 두고 검사성성 내에서 길게 토론했기 때문인지도 모른다. 1616년의 문서를 볼 때 갈릴레오가 『대화』를 씀으로써 명령을 공공연히 무시한 것이 분명했지만, 17년 전의 주역들은 이미 죽고 없었다. 벨라르미노, 바오로 5세, 까칠하게 굴었던 세기치는 이제 발언할 수 없었다. 그리고 갈릴레오에 내리는 금지 명령을 적은 문서에는 과학자의 서명도, 논쟁의 중심 인물이었던 벨라르미노 추기경의 서명도 없었다. 갈릴레오가 재판정과 검사에게 어떤 태도를 취할지도 불분명했다. 그는 고분고분하게 굴까?

그동안 니콜리니는 갈릴레오를 진정시키려고 애썼지만 성과는 없었다. 대사는 피할 수 없어 보이는 결과, 즉 종교 재판에 갈릴레오를 대비시켰다. "상대는 검사성성입니다. 그들은 몹시 은밀하게 처신합니다. 그곳 사람들은 엄격한 규제를 따르기 때문에 절대 입을 열지 않습니다." 대사는 갈릴레오에게 퉁명스럽게 말했다.[3]

갈릴레오의 딸 마리아 첼레스테 수녀도 아버지를 안심시키는 일에 나섰다. 그녀는 토요일마다 편지를 썼고 갈릴레오는 반드시 시간을 들여 답장을 했다. 그녀의 편지들 중 전형적인 하나를 보면 이런 말이 씌어 있다. 3월 5일에 로마에 도착한 편지다. "아버지의 일이 평탄하고 조용하게 진행되고 있다는 소식을 듣고 저는 기뻐하며 다시금 거룩한 하느님께 감사드립니다. 행복하고 원만한 결과를 예고하는 것이 아닐까요. 하느님과 거룩하신 성모 마리아의 도움으로 그런 결과가 나오기를 줄곧 바랍니다."[4]

하지만 로마에서의 기다림과 우르바노 8세 교황의 결연한 태도는 갈릴레오의 마음을 딱딱하게 만들었다. 니콜리니는 이것이 얼마나 위험한지 잘 꿰뚫어보았다. 대사는 대공에게 보고할 때 자신이 갈릴레오를 융통성 있게 만드는 데 실패했다며 은근히 경고했다.

조속한 해결을 위해서는 그 과학적 견해들을 굳이 고집하지 말아야 한다고 저는 갈릴레오에게 말했습니다. 그들이 지구의 움직임에 대해 생각하거나 믿으라고 하는 그대로 따르라고 간청했습니다. 그러자 그는 어제부터 어찌나 우울해 하는지, 행여 생명이 위태로울까봐 두렵습니다. 저는 그가 계속 하인을 거느리고 여타 편의들도 누릴 수 있도록 노력하겠습니다. 저희는 그의 기운을 돋우고, 친구들이나 심의에 관련된 사람들의 도움을 얻으려고 노력하는 중입니다. 그는 정말로 도움을 받아 마땅합니다. 대사관 사람들은 모두 그를 좋아하고, 큰 슬픔을 느낍니다.[5]

갈릴레오의 심정이 어땠을지 상상해 보기는 쉽지 않다. 그는 안락한 우리에 갇힌 꼴이었다. 그가 자긍심이 대단하고 자신을 믿는 사람이었음도 기억해야 한다. 그는 급진적인 린체이 학회의 일원으로서, 종교를 믿는 사람도 "새로운 과학"이 던지는 도전장에 당당히 직면해야 한다고 생각했고,

지성에 대한 억압은 로마가 신자들에게 경고하는 어떤 죄보다 큰 죄라고 믿었다. 하지만 갈릴레오는 늙어 가고 있었다. 정신 능력은 조금도 잃지 않았지만, 그는 지쳤고, 로마에서 성직자들과 싸우고 싶지 않았다. 자기 말을 들어주는 누구에게나 반갑게 신념을 설파하던 시절은 지나갔다. 그는 토스카나의 제 집에서 고요하게 살고 싶었고, 제 철학을 설명하는 책이나 더 쓰고 싶었다. 지금 처한 입장을 도저히 받아들일 수 없었다. 그는 궂은 일을 마다하지 않은 끝에 『대화』에 교황청 출간 승인을 받았고, 규칙에 따라 처신했다. 벨라르미노도 코페르니쿠스에 대해 철저하게 침묵하라고는 하지 않았다. 『대화』는 우르바노 8세 교황 자신이 써 보라고 격려한 책이었다.

종교 재판소의 첫 청문회는 4월 12일 화요일에 성 베드로 광장 남쪽에 면한 검사성성 궁에서 열렸다. 무장한 호위병들이 대사관저로 와서 갈릴레오를 데려가 작고 수수한 방에 집어넣었다. 방 안에는 나무 탁자 하나와 의자 두 개 말고는 아무것도 없었다. 죄수는 서 있어야 했고 두 재판관은 의자에 앉았다. 재판장 빈첸초 마쿨라노와 조수인 검사 카를로 신체리였다. 탁자에는 종이 꾸러미와 『대화』 한 부가 놓여 있었다. 청문회 내내 책은 "증거물 A"로 불렸다.

첫 청문회는 물론이고 이후의 청문회들이 어떻게 진행되었는지 우리는 잘 안다. 누가 무슨 말을 했고 어떤 행동을 했는지 상세하게 기록한 자료가 종교 재판소 문서로 보관되어 있기 때문이다. (네 번 열린) 청문회 내내 마쿨라노 재판장은 갈릴레오에게 3인칭 시점의 라틴 어로 질문했고 갈릴레오는 1인칭 이탈리아 어로 대답해서 대화가 좀 혼란스럽게 느껴질 것이다. 청문회는 이렇게 시작했다.

로마 검사성성 궁의 주교 대리 신부 거처로 소환되어, 수석 대표인 피렌추올라

의 빈첸초 마쿨라노 신부와 조수인 검사성성 검사 카를로 신체리 신부 앞에
선 일흔 살의 피렌체 사람 갈릴레오, 고 빈첸초 갈릴레이의 아들은 진실만을
말하겠다고 맹세한 뒤, 신부들에게 다음과 같은 질문을 받았다:

질문: 그는 어떤 수단으로 얼마나 걸려 로마로 왔는가.

답변: 저는 사순절 첫 일요일에 로마에 도착했고, 가마를 타고 왔습니다.

질문: 그는 자발적으로 왔는가, 아니면 로마의 누군가에게 불려 왔는가. 부른 사람은 누구인가.

답변: 피렌체의 종교 재판관이 저에게 로마 검사성성에 출두하라고 했습니다. 검사성성 관료들의 명령이라고 했습니다.

질문: 그는 로마로 불려 온 이유를 아는가. 혹은 짐작하는가.

답변: 제가 로마 검사성성에 출두하라는 명령을 받은 이유는 최근에 낸 책 때문이 아닐까 생각합니다. 그 이유는 로마 출두 명령을 받기 며칠 전에 인쇄업자와 제게 그 책을 찍지 말라는 금지 명령이 내렸기 때문입니다. 그리고 종교 재판관이 인쇄업자에게 그 책의 원고를 로마 검사성성으로 보내라고 명령했기 때문입니다.

질문: 로마로 불려 온 이유라고 생각하는 그 책의 성격을 설명하라.

답변: 그것은 대화 형식으로 씌어진 책입니다. 두 가지 주요한 세계관과 천구와 그 구성 요소들의 배열에 관하여 다룹니다.

질문: 상기한 책을 보여 주면 그는 자기 책이라는 것을 확인할 수 있는가.

답변: 그러리라 생각합니다. 책을 보여 주시면 알아볼 수 있을 것입니다.

그래서 1632년에 피렌체에서 인쇄되었고 『린체이 학회의 갈릴레오 갈릴레
이의 대화 등등』이라고 제목이 달린 책 한 권을 그에게 보여 주었다. 두 가지 세

계관을 점검하는 책이다. 그는 책을 꼼꼼하게 조사하더니 말했다.

답변: 저는 이 책을 잘 압니다. 이것은 피렌체에서 인쇄된 책이고, 제가 쓴 책이 맞습니다.

질문: 그는 자기 것으로 확인한 책 속의 내용도 자기 것으로 인정하는가.

답변: 저는 보여 주신 그 책을 잘 압니다. 피렌체에서 인쇄된 책이 맞습니다. 그 속에 담긴 모든 내용도 제가 쓴 것으로 인정합니다.

질문: 그는 상기한 책을 언제 어디에서 썼으며 얼마나 걸렸는가.

답변: 장소라면 피렌체에서 썼습니다. 10년에서 12년 전쯤에 시작했습니다. 마치는 데 7~8년이 걸렸지만 그동안 계속 쓴 것은 아닙니다.

질문: 그는 이전에도 로마에 온 적 있는가. 특히 1616년에 온 적 있는가. 어떤 일로 왔는가.

답변: 저는 1616년에 로마에 있었습니다. 교황 우르바노 8세의 즉위 2년 차였습니다. 저는 3년 전에도 왔습니다. 그때는 책의 출판을 위해서였습니다. 1616년에 로마에 온 계기는, 지구가 움직이고 태양이 정지한 형태로 천구의 배열을 설명한 니콜라우스 코페르니쿠스의 의견에 대한 반대 목소리가 있다는 말을 듣고, 경건한 가톨릭 관점만을 견지하고자 하는 마음에서 그 주제에 대해 어떤 입장을 취해야 적합한지 알기 위해서였습니다.

질문: 그는 자의로 왔는가 소환되어 왔는가. 소환의 이유는 무엇이었는가. 상기 주제에 관하여 누구와 토론했는가.

답변: 1616년에는 소환당한 게 아니라 자의로 왔고, 이유는 앞서 말한 바와 같습니다. 로마에서는 당시에 검사성성을 감독하던 추기경들과 토론했습니다. 벨라르미노, 아라코엘리, 산에우제비오, 본시, 아스콜리 추

기경들이었습니다.

질문: 그는 언급한 추기경들과 구체적으로 어떤 토론을 했는가.

답변: 추기경들과 토론하게 된 계기는, 그들이 코페르니쿠스 주장에 대해 알고 싶어 했기 때문입니다. 코페르니쿠스의 책은 전문 수학자나 천문학자가 아니고서는 이해하기가 까다롭습니다. 추기경들은 특히 코페르니쿠스 가설에 따른 천체들의 배열을 알고 싶어 했습니다. 코페르니쿠스가 어떻게 태양을 행성 궤도의 중심에 놓았는지, 어떻게 태양 옆에 수성의 궤도가 오고, 다음에 금성이, 다음에 달을 거느린 지구가, 다음에 화성, 목성, 토성이 오는지 말입니다. 운동에 관해서는, 코페르니쿠스는 태양을 중심에 정지하게 두었고 지구가 제 스스로 돌면서 또한 태양 주위도 회전한다고 했습니다. 즉 지구가 매일 자전을 하면서 연중 공전도 한다고 합니다.

질문: 그는 위 문제에 대한 결론과 진실을 찾고자 로마로 왔다고 했는데, 그렇다면 문제에 관하여 어떤 결정이 내려졌는가.

답변: 말씀드린 태양의 부동성과 지구의 움직임에 대해서, 금서성성은 그 견해를 절대적으로 받아들이는 것은 금기이되, 코페르니쿠스처럼 가설로 받아들이는 것은 괜찮다고 했습니다.

질문: 그는 위 결정에 대해 통지를 받았는가. 누구의 통지를 받았는가.

답변: 저는 금서성성이 내린 결정을 통지 받았고, 통지한 분은 벨라르미노 추기경이었습니다.

질문: 벨라르미노 추기경이 그에게 위 결정에 관하여 어떻게 말했는가. 그 문제에 관하여 한 마디라도 하셨는가. 하셨다면 어떤 말씀이었는가.

답변: 벨라르미노 추기경은 제게 코페르니쿠스 의견을 가설로만 주장하라고 했습니다. 그리고 추기경 예하께서는 제가 코페르니쿠스와 마찬가

지로 그것을 가설로만 말한다는 사실을 잘 아셨습니다. 추기경께서 카르멜 수도회 지방 관구장인 파올로 안토니오 포스카리니 신부에게 보낸 편지에 보면 그 점이 잘 나와 있습니다. 저는 편지의 사본을 갖고 있는데, 이렇게 적혀 있습니다. "제가 보기에 신부와 갈릴레이 씨는 절대적인 사실로서가 아니라 가설로서 의견을 말하며 한계를 잘 지키는 것 같습니다." 추기경의 편지는 1615년 4월 12일자입니다. 추기경은 가설이 아닌 다른 식으로는, 즉 절대적으로는 그 의견을 주장하거나 변호해서는 안 된다고 하셨습니다.

질문: 1616년 2월에 정확하게 어떤 결정이 내려졌고, 그에게 통지되었는가.

답변: 1616년 2월에 벨라르미노 추기경은 코페르니쿠스 이론을 절대적으로 받아들일 경우에는 성서에 위배되므로 그렇게 주장하거나 변호하면 안 된다, 그러나 가설로 사용할 수는 있다고 말했습니다. 이에 관하여 추기경 본인이 작성한 1616년 5월 26일자 확인서를 제가 갖고 있습니다. 확인서에서 추기경은 코페르니쿠스 이론은 성서에 반하므로 주장하거나 변호해서는 안 된다고 했습니다. 확인서 사본을 제출하겠습니다.

그리고 그는 종이 한 면에 12줄의 글이 적힌 문서를 제출했다. 글은 "나, 로베르토 벨라르미노 추기경은"으로 시작하고 "1616년 5월 26일"로 끝나며, "로베르토 벨라르미노 추기경"이라고 서명되어 있다. 그는 덧붙여 말했다.

답변: 확인서 원본도 로마로 갖고 왔습니다. 원본은 벨라르미노 추기경이 손으로 쓴 것입니다.

질문: 그가 위 문제들에 관해 통지 받을 때 다른 사람들도 그 자리에 있었

는가. 누구였는가.

답변: 벨라르미노 추기경이 제게 코페르니쿠스 의견에 관한 결정을 통지할 때, 도미니코회 신부들이 몇 명 함께 있었습니다. 하지만 저는 그들이 누구인지 몰랐고 이후에 다시 본 적도 없습니다.

질문: 당시에 그 신부들이 있는 자리에서, 그는 그들 또는 다른 사람으로부터 위 문제에 관한 금지 명령을 받은 바 있는가. 있다면 어떤 금지 명령이었는가.

답변: 제가 기억하기로, 일은 이렇게 진행되었습니다. 어느 날 오전에 벨라르미노 추기경이 저를 불렀고, 먼저 어떤 이야기를 하셨는데, 교황 성하가 아닌 다른 분들에게는 말씀드릴 수 없는 내용입니다. 그 뒤에 추기경은 코페르니쿠스 의견이 성서에 반하므로 주장하거나 변호하면 안 된다고 말했습니다. 도미니코회 신부들이 처음부터 있었는지 나중에 왔는지는 기억나지 않습니다. 추기경이 제게 그 의견을 주장하지 말라고 했을 때 신부들이 옆에 있었는지도 기억나지 않습니다. 마지막으로, 그 의견을 주장하거나 변호하지 말라는 금지 명령을 제가 받았을 수도 있지만, 몇 년 전의 일이라 상세하게 기억나지 않습니다.

질문: 그때 그들이 그에게 부과했던 금지 명령의 내용을 읽어 준다면 그는 기억해 내겠는가.

답변: 제가 말씀드린 내용 외에는 기억하지 못하므로, 금지 명령을 읽어 주신다고 해도 기억해 낼 수 있을지 모르겠습니다. 제가 이처럼 자유롭게 말씀드리는 까닭은 지구의 움직임과 태양의 부동성에 관해 어떤 금지 명령도 어기지 않았기 때문입니다.

질문: 증인들 앞에서 그에게 주어졌던 상기 금지 명령에서는 위 의견을 어떤 식으로든 주장하거나, 변호하거나, 가르치지 말라고 했던 바, 그는

명령을 기억하는가. 누가 그렇게 명했는지 기억하는가.

답변: 벨라르미노 추기경이 구두로 말씀하신 것 외에 다른 형식의 금지 명령이 있었는지 기억나지 않습니다. 그 의견을 주장하거나 변호하지 말라는 명령을 받은 것은 기억합니다. 가르치지 말라고도 했던 것 같습니다. "어떤 식으로든"이라는 표현이 있었는지는 기억나지 않습니다만, 있었던 것도 같습니다. 그로부터 몇 달 뒤인 5월 26일에 벨라르미노 추기경으로부터 확인서를 받았기 때문에, 저는 그 내용을 따로 떠올리거나 되새기지 않았습니다. 확인서란 제가 이미 제출한 문서를 말합니다. 확인서 속에는 그 의견을 주장하거나 변호하지 말라는 명령이 적혀 있습니다. 지금 언급하신 추가의 두 가지 표현, 즉 가르치지 말라고 했다는 것과 어떤 식으로든 그러지 말라고 했다는 것은 기억에 없습니다. 저는 확인서에 의존해 명령을 되새겼는데, 확인서에는 그런 표현들이 들어 있지 않기 때문입니다.

질문: 상기 금지 명령이 내려진 뒤, 그는 자신의 것으로 확인한 책을 쓰고 출간할 때 따로 허가를 받았는가.

답변: 금지 명령을 받았습니다만, 책을 쓸 때는 따로 허가를 받지 않았습니다. 왜냐하면 그 책을 쓰는 것이 의견을 주장하거나 변호하거나 가르치지 말라는 금지 명령을 어기는 것이라고는 전혀 생각하지 않았기 때문입니다. 도리어 제가 그 의견을 반박했다고 믿습니다.

질문: 그는 책을 인쇄할 때 허가를 받았는가. 누구에게 받았는가. 직접 받았는가, 남을 통해 받았는가.

답변: 출간 허가를 받을 무렵, 프랑스와 독일과 베네치아에서 좋은 조건의 제안들이 왔지만, 저는 모두 물리치고 자진해서 로마로 왔습니다. 그것이 3년 전입니다. 저는 수석 검열관인 성궁장의 손에 원고를 넘기

고, 성궁장의 판단대로 더하고, 삭제하고, 변경하시라고 절대적인 권한을 드렸습니다. 성궁장은 조수인 비스콘티 신부와 성실하게 점검하신 뒤에 허가를 내렸습니다. 내용을 확인하신 뒤에 출간을 승인했는데, 다만 로마에서 인쇄하라고 했습니다. 그런데 여름이 다가왔고, 저는 5월과 6월을 타지에서 보낸 터라 건강이 염려되어서 고향으로 돌아가고 싶었습니다. 그래서 가을에 제가 다시 로마로 오기로 약속하고 헤어졌습니다.

그런데 제가 피렌체에 있는 동안 흑사병이 발발해서 교역이 묶였습니다. 로마로 갈 수 없게 되었으므로, 저는 성궁장에게 편지를 보내 책을 피렌체에서 인쇄하게 해 달라고 청했습니다. 성궁장은 최종 원고를 검토하고 싶으니 보내 달라고 했습니다.

저는 원고를 안전하게 보내려고 온갖 방도를 알아보았습니다. 대공의 수석 비서나 우편 담당자 등과도 접촉해 보았습니다만, 원고가 안전하게 도착할 확신이 없다는 걸 알게 되었습니다. 국경 통과 규칙이 너무 엄격해서 원고가 손상되고, 씻겨 나가고, 태워질 것이 분명했습니다. 저는 도미니코회 사제이자 피렌체 대학교의 성서 교수이며 대공 부인의 개인 설교자이고 또한 검사성성 고문인 자친토 스테파니 신부에게 상황을 알렸습니다. 저는 원고를 피렌체 종교 재판관에게 넘겼고, 재판관은 다시 스테파니 신부에게 넘겼습니다. 신부가 다시 피렌체 대공 부인을 위한 도서 검토자인 니콜로 델란텔라 씨에게 넘겼고, 니콜로 씨가 인쇄업자인 란디니에게 전달했습니다. 란디니는 종교 재판관과 협의를 하면서 인쇄를 진행했고, 그 과정에서 성궁장이 내린 명령들을 엄격하게 지켰습니다.

질문: 성궁장에게 그 책의 인쇄 허가를 청할 때, 그는 검사성성으로부터 금

지 명령을 받은 적 있다는 사실을 신부에게 밝혔는가.

답변: 허가를 요청할 때 성궁장에게 금지 명령에 대해서 알리지 않았습니다. 그럴 필요가 없다고 판단했습니다. 저는 책에서 지구의 움직임과 태양의 부동성에 관한 의견을 주장하거나 변호하지 않았으므로, 걱정이 없었습니다. 저는 오히려 코페르니쿠스 학설에 반대되는 이론을 보였고, 코페르니쿠스의 추론이 무효하며 결정적이지 않다는 것을 보였기 때문입니다.

공술이 끝난 뒤, 그는 감옥 대신 검사성성 궁의 관료 숙소 내의 한 방을 배정받았다. 특별한 허가 없이는 방을 떠날 수 없다는 명령이 내렸고, 위반하면 검사성성이 내리는 벌을 받게 된다. 그는 다음에 서명하고 비밀을 지킬 것을 명령 받았다.

저 갈릴레오 갈릴레이는 위와 같이 증언합니다.[6]

첫 청문회는 논의의 기반을 닦는 자리였다. 재판관들은 갈릴레오로부터 정보를 수집하라는 지시를 받았는데, 더 중요한 목적은 갈릴레오가 취할 태도를 확인하는 것이었다. 그는 철저하게 순응할 것인가, 교만하게 저항할 것인가?

위 기록을 보면 갈릴레오가 검사성성의 요구에 고분고분 응할 심기가 아님을 알 수 있다. 어떤 대목에서는 대답이 건방지기까지 하다. 그는 아직도 방어적이었다. 이 단계에서는 조사 뒤에 숨은 의제에 관하여 전혀 몰랐던 게 분명하다. 그는 스스로 짐작하는 의혹들과 친구들이 대사를 통해 슬쩍 알려 준 단편적 정보들에 의존해야 했다. 하지만 갈릴레오에게 있어서 청문회에서 가장 심란한 점은 마지막 선언에 있었다. 토스카나 대사관 저로 돌아가리라고 생각했는데, 대신 종교 재판소 숙소에 묵게 된 것이다. 페르디난도 대공이 개입한 덕에 다른 죄수들처럼 산탄젤로 성 지하 감옥에 갇혀 겨우 연명할 만한 음식을 받는 취급은 면했다. 검사인 신체리 신부가 제 거처를 비워서 유명한 죄수가 편하게 묵을 수 있게 했다.

갈릴레오는 호화로운 숙소나 하인들이 마련해 주는 좋은 음식에 대해서는 불평할 수 없었다. 그러나 구금되었다는 사실 자체가 갈릴레오를 괴롭혔다. 대사의 집에서는 아무 것도 잘못된 게 없는 척을 할 수 있었다. 자신은 여전히 자유롭고, 문제는 곧 해소될 거라고 생각할 수 있었다. 그러나 이제는 편하긴 해도 진짜 감옥에 갇혔다. 무사한 상태로 건물을 나갈 수 있을 거라고 짐짓 스스로를 속이는 생각조차 할 수 없었다.

첫 청문회 직후에 마리아 첼레스테는 편지로 아버지의 기운을 북돋우려 했다. 그녀는 아버지가 무고하다고, 그가 로마로 불려간 것은 전적으로 '오해' 때문이라고 진심으로 믿었던 것 같다.

제리 씨(아들의 처남이자 피렌체 장관의 비서였던 제리 보키네리를 가리킨다. — 옮긴이)가 아버지의 처지를 제게 알려 주었습니다. 아버지가 검사성성 건물에 구류되어 있다니 슬픕니다. 한편으로 제 마음은 너무 울적합니다. 아버지가 아마 마음의 평화를 찾지 못할 테고, 육체적 평안도 박탈당하셨을 것이기 때문입니다. 다른 한편으로는, 이렇게까지 사태가 발전한 데에는 이유가 있을 거라고 생각하며, 높은 분들이 아버지를 풀어 주기를, 그곳의 모든 사람들이 이제까지 아버지에게 보여 온 친절을 유지하기를, 무엇보다도 정의와 아버지의 무결함이 밝혀지기를 바라며 스스로 위로합니다. 거룩하신 하느님의 도움으로 행복하고 순조로운 승리의 결과가 있기를 기대합니다. 제 마음은 하느님께 울부짖기를 그칠

날이 없으며, 그 분의 사랑과 신뢰에 아버지의 일을 맡깁니다.

아버지가 지금 할 수 있는 유일한 일은 기운을 차리는 것입니다. 지나친 걱정으로 건강을 해치지 않도록 유념하시고, 생각과 희망을 하느님께 돌리는 것입니다. 인자하고 애정 넘치는 아비와 같은 그 분은 고백을 털어놓고 도움의 손길을 간청하는 이를 버리는 법이 없습니다. 사랑하는 아버지, 제가 아버지의 고통에 동참해 아버지의 짐을 덜겠다는 말씀을 드리려고 이 편지를 씁니다. 남들에게는 아버지의 어려움을 알리지 않았습니다. 불행한 소식은 저 혼자 알고, 남들에게는 기쁘고 만족스러운 소식만 말하고 싶습니다. 모두들 아버지가 돌아오기를 기다리며, 다시 즐겁게 아버지와 대화하기를 바랍니다.

제가 글을 쓰는 동안, 아버지가 벌써 곤경에서 벗어나서 근심을 털었을 수도 있지 않을까요? 그리스도께서 바라는 대로 되기를, 그리스도는 아버지를 위안할 유일한 분이시니, 그 분의 보살핌에 아버지를 맡깁니다.[7]

첫 청문회는 사태를 단순화하는 데 도움이 되지 못했다. 아무런 자극이 없는 이상 갈릴레오가 무릎을 꿇고 참회하는 일은 없을 게 뻔했다. 재판장 마쿨라노는 똑똑하고 약삭빨라 한창 승승장구하는 인물이었다. 당시에 더 넓은 의제에 관하여 알았던 사람은 특별 조사 위원회의 세 사람을 포함해 대여섯에 불과했을 텐데, 마쿨라노도 개중 하나였다.

교황은 4월 초부터 로마 교외의 간돌포 성에 머물렀고, 검사성성 모임을 여러 차례 빼먹었다. 그런 자리 중 하나였던 4월 28일 모임에서 마쿨라노는 대담한 제안을 내놓았다. 갈릴레오에게 큰 그림을 알려 줘야 한다는 것이었다. 마쿨라노는 G3 문서와 인코페르 보고서(EE291)의 내용을 갈릴레오에게 알려 주고, 그의 이론이 얼마나 위험한지 이해시켜야 한다고 주장했다. 간단한 진실을 듣기만 하면 갈릴레오는 죄를 고백하고 실수를 인정할 것이라고 마쿨라노는 믿었다. 갈릴레오가 그러지 않는다면 굴복할 때까지 고문할 것이다. 한 마디로 갈릴레오에게 빠져 나갈 길을 주자는 제안이었다. 갈릴레오가 불복종과 교리 위반이라는 작은 범죄를 인정하면 가택 연금형에 그칠 것이다. 만약 계속 도전적으로 굴면, 즉 어떤 식으로든 반항을 하거나 원자 이론을 다시 언급하면, 그는 궁극의 처벌에 직면할 것이다.

흔치 않은 작전이었다. 피의자에게 죄목을 절대 알리지 않는다는 종교 재판소의 평소 규약을 깨뜨리는 것이기 때문이다. 종교 재판소가 보기에 마쿨라노의 제안은 정통에서 벗어났을 테지만, 어쨌든 재판 기록을 보면 모임에 참석했던 성직자들은 다들 제안에 찬성했다.[8] 마쿨라노는 모임이 파하자마자 종교 재판소 궁에 있는 갈릴레오의 숙소로 향했다. 노인은 열이 나서 나흘 동안 침대에 누워 있던 차였고 심한 스트레스에 시달렸다. 마쿨라노는 가볍게 정원을 걷자고 했다. 산책을 하면서 제안을 꺼내 놓았다. 문서 보관소에서 발견한 자료들을 설명했고, 검사성성의 우려를 전달했다. 마쿨라노는 거칠 정도로 솔직했다. 갈릴레오가 협력하지 않으면 "정의의 집행을 더 엄격하게 할 수밖에 없고, 이 문제의 반향에 대해서 덜 고려할 수밖에 없다."라고 했다.[9] 다시 말해 갈릴레오에게 선택의 여지가 없다는 말이었다. 순응하거나 말거나였다.

일찍이 브루노는 자기를 감언이설로 속여 고해를 받아 내려는 교황 클레멘스 8세의 시도를 물리쳤다. 하지만 브루노는 갈릴레오와 성격이 다른 선각자였다. 브루노는 자기를 희생할 준비가 되어 있었고, 자신의 운명이 종교를 변화시켜 더 낫게 만들 것이라고 믿었다. 갈릴레오에게는 그런 결의나 환상이 없었다. 갈릴레오는 추기경들이 자신의 철학적 사상을 이해하기를 바랐다. 자신이 선구적 대변인으로서 설파해 온 새로운 합리성을 추기경들이 받아들이기를 바랐다. 그렇지만 대의를 위해 목숨을 바칠 생각은 전혀 없었다. 갈릴레오는 심장이 한번 뛰기도 전에 마쿨라노의 제의를 받아들였을 것이다.

1633년 4월 28일로부터 어언 400년이 흘렀으므로, 마쿨라노가 찾아오기 전부터 갈릴레오가 원자 이론에 대한 교회의 걱정을 조금이라도 눈치채고 있었는지 지금은 알 길이 없다. 어쨌든 그는 지난 8월부터 꿔 온 끔찍한 악몽에서 벗어날 길을 제공 받았다. 그는 목숨을 부지할 것이고, 계속 일할 것이다. 그저 원자 이론에 대해 입을 닫고 교회의 편집증을 자극하지 않으면 된다.

마쿨라노는 제 꾀에 흥분해 당장 교황에게 보고했다.

성하께서 만족하시기를 바랍니다. 사건은 조속한 결론을 내릴 수 있게 되었습니다. 재판소는 명성을 유지할 것이고, 죄수는 자비로운 처분을 받을 것입니다. 최종 결과가 어떻게 내려지든, 그는 주어진 호의에 감사할 것입니다. 내일 그의 자백을 받을 겁니다. 그의 의도에 관하여 심문하고, 변론을 제시하라고 할 겁니다. 일이 끝나면 추기경 예하께서 제안한대로 그를 가택 연금에 처할 것입니다.[10]

이틀 뒤인 4월 30일, 갈릴레오는 마쿨라노와 신체리 앞에 두 번째로 섰다. 기록을 보면 이때는 열여드레 전에 열렸던 첫 만남과 분위기가 전혀 달랐다. 공식 기록은 이렇다.

갈릴레오 갈릴레이는 그때 이후로 줄곧 의견 개진의 기회를 청원했던 바, 성성 본부로 불려왔다. 앞서 말한 사람들과 기록자가 참석한 자리에서, 그는 진실만을 말할 것을 맹세한 뒤, 신부들에게 아래 질문을 받았다.

질문: 그는 말하고 싶은 것을 무엇이든 말하라.

답변: 며칠 동안 저는 이 달 16일에 받은 심문에 관하여 계속 생각했습니다. 특히 16년 전에 검사성성으로부터 지구의 움직임과 태양의 부동성에 관한 의견을 어떤 식으로든 주장하거나 변호하거나 가르치지 말라는 금지 명령을 받았는가 하는 질문에 대해 생각했습니다. 그러다보니 지난 3년 동안 눈길도 주지 않았던 제 책 『대화』를 다시 읽어 보자는 생각이 들었습니다. 제 순수한 의도와 다르게, 제 불찰 때문에, 독자들이나 윗분들로 하여금 저의 흠이나 불복종을 의심하게 만들고 교회의 명령을 위반한 듯한 대목이 제 펜으로 쓰였나 확인하고 싶었습니다. 윗분들이 너그럽게 허락하신 덕분에 시종에게 심부름을 보낼 수 있었으므로, 저는 제 책을 한 권 구했고 집중해서 다시 읽으며 꼼꼼하게 점검했습니다.

　오랫동안 보지 않았기 때문인지 마치 다른 사람이 쓴 책처럼 느껴졌습니다. 이제 솔직하게 고백하오니, 제 의도를 모르는 독자로 하여금 잘못된 쪽의 주장을 믿게 할 만한 대목이 몇 군데 있었습니다. 제 의도는 그 주장을 반박하는 것이었지만, 물리치기 쉬운 주장으로 보이기는커녕 외려 설득력 있는 주장처럼 설명된 것입니다. 특히 태양 흑점과 조수에 관한 논증은 독자의 마음을 끌 만큼 강력했습니다. 주장의 부족함을 잘 아는 사람의 눈에는 과연 적절치 못하게 보일 것입니다. 사실 제 진심은 그 주장이 결정적이지 못하고 반박 가능하다는 사실을 보여 주는 것이었습니다.

　의도와 동떨어진 실수에 대해 진심으로 변명을 하자면, 저는 결국 반박을 하려는 주장을 소개할 때에는 상대 의견을 허수아비로 만들지 말고 공정해야 한다는 것, 특히 대화 형식의 글에서는 더 그래야 한다는 것을 알면서도 그 정도에 만족하지 못했습니다. 제 명민함을 드러내고 평범한 사람들보다 똑똑하다는 것을 자랑하려는 본능적인 욕망에 사로잡혀서, 저는 거짓 명제들을 소개하는 대목에서도 독창적이고 그럴싸한 지지 근거들을 만들어 냈습니다.

키케로의 말을 빌리면 "마땅히 받을 것보다 더 많은 영광을 탐낸" 셈입니다. 만약에 제가 같은 주장을 다시 쓰게 된다면, 실제로 그 주장에 담기지도 않은 힘을 과장하지 않고, 약화시켜서 쓸 것입니다. 이미 고백했듯, 제 실수는 헛된 야망, 순수한 무지, 부주의함으로 인한 것이었습니다. 책을 다시 읽고 떠올린 이 생각을 저는 꼭 말씀드려야 했습니다.

아래에 그의 서명을 받고, 비밀을 지킬 것을 맹세 받은 뒤, 신부들은 공식적으로 공청회를 마쳤다.

저 갈릴레오 갈릴레이는 위와 같이 증언합니다.

안내를 받아 방을 나서 복도를 걸어가던 갈릴레오는 갑자기 법정으로 돌아가게 해 달라고 요청했다. 갈릴레오는 발언이 충분하지 않았다고 생각했고, 제 입장을 더 확실하게 밝히고 싶었다. 기록에 따르면 그는 심문관들에게 이렇게 부연했다.

제가 지구의 움직임과 태양의 부동성에 관한 이단적 의견을 사실로서 과거에 주장했거나 현재 주장하지 않는다는 점을 더 확실하게 보여 드리고 싶습니다. 그 점을 입증해 보일 기회와 시간을 허락하신다면, 저는 준비가 되어 있습니다. 마침 책에서 등장인물들이 얼마 뒤에 다시 만나 그 밖의 물리 문제들에 관하여 더 토론하자고 하기 때문에, 상황도 그럴싸합니다. 하루나 이틀의 이야기를 더 붙인다는 구실로, 예의 거짓되고 이단적인 의견을 지지했던 주장들을 재고하고, 거룩하신 하느님께서 제게 주신 능력을 동원해 최대한 명백하게 반박할 것임을 약속합니다. 재판관들께서 제 선의의 결의를 거드시어 그 일을 행동에 옮기도록 허락하시기를 간청합니다.

그리고 다시 한번 서명했다.

저 갈릴레오 갈릴레이는 위와 같이 증언합니다.

갈릴레오가 진심이었는지는 알 수 없다. 어쩌면 두렵고 지쳐서, 혹은 사면을 위해 최선을 다하는 마음에서 나온 말일 수도 있다. 하지만 어쩌면 『대화』의 균형을 조정해서 신학자들을 대변하는 심플리초에게 더 강력한 목소리를 주겠다는 생각을 진심으로 품었는지도 모른다.

열흘 뒤인 5월 10일, 세 번째 청문회가 소집되었다. 이번에는 갈릴레오가 재판관들에게 서면으로 된 변호문을 제출했다.

위에서 언급한 갈릴레오 갈릴레이가 신부 앞에 불려 왔다. 주교 대리 신부는 그가 원하고 뜻이 있을 경우 변호문을 제출할 수 있도록 이미 8일의 말미를 주었다. 이야기를 듣고 그는 이렇게 말했다.

신부님의 말씀을 이해했습니다. 저는 변호문을 제출하고 싶습니다. 그러나 제 의도의 고결함과 순수함을 보여 드리고 싶을 뿐이지, 이미 인정한 제 위반 사항들을 변명하려는 마음은 아닙니다. 이에 저는 다음 진술서를 제출합니다. 그리고 이전에 제 손으로 베낀 사본을 제출한 바 있습니다만, 돌아가신 벨라르미노 추기경 예하께서 손수 쓰셨던 확인서 원본도 함께 제출합니다. 나머지에 관하여 이제 재판정의 자비와 아량에 모두 맡깁니다.

갈릴레오는 변호문을 읽었다.

앞선 심문에서, 16년 전에 검사성성에게 받았던 개인적 금지 명령을 성궁장에게 알렸느냐는 질문을 받은 바 있습니다. 지구의 움직임과 태양의 부동성에 관한 의견을 "어떤 식으로든 주장하지도, 변호하지도, 가르치지도 말라."라는 금지 명령을 알렸느냐고 말입니다. 저는 "알리지 않았다."라고 대답했습니다. 그런데 왜 알리지 않았느냐는 질문은 받지 못했기 때문에, 그 이상 말씀드릴 기회는 없었습니다. 이제 그 이유를 언급해야 할 것 같습니다. 항상 거짓을 꺼리는 제 마음이 그때도 절대적으로 순수했음을 증명하기 위해서입니다.

당시에 제 적들이 거짓 소문을 퍼뜨렸습니다. 벨라르미노 추기경이 저를 소환해서 의견과 주장을 철회하게 했고, 처벌도 내렸다는 등의 소문이었습니다. 저는 하는 수 없이 추기경 예하께 부탁해서 제가 불려 온 정확한 이유를 설명하는 확인서를 써 주십사 했습니다. 그때 추기경이 손수 써 주었던 확인서를 제가 지금 변호문과 함께 제출했습니다.

확인서에서 분명히 드러나듯, 저는 지구의 움직임과 태양의 부동성에 관한 코페르니쿠스 이론을 주장하거나 변호하지 말라는 명령을 받았습니다만 만인에게 적용되는 그 일반적인 선언 외에 달리 특별한 명령은 없습니다. 명령을 발부한 분이 직접 쓴 확인서를 갖고 있기에, 저는 역시 그 의견을 변호하거나 주장하지 말라는 요지였던 구두 금지 명령을 세세한 단어들까지 곱씹어보지 않았습니다. "주장"하거나 "변호"하지 말라는 두 구절은 제가 들은 기억이 있고 기록에도 담겨 있지만, "가르치지" 말고 "어떤 식으로든" 안 된다는 표현은 꼭 처음 듣는 말 같습니다. 14년인지 16년인지가 지난 뒤에 기억을 조금 잃은 것 때문에 저를 불신하셔서는 안 된다고 생각합니다. 특히 저는 글로 된 확고한 자료를 갖고 있는 마당이라 굳이 말로 들은 내용을 곱씹을 필요가 없었습니다. 두 표현을 제거하고 확인서에 남은 두 표현만 두고 보면, 그 내용은 금서성성의 칙령 내용과 다르지 않습니다. 그렇기 때문에 저는 개인적으로 받은 금지 명령에 관하여 성궁장에게 알리지 않아도 된다고 판단했습니다. 어차피 금서성성의 칙령과 같은 내용이니까 말입니다.

제 책이 금서성성 칙령보다 더 엄격한 검열을 받을 이유는 없으므로, 저는 그저 가장 확실하고 효과적인 방법을 통해서 책을 보호하고 한 점 오점이라도 지우는 데에만 노력을 기울였습니다. 저는 틀림없이 제대로 노력했습니다. 같은 주제를 다룬 다른 책들이 앞서 언급한 칙령에 따라 금지되곤 하던 시절에, 저는 당당하게 제 책을 최고 재판관께 넘겨드렸기 때문입니다.

존귀하고 사려 깊으신 재판관 여러분, 제가 드린 말로 비추어 볼 때 제가 일부러 주어진 명령에 불복한 게 아님을 믿어 주십시오. 책 전반에 흩뿌려진 오점들은 불성실하고 교활한 의도에서 삽입된 게 아니라, 평범한 작가들보다 한 수 위로 똑똑하게 보이고자 했던 헛된 야심과 욕망에서 비롯한 것이었습니다. 다른 공술서에서 고백했다시피, 책은 제 의도와 다르게 나온 결과물이었습니다. 존경하는 재판관들께서 명령하시거나 허락하신다면, 저는 무슨 수를 써서라도 오점을 바로잡고 보완할 준비가 되어 있습니다.

마지막으로, 제 가련한 건강 상태를 고려해 주시기를 바랍니다. 열 달 내내 정신적으로 시달리고, 가혹한 계절에 길고 피로한 여행의 불편을 감수하고, 나이가 일흔이 된 탓입니다. 예전에 건강이 좋았을 때는 이럴 줄을 몰랐습니다만, 이제 저는 세월을 잃어버린 듯합니다.

존경하는 재판관 여러분의 마음에 자비와 친절이 있다는 믿음에서 이런 말을 꺼냅니다. 지금 제가 겪는 숱한 질병으로도 잘못에 대한 처벌이 부족하다고 판단하시더라도, 부디 제 노령을 고려해 남은 처벌을 덮어 주시기를 감히 청합니다. 저를 경멸하는 이들의 중상에 대해 제 명예와 평판을 고려해 주시기를 바라며, 그들이 계속 저를 헐뜯을 때에는 바로 그것 때문에 제가 벨라르미노 추기경 예하로부터 첨부한 확인서를 받지 않을 수 없었다는 점을, 존경하는 재판관 여러분께서 생각해 주시기 바랍니다.

교황은 특별한 후의를 베풀어 청문회가 끝난 뒤에 갈릴레오를 대사관으로 돌려보냈다. 갈릴레오는 나머지 재판 과정 동안 계속 그곳에 머물렀다. 시련으로 인해 탈진한 갈릴레오는 바로 몸져누웠다. 니콜리니 대사는 손님 때문에 걱정이 대단했다. 갈릴레오가 청문회를 마친 뒤 "반 주검" 상태로 돌아왔다고 대공에게 보고했다.

이 청문회 이후로 시간이 한참 흐른 뒤에야 갈릴레오는 마지막으로 마쿨라노와 신체리 앞에 출두했다. 지체된 이유는 단순했다. 휴가를 갔던 교황이 5월 20일이 되어서야 로마로 돌아왔고, 그 뒤에도 군사적 문제로 바빴기 때문이다. 교황이 갈릴레오 사건을 논하는 검사성성 모임에 처음 참석한 것은 6월 16일 목요일이었다. 이 자리에서 갈릴레오를 마지막으로 한 번 더 심문관들 앞에 출두시켜 다시금 제 의견을 밝히게 하자는 결정을 내렸다.

이 모임에서 갈릴레오에 대한 처벌도 결정되었다. 3주 전인 5월 22일에 그들은 『대화』를 금서 목록에 올렸다. 저자에게는 이것만 해도 어마어마하게 심란하고 울적한 조치였지만, 교황은 갈릴레오가 직접 고통 받는 것을 보고 싶었다. 갈릴레오가 상처 하나 입지 않고 아무 구속을 받지 않은 채 돌아가서 일을 계속하는 꼴은 볼 수 없었다. 추기경들은 갈릴레오에게 공개적으로 모욕을 준 뒤에 종신형을 선고하기로 결정했다.

기록에 따르면 그 모임으로부터 사흘 뒤인 6월 21일에 죄수가 다시 검사성성 궁으로 불려 왔다. 죄수는 재판관들 앞에서 진실만을 말할 것을 서약했고, 신부들의 질문에 다음과 같이 답했다.

질문: 그는 할 말이 있는가.

답변: 저는 더 할 말이 없습니다.

질문: 그는 태양이 우주의 중심이고, 지구는 우주의 중심이 아닐 뿐더러 매일 회전한다는 이론을 현재 주장하는가. 혹은 과거에 주장했는가. 얼마나 오래 주장했는가.

답변: 오래 전, 금서성성의 결정이 내려지기 전에, 또한 개인적 금지 명령을 받기 전에, 저는 프톨레마이오스 이론과 코페르니쿠스 이론 사이에서 결정을 내리지 못했고 둘 다 토론할 만하다고 여겼습니다. 이것 아니면 저것이 옳을 수밖에 없었기 때문입니다. 그렇지만 관계자들이 신중한 확인을 통해 결정을 내린 뒤에는, 저도 불확실한 마음이 사라졌습니다. 그 뒤로는 지구의 부동성과 태양의 움직임을 믿는 프톨레마이오스 이론이 의심할 여지없는 진실이라고 주장했고, 지금도 그렇게 주장합니다.

질문: 그가 나중에 출간한 책에서 그 의견을 토론하고 변호한 방식과 과정을 볼 때, 또한 그가 애초에 책을 쓰고 펴냈다는 사실을 볼 때, 그는

그 의견을 나중에도 계속 주장했던 것으로 사료되는 바, 그는 그 의견을 주장했거나 주장하는지 자유롭게 진실을 말하라.

답변: 이미 출간된 『대화』에 관해서는, 코페르니쿠스의 의견이 진실이라고 생각했기 때문에 쓴 것이 아닙니다. 오히려 유익한 일을 하고자 하는 마음에서, 이쪽이나 저쪽 의견에 대해 제기될 수 있는 모든 물리적이고 천문학적인 추론들을 설명했을 뿐입니다. 이 의견을 지지하는 추론이나 저 의견을 지지하는 추론이 모두 결정적 증거로서 설득력이 부족함을 보이고자 했습니다. 따라서 확실하게 나아가려면 더욱 정밀한 교리들의 결정에 따라야 한다고 말하려 했습니다. 『대화』의 곳곳에 그런 의도가 드러납니다. 그러므로 저는, 관계자들의 결정이 내려진 뒤에는 문제의 의견을 주장하지 않았고, 지금도 주장하지 않는다고 말씀드립니다.

질문: 그 책의 출간을 볼 때, 그리고 책에서 지구가 움직이고 태양이 정지했다는 의견을 긍정적으로 다룬 사실을 볼 때, 그는 코페르니쿠스의 의견을 주장하고 있거나 적어도 한때는 주장했던 것으로 사료되는 바, 지금 그가 진실을 말하지 않으면 법의 교정책에 의존해 적절한 조치를 취할 수밖에 없다.

답변: 저는 코페르니쿠스의 의견을 주장하지 않습니다. 금지 명령이 그것을 버리라고 한 뒤에는 주장한 바가 없습니다. 나머지에 대해서는 재판정에 맡기오니, 분부대로 따르겠습니다.

질문: 그는 진실만을 말할 것이니라. 아니면 고문에 처해질 것이니라.

답변: 저는 어떤 조치라도 따르겠습니다. 하지만 앞서도 말했듯 결정이 내려진 뒤에는 그 의견을 주장한 적이 없습니다.

조치에 관해서는 더 이야기할 것이 없으므로, 그는 서명을 하고 처소로 돌아갔다.

저 갈릴레오 갈릴레이는 위와 같이 증언합니다.

드디어 사건은 거의 끝이 났다. 한 가지 상징적인 행위만 남았다. 갈릴레오는 산타마리아 소프라 미네르바 성당 옆 건물에 모인 추기경들 앞에 서서 공개적으로 제 주장을 철회해야 했다. 그것은 구경거리, 일종의 쇼였다.

참회자답게 흰옷을 걸친 갈릴레오가 인도를 받아 방으로 들어왔다. 앞에는 추기경 여덟 명과 조수들, 잡다한 증인들이 반원형으로 앉아 있었다. 추기경들 중 셋은 사정 때문에, 또는 의도적으로 참석하지 않았다. 라우디비오 차키아 추기경, 가스파레 보르히아 추기경, 그리고 프란체스코 바르베리니 추기경이었다. 보르히아는 얼마 전에 충돌했던 교황에 대한 원한 때문에 참석을 거부했을 가능성이 높다. 프란체스코 바르베리니가 부재한 사실이 가장 눈에 띈다. 바르베리니는 갈릴레오의 친구였고 함께 린체이 학회 회원이었다. 추기경은 그 자리에 출석해서 갈릴레오가 스스로에 대한 모욕적인 진술을 하는 것을 잠자코 들을 수 없었는지도 모른다.

갈릴레오는 무릎을 꿇고 교회의 선고를 들었다. 교황의 판결은 이러했다.

고 빈첸초 갈릴레이의 아들이고, 피렌체 인이고, 올해 일흔 살인 그대 갈릴레오는 1615년에 검사성성에 고발된 바 있다. 태양이 우주의 중심에 고정되어 있고 지구가 공전과 자전을 한다는 어떤 이들의 거짓 교의를 받아들여 사실로 주장했기 때문이고, 제자들을 두어 그 교의를 가르쳤기 때문이고, 독일 수학자들과 그 문제에 관하여 의견을 교환했기 때문이고, 『태양 흑점에 관한 편지』

라는 편지들을 묶은 책을 내어 그 교의를 진실로 묘사했기 때문이고, 간간이 성서에 기초해 그에 반대하는 의견이 제기되었을 때는 성서를 멋대로 해석하며 대꾸했기 때문이다. 그리고 한때의 제자에게 보내는 듯 가장한 편지 형식의 문서를 써서 다시 한번 잡다한 명제들을 제기하며 코페르니쿠스의 입장을 따랐는데, 그 내용은 진실한 상식과 성서의 권위에 반했다.

종교 재판소는 그로 인한 곤란과 해악이 신앙에 피해를 끼치는 것을 막고자, 교황 성하 그리고 최고의 위치에서 모든 것을 다스리는 종교 재판소 추기경 예하들의 명령에 따라서, 신학 조사관들로 하여금 태양의 부동성과 지구의 움직임에 관한 명제를 평가하도록 했고, 다음과 같은 두 가지 결론을 내렸다.

태양이 우주의 중심에 고정된 채 움직이지 않는다는 명제는 어리석고 거짓된 철학이고, 정식으로 이단이다. 성서에 확연하게 반대되기 때문이다.*

지구가 우주의 중심에 있지 않고, 회전과 자전을 한다는 명제 역시 철학적으로나 신학적으로 어리석고 거짓되며, 적어도 그릇된 신앙이다.

당시에는 그대에게 자비를 베푸는 게 바람직했던 바, 1616년 2월 25일에 교황 성하가 참석한 검사성성 모임에서 결정하기를, 벨라르미노 추기경 예하가 그대에게 이야기를 해서 전술한 거짓 교의를 포기시키기로 했다. 그대가 거절할 경우에는 검사성성 주교 대리가 강제 금지 명령을 내리기로 했다. 교의를 포기할 것, 남들에게 가르치거나, 변호하거나, 토론하지 말 것을 강요하기로 했다. 금지 명령에도 불구하고 그대가 승복을 거부하면, 그때는 그대를 구금하기로 했다. 다음 날, 벨라르미노 추기경의 저택으로 그대를 불러 왔다. 추기경은

---

* "정식으로 이단"이라는 표현을 고집한 대목이 눈길을 끈다. 왜냐하면 예전에 코페르니쿠스의 『천구의 회전에 관하여』에 내린 공식 판결의 표현은 사실 "성서에 반하는 거짓"이었기 때문이다. 바르베리니 추기경이 1616년에(우르바노 8세가 교황이 되기 7년 전) 종교 재판소를 설득해 그런 표현을 쓰게 했다.

우호적인 태도로 그대에게 사정을 알리고 경고했다. 그런 뒤에 검사성성의 주교 대리 신부가 공증인 하나와 증인들이 배석한 상태에서 그대에게 금지 명령을 내렸으니, 내용인즉 그대는 거짓 의견을 완전히 버려야 하고, 앞으로 말로든 글로든 어떤 식으로든 다시는 주장하거나 변호하거나 가르치지 말아야 한다고 했다. 그대는 따르겠다고 약속한 뒤에 물러났다.

유해한 학설을 철저히 근절하기 위해서, 그리고 그런 학설이 암약해 가톨릭의 진리에 계속 위해를 가하는 것을 막기 위해서, 금서성성은 그 내용을 다루는 모든 책을 금하는 칙령을 내렸다. 학설 자체가 거짓이고 성령과 성서에 전적으로 반한다고 선포했다.

그런데 작년에 피렌체에서 인쇄된 책이 등장했다. 저자는 그대이고, 제목은 『프톨레마이오스와 코페르니쿠스, 두 가지 주요한 우주 체계에 관한 대화』이다. 검사성성은 그 인쇄물 때문에 지구가 움직이고 태양이 고정되어 있다는 거짓 의견이 널리 퍼지고 세를 얻는다는 소문을 들은 바, 책을 꼼꼼하게 조사했다. 그리고 그대가 예전에 받은 금지 명령을 확연하게 어긴 것을 발견했다. 왜냐하면 책 속에서 그대가 이미 이단 선고 받은 의견을 변호했고, 뻔뻔하게 주장했기 때문이다. 다양한 눈속임을 통해서 그 학설이 확실한 것은 아니고 가능성 있을 뿐이라는 인상을 주려고 노력했지만, 그 자체도 심각한 실수이다. 성서에 반한다고 규정되고 선언된 의견이 가능성 있을 리가 없기 때문이다.

따라서 그대는 검사성성의 소환을 받았고, 맹세 하에 심문을 받았고, 그 책을 스스로 쓰고 인쇄했다고 인정했다. 앞서 언급한 금지 명령으로부터 10년인가 12년쯤 흐른 뒤에 책을 쓰기 시작했다고 인정했다. 출간 허가를 받을 때 그 학설을 어떤 식으로든 주장하거나 변호하거나 가르치지 말라는 금지 명령을 받았다는 사실을 검열자에게 말하지 않았다고 인정했다.

또한 그대는 책의 여러 대목에서 잘못된 표현이 있다고 고백했다. 거짓 이론에 대한 논증이 효과적으로 제공되어, 반박하기 쉬워 보이기는커녕 설득력 있어 보인다는 데에 동의했다. 의도와 달리 실수를 저지른 까닭은 대화 형태로 썼기 때문이고, 자기가 보통 사람들보다 현명하고 똑똑하다는 것을 자랑하려는 평범한 허영에서 거짓 명제를 지지하는 논증을 할 때도 독창적이고 그럴싸한 생각을 해냈다고 변명했다.

우리는 그대에게 충분한 여유를 주어 변호문을 작성하게 했다. 그대는 변호문과 함께 벨라르미노 추기경이 직접 쓴 확인서를 제출했다. 확인서를 받아둔 이유는, 그대가 검사성성에 의해 의견 철회를 당하고 처벌을 받았다는 적들의 비난으로부터 스스로를 방어하기 위해서라고 했다. 확인서에 따르면 그대는 의견 철회나 회심 고해를 강요당한 적은 없지만, 교황 성하가 명령하고 금서성성이 발표한 선언의 내용을 통지 받았다. 내용은 지구가 움직이고 태양이 고정되어 있다는 학설은 성서에 반하므로 지지하거나 주장해서는 안 된다는 것이다. 확인서에는 금지 명령에 들어 있었던 두 가지 표현, 즉 "가르치지" 말고 "어떤 식으로든" 그러지 말라는 표현이 누락되어 있기 때문에, 그대는 14~16년의 세월 동안 그 표현들에 대한 기억이 사라졌다고 해명했다. 그래서 출간 허가를 신청할 때 금지 명령에 관하여 말하지 않았다고 해명했다.

그대는 이런 해명이 실수에 대한 변명이 아니고, 악의가 아닌 기만적 야심 때문에 실수했음을 밝히는 것뿐이라고도 말했다. 하지만 변호문과 함께 제출한 확인서는 그대의 죄를 중하게 할 뿐이다. 왜냐하면 확인서에 버젓이 그 견해가 성서에 반한다고 적혀 있는데도, 그대는 감히 그 문제를 다루었고, 변호했고, 가능성 있는 듯 설명했기 때문이다. 출판 허가를 받은 사실도 그대를 돕지 못한다. 금지 명령의 구속을 언급하지 않은 채 교묘하고 교활하게 얻어낸 승인이기 때문이다.

우리는 그대가 진실하게 의도를 밝혔다고 생각하지 않기에, 그대를 불러 엄정하게 조사할 필요가 있다고 보았다. 그리하여 이곳에서 그대는 가톨릭 식으로 문답을 마쳤다. 우리는 그대가 이미 고백한 내용이나 그대의 의도를 둘러싼 추측이나 편견 없이 대답을 들었다.

이제 우리는 사건에 대한 조사와 심각한 고려를 마쳤다. 상기한 고백과 해명, 그리고 조사하고 고려할 필요가 있는 여타 합리적인 의견들을 참고해, 그대에게 다음과 같이 최종 판결을 내린다.

거룩하신 우리 주 예수 그리스도와 영광스러운 모후 동정녀 마리아의 가호를 빌며, 우리의 고문인 신학 박사들과 법학 박사들의 조언과 자문을 빌려 재판정에 앉은 우리는, 법학 박사이자 검사성성 검사인 카를로 신체리를 기소자로 하고, 위와 같이 조사와 재판과 고백을 거친 여기 이 죄수 갈릴레오 갈릴레이를 피기소자로 하는 사건에 대해, 다음과 같이 문서로 최종 판결을 내린다.

우리는 다음과 같이 선고와 판결과 선언을 내린다. 재판에서 상술된 정황과 그대의 고백에 비추어 볼 때, 그대 갈릴레오는 검사성성으로 하여금 이단을 의심케 할 만한 일을 자초했다. 거짓되고 성령과 성서에 반하는 학설을 주장하고 믿었다. 태양은 동서로 움직이는 게 아니라 우주의 중심에 고정되어 있다는 학설이 성서에 반한다고 선언되고 규정된 뒤에도 그 의견을 주장하고 변호하며 가능성 있다고 말했다. 따라서 그대는 신성한 교회법 및 특수하고 일반적인 제법들이 그런 비행에 대해 응당 부과하는 규제와 처벌을 받을 것이다. 우리는 그대에게 부과하는 처벌의 방식과 형태를 조정할 의향이 있다. 다만 그대가 먼저 진심어린 마음과 거짓 없는 신앙으로 우리 앞에서 그대의 실수와 이단적 의견을 철회하고, 저주하고, 혐오한다는 사실을 밝혀야 할 것이다. 나아가 사도들의 가톨릭 교회에 반하는 모든 실수와 이단적 의견에 대해서도 마찬가지 입장을 밝혀야 한다.

그대의 심각하고 유해한 실수와 탈선을 전혀 처벌하지 않을 수는 없다. 그리고 그대가 미래에 더욱 조심하도록, 또한 다른 이들도 비슷한 비행을 꺼리도록, 우리는 갈릴레오 갈릴레이의『대화』를 공식 교령에 의해 금서로 지정한다.

우리는 그대를 검사성성에 공식 구금하도록 선고한다. 보속으로서 향후 3년 동안 매주 한번씩 7대 고해성시(원래 사순절에 기도하도록 정해진「시편」중 7절 — 옮긴이)를 암송할 것을 명한다. 상기한 처벌과 보속의 일부 또는 전체를 완화하거나, 대체하거나, 덜어낼 권한은 우리에게 있다.

이렇게 선고하고, 판결하고, 선언한 것의 시행을 명하며, 다른 합리적인 방식과 형태의 처분도 가능하다는 유보 조항을 달아 둔다. 이에 아래 추기경들이 서명하는 바이다.

아스콜리 추기경

제시 추기경

벤티볼리오 추기경

베로스피 추기경

크레모나의 추기경

지네티 추기경

산트오노프리오의 추기경

침묵이 방을 덮었다.

갈릴레오는 마음속으로 휘청거렸을 것이다. 정식으로 투옥하겠다는 선고였다. 그는 산탄젤로 성 감옥에 처박힐 테고, 오랜 나날을 흘려보낸 뒤 죽고 말 것이다.

갈릴레오가 선고 내용을 채 소화하지도 못했는데, 어느 추기경의 조수가 나서서 죄수에게 문서로 된 진술서를 건넸다. 갈릴레오는 그것을 죽 읽고 흠칫 굳었다. 그는 그 글을 소리 내어 읽을 수 없었다. 결코 그냥 둘 수 없는 내용 두 가지가 진술서에 담겨 있었다. 첫째는 그가 속임수를 써서 교황의 출판 허가를 얻었다는 내용이고, 둘째는 진정한 가톨릭 교도라면 저지르지 않을 타락한 행위를 그가 저질렀다는 내용이었다.

이 순간, 그의 머리 속에서는 고통스러운 영상들이 줄지어 스쳤을 것이다. 한편으로는 끊임없이 일이 늦춰지는데도 기어코 공식 통로로 출간 허가를 받으려고 애썼을 때의 좌절감이 되살아났을 터다. 다른 한편으로는 그를 사랑하고 존경하는 딸 마리아 첼레스테가 떠올랐을 것이다. 자기가 훌륭한 가톨릭 교도로 행동하지 않았다는 선언을 세상과 역사에 남긴다면 딸은 어떻게 생각하겠는가? 갈릴레오의 자긍심도 문제였다. 그는 예나 지금이나 스스로 독실한 신자라고 생각했다. 게다가 그가 아는 한 그는 전적으로 정직한 방법을 통해 출판 허가를 받았다.

갈릴레오는 두 부분이 수정되지 않으면 진술서를 낭독할 수 없다고 고집을 부렸다. 추기경들이 한 발 물러나지 않았다면 대체 어떤 일이 벌어졌을지, 상상도 하기 힘들다. 추기경들로서도 여기서 재판을 중단하는 결정을 만장일치로 내릴 수는 없었다. 그러면 틀림없이 교황이 화를 낼 테고, 검사성성이 꾸민 조심스러운 계획이 위험에 처할 것이었다.

진술서는 적당하게 수정되었다. 갈릴레오는 종교 재판정에서 다음의 최후 진술을 낭독했다.

저 갈릴레오 갈릴레이, 고 빈첸초 갈릴레이의 아들이고, 피렌체 사람이고, 일흔 살인 저는 재판정에 직접 출두했습니다. 기독교 공화국 전역에서 사악한 이단에 맞서는 존경하는 추기경들과 수석 재판관들 앞에 무릎 꿇고, 신성한 복음서를 바라보며 그 위에 손을 얹고 맹세하오니, 사도들의 가톨릭 로마 교회가 주장하고 설교하고 가르치는 모든 것을 항상 믿었고, 지금도 믿으며, 하느님께서 돌보시어 미래가 있다면 미래에도 믿을 것입니다. 저는 태양이 우주의 중심에 고정되어 있고 지구가 우주의 중심이 아닌 곳에서 움직인다는 거짓 의견을 철저하게 버려야 하고, 말로든 글로든 어떤 식으로든 그 학설을 주장하거나 변호하거나 가르치지 말라는 요지의 금지 명령을 검사성성으로부터 받았습니다. 그 학설이 성서에 반한다는 확인도 받았습니다. 그런데도 저는 이미 선고받은 그 학설을 다룬 책을 써서 펴냈고, 어떤 해답도 제공하지 않은 채 그 학설을 대단히 옹호하는 듯한 논변들을 덧붙였습니다. 그랬기 때문에 검사성성으로부터 이단 의혹을 받았습니다. 태양이 우주의 중심에 가만히 있고, 지구가 중심 아닌 곳에서 움직인다는 의견을 주장하고 믿는다는 의혹을 샀습니다.

존경하는 여러분과 모든 신실한 기독교인의 마음에서 저에 대한 이 합리적인 의혹을 걷어내고자, 진심어린 마음과 거짓 없는 신앙심으로 말씀드리건대, 저는 앞서 언급한 실수와 이단적 의견을 철회하고, 저주하고, 혐오합니다. 거룩한 교회에 반하는 그 어떤 실수와 교의에 대해서도 마찬가지입니다. 앞으로 저는 의혹을 살 만한 내용을 말로든 글로든 주장하지 않을 것을 맹세합니다. 또한 이단이거나 이단으로 의심되는 사람을 알 경우에는 검사성성이나 제가 있는 곳의 재판관에게 고발하겠습니다. 나아가 검사성성이 제게 내렸거나 앞으로 부과하실 회개의 벌칙을 충심으로 지키고 따를 것을 맹세하고 약속합니다. 약속과 단언과 맹세를 조금이라도 어기는 날에는(하느님께서 돌보시어 그런 일은 없겠지만) 거룩한 교회법과 다른 일반적이거나 특수한 관례가 그런 비행에 대해 응당 부과하는 어떤 고난과 벌칙도 달게 받겠습니다. 하느님의 가호와 제 손에 놓인 거룩한 복음서의 가호가 있기를 바랍니다.

저 갈릴레오 갈릴레이는 위에서 말한 대로 제 입장을 철회하고, 맹세하고, 약속하고, 구속하겠습니다. 제 손에 있는 진실한 증인 앞에서 철회서에 서명하고, 1633년 6월 22일에 로마의 미네르바 수도원에서 철회서를 한 단어 한 단어

낭송하는 바입니다.

저 갈릴레오 갈릴레이는 제 손으로 직접 위의 철회서를 작성했습니다.

진술이 끝나자, 죄수는 안내를 받으며 방을 나섰고, 종교 재판소 궁으로 이동했다.

전설에 따르면 갈릴레오는 운명이 봉인된 뒤, 발걸음을 옮기며 이렇게 중얼거렸다. "그래도 지구는 돈다." 이 일화는 아마 신화에 지나지 않겠지만, 갈릴레오의 성격에 어울리는 말인 것은 분명하다.

14장

재갈 물린 삶

✠

　재판이 끝나자마자 교황은 갈릴레오의 형을 대체했다. 처음에는 대사관저 구금으로 바꿨다가 다시 토스카나 자택 연금으로 바꿨다. 교회 당국은 이런 면에서는 갈릴레오에게 상당한 자비를 베풀었지만, 갈릴레오의 지적 존재감을 다루는 면에서는 가차 없었다. 교황은 한 손으로는 과학자를 종교 재판소 감옥에서 꺼내 주고, 다른 손으로는 그의 입에 재갈을 물리고 그의 영향력을 말살하려 했다.

　갈릴레오가 제 사상을 철회하고 유죄 선고를 받았다는 소문이 이탈리아와 그 너머까지 퍼졌다. 검사성성은 온 나라 주요 도시 및 읍의 재판관들에게 서면 지침을 내려서 관할권 내의 학자들에게 갈릴레오의 사례를 염두에 두라고 경고했다. 이런 내용의 편지도 첨부했다. "지금 보내는 문서의 내용을 사제들에게 알려 주고, 철학 교수들과 수학 교수들에게도 알려 주십시오. 왜 교회가 갈릴레오를 기소했는지 알게 하고, 그의 실수가 얼마나 중한지 깨닫게 하십시오. 다른 사람들이 비슷한 실수를 피하도록, 그런 잘못을 저지를 경우에 자초할 처벌을 면하도록 하십시오."[1]

바티칸은 또 어용 학자들을 적극 격려해 갈릴레오에 반대하는 책을 쓰게 했다. 피사 대학교의 수학 교수 시피오네 키아라몬티가 쓴 『두 가지 주요 세계관의 저자에 반대하며』도 그런 책이었다. 갈릴레오는 『대화』에서 키아라몬티를 웃음거리로 만든 적 있었다. 키아라몬티는 우르바노 8세에게 바친 이 얇고 우스꽝스러운 책에서 말했다. "동물은……움직인다. 사지와 근육을 갖고 있다. 지구는 사지도 근육도 없고, 따라서 움직이지 않는다. 토성, 목성, 태양을 회전시키는 것은 천사들이다. 지구가 회전한다면 지구 중심에도 천사가 있어서 움직임을 일으켜야 한다. 하지만 그곳에는 악마만이 존재한다. 따라서 지구를 움직이는 것이 있다면 그것은 악마이다."[2]

아주 신랄하고 비합리적인 공격을 또 하나 예로 들어보자. 지로모 폴라코가 『반코페르니쿠스적 가톨릭』에서 한 말이다. 저자는 이것이 갈릴레오의 잘못에 대한 증명이라고 주장한다.

성서는 항상 지구가 정지해 있다고 말한다. 태양과 달은 움직인다고 말한다. 간혹 태양과 달이 정지했다고 할 때는 위대한 기적의 결과라고 설명한다……. 갈릴레오의 글은 금지되어 마땅하다. 왜냐하면 천체들의 위치와 운동에 관하여 성서와 가톨릭 해석에 위배되는 내용을 가르치며, 그것이 가설이 아니라 확립된 사실이라고 주장하기 때문이다……. 행성들, 태양, 붙박이별들은 모두 같은 종류, 즉 천체들이다. 불순한 찌꺼기인 지구를 순수하고 성스러운 천체들 사이에 끼워 넣는 것은 대단히 그릇된 일이다.

끝으로 저자는 묻는다. "지구가 움직인다는 데 동의한다면, 공중으로 쏘아올린 화살이 같은 장소에 떨어지는 일을 어떻게 설명하겠는가? 그동안 지구와 지구 위의 만물이 동쪽을 향해 재빨리 움직일 텐데 말이다. 지구의 움직임을 인정하면 이처럼 대단한 혼란이 생긴다는 사실은 누가 봐도 확실하지 않은가?"[3]

우르바노 8세와 신하들이 부추기지 않아도 알아서 갈릴레오를 공격했던 또 한 사람은 크리스토퍼 샤이너였다. 샤이너의 책 『갈릴레오 갈릴레이에 반대해 태양의 이동과 지구의 부동을 지지하는 개론』은 1650년에 출간되었다. 하지만 책은 『대화』와는 달리 별 반향을 일으키지 못했고, 역사에서도 거의 잊혀졌다.

갈릴레오는 비판에 응대할 수 없었다. 삼류 학자들은 자기들이 가장 미워하는 인물을 마음껏 갈기갈기 찢어 발겼다. 이 일방적인 관계를 갈릴레오는 체념하고 받아들이는 듯했다. 그는 프랑스의 친구에게 이렇게 말했다. "내가 굽히고 들어가는 게 현명할 걸세. 코페르니쿠스 이론을 묻어 두고 내 결백을 증명하려면 엄청나게 쏟아지는 공격들에 대해 침묵해야 한다네. 조롱과 야유와 모욕을 속으로 삼키는 거라네."[4] 기분을 좋게 하는 소식도 있었다. 중상 모략가들이 갈릴레오의 작품을 열심히 비방하자, 『대화』는 오히려 인기 절정의 책이 되었다. 교회는 책을 한 권도 남김없이 불태우라고 했고, 소지한 사람은 제 지역의 종교 재판소에 제출하라고 했지만, 갈릴레오가 선고를 받은 지 몇 달 만에 『대화』의 가격은 정가의 6배나 뛰었다. 이탈리아 밖에서 새 판본이 등장하기 시작했다.

갈릴레오의 가족과 친구들은 한시바삐 교회가 입힌 상처를 치료하려 했다. 마리아 첼레스테가 아버지의 운명에 관한 소식을 듣기까지는 며칠이 걸렸다. 그 사이에 그녀는 아버지가 처형될지, 바티칸에 투옥될지, 풀려

날지 알지 못했다. 마침내 선고 내용을 들은 그녀는 갈릴레오의 아들 빈첸초의 처남이자 고위 공무원으로서 갈릴레오를 무척 좋아했던 제리 보키네리에게 갈릴레오의 집을 뒤져 위험한 자료를 깡그리 처분하게 했다. 마리아 첼레스테는 1633년 7월 13일에 아버지에게 쓴 편지에서 이렇게 설명했다. "어느 날 아침에 제리 씨가 이곳으로 왔습니다. 아버지가 대단히 위험한 상황이라고 걱정하던 때였습니다. 제리 씨와 아기운티 씨는 아버지 집으로 들어가서 꼭 필요한 일을 했습니다……. 아버지에게 떨어질지도 모르는 최악의 재앙을 피하자면 그것이 현명하고 필수적인 조치 같았기 때문에, 저는 그에게 열쇠를 주고 그 일을 허락할 수밖에 없었습니다. 아버지를 위하는 열성에서 한 일이기 때문입니다."[5]

그들이 어떤 자료를 위험하다고 판단했는지는 알 수 없다. 보키네리는 과학자가 아니었지만 명망 있는 친척의 작업에 관심이 많았다. 그는 내용이 급진적인 책들을 서재에서 모두 치웠을 것이고, 코페르니쿠스 이론이나 기타 논쟁적인 의견에 관한 갈릴레오의 미발표 원고들도 치웠을 것이다. 편지들, 특히 린체이 학회와 관련 있는 편지들도 불태웠을 가능성이 높다. 회원들은 자기들끼리 주고받는 개인적 서신에서는 잡다하고 논쟁적인 주제들에 관하여 공개적으로 토론했다. 결코 대중이 읽어서는 안 되는 내용이었고, 교황 같은 이들이 보기에 충격적일 내용이었다.

교회는 갈릴레오의 명성과 평판을 흔드는 작업에 나섰다. 지저분한 논란의 중심에 있던 과학자는 로마에서 추방되었고, 다시는 로마로 돌아가지 못했다. 교황은 갈릴레오를 시에나 대주교인 아스카니오 피콜로미니의 감독 아래 맡겼다. 피콜로미니는 학식이 있는 귀족이었는데, 사실 몸소 로비를 해서 갈릴레오를 시에나의 제 집에 모셔온 것이나 마찬가지였다. 대주교는 권력이 있었고 교황과도 잘 지냈는데, 신학과 우주론에 관한 사상이 검사성성 전통주의자들의 생각과 전혀 달랐다.

갈릴레오는 7월 초에 시에나에 도착해서 다섯 달을 머물렀다. 교회가 경멸하는 이단자라기보다 최고로 귀한 손님 대접을 받았다. 피콜로미니는 30년 전에 아주 잠깐 갈릴레오의 제자였다. (1605년에 갈릴레오가 메디치 가의 어린 후계자 코시모를 가르칠 때였다.) 피콜로미니는 노인을 굉장히 좋아했고 그가 로마에서 받은 대접에 대해 개인적으로 치를 떨었다. 피콜로미니는 갈릴레오가 겪은 수난의 세월을 되돌리는 일을 제 임무로 삼았다. 갈릴레오에게 원기를 불어넣고, 새로운 삶을 제공하고, 자연사에 대한 새로운 열망을 일으키려 했다.

갈릴레오의 자긍심이 산산이 부서졌고, 그보다 열등한 사람들 때문에 그의 사상이 갈가리 찢겼음을 감안할 때, 피콜로미니는 놀랍도록 그 일을 잘 해냈다. 대주교는 단숨에 자기 집을 살롱으로 바꿔 놓았다. 시에나의 유명하고 존경받는 철학자, 화가, 작가, 시인 들이 만나는 장소로 만들었다. 그들은 새로운 자연 철학의 시대를 대표하는 위대한 현인을 만나려고 그곳에 몰려들었다. 갈릴레오는 물론 그런 관심을 사랑했다. 그는 그런 환경에서 활기를 띠는 사람이었다.

갈릴레오의 삶에 생기를 불어넣은 또 다른 요소는 마리아 첼레스테와 정기적으로 주고받는 편지였다. 딸의 편지는 갈릴레오가 지난 몇 달의 비참함에서 빠져 나오게 도와주었다. 7월 16일에 마리아 첼레스테는 이렇게 썼다. "아버지가 로마에 계실 때, 저는 속으로 생각했습니다. 주의 축복으로 아버지가 그곳을 떠나 시에나까지만 오시면 만족하겠다고 말입니다. 시에나라면 고향에 계신 것이나 마찬가지니까 말입니다. 이제 저는 그 정도로 만족하지 못하고, 아버지가 더 가까운 곳으로 오셨으면 하고 기도합니다."[6]

마리아 첼레스테의 편지에 담긴 편안함과 애정, 아버지에 대한 무조건적인 사랑은 노인의 마음을 따스하게 했다. 그녀는 자기가 책임진 가정사에 대해서도 썼다.

적어도 이런 지출들에 제일 먼저 신경을 쓰겠습니다. 아버지께서 여기 계시지 않아 직접 그 불쌍한 이들을 돌볼 수 없으니 말입니다. 이곳의 날씨가 너무나 더워 사람들이 이토록 힘든 게 아닌가 생각합니다.

뜰에 열렸던 레몬은 다 떨어졌고, 마지막 몇 개를 팔아서 생긴 2리라를 제 임의로 사용해 아버지를 위한 미사를 세 차례 봉헌했습니다……. 아버지께 온 마음으로 사랑을 보내며, 우리 주 그리스도께서 아버지를 축복하시기를 기도합니다.[7]

가을이 되자 갈릴레오는 새 책을 구상하기 시작했다. 가톨릭 국가에서는 출간하지 못하리라는 것을 잘 알았지만 그래도 후세를 위해 써야 한다고 믿었다. 우주의 속성에 관한 자신의 발언을 동시대의 고향 사람들이 참아주지 않는다 해도, 그는 책을 써야 했다. 활발한 토론에 참여하거나, 고위인사들이며 호기심 많은 부자들을 소개 받는 시간이 아닐 때에, 갈릴레오는 피콜로미니가 마련해 준 서재에서 혼자 생각에 잠겼다. 체포되어 모욕당하기 전에 즐겼던 명상의 시간을 되찾으려 노력했다.

그를 방문한 식자들 중에 생아망이라는 프랑스 시인이 있었다. 시인은 갈릴레오와 피콜로미니를 잠깐 만났던 일을 나중에 글로 썼다. 과학자가 대주교의 집에서 풍성한 태피스트리들과 멋진 가구들에 둘러싸여 사치스럽게 지냈고, 두 사람이 온갖 고상한 주제들에 관하여 자주 격렬한 토론을 벌였다고 회상했다.

물론 갈릴레오가 시에나에 있는 것을 모두 기쁘게 생각한 것은 아니었다. 오래지 않아 시기심에 찬 옹졸한 누군가가 종교 재판소에 대주교를 고발할 것이 뻔했고, 실제로 그랬다. 익명의 고발장에 따르면 갈릴레오는 시에나에서 "가톨릭 교리에 정확하게 합치하지 않는 생각들을" 퍼뜨렸다. 고발자는 이렇게 말했다. "후견인인 대주교도 갈릴레오를 지지하면서, 그가 검사성성에서 부당한 선고를 받았고, 그는 세계 제일의 학자이며, 그의 책이 금서가 되어도 그는 영원히 살아남을 것이고, 뛰어난 선구자라면 누구나 그를 따를 것이라고 사람들에게 말합니다. 고위 성직자가 뿌린 이런 씨에서 해로운 과실이 열릴 수 있으니, 이렇게 보고합니다."[8]

갈릴레오는 시에나에서 행복하게 지냈지만 집이 그리웠고, 마리아 첼레스테를 만나고 싶었다. 딸이 몹시 아프다는 소식을 듣자 갈망은 더 커졌다. 사랑하는 딸은 갈릴레오의 인생에서 몇 남지 않은 밝은 빛이었다. 그는 떨어져 보낸 시간을 메우고 싶었다.

검사성성은 갈릴레오가 피렌체로 돌아가게 해 달라고 아무리 청원을 해도 들은 체 만 체했다. 그러던 중 바티칸은 피콜로미니가 죄수에게 부적절한 친절을 베푼다는 사실을 알게 됐다. 앙심을 품고 피콜로미니를 고발했던 사람의 행동은 얄궂게도 전혀 예상치 못한 결과를 낳았고, 몇 주 뒤에 갈릴레오는 대주교와 시에나에 작별을 고하고 다시 한번 여정에 올라 피렌체 외곽의 제 집으로 돌아갔다. 거의 1년 전, 억지로 로마로 떠나기 전에 구해 둔 작은 집이었다.

한편 종교 재판소는 쇼나 다름없었던 갈릴레오 재판의 진짜 이유에 관한 기록들을 철저하게 은폐했다. 갈릴레오의 친구인 조반니 참폴리는 갈릴레오가 체포되기 직전에 모종의 정치적 문제에 말려 교황의 눈 밖에 났는데, 사건을 둘러싼 진상을 아는 몇 안 되는 인물 중 하나였다. 참폴리는 로마에서 추방된 뒤 다시는 돌아오지 못했고, 교황의 관할권에서 먼 변경에 해당되는 곳들로만 옮겨 다녔다. 말년에는 예시라는 폴란드의 구석진 도시에서 보냈다. 그런데 참폴리는 로마를 떠나기 전에 교황의 편지들을 모두 몰래 복사하는 데 성공했다. 그가 교황 비서였기 때문이다. 개중에는 갈릴레오와 교황청이 주고받은 편지들도 있었고, 추기경들이 갈릴레오의 『시금사』를 언급하며 재판에서 그 문제가 얼마나 중요한지 지적한 비밀 편지들도 있었다.

예시에 정착한 참폴리는 유럽 가톨릭 군주들 중 가장 관대했던 폴란드 왕 라슬로와 친한 사이가 되었다. 참폴리는 1643년에 죽을 때 모든 문서와 장서를 라슬로에게 남겼다. 물론 갈릴레오 사건에 관한 문서들도 포함되어 있었다. 참폴리가 죽고 나서 몇 주 뒤, 왕은 상자 10여 개에 담긴 문서들을 폴란드 북부의 어느 산에 있는 보관소로 옮길 차비를 갖췄다. 그러나 그때 무장 호위병을 대동한 검사성성 공무원들이 예시 지사의 관저에 들이닥쳐 상자들을 빼앗아 갔다. 문서들은 폴란드에 보관되는 대신 서둘러 남쪽으로 옮겨졌고, 교황은 즉시 그것을 바티칸 도서관에서 가장 깊은 보관실에 넣었다. 문서들은 21세기인 지금도 건드릴 수 없는 상태로 그곳에 있을 것이다.

갈릴레오 사건에서 주역을 맡았던 그라치 신부도 결국 교황의 음모에 희생되었다. 갈릴레오 재판이 끝을 향해 갈 무렵, 바티칸에서 영향력 있었고 존경받았던 그라치는 콜레조 로마노의 교수직을 박탈당하고 로마에서 쫓겨났다. 공식적인 이유는 밝혀지지 않았다. 몇 달 뒤에 그라치는 제노바 대학교에서 자리를 구했지만, 다시는 한 글자도 쓰지 못하는 함구령을 지켜야 했다.

갈릴레오가 여생을 보낸 집은 아르체트리라는 작은 마을에 있었다. 작은 보석이라는 뜻의 "일 조이엘로"라고 불렸고, 14세기에 지어져 16세기에 재단장되었던 그 집은 지금도 그곳에 서 있다. 마을은 피렌체 중심에서 2~3킬로미터쯤 떨어져 있는데, 현재는 부유한 교외 주거지이다. 갈릴레오는 『대화』에 관한 고발장을 받고 로마로 소환되기 직전인 1632년 9월에 그 부동산을 임대했다. 여생을 보내기에 알맞은 이상적인 장소였고, 마리아 첼레스테가 1615년부터 살고 있는 산마테오 수녀원과도 가까웠다.

갈릴레오가 딸을 다시 만났을 때, 그녀는 앓고 있었다. 갈릴레오가 시에나에 있을 때 그녀는 편지를 써서 자기 몸이 쇠약함을 알렸는데, 그 후로 더욱 급격하게 건강이 나빠졌다. 그래도 그녀는 최선을 다해서 집으로 돌아오는 아버지를 환영할 준비를 했다. 그녀는 갈릴레오가 시에나를 떠나기 직전에 쓴 편지에서 이렇게 말했다. "새장에는 비둘기 두 마리가 아버지가 와서 먹이를 주기를 기다립니다. 정원에 열린 콩은 아버지가 수확해 주기를 기다립니다. 집의 탑은 아버지의 오랜 부재를 한탄합니다."[9]

지난 1년은 마리아 첼레스테에게 엄청난 스트레스를 주었다. 독실한 가톨릭 교도로서, 사랑하는 아버지가 어떤 식으로든 이단 행위를 저질렀으면 어쩌나 하고 두려워한 탓이 컸을 것이다. 수녀는 자신을 인도하는 두 가지 강한 힘인 아버지에 대한 사랑과 종교적 열성 사이의 충돌을 해소하려고 발버둥쳤을 것이다. 마리아 첼레스테가 찾은 해결책은 아버지가 신앙에 반하는 죄를 저지르지 않았다고 결론 내리는 것이었다. 아버지가 직면한 곤란은 그가 통제할 수 없었던 끔찍한 오해 때문이라고 결론 내렸다.

갈릴레오는 시에나에서 딸에게 편지를 써서 곧 돌아간다고 알렸다. 병상에 누운 마리아 첼레스테는 이렇게 답장했다. "제가 살아서 그 순간을 맞을 것 같지가 않아요. 어쨌든 하느님께서는 최선이라고 생각하시는 대로 제게 행하실 것입니다."[10]

그녀는 자신의 상태가 심각한 것을 잘 알았다. 그러나 아버지에 대한 사랑으로 새 힘이 솟았던지, 아버지를 다시 만날 때까지 버텼다. 1633년 크리스마스 직전, 마을에는 가혹한 겨울 한파가 들이쳤다. 얼어붙을 듯 싸늘한 수녀원에서 적절한 의료 처방도 없이 부실한 식사로 연명하는 것은 마리아 첼레스테의 회복에 도움이 되지 않았다. 그녀는 4월 2일에 서른세 살로 죽었다. 냉기를 뚫고 봄이 다가오는 무렵이었다.

갈릴레오는 만신창이가 되었다. 그는 친척인 제리 보키네리에게 말했다. "나는 어마어마한 슬픔과 우울에 빠졌고, 입맛도 전혀 없습니다. 내 자신이 원망스럽고, 사랑하는 딸이 나를 부르는 목소리가 들립니다."[11]

지난 2년 동안 갈릴레오의 세상은 철저하게 전복되었다. 이탈리아에서 가장 칭송 받고 존경받는 인물에서 교회의 추방자로 전락했고, 앞으로 어떤 책도 낼 수 없게 되었고, 이전 작품들은 금서가 되었다. 나이가 그의 절반도 안 되는 딸이 죽었다. 그는 마리아 첼레스테를 세상에서 제일 사랑했다. 옛 친구들, 살비아티, 사그레도, 체시도 다 사라졌다. 사르피는 10년 전에 죽었는데, 죽을 때까지 로마의 혐오를 받았고 지금도 마찬가지였다. 또 가버린 사람은 케플러였다. 케플러는 1630년에 죽었다. 그리고 갈릴레오의 옹호자이자 후원자였던 체시가 죽은 뒤 린체이 학회를 한데 묶던 결속력이 느슨해졌기 때문에, 갈릴레오는 그 모임의 친구들과도 속속 연락이 끊겼다.

1634년 2월에 갈릴레오는 일흔 살이 되었다. 그러나 축하할 만한 시절이 아니었다. 그는 아직 딸의 죽음으로 상실감을 느꼈고, 고통은 그칠 줄 모르고 밀려 왔다. 4월에 동생의 미망인인 키아라가 세 딸과 아들 하나를 데리고 일 조이엘로에 살러 왔는데, 몇 주 만에 모두 흑사병으로 죽었다.

봄과 여름에 갈릴레오는 절망에 빠져 있었다. 하지만 뼛속 깊은 곳에

도사린 쓸쓸함, 죽는 날까지 사라지지 않을 그 감정은 또한 강력한 자극이었다. 그는 그대로 손 놓고 있다가 죽을 수도 있었다. 그랬더라도 여전히 위대한 인물로 인정받았을 것이다. 남들이 천 번을 살아도 다 하지 못할 일을 한 번의 인생에서 이미 이뤘기 때문이다. 하지만 그는 아직 끝나지 않았다. 타고난 불굴의 의지, 원한이 서린 결의, 자기가 절대적으로 옳았고 적들이 절대적으로 틀렸다는 확고한 믿음을 발판 삼아 그는 계속 생각을 했고, 글을 썼다. 마지막 걸작을 세상에 선보였다. 『새로운 두 과학』은 갈릴레오 자신이 제일 중요한 책이라고 여긴 저작이었다.

제목에서 말한 새로운 두 과학은 비단 새롭기만 한 것이 아니라, 갈릴레오의 뒤를 따른 학자들이 과학을 발전시키는 데 있어 기틀로서 기능했다. 첫 번째 "새로운 과학"은 물질의 거시적 속성에 관한 연구였다. 갈릴레오는 『시금사』에서 미시 세계, 즉 원자 세계를 탐구했는데, 여기에서는 물질의 거시적 속성들을 현대적으로 해석하는 방법을 제공했다. 다른 책들이 그랬듯, 이 책도 세심한 실험과 관찰에 대한 분석을 바탕에 깔았다. 그는 금속 등 여러 재료들의 강도를 조사했고, 탄성과 응집력을 실험했고, 서로 다른 재료로 만들어진 물체들의 크기와 비례에 대해 독창적인 결론을 끌어냈다.

자연은 무한하게 큰 나무를 만들지 않는다. 가지들이 제 무게를 견디지 못하고 부러질 것이기 때문이다. 비슷한 식으로, 사람이나 말이나 여타 동물의 골격을 그대로 유지하면서 엄청난 키로 늘리면, 그것들은 제대로 존재하거나 기능하지 못할 것이다……. 몸이 작아지는 것에 비례하여 힘도 줄어드는 것은 아니다. 작은 몸은 상대적으로 힘이 세다. 작은 개는 등에 자기만 한 다른 개들을 두세 마리 얹을 수 있겠지만, 말은 저만 한 다른 말을 한 마리라도 짊어질 수 있

을지 의심스럽다.[12]

이 연구는 다음 세기 실험가들에게 유용하게 사용될 것이었다. 후대의 실험가들은 최초의 공학 연구를 수행할 때 갈릴레오가 장력이나 점성 같은 속성을 수학적으로 분석한 점, 그리고 실험으로부터 일반적 결론을 끌어낸 점을 본받았다. 그것이 결국 산업 혁명 이후의 세상, 즉 기술의 시대의 토대가 될 것이었다.

갈릴레오의 두 번째 "새로운 과학"은 물체의 운동에 관한 연구였다. 후에 역학이라는 물리학의 한 갈래가 될 분야였다. 물론 까마득한 옛날부터 그리스 인들이 다뤘던 소재였고, 아리스토텔레스도 여기에 관하여 많은 말을 했다. 하지만 갈릴레오는 구체적인 실험 결과에서 탄탄한 수학적 일반론을 끌어낸 최초의 학자였다. 피사에서 낙하하는 공과 진자를 연구할 때부터 아르체트리에서 작업할 때까지, 그는 평생 이 분야에 발을 담그고 있었다.

갈릴레오의 역학 또한 뒤를 따른 이들에게 발판이 되었다. 후예들 중 제일 중요한 사람은 물론 아이작 뉴턴이다. 뉴턴은 갈릴레오의 연구에 어마어마한 빚을 졌다. 갈릴레오가 죽고 반세기가 지난 뒤에 뉴턴은 『새로운 두 과학』의 발상들을 발전시켜서 『프린키피아 매스매티카』를 썼다. 이 책은 산업 혁명의 경전이 되었다.

『새로운 두 과학』은 1637년 초에 완성되었다. 갈릴레오의 저작이 모두 그렇듯이 이 책도 반아리스토텔레스적이었으나, 『대화』나 『시금사』처럼 교리에 반하는 내용은 담지 않았다. 그래도 갈릴레오는 이탈리아에서는 전적인 함구령 아래 있었기에 아무 것도 출간할 수 없었다. 친구 하나는 갈릴레오가 주기도문을 출간하려고 해도 금지 당할 것이라고 툴툴거렸다.

갈릴레오는 한 친구에게 이렇게 불평했다.

> 자네는 내 글을 모두 읽었으니, 그들이 종교의 가면 아래 압박을 가했던 진정한 동기가 무엇이었는지 잘 알겠지. 그들과의 전쟁 때문에 나는 꼼짝없이 발목이 잡혔다네. 누가 나를 도와줄 수가 없고, 내가 나서서 스스로 변호할 수도 없네. 예전에 출간된 책들은 재발행을 허락하지 말고, 새 책은 출판 허가를 내주지 말라는 긴급 명령이 모든 종교 재판관들에게 하달되었네……. 그야말로 지독하고 과한 명령으로, 내가 출판했거나 출판하려는 모든 것을 금하는 명령이지. 하는 수 없이 나는 침묵으로 굴복하며, 사방에서 날아드는 공격과 폭로와 조롱과 모욕의 화살을 감내해야 하네.[13]

갈릴레오의 견해와 모든 글이 교회의 저주 대상이었지만, 지식인들은 여전히 그의 책을 높게 평가했다. 사실 유럽 학계에서는 우르바노 8세와 신하들의 의견이 도리어 소수파였다. 이탈리아를 비롯한 가톨릭 국가에서 그런 정통적 의견이 위세를 떨쳤다는 게 불행할 뿐이다. 프랑스에서는 수많은 갈릴레오 지지자들이 『새로운 두 과학』이 출간되기를 염원했다. 갈릴레오를 반교황적 영웅으로 보는 네덜란드에서는 출판업자들이 어떻게 하면 첫 판의 발행권을 따낼까 하며 흥분했다.

『새로운 두 과학』을 쓰는 동안 갈릴레오는 프랑스에 있는 믿음직한 지인 둘과 연락을 주고받았다. 하나는 엘리아 디오다티로서, 출판계에 연줄이 많아서 『대화』의 프랑스 출판업자도 찾아주었다. 다른 하나는 귀족 출신 학자인 프랑수아 드 노아유였다. 그는 갈릴레오가 선고를 받은 순간부터 가택 연금 해지를 주장하는 운동을 벌인 사람이었다.

드 노아유 백작은 『새로운 두 과학』을 네덜란드 출판업자 루이 엘제비르에게 맡겼고 책은 1638년에 네덜란드에서 처음 발간되었다. 갈릴레오는 노고에 감사하는 의미에서 책을 백작에게 바쳤다. 그들은 서문에서 장황한 거짓말을 늘어놓기로 작당했다. 갈릴레오는 책의 출간이 놀랍기 그지없으며, 자기도 모르게 원고가 바깥 세상으로 흘러 나간 듯 하다고 짐짓 너스레를 떨었다.

관대한 아량을 지닌 각하께서 제 책의 출간을 바란 것을 잘 알겠습니다. 각하도 아시다시피 저는 다른 책들의 불행한 운명에 혼란과 환멸을 느껴, 노력의 결과를 다시는 공개하지 않기로 결정했습니다. 그렇지만 제 글을 완전히 묻어두어서는 안 된다고 설득하는 이들이 있기에, 어디엔가 사본을 남겨서 적어도 제가 다룬 주제를 이해하는 사람들에게는 보여 주겠다고 마음먹었습니다. 그래서 가장 훌륭하고 고상한 장소로 고른 것이 바로 각하에게 맡기는 것이었습니다. 제게 특별한 애정을 베푸는 각하라면 제 연구와 노동의 결과를 잘 보존해 주시리라 믿었습니다. 각하께서 로마 대사관을 방문하고 돌아가시는 길에 이쪽에 들러 친히 저를 만나 주셨을 때 (전에도 편지로는 종종 귀한 만남의 기회를 가졌습니다만) 그 기회에 저는 미리 마련해 둔 두 글의 사본을 건넸습니다. 각하는 원고를 받아 기쁘다고 인자하게 말씀하시며, 프랑스에서 안전하게 보관하면서 과학에 관심 있는 친구들과 함께 읽겠다고 하셨습니다. 제가 비록 침묵하고 있으나 무위도식하며 인생을 흘려보내는 건 아님을 알리겠다고 하셨습니다.

　이후에 저는 독일, 플랑드르, 영국, 스페인, 그리고 어쩌면 이탈리아 몇몇 곳에 보내려고 사본들을 몇 부 더 준비했습니다. 그때 엘제비르 출판사에서 연락이 왔는데, 제 글을 인쇄하려고 하니 헌사에 대해 결정한 뒤 즉각 알려 달라는 것입니다. 예기치 못한 놀라운 소식에, 제 글을 사람들에게 알려서 제 이름을 퍼뜨리려는 것이 바로 각하의 생각이고, 각하께서 출판업자들에게 원고를 넘겼다는 결론에 도달했습니다. 전작들을 내는 데도 관여했던 출판업자들이 훌륭하고 정교한 기계로 이번 원고도 찍어서 또 한번 제게 명예를 안겨준다고 합니다……. 이 단계까지 일이 진행되었으니, 저로서는 각하의 너그러운 애정에 감사하는 마음을 확연한 방식으로 표해야 마땅합니다. 제 명성이 영원히 좁은 공간에 옥죄어 있을 것처럼 보였던 때에, 제 글의 날개를 펴서 자유롭게 하늘을 날도록 해 제 이름을 높이겠다고 생각한 분이 바로 각하이기 때문입니다.[14]

갈릴레오의 음울한 유머 감각이 글에 드러나 있다. 바티칸의 독자들이 한 순간이라도 이 말을 사실로 믿으리라고는 갈릴레오도 생각지 않았다. 그렇지만 바티칸은 달리 어쩔 도리가 없었다. 손을 대자면 대수롭지 않은 일을 두고 흉하게 법석을 부리는 꼴이 될 것이었다.

『새로운 두 과학』은 영예로운 경력을 훌륭하게 마감하기에 충분한 책이었다. 물론 로마는 그 책을 엄청나게 냉대했지만, 1638년에 갈릴레오는 우르바노 8세의 박해를 받기 전보다 더 유명한 작가이자 사상가이자 반기성적 영웅이 되었다. 갈릴레오를 혐오했던 예수회와 그를 못 살게 굴었던 교황 일당은 과학자에게 재갈을 물리려다가 오히려 정반대의 결과를 낳았다.

친구인 드 노이유가 『새로운 두 과학』의 출판업자를 수소문하는 동안, 갈릴레오는 눈이 멀어 갔다. 처음에는 오른쪽 눈이 감염되었다. 그러나 피렌체에서 의사 처방을 받게 해 달라는 그의 요청을 종교 재판소가 거듭 거절했기 때문에 치료를 하지 못했다. 감염은 왼쪽 눈으로 번졌고, 석 달 만에 그의 세상은 점차 캄캄해지더니 완전한 어둠에 빠져들었다.

갈릴레오는 최선을 다해서 실험과 관찰을 계속 했다. 그가 남긴 마지막 기록은 달 표면 관찰이었다. 그는 달이 지구를 공전할 때 궤도에서 조금씩 흔들린다는 결론을 적어 뒀다. 이후에는 조수들의 관찰에 의존할 수밖에 없었다. 조수들은 갈릴레오의 구술을 받아 적는 서기 노릇도 했다.

조력자들 가운데 눈에 띄는 사람은 둘 있었다. 하나는 빈첸치오 비비아니였다. 젊은 연구자였던 비비아니는 나중에 스승에 대한 첫 전기인 『갈릴레오의 생애』를 썼다. 내용의 정확성은 좀 의심스럽지만, 과학자를 직접 알았던 사람이 쓴 전기로는 유일하다. 다른 하나는 에반젤리스타 토리첼리였다. 당시 30대 초반으로, 영예로운 경력의 절정에 올라 있던 학자였다. 얄궂게도 갈릴레오가 죽은 직후에 토리첼리도 곤경에 빠진다. 진공에 대해 반교리적인 설명을 했기 때문이었다. (신이 어느 곳에나 계시는데 어떻게 진공이 존재하겠는가?) 토리첼리는 교황의 검열에서 살아남았고, 나중에 토스카나 궁정의 대공 수학자로 갈릴레오의 뒤를 이었다. 토리첼리가 남긴 최고의 업적은 구멍을 통해 흘러나오는 액체의 유속에 관한 법칙을 발견한 것이었다. 요즘 토리첼리의 정리라고 불리는 법칙이다.

갈릴레오의 아들 빈첸초는 말년의 아버지를 살짝 미화해 묘사한 적 있다. 노인은 마리아 첼레스테가 죽은 뒤로 아들과 점차 친밀해졌다. 빈첸초는 이렇게 썼다.

아버지는 연세가 들어서는 더욱 쾌활한 성격이었다. 적당히 탄탄한 체격에 늠름하고 강건한 용모는 끝도 없이 천체를 관측하는 힘들고 영웅적인 작업을 잘 뒷받침했다. 아버지의 말솜씨와 표현력은 감탄할 만했다. 진지한 이야기를 할 때는 다채로운 문장들과 심오한 개념들을 썼고, 즐거운 담화를 나눌 때는 재치와 농담을 빼놓지 않았다. 쉽사리 성질을 내는 편이었지만 그보다 더 쉽사리 마음을 풀었다. 기억력이 유별나서 연구에 관한 내용 외에도 상당한 양의 시를 암기했다. 특히 로마와 토스카나의 모든 시인들 가운데 최고라고 칭찬했던 작가 아리오스토의 시 중 제일 좋아한 「오를란도 푸리오소」의 대부분을 외웠다. 아버지가 가장 경멸한 악덕은 거짓말이었다. 수학을 통해서 진실의 아름다움을 너무 잘 알았기 때문일 것이다.[15]

갈릴레오의 생애 마지막 두 달은 비참했다. 완전히 눈이 먼 것은 물론이고 관절염에 탈장까지 갖가지 병을 앓았으며 결국 신장병으로 목숨을 잃었다. 그러나 그는 거의 마지막 날까지 조수에게 생각을 구술했고 급진적이고 혁신적인 통찰을 내놓아 토리첼리와 비비아니를 깜짝 놀라게 하는 일도 잦았다. 갈릴레오는 한 친구에게 이렇게 썼다.

내 머릿속에는 수많은 문제들과 질문들이 있다네. 일부는 상당히 새롭고, 일부는 기존의 의견과 차이가 있거나 상반되네. 그것들로 책을 쓴다면 이제껏 쓴 어느 책보다 신기한 것이 되겠지만, 갖가지 심각한 질병들에 더해 눈도 멀고, 일흔다섯이라는 늙어빠진 나이이다 보니, 연구에 몰입할 상태가 못 된다네. 그러니 나는 침묵을 지키고, 다른 방랑자들의 발견에서 기쁨을 느끼는 데 만족하며, 고단한 생의 남은 나날을 보낼 거라네.[16]

한편 교회에 대한 그의 악감정은 하루하루 커졌다. 육체적 고통이 커지고, 삶이 썰물처럼 빠져 나가고 있음을 느끼자, 한때 멋지게 적들을 채찍질했던 갈릴레오의 펜은 긍정적인 방향으로 통렬해졌다. 그게 무슨 말인가 하는 것은 갈릴레오가 어느 토스카나 명사에게 보낸 편지를 보면 알 수 있다. 갈릴레오는 코페르니쿠스 모형을 지지한다는 명사에게 이렇게 답장했다. "특히 우리 가톨릭 교도들은 코페르니쿠스 체계가 잘못이라는 사실을 절대 의심해서는 안 됩니다. 우리에게는 위대한 신학의 대가들이 해석한 성서라는 지고의 권위가 있기 때문입니다. 대가들이 우리에게 다짐하는 바, 지구는 고정되어 있고 태양이 주위를 움직입니다. 전능하신 신으로부터 끌어낸 확고한 논증에 따르면 코페르니쿠스의 추측은 말짱 거짓입니다."[17]

갈릴레오가 드디어 교회의 의견으로 개종했다고 믿고 싶어 하는 사람들도 있다. 하지만 절대 그랬을 리가 없다. 갈릴레오는 자기가 할 수 있는 유일한 방법으로 받아 친 것뿐이었다.[18] 빈정거림은 생의 마지막을 살아가는 사람이 (그리고 부당한 대우를 받았다고 생각하는 사람이) 최후에 날린 씁쓸한 주먹이었다.

1642년 1월 8일 저녁, 갈릴레오는 지난 8년 동안 기거한 방에서 죽었다. 곁에는 충성스러운 조수 비비아니와 아들 빈첸초가 있었다. 며칠 뒤, 바티칸에서 끝까지 과학자에게 충직한 태도를 취했던 프란체스코 바르베리니 추기경의 한 지인은 이런 글을 썼다. (바티칸 사서였던 독일인 루카스 홀스테 (1596~1661년)를 가리킨다. ─ 옮긴이) "오늘, 갈릴레이 씨가 죽었다는 소식을 들었다. 피렌체뿐만 아니라 온 세상과 우리 시대의 손실이다. 이 고결한 인물은 다른 평범한 철학자들이 준 것보다 훨씬 많은 경이로움을 우리에게 주었다. 이제 사람들의 질투는 그치고, 그의 숭고한 지성이 알려지기 시작할 것이다. 그의 지성은 진리 탐구에 나서는 모든 후예들을 이끌어 줄 것이다."[19]

15장

불사조 되살아나다

✠

페르디난도 데 메디치, 사람 좋지만 유약한 편이었던 토스카나 대공은 합당한 모든 예를 갖추어서 위대한 갈릴레오를 산타크로체 성당 본당에 묻으려고 했다. 돈을 들여 적절한 기념비를 세움으로써 과학자의 업적을 기리려고 했다. 그러나 계획이 한창 진행 중에 대공은 우르바노 8세의 차가운 편지를 받았다. 교황은 갈릴레오를 평범한 시민으로 부속 예배당에 묻을 것이며, 아무런 허례나 예식을 갖추지 말고, 비석도 세우지 말라고 했다.

로마 대사 프란체스코 니콜리니를 통해 대공에게 전달한 편지에서 교황은 말했다. "교황청은 대공이 산타크로체에 무덤을 세울지도 모른다는 소식을 들었습니다⋯⋯. 대공께서 그렇게 하신다면 세상에 좋은 선례를 남기는 게 아닐 것입니다⋯⋯. 그는 아주 거짓되고 그릇된 견해를 품었고, 그것을 남들에게도 강요한 것 때문에 검사성성에 불려 왔던 사람입니다.

저주 받을 주장으로 기독교 전반에 대항하는 추문을 불러 일으켰던 사람입니다."[1]

갈릴레오의 장례식에는 조촐한 인원이 모였다. 아들 빈첸초, 비비아니, 에반젤리스타 토리첼리, 갈릴레오가 다녔던 아르체트리 성당의 사제가 참석했다. 대공과 메디치 일가는 교황의 말에 고분고분 따라서 피사에 남았다. 우르바노 8세와 추기경들은 또 한번 괜히 심술궂게 군 셈이었다. 그들은 역사를 다시 써서 갈릴레오를 기록에서 지워 버리려고 했지만 물론 그들이 목적을 달성할 가망은 없었다. 그들은 당장에는 갈릴레오 같은 사람들을 괴롭히고 억압하는 데 성공했지만, 세월이 흐르자 교회의 완강한 힘도 쇠했고, 그 힘이 희미해지자 갈릴레오에 대한 기억과 그가 대변한 사상은 오히려 더 밝게 빛났다.

많은 사람들이 갈릴레오를 사랑하고 존경했다. 비비아니는 죽은 스승에게 가해진 잔인한 처우에 분개했고, 적절한 곳에 스승을 위한 기념비를 세우겠노라 다짐했다. 하지만 비비아니가 갈릴레오의 유언 집행인이긴 해도 그에게는 꿈을 이룰 자금이 없었다.

우르바노 8세가 갈릴레오 사후 2년 만인 1644년에 죽은 것은 도움이 되었다. 그제서야 비비아니는 페르디난도 대공에게 금전적 지원을 조금 받아 갈릴레오의 흉상을 두 개 제작했다. 하나는 청동상, 다른 하나는 대리석상이었다. 하지만 페르디난도도 1670년에 죽었다. 뒤를 이은 코시모 3세는 비비아니에게 눈길도 주지 않았다. 코시모 3세는 메디치 가문이 배출한 최악의 통치자였다. 가문의 재산을 함부로 낭비했고, 사욕을 채우자고 세금을 올려서 엄청나게 인기가 없었다.

비비아니는 최선을 다했다. 부속 예배당 벽에 갈릴레오의 생애를 기리는 기념판을 세웠고, 더 큰 것을 하나 더 제작해서 자기 집 벽에도 걸었다.

그러나 비비아니는 자식을 남기지 않은 채 1703년에 죽었고, 그의 유산을 넘겨받은 조카는 삼촌에게 대단한 영감을 주었던 옛 과학자에게 아무 관심이 없었다. 비비아니의 꿈을 실현하는 일은 부유한 피렌체 의원인 조반니 바티스타 클레멘테 데 넬리의 몫으로 돌아갔다. 그가 비비아니의 유산을 사들였던 것이다. 1737년에 데 넬리는 고향이 낳은 최고로 유명한 인물을 위해 장대한 기념비를 제작했다. 갈릴레오가 사망한 지 100년이 되기 몇 년 전이었다.

갈릴레오의 시체를 매장할 공간이 새로 마련되어서, 드디어 과학자의 유해는 부속 예배당을 떠나 본당으로 옮겨지게 되었다. 그곳에 다른 가족의 유해와 함께 매장될 것이었다.

1737년 3월 12일에 피렌체의 저명 인사 몇 사람이 산타크로체 성당 부속 예배당 앞에 모였다. 갈릴레오의 시신을 발굴하는 자리였다. 종탑 아래의 좁은 공간을 부수자 관이 세 개 나타났다. 가장 최근에 넣어진 것은 비비아니의 관이었다. 비비아니는 자신의 영웅과 함께 묻어 달라고 유언했다. 사람들은 그의 관을 꺼내서 새 장지로 옮겼다. 남은 두 관 중 하나를 열었더니 노인의 유골이 드러났다. 다른 관에는 몸집이 훨씬 작은 사람의 유골이 들어 있었는데, 여성임이 분명했다. 갈릴레오의 딸 마리아 첼레스테였다. 사람들은 성대한 예식을 치르며 두 구의 시체를 성당 안으로 옮겼다. 그리고 갈릴레오의 시신에서 척추뼈 하나, 손가락 세 개, 이빨 한 개를 제거했다. 그 뒤에 관을 본당 건물로 가지고 들어가서 영원한 안식처가 될 공간에 묻었다.

사람들은 갈릴레오의 손가락 하나를 즉시 항아리에 담아 잘 봉했고, 모인 사람 중에서 토마소 페렐리가 경건하게 추도문을 읽었다. 오늘날 이 기이한 유물은 피렌체 과학사 연구소 및 박물관이 소장해 대중에게 공개하고 있다. 갈릴레오의 척추는 파도바 대학교가 소장하고 있다.

그런데 교회가 갈릴레오의 삶을 기념하지 못하도록 억압했던 것보다 더 중요했던 일은 과학자의 작품에 대한 세상의 관심을 지속적으로 억눌렀던 것이다. 갈릴레오의 책들은 1835년까지 금서 목록에 올라 있었다. (목록 자체는 1960년대에서야 폐지되었다.) 1744년에 출간된 『갈릴레오 전집』도 교회의 검열을 받았다. 신앙교리성성은 과학과 신학의 관계에 관한 그의 견해가 담긴 「토스카나의 크리스티나 대공 부인께 드리는 편지」와 「카스텔리에게 보내는 편지」를 전집에서 빼라고 고집했다. 『대화』는 제 차례에 수록되지 못하고 따로 4권으로 인쇄되었고, 1633년에 갈릴레오가 종교 재판소에서 낭독했던 의견 철회서가 덧붙여졌으며, 책에 설명된 코페르니쿠스 모형은 가설일 뿐이라는 주의문도 딸렸다. 당시는 아이작 뉴턴 경이 죽은 후로도 한 세대가 흐른 뒤였다. 계몽 시대의 정점이었고, 고작 40년 뒤면 산업 혁명이 시작될 시점이었다.

이탈리아 밖에서는 이야기가 달랐다. 프랑스, 영국, 네덜란드에서 갈릴레오는 위대한 과학자로 숭앙 받았다. 뉴턴은 선각자의 중요성을 깨닫고 『프린키피아 매스매티카』에서 갈릴레오에 관하여 언급했다. 뉴턴의 과학은 갈릴레오가 닦은 탄탄한 토대 위에 세워졌다. 뉴턴은 실험에서 관찰한 내용에 크게 의존하는 갈릴레오의 방식을 따랐고, 갈릴레오가 개척한 과학적 기법, 즉 일련의 관측이나 실험으로부터 일반적인 법칙을 만든 뒤에 그 전체를 수학적 엄밀성으로 포장하는 기법을 채택했다. 갈릴레오의 책들은 금서 목록에 올라 있는데도 1640년대에 영국(대체로 신교도의 영토라 할 수 있었다.)에 전해졌고, 뉴턴은 1661년에 케임브리지에 진학하기 전에 갈릴레오의 전작을 읽었다. 갈릴레오는 미래의 루카스 석좌 교수에게 모델이자 영감의 원천이었다. 하지만 뉴턴은 앞선 위인들에게서 받은 영향을 순순히 인정하는 사람이 아니었기에, 갈릴레오의 공적을 공개적으로 인정해야 마땅했음에도 그렇게 하지 않았다.

뉴턴을 우상화했고 스스로 계몽주의를 체현했던 볼테르는 갈릴레오 재판에 대해 이렇게 말했다.

실수한 쪽은 검사들이었다. 갈릴레오에게 속죄를 분부했던 자들이 실은 더한 실수를 저지른 것이었다. 모든 종교 재판관은 코페르니쿠스의 구들을 볼 때면 영혼 으슥한 깊은 곳에서 마땅히 부끄러운 감정에 사로잡혀야 할 것이다. 그러나 그렇기는커녕, 만약 뉴턴이 포르투갈에서 태어났다면, 그리고 어느 도미니코회 사제가 뉴턴의 거리의 제곱에 따른 반비례 법칙이 이단이라고 선언했다면, 뉴턴은 바로 "지옥복(스페인 종교 재판소에서 화형수에게 입혔던 검은 옷 — 옮긴이)"에 감싸여 하느님께 바치는 제물로 화형주(화형수를 묶었던 기둥 — 옮긴이)에서 불태워졌을 것이다.[2]

이탈리아 밖에서는 갈릴레오가 죽기 전부터 그에 대한 관심이 커졌다. 앞서 말했듯 종교 재판은 그를 더 유명하게 만들고 신화적 분위기를 더했다. 비가톨릭 국가의 과학자들과 철학자들은 갈릴레오의 앞선 견해를 소중하게 여겼다. 갈릴레오가 정통 가톨릭 교리에 도전한 점을 강조하고 싶어 하는 개신교적 요인도 없다 할 수 없었다. 그런 사람들이 보기에 갈릴레오는 순교자였다.

그러나 반교황 세력의 그런 견해에는 동조하기 힘들다. 마르틴 루터와 장 칼뱅은 과학에 대한 태도가 지극히 반동적이었으며 코페르니쿠스 이론을 고려조차 하지 않았다. 루터는 "새로운 과학"을 가리켜 "재치가 지나친 바보의 생각"이라고 했다. 「여호수아」 10절을 보면 하느님이 지구가 아니라 해를 세우지 않았는가?" 칼뱅은 굳이 따지자면 루터보다 더 무지했다. 1553년에 칼뱅은 의사이자 작가인 미카엘 세베레투스를 뜨거운 철판에 올려서 2시간 뒤에 죽게 했다. 세베레투스가 겁도 없이 혈액은 심장의 펌프질을 받아 온몸을 돈다고 말했기 때문이다. 코페르니쿠스에 대해서는 「시편」 93장 1절의 "누리가 굳게 세워져 흔들리지 않는다."라는 말을 인용해 대응했다. "그러니 뉘라서 이 코페르니쿠스라는 자의 권위를 성서에 앞세울 것인가?" 칼뱅은 말했다.

아르체트리에 연금되어 있을 때, 갈릴레오가 만날 수 있는 손님은 아주 적었다. 그를 찾아오는 사람은 모두 로마의 조사를 받아야 했다. 하지만 종교 재판소도 언제나 모든 곳을 감시할 수는 없는 노릇이었다. 우리는 적어도 두 유명 인사가 은신처를 방문했다는 사실을 알고 있다. 한 사람은 영국 철학자이자 무신론자인 토머스 홉스였다. 홉스의 걸작 『리바이어던』(1651년)은 온 세상의 신교도들마저 깜짝 놀라게 했고, 홉스는 갈릴레오처럼 이단자 딱지를 받았다. 홉스는 갈릴레오에게서 많은 것을 얻었다. 홉스는 인간과 인생을 수학적 개체로 연구할 수 있다는 『리바이어던』의 핵심 개념에 과학자가 영감을 주었다고 말했다.

아르체트리에서 시들어가던 갈릴레오를 찾아온 또 다른 유명 인사는 영국 시인 존 밀턴이었다. 많은 사람들이 영국 문학가들의 신전에서 셰익스피어 다음 가는 자리를 차지한다고 생각하는 바로 그 밀턴이다. 밀턴은 로마가 갈릴레오를 다룬 방식에 끔찍해 했다. 교황이 자유로운 사상을 박해했기 때문에 그 악영향으로 이탈리아를 비롯한 가톨릭 국가들의 지적 발전이 뒤처진다는 말을 처음 한 것도 밀턴이었다. 1644년, 갈릴레오가 죽은 지 2년이 되던 해에, 밀턴은 「아레오파지티카」(대법관을 뜻한다. ─옮긴이)라는 에세이에서 이렇게 회상했다.

나는 이탈리아에서 학자들을 만날 자리가 있었다. 그들은 영국을 철학적으로 자유로운 땅이라고 생각했고, 나더러 그런 곳에서 태어났으니 행복하겠다고 했다. 자기들은 학문이 노예처럼 종속된 상황을 그저 개탄하는 것 말고는 달리 할 수 있는 일이 없다고 했다. 영광스러웠던 이탈리아의 재능들이 무디어졌고, 이제는 아첨하는 글이나 시시한 글밖에 씌어지는 게 없다고 했다. 그곳에서 나는 종교 재판소의 죄수로 늙어간 그 유명한 갈릴레오를 수소문해 방문했다.

로마 교회의 반동적 인식이 문화 발달을 저해할 것이라는 생각을 정말 밀턴이 처음 했는지 모르겠지만, 어쨌든 밀턴 이후에도 수많은 사람들이 그런 정서를 퍼뜨렸다. 그들은 교회가 갈릴레오의 입을 막은 것 때문에 이탈리아의 과학이 1630년대부터 약 19세기까지 다른 유럽 국가들보다 뒤처졌다고 믿는다. 어느 학자는 이렇게 말했다. "교황은 이탈리아 과학계를 마비시켰다. 새로운 연구의 중심지는 북쪽의 개신교 국가들로 옮겨갔다."[3] 반면에 국운의 향방이 변한 결과였을 뿐이라고 주장하는 사람들도 있다. 갈릴레오 사건과는 직접적인 관련이 없고, 자연스러운 사회적 과정이었다는 것이다.

13세기부터 17세기까지 유럽 문화가 이탈리아를 중심으로 멋지게 피어났다가 갈릴레오 재판 뒤에 그 중심이 유럽 다른 곳으로 옮겨간 것은 사실이다. 첨단 학문과 사상이 진화하는 장소는 서쪽의 영국과 프랑스, 북쪽의 네덜란드와 독일로 넘어갔다. 가톨릭 교리의 손아귀에 잡힌 국가들은 뒤처졌다. 물론 이것이 전적으로 교회 검열 때문이었다고 말하는 것은 비합리적이다. 하지만 지성의 진화에 대한 로마 교회의 통제가 느슨해지는 19세기가 올 때까지 가톨릭 철학자들과 과학자들이 제 나라에서 자유롭게 글을 쓰지 못했던 것도 우연의 일치만은 아니다. 학자들은 외국에서만 제 생각을 풀어낼 수 있었다. 그 결과 지적 자유가 장려되는 국가들에서 훨씬 사상이 발달했다. 개신교의 창시자들이 반지성주의적 광신자들이었는데도 말이다.

교회도 갈릴레오의 생각을 영원히 억압할 수는 없었다. 교회가 갈릴레오에 대해 가장 두려워했던 점이 교회를 쫓아와 괴롭혔다. 어떤 점이었을까? 갈릴레오가 죽고 300년이 흐른 뒤에 또 다른 상징적 존재인 알베르트 아인슈타인이 한 말을 보면 알 수 있다. "갈릴레오가 과학적 추론을 발견하고 활용했던 것은 인류의 사상사에서 가장 중요한 업적이었고, 물리학의 시작을 알린 사건이었다."[4]

갈릴레오의 유산에 관한 또 다른 표현, 어쩌면 궁극적인 묘사라고도 할 수 있는 말은 시에나의 대주교 아스카니오 피콜로미니가 했다는 말이다. (앞장에서 인용했다.) "갈릴레오는 세계 제일의 학자이며, 그의 책이 금서가 되어도 그는 영원히 살아남을 것이고, 뛰어난 선구자라면 누구나 그를 따를 것이다."[5]

갈릴레오의 과학은 정말로 교회가 "해로운 과실"이라고 볼 만한 결실을 맺었고, 정말로 글 속에서 "영원히" 살아남았다. 우르바노 8세, 그라치, 샤이너, 바오로 5세는 몇몇 독실한 신자들에게만 기억될 뿐 오늘날 대체로 잊혀졌다. 심지어 벨라르미노도 그렇다. 그들의 책에는 먼지가 수북하고 거의 아무에게도 읽히지 않는다. 하지만 갈릴레오는 과학 시대의 선각자로 인정을 받으며, 현대를 낳은 창시자들 중 하나로 영원히 기억되고 있다.

16장

21세기의 마술

✠

가톨릭 교회에게 실체 변화와 성찬식은 제일의 집착 대상이다. 수백 년 동안 검사성성은 성찬식에 대한 로마 교회의 해석과 "실체"와 "우유성"이라는 오컬트적 개념을 신성하게 지키려고 갖은 수고를 아끼지 않았다. 그럴 만한 이유가 있었다. 그 해석이야말로 가톨릭을 다른 기독교 신앙과 구별해 주는 요소이기 때문이다. 가톨릭 교회는 아직도 토마스 아퀴나스의 개념을 완강하게 고수한다. 800년 전에 살았으며 멋대로 생각한 우주 모형이 옳다고 결정했던 사람의 말을 여태 믿는 것이다. 가톨릭이 아퀴나스식 정통 교리를 견지하는 이유는 왜일까? 아퀴나스는 하느님의 계시를 따랐기 때문에 그의 추론은 무류하다고 믿는 것이다. 그런데 오늘날 가톨릭 교회가 성찬식에 대해서 굳이 아퀴나스식 해석을 고집하는 이유는 과거와는 좀 다르다. 오늘날의 교회는 더는 신교의 침범을 두려워하지 않는다. 하지만 급속도로 세속화하는 현대에서 신자들에게 안정된 신앙의 발판을 제공할 필요가 있다.

갈릴레오 재판에 관한 자료들은 20세기 말까지도 대개 비밀이었다. 갈릴레오가 재판정에 서기 전에 어떤 대접을 받았는지 기록한 문서 몇 개가 1849년에 공개되었다. 1860년대 말에는 단명했던 로마 공화국의 재무장관 자코모 만초니와 교육장관 실베스트로 제라르디가 문서 보관소의 자료 일부를 활용해 책을 쓴 바 있다. 1870년에 출간된 책의 제목은 『새로운 문서 자료를 통해 본 갈릴레오 재판』이었다. 더 나중에는 바티칸 비밀 문서 보관소 소장이었던 가에타노 마리니가 일반인을 위한 책을 써서 자료들에서 선택적으로 발췌한 내용을 소개했다.

1880년에 교황 레오 13세는 비밀 문서들 중 일부를 잠깐 공개했다. 이때 학자 안토니오 파바로가 『갈릴레오 공식 전집』을 꾸리는 작업을 시작했는데, 그도 선배들과 마찬가지로 극히 제한된 일부 기록에만 접근할 수 있었다. 교황청은 정보 유출을 세심하게 통제했다. (지금도 그렇다.)

1941년에 교황 과학 아카데미는 갈릴레오 사망 300주년을 맞아 갈릴레오 전기 작성을 의뢰했다. 임무를 부여 받은 사람은 로마에 위치한 라테라노 교황청 대학교의 교회사 교수인 비오 파스치니였다. 그런데 파스치니가 책을 완성한 뒤 교황의 승인을 구하자, 교황청은 그의 서술이 예수회의 역할에 대해 불공평하리만치 비판적이라는 이유로 허가를 내주지 않았다. 『갈릴레오 갈릴레이의 삶과 업적』이라는 그 책은 20년이 더 지난 1965년에서야 빛을 보았다. 교황이 내용을 "바로잡은" 뒤였다.[1]

로마 교회가 갈릴레오 사건에 얼마나 집착했는가는 교회가 갈릴레오의 책들에 끈질기게 저항한 것, 그리고 검사성성이 1633년 당시 교회의 행동을 끈질기게 정당화한 것을 보면 알 수 있다. 요한 바오로 2세의 뒤를 이은 현 교황 베네딕토 16세는 추기경 요제프 라칭거일 때 이렇게 단언했다.

"갈릴레오의 시대에 교회는 갈릴레오보다 더 이성에 충실했다. 갈릴레오에 대한 기소 과정은 이성적이고 공정했다."[2] 이러니 우르바노 8세와 참모들이 빚어낸 괴물과도 같은 기만적 시각이 지금까지도 갈릴레오 사건의 핵심처럼 여겨질 수밖에 없다.

1981년 7월, 교황이 된 지 3년쯤 되었던 요한 바오로 2세는 갈릴레오 위원회라는 이름의 조사단을 꾸렸다. 과학자에 대한 고발을 재조사해서 350년 전의 사건들에 대해 명확한 결론을 내자는 취지였다. 갈릴레오 사건을 재조사하고 싶다는 교황의 바람은 순수한 것이었다. 교황은 로마 가톨릭 교회의 우두머리인 동시에 폴란드 인이었는데, 니콜라우스 코페르니쿠스 역시 폴란드 인이었던 것이 결코 우연의 일치는 아닐 것이다. 그리고 요한 바오로 2세는 늘 과학에 흥미가 있었다. 교황직을 수행하는 내내 과학과 종교의 관계에 깊은 관심을 보였고, 세계 최정상의 과학자들과 대화하고 싶어 했다.

갈릴레오 사건 재조사 위원회를 설치하기 2년 전인 1979년 11월 10일, 교황은 교황청 과학 아카데미가 주최한 아인슈타인 탄생 100주년 기념식에서 연설하며 다음과 같이 개인적 견해를 밝혔다.

갈릴레오의 위대함은 아인슈타인과 마찬가지로 모든 사람들에게 잘 알려져 있습니다. 하지만 아인슈타인과 달리……갈릴레오는 상당한 고통을 겪어야 했습니다. 바로 우리 교회의 사람들과 조직에 의해서 말입니다. 그 사실을 숨길 수는 없습니다……. 나는 신학자들, 학자들, 역사학자들이 신실한 협동심으로써 갈릴레오 사건을 더 깊이 연구하기를 바랍니다. 어느 편의 잘못으로 밝혀지든 그 사실을 솔직하게 인정함으로써 아직도 교회와 세상이 상호 동의하는 결실을 맺을 수 없다고 하는 불신을 사람들의 마음에서 몰아내기를 바랍니다.

나는 이 작업을 전폭적으로 지지할 것입니다. 이 작업은 신앙의 진리와 과학의 진리를 영예롭게 하고, 미래의 협동으로 가는 문을 열어 줄 것입니다.[3]

요한 바오로 2세는 갈릴레오 위원회를 설치할 때 (신학자 여덟 명으로 구성되었고 가브리엘마리 가론느 추기경이 이끌었다.) "지체 없이 작업을 수행하고, 구체적인 결론을 도출할 것"이라는 명확한 지침을 내렸다. 위원회가 두 가지 목표를 모두 달성하지 못했다는 사실은 어쩌면 놀랄 일도 아닐지 모른다. 위원회 보고서는 1992년 10월 31일에야 공식 발표되었고, 같은 해 11월 4일에 《오세르바토레 로마노》(바티칸의 일간지로 교황청 대변지 ─ 옮긴이)에 게재되었다. 위원회가 꾸려진 때로부터 11년도 더 지난 뒤였다. 결론도 구체적인 것과는 거리가 멀었다.

교황은 갈릴레오 위원회의 결론을 교황 과학 아카데미와의 접견 자리에서 발표했고, 그 내용은 전 세계에 알려졌다. (《뉴욕 타임스》의 재미있는 기사도 이때 나왔는데, 갈릴레오가 옳았고, 지구가 정말 움직인다는 사실을 마침내 교회가 인정했다는 요지였다.) 이때 바티칸은 지구가 우주의 중심이라는 개념을 고수하기를 포기했지만, 그렇다고 갈릴레오에 대해서 자기들이 틀렸다고 인정한 것은 아니었다. 교황이 할 수 있는 최선의 말은 1633년에 "비극적인 상호 몰이해"가 존재했다는 표현이었다. 요한 바오로 2세는 이렇게 선언했다.

계몽 시대의 시작부터 지금 우리 시대까지, 갈릴레오 사건은 일종의 신화였습니다. 사실들을 짜 맞춰 만든 하나의 이미지였는데, 진실과는 상당히 거리가 있었습니다. 그런 시각에서 보면, 갈릴레오 사건은 교회가 과학 발전을 억제하려 했다는, 혹은 자유로운 진리 탐구에 반대하며 교조적인 반계몽주의를 추구하려 했다는 주장의 상징이었습니다. 이 신화는 문화적으로도 큰 역할을 했습니다. 좋은 신앙을 가진 많은 과학자들의 마음에 과학 정신과 연구 규칙들, 그리고 기독교 신앙은 서로 양립할 수 없는 것이라는 생각을 심어 놓았습니다.[4]

참으로 교묘한 진술이다. 개탄할 만한 몰이해 때문에 갈릴레오와 교회 사이에 충돌이 빚어졌다는 주장을 사람들에게 믿게 만들려는 말이다. 이 진술에서 가장 교활한 면은 전체 사건을 "신화"로 묘사한 점이다. 교황과 추기경들은 신화라는 단어를 사용함으로써 갈릴레오에게 벌어졌던 일은 재판 자료와 편지들을 통해 후대에게 전해진 무미건조한 역사적 사실이 아니라 절반쯤 각색된 이야기, 어쩌면 우화에 가까운 것이라는 생각을 신자들에게 불어넣는다.

이런 기조를 깐 뒤에, 교황은 갈릴레오 위원회가 발견한 내용을 자세히 설명했다. 내용은 다음 세 가지로 요약된다.

1. 갈릴레오는 코페르니쿠스 모형이 가설에 불과하다는 사실을 이해하지 못했던 것 같다. 그는 태양 중심 세계관을 지지할 만한 증거를 갖지 못했다. 따라서 자신이 설파하던 바로 그 과학적 기법을 벗어난 셈이었다.
2. 당시의 신학자들은 성서의 성격을 정확하게 이해하지 못했다.
3. 코페르니쿠스 이론이 사실로 증명되었을 때 교회는 즉시 그것을 받아들였고, 교회의 비난은 실수였다는 사실을 암묵적으로 인정했다.

하나씩 순서대로 살펴보자.

첫째, 갈릴레오가 과학적 엄밀성이 부족했다는 주장. 이 주장은 괘씸할 정도로 사실을 왜곡한다. 일단, 교회는 코페르니쿠스 이론의 과학적 의미에 관심을 가진 적이 한번도 없었다. 과학을 논쟁한 순간은 한번도 없었다. 갈릴레오의 『대화』를 조사한 위원회에는 과학자가 하나도 없었고, 벨라르미노와 바르베리니가 둘 다 과학에 흥미가 있기는 했어도 그 주제에 관하여 공부를 한 적은 없었다.

더 중요한 점으로, 갈릴레오는 교회가 코페르니쿠스 이론을 가설로만 다룬다는 사실을 충분히 인식하고 있었다. 하지만 갈릴레오가 교황청과 공식적으로 대면한 두 차례의 만남에서(1616년에 벨라르미노와 세기치와의 만남, 그리고 1633년의 재판) 원고와 피고는 "가설"의 의미를 서로 아주 다르게 사용했다. 교회에게 "가설"이라는 단어는 새로운 과학적 발상을 받아들이는 편법이었다. 결정적으로 입증된 것은 아니라고 말함으로써 코페르니쿠스 이론을 양탄자 밑에 처박아 두는 셈이었다. 갈릴레오에게 있어서 가설은 유효하게 기능하는 모형이었고, 확실한 세계관의 구축으로 나아가는 한 걸음이었다.

이 차이는 교회와 과학의 접근법이 전적으로 상충한다는 것을 핵심적으로 보여 준다. 물론 17세기나 그 이전의 사람들이 코페르니쿠스를 받아들이지 않았다고 해서 우리가 비난하는 것은 잘못된 일이다. 그들에게는 그 이론이 "틀려 보였기" 때문이다. 사실 우주의 메커니즘에 대한 논리적인 결론은 태양이 지구 주변을 돈다는 것이다. 왜냐하면 우리 모두 그 현상을 눈으로 보기 때문이다. 태양은 매일 동쪽에서 떠서 서쪽으로 진다. 태양이 움직이는 것처럼 보이지, 우리가 움직이는 게 아니다.

그런데 일상에서 그렇게 경험하는 사람들더러 코페르니쿠스 견해를 채택하지 않는다고 비난하는 것은 옳지 못할지라도, 코페르니쿠스에 대한 교회의 입장은 여전히 불명예스러운 평가를 받아야 옳다. 왜냐하면 교회는 과학적 근거에서 태양 중심설에 도전한 게 아니기 때문이다. 교회가 갈릴레오와 코페르니쿠스를 공격한 것은 그들이 바티칸의 교리에 대안적인 설명을 제공했기 때문이다. 교회는 논리적 결론이 무엇인지, 한 이론이 다른 이론에 비해 어떤 장단이 있는지에 관해서는 관심이 없었다. 교회는 그저 자기가 옳고 적들은 틀렸다고 고집했다.

여기에서는 동기의 차이도 드러난다. 그리고 동기의 차이야말로 과학과 교회를 가르는 진정한 기준이다. 과학자들은 알고 이해하고자 하는 욕망에서 움직인다. 종교의 지지자들은 두려움에서 움직인다. 베르톨트 브레히트의 희곡 『갈릴레오』에서 등장인물인 수사는 이렇게 말했다.

우리는 평신도들에게 하느님이 언제나 그들을 굽어보고 계신다고 장담했소. 꿰뚫어 보는 눈길, 심지어 불안해 하는 눈길로 보고 계신다고 했소. 세상만사가 인간을 중심으로 구성되어 있으니, 모든 사람은 크든 작든 제 역할을 맡은 연기자라고 했소. 그런데 이제 인간이 이류 행성 주변의 텅 빈 공간을 영원히 맴도는 작은 돌덩어리 위의 존재라고 말하면, 신자들은 뭐라고 하겠소? 고된 인내의 가치는 뭐가 되겠소? 그들은 배신당하고 기만당한 기분을 느낄 것이오. 그러니까 아무도 우리를 보지 않는단 말이지요, 라고 말할 것이오. 우리가 스스로 돌봐야 한다는 말이지요? 늙고, 배운 것 없고, 지쳐 빠진 우리 스스로를? 우리의 가난에는 아무런 의미가 없군요. 굶주림은 신앙에 대한 시험이 아니라 그저 먹지 못하는 것이군요. 노역은 미덕이 아니라 그저 등골이 빠져라 짐을 나르는 것이군요. 이렇게 말할 것이오.[5]

설령 해석의 차이를 무시하더라도, 갈릴레오 위원회의 결론은 엉큼하기 짝이 없다. 갈릴레오는 코페르니쿠스가 확실하게 옳다는 증거를 제공하지는 못했지만 (조수 현상이 코페르니쿠스 모형의 증거라는 잘못된 생각도 했지만) 태양 중심설을 지지하는 설득력 있는 증거들을 여럿 내놓았다. 목성계에 대한 관찰, 금성의 위상 변화, 태양 흑점의 주기적인 이동 등이 그런 증거들이었다. 종교 재판소는 이런 것들을 애써 외면했다.

두 번째 주장으로 넘어가 보자. 당시의 신학자들이 성서를 제대로 해석하는 법을 몰랐다는 주장이다. 그 말인즉, 17세기의 바티칸 신학자들은 신의 말씀을 글자 하나하나 곧이곧대로 믿었고, 성경에 해석의 여지가 있다는 사실을 몰랐다는 말이다. 교황 요한 바오로 2세는 연설에서 이렇게 표현했다. "당시의 신학자들이 제기했던 문제는, 따라서, 태양 중심설과 성서 사이의 불합치 문제였습니다. 새로운 기법과 연구의 자유를 가졌던 새로운 과학은 신학자들로 하여금 성서 해석의 기준을 다시 점검해 보게 했습니다. 대부분의 신학자들은 어떻게 하면 좋을지 몰랐기 때문입니다."[6]

위원회가 절대 구체적인 이름을 거론하지 않는다는 점을 눈여겨보자. 보고서 어디에도 관련 성직자 누구누구에게 사건의 책임을 지운다는 말이 없다. 검사성성이나 종교 재판소에도 책임을 지우지 않는다. 코페르니쿠스 이론과 갈릴레오 과학에 금지령을 내렸던 주체를 "신학자들"이라고 싸잡아 일컫는다. 더 중요한 점은, 교황의 주장이 진실이 아니라는 것이다. 당시 신학자들은 해석이라는 개념을 잘 알았다. 성서 해석 개념은 성 아우구스티누스 시대부터 토론되었고, 모든 신학 대학교가 교과 과정에서 가르쳤다.

위원회의 주장에서 마지막 항목, "코페르니쿠스 이론이 사실로 증명되었을 때 교회는 즉시 그것을 받아들였고, 교회의 비난은 실수였다는 사실을 암묵적으로 인정했다."라는 주장 역시 터무니없는 거짓말이다. 이 진술을 갈릴레오 재판 관련 성명서에 포함한 의미는 무엇일까? "코페르니쿠스 모형을 비난한 점은 실수였다."라는 말로써 교회가 갈릴레오를 박해하고 재판정에 세우고 처벌했던 일 전체를 묻어 버리려는 것이다. 교회의 말은 사실과 다르다. 교회가 근거로 드는 것은 1822년에 참사회원 주세페 세텔레가 쓴 『광학과 천문학의 기초』라는 책에 교황 비오 7세가 출판 허가를 내주었던 일이다. 세텔레는 코페르니쿠스 모형을 설명한 뒤, 그것이 가설을 넘어서 진실이라고 말했다. 하지만 코페르니쿠스의 『천구의 회전에 관하여』와 갈릴레오의 책 전부는 1835년까지 금서 목록에 남아 있었다. 세텔레의 책이 출판된 뒤로도 13년을 더 그랬던 셈이다.

1822년에 세텔레가 받은 출판 허가는 검사성성의 주교 대리가 내준 것이었는데, 그도 곧 이 책이 교황청의 이름에 먹칠을 하게 된다는 사실을 깨달았다. 코페르니쿠스가 옳았다고 인정하게 되면 갈릴레오도 사후에나마 사면해야 하기 때문이다. 그런 일을 막고자, 주교 대리는 아주 창의적인 방안을 개발해 냈다. 그는 사실 코페르니쿠스도 틀렸다고 했다. 코페르니쿠스는 행성들의 궤도가 원형이라고 했는데, 실은 타원형이기 때문이다. 그러니 당시(1616년과 1633년)에 바티칸이 코페르니쿠스를 금지한 조치는 옳았고, 이제 와서 칙령을 무를 필요도 없다고 했다.[7]

갈릴레오 위원회의 보고서만큼 공식적인 것은 아니지만, 교회의 다른 변론인들도 1633년의 이데올로기적 궁지에서 바티칸을 건져내려고 다양한 주장들을 내놓았다. 내가 제일 좋아하는 것은 2004년에 "가톨릭의 답변들"이라는 웹사이트에 게재된 「갈릴레오 논란」이라는 글이다. 익명의 저자는 이렇게 말했다.

교회가 성급하게 갈릴레오의 견해를 껴안지 않은 것은 잘 한 일이다. 왜냐하면 갈릴레오도 전적으로 옳았던 것은 아니라는 사실이 후에 드러났기 때문이다. 갈릴레오는 태양이 태양계의 중심에 고정되어 있을 뿐 아니라 우주의 중심에 고정되어 있다고 믿었다. 오늘날 우리는 태양이 우주의 중심이 아니며 태양 또

한 움직인다는 사실을 알고 있다. 지구 주위를 도는 것은 아니지만 은하수의 중심을 가운데 두고 궤도 운동을 한다……. 교회 내부에는 갈릴레오의 견해에 꽤 우호적인 사람도 많았는데, 만약 가톨릭 교회가 성급하게 그의 견해를 승인했다면, 교회는 현대 과학이 후에 반증하게 되는 사실을 껴안은 꼴이었을 것이다.

이 글은 샌디에이고의 주교 로버트 H. 브롬의 허가를 받았다고 되어 있다.

하지만 갈릴레오 위원회의 보고를 한 옆으로 밀어 두고, 그 안에 담긴 거짓말들과 절반의 진실들을 덮어 둔다 해도, 여전히 이상한 점이 두 가지 있다. 하나는 요한 바오로 2세의 1992년 연설이 1979년의 발언에 비해 어조가 몹시 딱딱하다는 것이다. 이전 발언에서 교황은 "상호 동의하는 결실"을 맺자고 했고, 심지어 교회가 과학자를 불공정하게 취급했을지도 모른다고 암시하는 말도 했다. 그런데 13년 뒤에 위원회 보고서를 받은 후, 교황의 연설문 작성자는 "상호 몰이해"니 "갈릴레오 신화"이니 하는 괴상한 표현들을 만들어 냈고, 사건의 책임은 주로 갈릴레오에게 있으며 얼굴 모를 "신학자들"의 책임은 그보다 적다고 했다.

두 번째 기이한 점은 위원회가 결론을 내리는 데 11년이나 걸렸다는 사실이다. 바티칸은 위원회장을 맡았던 가브리엘마리 가론느 추기경(1994년에 죽었다.)이 1980년대 내내 건강이 나빴기 때문이라고 해명했다. 그러나 이것도 코페르니쿠스와 갈릴레오에 대한 위원회의 결론만큼이나 거짓말이 아닌가 하는 느낌을 풍긴다.

바티칸의 공식 해명에 의혹이 있다고 할 때, 위원회의 발견이 이토록 늦게 공표된 진짜 이유는 무엇일까? 답을 찾으려면, 우리는 코페르니쿠스를 둘러싼 문제가 미끼에 불과했을지도 모른다는 사실을 되새겨야 한다. 천동설 대 지동설, 가설 대 입증 가능한 사실이라는 문제는 겉치레였을지도 모른다. 갈릴레오의 진짜 죄목은 『시금사』의 원자 이론으로 성찬식에 대한 정통 교리적 해석을 훼손한 것이었다는 증거들이 있다. 갈릴레오는 목숨을 부지하려고 바티칸 관계자들과 거래를 했다. 그는 물질 구조 모형에 대해서는 앞으로 한 마디도 하지 않기로 했고, 교회는 재판과 수난의 과정에서 코페르니쿠스 문제만 집중적으로 다루기로 합의했다.

역사학자들은 문서 보관소를 뒤져서 G3 문서(1982년)와 EE291 문서(1999년)를 발굴한 뒤에야 비로소 이 사실을 알았다. 1980년대에는 바티칸 사람들도 갈릴레오의 수난 뒤에 숨은 진짜 이야기를 몰랐을 가능성이 충분하다. 그들이 알고 난 뒤에는 과거의 역사가 거의 그대로 반복되었다. 1633년에 인코페르는 G3 문서를 발견한 뒤에 EE291 보고서를 썼다. 약 350년 뒤에 요한 바오로 2세가 설치한 위원회는 17세기 초에 위대한 과학자와 교회 사이에서 일어났던 분쟁의 진정한 이유를 밝혀냈다.

이것이 사실이라면, 그제야 우리는 위원회의 반응과 교황의 선언 속에서 로마 교회의 진정한 성격을 읽어낼 수 있다. 오늘날 바티칸은 교리에 철저하게 매이지 않은 사람들이 평신도를 가르치는 것에 대해 크게 우려하고 있다. 라칭거 추기경은 교회의 수장이 되기 전에 이 점을 분명하게 드러냈다. "성체 성사는 곧 하느님이다." 그는 딱 잘라 말했다.

성찬식에 대한 로마 가톨릭의 정통 교리는 아퀴나스가 처음 발명했던 모양에서 조금도 달라지지 않았다. 가톨릭은 지금도 일종의 마술적 행위에 신앙의 토대를 두는 셈이다. 2002년에 신앙교리성성(현대의 종교 재판소다.)을 이끌었던 라칭거는 이렇게 말했다.

예전의 교회는……정설이라는 단어가 옳은 교리를 뜻하는 게 아니라 하느님에 대한 진실된 경배와 받듦을 뜻한다는 사실을 제대로 알고 있었다……. 우리가 성찬식에서 받드는 것은 정말로 그 분, 우리 구주의 몸이다……. 우리는 모두 같은 분을 "먹게" 된다……. 우리는 실체 변화라는 말을 대면하게 된다. 빵은……주의 몸이 된다. 지상의 빵이 하느님의 빵이 된다……. 주께서는…… 빵을 변화시켜…… 그의 몸으로 만들고 싶어 하신다……. 주께서 직접 임하시는 것이다.[8]

이런 믿음이 있는 한, 교회가 갈릴레오를 "용서"하는 일은 영원히 없을 것이다. 그리고 갈릴레오 사건의 추악한 진실이 대중에게 밝혀지는 일도 결코 없을 것이다.

부록 1

주요 인물들

✠ ✠ ✠

⊙ 비르지니아 갈릴레이(Virginia Galilei, 1600~1634년)

1600년 8월 12일에 파도바에서 태어났다. 비르지니아의 어머니인 마리나 감바는 갈릴레오의 정부였다. 갈릴레오는 1610년에 피렌체로 이사할 때 비르지니아와 또 다른 딸인 리비아(1601~1659년)를 데려왔고, 아들 빈첸초(당시 네 살)는 몇 년 더 제 어머니와 살게 두었다. 비르지니아와 리비아는 가난한 클라라회가 운영하는 산마테오 수녀원에 들어가서 평생을 그곳에서 보냈다. 비르지니아의 수녀명은 마리아 첼레스테였다. 그녀는 아버지와 가까웠고 부녀는 친밀한 편지들을 주고받았다. 그 편지들은 우리에게 많은 사실을 알려 준다. 마리아 첼레스테가 1623년부터 1634년까지 아버지에게 보낸 편지 120통이 지금까지 남아 있다. 그녀는 1634년 4월 2일에 죽었다. 갈릴레오가 아르체트리로 돌아온 뒤 넉 달도 못 되어서였다.

⊙ 빈첸초 갈릴레이(Vincenzo Galilei, 1525?~1591년)

갈릴레오의 아버지 빈첸초는 음악가이자 작곡가로, 작곡에 관해 꽤 급진적인 견해를 지녔다. 오늘날 오페라 형식의 창안자 중 하나로 인정받지만, 음악가로서의 경력은 성공적이지 못했고 돈을 거의 벌지 못한 채 빚만 남기고 죽었다. 후대에 비로소 음악 이론 분야에서 독창적인 사상가로 평가된다. 당시의 기준으로 볼 때 그는 널리 여행을 한 편이었고, 비유럽권의 음악에서 배운 것을 작품에 녹였다. 그가 남긴 가장 뛰어난 저작은 1579년에 출간된 『신구 음악의 대화』이다.

⊙ 줄리아 갈릴레이(Giulia Galilei, 1538~1620년)

갈릴레오의 어머니 줄리아 갈릴레이에 대해서는 알려진 바가 거의 없다. 그녀는 줄리아 디 코시모 암마난티라는 이름으로 중상층 가정에서 태어났고 1562년에 빈첸초 갈릴레이와 결혼했다. 일곱 자녀를 낳았는데 넷만 살아남았다. 인생 말년의 30년 동안 큰아들 갈릴레오와 간간이 함께 살았다. 갈릴레오에게는 애정 넘치는 어머니였다고 알려져 있지만, 아들의 애인이자 세 손자의 어머니였던 마리나 감바를 몹시 싫어했다.

⊙ 마리나 감바(Marina Gamba, 1579~1619년)

갈릴레오는 전직 매춘부였던 마리나 감바와 정식 혼인을 하지 않았지만 둘 사이에 세 자녀를 두었다. 비르지니아(1600년생), 리비아(1601년생), 빈첸초(1606년생)였다. 세 자녀의 세례 기록에는 갈릴레오가 아버지로 기재되지 않았다. 마리나 감바는 갈릴레오가 파도바를 떠나고 나서 3년 후에 조반니 바르톨루치와 혼인했다.

갈릴레오는 토스카나 대공으로부터 아들 빈첸초를 적자로 인정받는 데 성공했지만, 갈릴레오와 아들은 죽 사이가 좋지 못했다. 갈릴레오가 재판을 받고서 말년을 고향에서 보낼 때에야 아버지와 아들은 조금 가까워졌다.

⊙ 크리스티나 데 메디치 대공 부인(Grand Duchess Christina de' Medici, 1565~1637년)

로렌의 크리스티나는 프랑스 왕비 카트린 데 메디치의 손녀이며 갈릴레오에게 호의적이었다. 그녀는 1589년에 토스카나 대공 페르디난도 1세와 혼인해 여덟 아이를 낳았다. 1609년에 페르디난도 1세가 죽자 장남인 코시모 2세가 뒤를 이었다. 크리스티나는 일흔두 살의 나이로 죽을 때까지 토스카나의 통치에 큰 영향력을 미쳤다. 그녀가 죽었을 때 갈릴레오는 아르체트리에 연금되어 있었다.

⊙ 프란체스코 바르베리니 추기경(Cardinal Francesco Barberini, 1597~1679년)

프란체스코 바르베리니 추기경은 교황 우르바노 8세의 조카였다. 추기경은 갈릴레오의 가깝고 성실한 친구였다. 그 때문에 재판에 참석하지 않았을 가능성, 갈릴레오에게 유죄를 선고하는 문서에 서명하기를 거부했을 가능성도 있다. (다른 이유가 있었는지는 확실하지 않다.) 얄궂게도 바르베리니는 오컬트주의자였고 린체이 학회 회원이었다. 그는 로마에서 가장 굳건하게 갈릴레오를 지지한 사람이었다. 그의 삼촌인 교황이 갈릴레오의 처벌에 약간 관용을 베푼 것도 그의 영향력 덕분이었을 것이다. 갈릴레오를 시에나 대주교의 감독 아래 두자고 교황에게 청원해서 승낙을 받아낸 것도 바르베리니였다.

⊙ 로베르토 벨라르미노 추기경(Robert Bellarmine, 1542~1621년)

"이단자들을 때려 부수는 망치"라는 별명으로 알려졌던 로베르토 벨라르미노 추기경은 당대에 가장 열렬하게 가톨릭 복음을 전파한 인물이었다. 그는 과학에 흥미가 있었지만 로마 교회의 교리를 세상 모든 것보다 우선으로 생각했다. 조르다노 브루노를 추적해 잡아들인 뒤 고문을 하고 1600년에 처형을 한 것도 벨라르미노가 주동한 일이었다. 일설에 따르면 그는 1605년의 화약 음모 사건 막후에도 관여했다. 교황 바오로 5세의 오른팔로서, 그는 갈릴레오에게 코페르니쿠스 이론을 가설 이상으로 파고들지 말라고 경고했다. 1621년에 일흔여덟 살로 죽었고 1930년에 시성되었다.

⊙ 카밀로 보르게세(Camillo Borghese, 1550~1621년)

시에나의 부잣집에서 태어났고, 1605년 5월에 바오로 5세가 되었다. 갈릴레오에 대한 교회의 박해가 처음 시작되던 때에 교황이었지만, 재판은 그가 죽은 지 10년도 더 지난 뒤에 열렸다. 갈릴레오에게 호의를 갖고 대했지만 신학적 문제들은 대개 벨라르미노에게 맡겼다.

⊙ 조르다노 브루노(Giordano Bruno, 1548~1600년)

브루노는 과학적, 종교적으로 극단적인 견해를 취한 급진적 자연 철학자였다. 원래 도미니코회 사제였으나 교단에서 축출된 뒤 파문당했다. 교회에 쫓기다가 1592년에 베네치아에서 체포되었고, 1600년 2월에 로마에서 처형당했다. 그의 책들은 갈릴레오에게 아무런 영향을 주지 않았지만, 그의 잔인한 운명은 갈릴레오에게 끔찍한 선례나 마찬가지였다.

⊙ 빈첸치오 비비아니(Vincenzio Viviani, 1622~1703년)

비비아니는 갈릴레오의 서기이자 첫 전기 작가였다. 자기 자신도 뛰어난 과학자였고, 수학을 연구했다. 비비아니는 1639년에 페르디난도 2세 대공의 명으로 아르체트리로 가서 갈릴레오의 조수가 되었다. 1647년에 비비아니는 피렌체의 아카데미아 델라르테 델 디세뇨(회화 예술 학회)의 강사가 되었고, 이후 하천 관리청에 공학자로 고용되었다. 1666년에 페르디난도 2세로부터 대공 수학자로 임명되었다. 1655년에 그는 최초의 갈릴레오 전집을 편찬하기 시작했다. 비비아니는 1703년에 죽었고 산타크로체 성당의 갈릴레오 무덤에 함께 묻혔다. 달에 있는 비비아니 분화구는 그의 이름을 딴 것이다.

⊙ 잔프란체스코 사그레도(Gianfrancesco Sagredo, 1573~1620년)

마리아 첼레스테(갈릴레오의 큰딸)를 제외한다면 갈릴레오가 가장 가깝게 지냈던 사람은 사그레도였을 것이다. 사그레도는 베네치아 부잣집에서 태어났고 플레이보이 기질이 있었다. 하지만 굉장히 명석하고 학식이 있었으며 갈릴레오를 존경했다. 사그레도는 1608년에 시리아 알레포의 외교관직을 맡아 1611년까지 그곳에서 지냈는데, 이 무렵에 갈릴레오는 피렌체로 돌아갔다. 두 사람은 계속 친한 친구로 지냈고 자주 편지를 주고받았다. 1620년에 흑사병에 걸려 사그레도가 죽자 갈릴레오는 초췌해졌다.

⊙ 파올로 사르피(Paolo Sarpi, 1552~1623년)

사르피는 베네치아의 성직자, 신학자, 역사학자, 과학자였다. 교황 바오로 5세와 베네치아 공화국이 주도권 다툼을 할 때 공화국을 이끌며 바티칸의 압력에 대항한 핵심 인물이었다. 그는 갈릴레오의 좋은 친구였고 갈릴레오의 작업에 대단히 관심이 많았다. 1606년에 적의 암살 시도를 가까스로 넘겼으나 심각한 부상을 입었다. 오늘날 파올로 사르피는 『트리엔트 공의회의 역사』를 쓴 사람으로 주로 기억된다. 종교 개혁 이후 가톨릭 교회의 통합과 재형성에 큰 역할을 했던 트리엔트 공의회의 내부 작동을 처음으로 상세하게 밝힌 책이다. 요즘의 자유사상가들은 사르피를 역사상 최고의 반교황적 인물로 본다. 가톨릭 교도들도 여태 그를 미워한다. 사르피가 죽은 지 어언 400년이 지났는데도 온라인의 『가톨릭 백과사전』은 그를 "권위 없는" 위선자로 묘사하고 있다.

⊙ 필리포 살비아티(Filippo Salviati, 1582~1614년)

귀족 살비아티는 갈릴레오의 친구였다. 갈릴레오는 『태양 흑점에 관한 편지』를 그에게 바쳤고, 『두 가지 주요한 우주 체계에 관한 대화』에 살비아티의 이름을 딴 인물을 등장시켰다. 살비아티는 린체이 학회 회원이었고, 과학자가 1610년에 피렌체로 이사한 뒤에 과학자의 실험을 많이 거들었다. 살비아티는 바르셀로나의 술집에서 싸움에 휘말려 죽었다.

⊙ 우르바노 8세 교황(Pope Urban VIII , 1568~1644년)

교황이 되기 전에는 마페오 바르베리니 추기경이었다. 피렌체의 부유한 가문에서 태어난 마페오 바르베리니는 지성인이었고 과학에 관심이 있었다. 그는 1606년에 추기경이 되었고 1623년에 교황 그레고리오 15세가 죽자 교황직에 올랐다. 우르바노 8세는 교황령을 넓히는 데 열심이었지만 30년 전쟁에 직접 끼어들지는 않았다. 그는 갈릴레오보다 고작 2년 더 살았다. 죽을 무렵에는 몹시 인기가 없었다. 그가 죽었다는 소식을 듣자 로마 시민들은 당장 바티칸에 세워진 그의 동상을 끌어내렸다.

⊙ 조반니 참폴리(Giovanni Ciampoli, 1589~1643년)

참폴리는 갈릴레오의 좋은 친구였다. 그는 탁월한 학자였던 한편, 반항적이고 비정통적인 태도의 소유자였다. 참폴리는 교황에게 직접 말을 넣을 수 있는 입장이었기 때문에 갈릴레오가 교회와 싸우는 첫 단계에서 도움을 줄 수 있었다. 하지만 참폴리도 후에 교황의 총애를 잃어 추방당했고, 갈릴레오 사망 1년 뒤에 폴란드에서 죽었다.

⊙ 페데리코 체시(Prince Federico Cesi, 1585~1630년)

체시 가는 로마 및 교황령에 속하는 높은 귀족 가문인데 원래 로마 근처 체시라는 작은 마을 출신으로, 주로 교회를 통해서 막대한 부를 쌓았다. 페데리코 체시는 18세에 린체이 학회를 창설했다. 초기의 회원으로는 수학자 프란체스코 스텔루티, 의사 요하네스 에크가 있었다. 회원들은 체시의 집에서 공동 생활을 했고, 체시는 그들에게 책과 실험 기기를 제공했다. 갈릴레오는 재판 몇 년 전에 죽은 체시의 도움과 존재감을 뼈저리게 아쉬워했다.

⊙ 베네데토 카스텔리(Benedetto Castelli, 1578~1643년)

카스텔리 신부는 갈릴레오가 총애한 제자였다. 두 사람은 과학적 소재에서 포도주의 품질까지 별별 이야기를 다 하는 따스한 편지들을 주고받았다. 카스텔리가 크리스티나 대공 부인과의 대화를 전달했던 편지는 1614년 12월에 갈릴레오가 거의 처음으로 교회로부터 격렬한 공격을 받는 일에 도화선으로 작용했다. 카스텔리는 훌륭한 과학자였고 실험 기법 면에서 갈릴레오를 많이 거들었다. 그는 존경받는 수학자가 되었고 교황 성하의 수학자 신부라는 칭호를 받았다. 1633년의 갈릴레오 재판 초기에 카스텔리는 그 위치에서 갈릴레오를 도우려고 했다. 그러나 두 사람의 친밀한 관계를 눈치챈 교황이 재판이 끝날 때까지 카스텔리를 롬바르디아의 브레시아로 보냈다.

⊙ 톰마소 카치니(Tommaso Caccini, 1574~1648년)

톰마소 카치니 신부는 도미니코회 수사였고 로마와 갈릴레오의 싸움을 처음 일으킨 장본인이었다. 1614년 12월 20일에 그는 설교에서 피렌체 수학자를 비난했고, 코페르니쿠스 이론은 확실한 이단이거나 이단에 가깝다고 주장했다. 같은 해 3월에 종교 재판소에서 갈릴레오를 고발하는 증언을 했다. 고발은 근거가 없는 것으로 확인되었지만, 그의 행동이 갈릴레오에 대한 기소를 부추기고 이후에 펼쳐질 재판을 충동한 것은 사실이다. 1616년에 갈릴레오가 교황청의 훈계를 듣게 되는 데에는 카치니의 역할이 컸지만, 정작 카치니도 바오로 5세의 미움을 사서 로마에서 쫓겨나 피렌체의 산마르코 수도원장으로 말년을 보냈다.

⊙ 요하네스 케플러(Johannes Kepler, 1571~1630년)

케플러는 신성 로마 제국 소속 뷔르템부르크의 자유 도시인 바일 시에서 태어났다. 병약한 아이였고 부모는 가난했지만 그는 뛰어난 지적 능력 덕분에 튀빙겐 대학교에서 장학금을 받아 루터파 사제 교육을 받았다. 그는 곧 천문학에 흥미를 느껴 진로를 바꾸고, 프라하로 옮겨 저명한 덴마크 천문학자 튀코 브라헤 밑에서 일하다 1601년에 브라헤의 뒤를 이어 궁정 수학자가 되었다. 1609년에는 『신천문학』을 펴내어 자신의 발견을 서술했는데, 오늘날 그 내용은 케플러의 제1, 제2행성 운동 법칙으로 불린다. 1612년에 루터파 교도들이 프라하에서 쫓겨날 때 케플러도 린츠로 옮겼는데, 그곳에서 아내와 두 아들이 죽었다. 1619년에 『우주의 조화』를 출간했다. 그 속에서 제3행성 운동 법칙을 설명했다. 1630년에 그는 빌려주었던 돈을 받으려고 자간을 향해 여행을 떠나던 중 레겐스부르크에서 죽었다.

⊙ 니콜라우스 코페르니쿠스(Nicolaus Copernicus, 1473~1543년)

코페르니쿠스는 폴란드 중류층 가문에서 태어나 크라쿠프, 볼로냐, 파도바, 페라라의 대학에서 공부했고, 수학, 의학, 교회법에 깊은 지식을 얻었다. 그는 생애의 대부분을 프라우엔부르크 대성당 참사회원이라는 아늑한 지위에서 보냈다.

16세기 초반 그는 맨눈으로 상세한 천문학적 연구를 수행했다. 20년 동안 관측을 계속한 끝에 그는 태양 중심 모형, 즉 지구가 태양을 공전하는 모형을 구축했다. 『천구의 회전에 관하여』는 1543년 그가 죽기 며칠 전에 출간되었는데, 논쟁적인 저작으로 부각된 것은 그로부터 70년도 더 지난 1616년에서였다. 코페르니쿠스의 작업은 근대 천문학의 기틀을 닦았고, 갈릴레오의 재판과 처벌로 이어졌다.

⊙ 잔빈첸치오 피넬리(Gianvincenzio Pinelli, 1535~1601년)

파도바의 부유한 지성인이었던 피넬리는 당대 최고의 지식인들을 제 집에 불러 모았다. 그의 손님으로는 갈릴레오, 사르피, 벨라르미노, 브루노 등이 있었다. 피넬리는 방대한 장서를 소유한 것으로도 유명했다. 그가 죽은 뒤 장서들은 다른 소지품들과 함께 배에 실려 나폴리 고향으로 보내지는 도중에 해적의 공격을 받았다. 피넬리의 훌륭한 수집품들은 바다에 수장되어 사라졌으며 몇몇 물건들만 오늘날까지 남았다.

부록 2

토스카나의 크리스티나 대공 부인께 드리는 편지(1615년)

✠ ✠ ✠

대공 부인 전하께

전하께서도 잘 아시다시피, 몇 년 전에 저는 우리 시대 이전 사람들이 본 적 없는 많은 것을 하늘에서 발견했습니다. 이것들은 아주 새로웠고, 학계의 철학자들이 흔히 주장하는 물리적 개념에 위배되는 결론을 내놓았기 때문에, 적잖은 교수들이 들고 일어나서 저에게 대항했습니다. 마치 제 손으로 그것들을 하늘에 박아서 자연을 혼란시키고 과학을 전복하기라도 한 양 말입니다. 그들은 진리가 많이 알려질수록 연구와 학문과 예술의 성장이 자극된다는 것을, 쇠퇴하거나 파괴되는 게 아니라는 것을 잊은 듯 합니다.

진리보다 자기 의견을 훨씬 좋아하는 그들은 새로운 발견을 거부하고 반증하려 했습니다. 마음만 있다면 그들도 얼마든지 스스로의 감각을 통해 증명할 수 있는 발견들인데 말입니다. 그들은 다양한 비난을 퍼부었고, 실없는 주장으로 가득한 글을 숱하게 발표했습니다. 성서 여기저기서 뽑아낸 문구들을 마구 들먹이는 중대한 실수도 저질렀습니다. 사실 그들은 성서를 제대로 이해하지 못했고, 그들이 인용한 구절들은 그들의 목적에 맞지 않습니다.

지구가 움직이고 태양이 정지했다는 의견을 비난하는 그들의 논리는, 태양이 움직이고 지구가 정지했다는 이야기가 성서의 여러 대목에 나온다는 것입니다. 성서는 실수하지 않으므로, 태양이 가만히 있고 지구가 움직인다고 주장하는 사람은 결과적으로 이단적 입장에 처한다는 논리입니다.

이 논증에 대해 말하기에 앞서, 저는 경건하고 신중한 태도로, 성서는 결코 진실 아닌 것을 말하지 않는다는 사실을 인정합니다. 우리가 성서의 진정한 의미를 이해하는 한 그것은 사실입니다. 하지만 성서가 몹시 난해할 때가 있다는 점 역시 누구나 인정할 것입니다. 성서는 단어의 표면적인 뜻과 전혀 다른 말을 할 때가 있습니다. 그러므로 성서를 해설할 때, 있는 그대로의 문법적 의미에만 국한해 생각하면 오히려 오류에 빠질 수 있습니다. 그러면 성서에 모순과 거짓 명제는 물론이고 심각한 이단 행위나 어리석음이 등장하게 됩니다. 하느님에게 손과 발과 눈을 부여하게 되고, 분노나 후회나 미움, 심지어 과거에 대한 망각과 미래에 대한 무지 같은 육체적이고 인간적인 정서들까지 부여하게 됩니다. 성령의 말씀을 받아쓴 거룩한 서기들은 우리 평범한 사람들, 투박하고 못 배운 사람들의 능력이 수용할 수 있는 방식으로 기록했습니다. 따라서 현명한 해설자라면 대중보다 조금 나은 사람들에게는 성경 문구의 진정한 의미를 알려 줘야 하고, 왜 그런 단어들로 씌어졌는지 구체적인 이유도 알려 줘야 합니다. 이는 신학자들 사이에 넓고 확실하게 퍼져 있는 생각이므로, 제가 굳이 증거를 덧붙일 필요도 없습니다.

제가 합리적으로 내릴 수 있는 결론은 이렇습니다. 성경에서는 물리적 결론을 내려야 할 때 (특히 모호하고 이해하기 어려운 내용일 때) 평범한 사람들의 마음에 혼란을 일으키지 않는다는 규칙에 따라 서술했습니다. 대중은 그 사실이 지고의 신비와 모순된다고 오해할 것이기 때문입니다. 대중의 눈높이를 맞추기 위해, 성경은 서슴지 않고 중요한 선언들을 가리기도 하고, 하느님에게 신의 본질과 무관한 (심지어 반대되는) 성격을 부여하기도 합니다. 이런 원칙을 생각한다면, 성경이 지구나 물이나 태양이나 기타 피조물에 관하여 가볍게 언급할 때, 단어의 표면적이고 제한적인 의미에 구속되어 말하는 것이라고 어찌 단언하겠습니까? 게다가 그런 주제는 하느님을 섬기고 영혼을 구제한다는 성경의 근본 목적과는 전혀 관계가 없거니와, 평범한 사람들의 이해를 무한히 뛰어넘는 문제들입니다.

이 점을 인정한다면, 우리가 물리적 문제를 토론할 때 성경 구절의 권위에서 시작할 게 아니라 감각적 체험과 필수적 실험에서 출발해야 합니다. 성경과 자연 현상은 둘 다 성스러운 말씀에서 나왔습니다. 성경은 성령의 말씀을 받아 적은 것이고, 자연은 하느님의 명령을 충실하게 이행한 결과물입니다. 성경은 만인에게 쉽게 이해되어야 하므로, 글자 그대로 해석할 때는 절대적 진리와 차이가 있는 말을 많이 합니다. 반면에 자연은 타협하지 않고 변하지 않습니다. 자연은 자신에게 부여된 법칙들에서 탈선하는 법이 없고, 어려운 논리나 운영 기법이 인간에게 이해될까 하는 고민을 전혀 하지 않습니다. 그러므로 감각적 체험의 형태로 우리에게 주어진 물리적 현실, 또는 필수적 실험을 통해 우리가 입증한 물리적 현실을 성서의 증언을 토대로 의심할 수는(더욱이 이단 선고할 수는) 없을 것입니다. 성서 구절이 단어의 외양 아래에 다른 의미를 가질지도 모르기 때문입니다. 물리 현상을 다스리는 존재와 달리, 성경은 매 표현과 상황을 일일이 엄격하게 구속하지 않습니다. 그리고 하느님은 성경의 말씀을 통해 자신을 드러내시지만, 또한 자연의 활동을 통해서도 자신을 드러내십니다. 테르툴리아누스 교부도 그런 뜻에서 이렇게 말했습니다. "하느님은 자연을 통해 먼저 알려지신 뒤, 다음으로 교리를 통해 구체적으로 알려지신다. 자연을 통해 자신의 작품을 드러내시고, 교리를 통해 계시의 말씀을 드러내신다."

성서 구절을 존중할 필요가 없다는 말이 아닙니다. 오히려 반대입니다. 우리는 물리학에서 도출한 확실한 결론을 도구로 사용하여 성경을 진실하게 밝히고 그 안에 담긴 의미를 찾아낼 수 있습니다. 입증된 진리와 동일한 의미가 성경에도 반드시 들어 있을 것이기 때문입니다. 성경의 권위는 과학으로 설득력 있게 해설할 수 없거나 인간의 추론을 뛰어넘는 조항이나 명제를 인간에게 설득시키기 위해 생겼다는 게 제 판단입니다. 오로지 성령의 입으로만 설명 가능한 내용, 다른 어떤 방법으로도 설명할 수 없는 내용을 알리려고 말입니다.

그러나 신앙이 아닌 다른 주제를 다루는 명제에 있어서도, 입증된 사실이 아니라 뻔한 주장과 그럴싸한 논증만 제기하는 인간의 글에 비해서는 성경의 권위가 우선되어야 마땅합니다. 무릇 성서의 지혜는 인간의 판단과 추측을 뛰어넘는 만큼, 필연적인 사실입니다.

우리에게 감각과 이성과 지성을 부여하신 하느님께서 우리가 그것들을 쓰지 않게 되기를 원하신다고는 믿지 않습니다. 또한 그것들을 통해 얻어지는 지식을 다른 방식으로 보여 주실 거라고도 믿지 않습니다. 물리적 현상은 직접적 체험이나 필수적 실험을 통해 우리 눈과 마음에 들어오는 것이니, 우리가 그에 대해 감각과 이성을 사용하기를 하느님도 원하실 것입니다. 특히 성경에 그 흔적이 아주 드문 과학에 대해서는 (그리고 그 결론에 대해서는) 더 그렇습니다. 가령 성서에는 천문학에 관한 내용이 극히 드뭅니다. 금성 외의 다른 행성은 전혀 언급이 없고, 금성도 "루시퍼"라는 이름으로 한두 차례 등장할 뿐입니다. 거룩한 필사자들이 천체들의 배열과 운동을 가르칠 의도가 있었다면, 혹은 우리가 성경에서 그런 지식을 끌어내기 원했다면, 과학이 입증한 놀라운 결론들이 이토록 많은 형편에, 성서에서 그토록 부족하게 말하진 않았을 것입니다. 성서의 저자들은 하늘과 별의 구조와 운동, 형태와 크기와 거리를 가르치려 하지 않았습니다. 그 내용을 아주 잘 알았으면서도, 일부러 입에 담지 않았습니다. 거룩하고 존경스러운 교부들의 의견도 그랬습니다. 성 아우구스티누스는 이렇게 말했습니다.

"성서가 말하는 천구의 형태와 모양은 어떤지 묻는 사람이 많다. 많은 이들이 그런 문제로 다투고 있다. 하지만 성서의 저자들은 신중하게도 그런 말을 꺼렸다. 제자들이 축복 받은 삶을 사는 데 전혀 도움이 되지 않고, 더욱이 신앙의 훈련에 쏟을 시간을 앗아가는 주제이기 때문이다. 하늘이 구처럼 지구를 둘러싼 채 중앙에 질량이 몰려 있든, 접시처럼 지구를 겨우 덮고 있든, 무슨 상관인가? 성서에 대한 믿음을 장려하는 이유는 따로 있다. 어떤 사람이 명백한 사실에 반하는 듯한 구절을 성서에서 발견하거나 혹은 인용되는 것을 들은 뒤, 성서에 대한 무지로 말미암아, 더 유익한 문제를 가르치거나 이야기하거나 의견을 낼 때도 성서의 진실성을 의심할까 걱정되어서이다. 그러니 이렇게 말해 둔다. 성서의 저자들은 하늘의 형태에 관한 진실을 알고 있었다. 그러나 성령은 누구의 구원에도 도움 되지 않는 것들을 가르치길 원치 않았다……."

성령은 최고의 목표(인간의 구원)와 무관한 명제들은 일부러 가르치지 않았습니다. 그러니 그런 명제를 논하면서 어떻게 반드시 한쪽 편을 들겠습니까? 어떻게 신앙이 요구하는 것은 이쪽이니 다른 쪽은 잘못이라고 단언하겠습니까? 어떻게 영혼의 구원과 무관한 의견이 이단적일 수 있겠습니까? 어떻게 구원과 무관한 내용에 대해 성령이 특정한 방식을 지시했다고 단언할 수 있겠습니까? 어느 높은 성직자의 말씀을 빌리면 이렇습니다. "성령은 우리가 하늘로 가는 법을 가르칠 뿐, 하늘이 어떻게 돌아가는지 가르치지 않는다."

원문 출처

✠ ✠ ✠

서문

1. Steven Weinberg, cited in 'The Public Square' by Richard John Neuhaus, *First Things*, February 2000, 92쪽.

1장 그 아버지에 그 아들

1. *Le Opere di Galileo Galilei*, vol. XVIII (Barbera, Firenze, 1968-71), 445쪽.
2. Antonio Favaro, *Atti e Memorie della R. Accademia di scienze, lettere ed arti in Padova*, vol. XXIV (1908), 6-8쪽.
3. Sherwood Taylor, *Galileo and the Freedom of Thought* (London, 1938), 1쪽.
4. D. P. Walker, *Studies in Musical Science in the Late Renaissance* (London, 1978), 45쪽.
5. Vincenzio Viviani, *Racconto istorico della vita del Sig. Galileo Galilei*.
6. William Stukeley, *Memoirs of Sir Isaac Newton's Life*, ed. A. Hastings White (Taylor and Francis, London, 1936), 44쪽.
7. Archivio di Stato di Pisa, Comune D. 66, pp. 73t, 74r. Riassumo alcune osservazioni di N. Caturegli, di cui vedi l'articolo di nota 11.
8. Angelo Maria Bandini, *Commentatiorum de vita et scriptis Joannis Bapt Dini patricii florentini ecc* (Firenze, 1755).
9. N. Caturegli, *La scula media in Pisa* (Bollettino Storico, Pisano, 1936).
10. Vincenzio Viviani, *Racconto istorico della vita del Sig. Galileo Galilei*.
11. 앞의 책.
12. Friar Diego Franchi of Genoa, Archive of St Mary of Vallombrosa, Florence.
13. N. Caturegli, *La scula media in Pisa* (Bollettino Storico, Pisano, 1936).

2장 종교라는 구속

1. J. M. Heberle, ed. J. Strange, *Caedite eos. Novit enim Dominus qui sunt eis*. Caesarius of Heisterbach, Caesarius Heiserbacencis monachi ordinis Cisterciensis, Dialogus miraculorum, Cologne, 1851, vol. 2, 296-298쪽.
2. J-P Migne (ed.), *Patrologia Latinae cursus completus*, series Latina, 221 vols. (Paris, 1844-64), vol. 216: col. 139.

3. Frederick Engels, *Dialectics of Nature*, 21쪽.

4. *Gendercide and Genocide*, ed. Adam Jones (Vanderbilt University Press, USA, 2004).

3장 갈릴레오 이전의 과학

1. B. L. van der Waerden, 'Euclid', *The Encyclopedia Britannica*, 2006 edn.

2. Charles Singer (ed.) *Studies in the History of Science* (Oxford University Press, 1917), 240쪽.

3. W. C. Dampier, *A History of Science and Its Relations with Philosophy and Religion* (Cambridge University Press, 1984), 35쪽.

4. Lucretius, 'The Persistence of Atoms', in *On the Nature of Things* (c.60 BC).

5. W. C. Dampier, *A History of Science and Its Relations with Philosophy and Religion* (Cambridge University Press, 1984), 28쪽.

6. 앞의 책, 25쪽.

7. Leonardo da Vinci, *Codex Atlanticus*, 109v-a., Ambrosiana Library, Milan.

8. 앞의 책, 182 v-c.

9. Leonardo da Vinci, *Trattato della pittura (Treatise on Painting)*, ed. A. P. McMahon (Princeton University Press, 1956), 686쪽.

10. G. J. Toomer, Biography in *Dictionary of Scientific Biography* (New York, 1970-90).

11. Nicolaus Copernicus, *De Revolutionibus Orbium Coelestium (On the Revolutions of the Heavenly Spheres)*, bk. 1, ch. 10.

4장 이유 있는 반항

1. *Le Opere di Galileo Galilei*, vol. XVIII

(Barbera, Firenze, 1968), 145쪽.

2. Del Monte to Galileo, 30 December 1588, *Opere di Galileo Galilei*, vol. X (Barbera, Firenze, 1968), 39쪽.

3. *Le Opere di Galileo Galilei*, vol. IX (Barbera, Firenze, 1968), 7쪽.

5장 아리스토텔레스 까발리기

1. Galileo, '*De Motu*' (1590).

2. Galileo, *Le Opere di Galileo Galilei*, ed. Antonio Favaro (Florence, 1890-1910), IX, 213쪽.

3. Galileo, *Two New Sciences* (University of Wisconsin Library, Madison, USA), 68쪽.

4. Galileo, *Le Opere di Galileo Galilei*, ed. Antonio Favaro (Florence, 1890-1910), III, 187쪽.

5. Leonardo da Vinci, Ms. F, 33v, Institut de France, Paris.

6. Galileo, '*De Motu*', 1590 (written in the margin of original manuscript).

7. Galileo, *Le Opere di Galileo Galilei*, vol. XIX (Barbera, Firenze, 1971), 111쪽.

6장 산뜻한 시작

1. Jeffrey Richards, *Sex, Dissidence and Damnation: Minority Groups in the Middle Ages* (Routledge, New York, 1994), 150쪽.

2. Galileo, *Le Opere di Galileo Galilei*, ed. Antonio Favaro (Florence, 1890-1910), vol. II, 45쪽.

3. 앞의 책, vol. X, 102쪽.

4. 앞의 책, vol. II, 101쪽.

5. 앞의 책, vol. XIV, 126쪽.

6. Galileo Galilei, *Operations of the Geometric and Military Compass,* trans. Stillman Drake (Smithsonian Institute Press, Washington, 1978), 39쪽.

7장 갈등

1. J. J. Fahie, *Galileo: His Life and Work* (London, John Murray, 1903), 68쪽.

2. 앞의 책, 69쪽.

3. 앞의 책.

4. 앞의 책, 71쪽.

5. Galileo Galilei to Johannes Kepler, *Opere di Galileo Galilei,* vol. X (Barbera, Firenze, 1968), 69쪽.

6. 앞의 책, 116쪽.

7. 앞의 책, 275-85쪽.

8. Luigi Barzii, *The Italians* (Atheneum, New York, 1964), 319쪽.

8장 수정 같은 달

1. 'Thomas Harriot', in *Oxford Figures: 800 Years of the Mathematical Sciences,* ed. J. Fauvel, R. Flodd and R. Wilson (Oxford University Press, 2000), 56-9쪽.

2. Ms. F, 25r., Institut de France, Paris.

3. Ms. A, 12v., Institut de France, Paris.

4. Gaetano Cozzi, *Paolo Sarpi ra Venezia e L'Europa* (Einaudi, Turin, 1979), 180쪽.

5. Galileo Galilei, *The Starry Messenger,* trans. Stillman Drake, in *Telescopes, Tides and Tactics*

(Chicago University Press, 1983), 19쪽.

6. Galileo Galilei, *Il Saggiatore* (1623), *Opere di Galileo,* vol. VI, 259쪽.

7. Galileo Galilei, *The Assayer,* 57쪽.

8. *Telescopes in Space,* Zdenek Kopal (Hart Publishing Company, 1970), 15쪽.

9. *Le Opere di Galileo Galilei,* vol. X (Barbera, Firenze, 1968), 250-251쪽.

10. 앞의 책.

11. Galileo Galilei, *The Starry Messenger,* trans. Stillman Drake, in *Telescopes, Tides and Tactics* (Chicago University Press, 1983), 15쪽.

12. 앞의 책, 24쪽.

13. *Le Opere di Galileo Galilei,* vol. X (Barbera, Firenze, 1968), 283쪽.

14. Galileo Galilei, *The Starry Messenger,* trans. Stillman Drake, in *Telescopes, Tides and Tactics* (Chicago University Press, 1983), 56쪽.

15. 앞의 책, 88-89쪽.

16. Niccolo Machiavelli, *The Prince,* chapter XXV.

17. *Telescopes in Space,* Zdenek Kopal (Hart Publishing Company, 1970), 15쪽.

18. *Le Opere di Galileo Galilei,* vol. X (Barbera, Firenze, 1968), 287쪽.

19. *Life and Letters of Sir Henry Wotton,* ed. Logon Pearsall Smith (Oxford, 1907), vol. I, 486-488쪽.

20. Galileo Galilei, *The Starry Messenger,* trans. Albert Van Helden (Chicago University Press, 1989), 94쪽.

21. *Le Opere di Galileo Galilei,* vol. X (Barbera, Firenze, 1968), 348쪽.

9장 교황의 비밀과 성스러운 음모

1. *Le Opere di Galileo Galilei*, vol. XI (Barbera, Firenze, 1968), 170-2쪽.
2. *Galileo's Florentine Residences*, Righini Bonelli, Maria Luisa and William R. Shea (Instituto di Storia della Scienza, Florence, 1979), 19쪽.
3. *Creative Women in Medieval and Early Modern Italy: A Religious and Artistic Renaissance*, E. Ann Matter and John Coakley (University of Pennsylvania Press, Philadelphia, 1994), 205쪽.
4. *Le Opere di Galileo Galilei*, vol. XI (Barbera, Firenze, 1968), 119쪽.
5. Francesco Sizzi, *Dianoia Astronomica, Optica et Physica* (Venice, 1611).
6. *Le Opere di Galileo Galilei*, vol. XI (Barbera, Firenze, 1968), 170-2쪽.
7. 앞의 책, 71쪽.
8. 앞의 책, 60쪽.
9. 앞의 책, 79쪽.
10. 'Galileo's Visits to Rome', J. Walter and S. J. Miller, *Sky and Telescope*, vol. 11, 1952.
11. Christopher Clavius, (commentary on the *Sphere* of Sacrobosco for his collected works) in *Opera Mathematica* (Bamberg, 1611), trans. James M. Lattis, *Between Copernicus and Galileo* (University of Chicago Press, 1995), 143쪽.
12. *Le Opere di Galileo Galilei*, vol. XI (Barbera, Firenze, 1968), 143쪽.
13. 앞의 책, 79-80쪽.
14. 앞의 책, 89쪽.
15. 앞의 책, vol. XII, 172쪽.
16. *Galileo, Courtier*, Mario Biagioli (Chicago University Press, Chicago, 1993), 253쪽.
17. *Robert Bellarmine, Saint and Scholar*, James Brodrick (Newman Press, USA, 1961), 176쪽.
18. *Le Opere di Galileo Galilei*, vol. XII (Barbera, Firenze, 1968), 206-7쪽.
19. *Discoveries and Opinions of Galileo*, Stillman Drake (Anchor, New York, 1957), 189쪽.
20. Andrew Dickson White, *A History of the Warfare of Science with Theology* (Macmillan, London, 1900), 145쪽.
21. *Le Opere di Galileo Galilei*, vol. XI (Barbera, Firenze, 1968), 102쪽.
22. 앞의 책, 103쪽.
23. Andrew Dickson White, *A History of the Warfare of Science with Theology* (Macmillan, London, 1900), 148쪽.
24. *Le Opere di Galileo Galilei*, vol. XI (Barbera, Firenze, 1972), 427쪽.
25. 앞의 책, vol. XX, 422쪽.
26. 앞의 책, vol. XI, 247쪽.
27. *Discoveries and Opinions of Galileo*, Stillman Drake (Anchor, New York, 1957), 100쪽.
28. *Le Opere di Galileo Galilei*, vol. XX (Barbera, Firenze, 1972), 422쪽.
29. 앞의 책, vol. XI, 326ff쪽.
30. Galileo Galilei, *The Assayer*, 50쪽.
31. *Galileo: His Life and Work*, J. J. Fahie (John Murray, London, 1903), 130ff쪽.

10장 싸움을 시작하다

1. *Le Opere di Galileo Galilei*, vol. XI (Barbera,

Firenze, 1969), 605쪽.

2. 앞의 책.

3. 앞의 책, vol. X, 502-503쪽.

4. Galileo Galilei, *Contributi alla storia della Academia dei Lincei* (Biblioteca dei Lincei, Rome, 1989), 966쪽.

5. *Galileo Galilei e fra Tommaso Caccini*, Antonio Ricci-Riccardi (Successori le Monnier, Florence 1902), 68쪽.

6. 앞의 책, 70쪽.

7. *The Crime of Galileo*, Giorgio de Santillana (University of Chicago Press, Chicago, 1955), 36쪽.

8. 'Galileo in Acquasparta', Giuseppi Gabrieli, *Atti della Reale Academia d'Italia* (Memoria della Classe di Scienza Morale e Storiche, Rome, 1943), 45쪽.

9. *Le Opere di Galileo Galilei*, vol. XII (Barbera, Firenze, 1970), 146쪽.

10. *The Crime of Galileo*, Giorgio de Santillana (University of Chicago Press, Chicago, 1955), 117쪽.

11. *Le Opere di Galileo Galilei*, vol. XII (Barbera, Firenze, 1970), 183쪽.

12. 앞의 책, 181쪽.

13. 앞의 책, 205쪽.

14. 앞의 책, 206쪽.

15. Galileo Galilei, *Dialogue Concerning the Two Chief Systems, Ptolemaic and Copernican*, trans. Stillman Drake (University of California Press, Berkeley, 1953), 67쪽.

16. *Le Opere di Galileo Galilei*, vol. XII (Barbera, Firenze, 1970), 226쪽.

17. 앞의 책, 227쪽.

18. 앞의 책, 228쪽.

19. 앞의 책, 238쪽.

20. *Le Opere di Galileo Galilei*, vol. XIX (Barbera, Firenze, 1972), 320쪽.

21. *The Galileo Affair: A Documentary History*, ed. Maurice A. Finocchiaro (University of California Press, Berkeley, 1989), 174쪽.

22. *Le Opere di Galileo Galilei*, vol. XIX (Barbera, Firenze, 1972), 278쪽.

23. 앞의 책, vol XV, 122쪽.

24. 앞의 책, vol XII, 248쪽.

25. *Documenti sul barocco in Roma*, ed. J. A. F. Orbaan (Societa Romana di Storia Patria, Rome, 1920), 134쪽.

26. 앞의 책, vol. XII, 241쪽.

11장 폭풍 전야의 고요

1. *Le Opere di Galileo Galilei*, vol. XII (Barbera, Firenze, 1970), 443쪽.

2. 앞의 책, vol. XIII, 24쪽.

3. 앞의 책, 25쪽.

4. 앞의 책.

5. Galileo Galilei, *The Assayer*, 154쪽.

6. *Le Opere di Galileo Galilei*, vol. XI (Barbera, Firenze, 1970), 257쪽.

7. 앞의 책, 324쪽.

8. *Le Opere di Galileo Galilei*, vol. XIII (Barbera, Firenze, 1970), 135쪽.

9. 앞의 책, 140쪽.

10. *Le Opere di Galileo Galilei*, vol. XIII (Barbera, Firenze, 1970), 208-9쪽.

11. 앞의 책, 160쪽.

12. 앞의 책, 145쪽.

13. 앞의 책, 234쪽.

14. Kepler to Herwart von Hohenberg, 26 March 1598, *Gesammelte Werke*, XIII, 192-3쪽.

15. *Le Opere di Galileo Galilei*, vol. III (Barbera, Firenze, 1968), 119-33쪽.

16. Taken from the pope's inauguration, Vatican Library.

17. *The Crime of Galileo*, Giorgio de Santillana (University of Chicago Press, Chicago, 1955), 161쪽.

12장 신성하지 못한 음모

1. *Le Opere di Galileo Galilei*, vol. XVI (Barbera, Firenze, 1971), 117쪽.

2. 앞의 책, vol. XI, 232쪽.

3. 앞의 책, vol. XIV, 359ff쪽.

4. 앞의 책, vol. XIII, 225-7쪽.

5. 앞의 책, 370쪽.

6. 앞의 책, vol. XV, 25-6쪽.

7. 앞의 책, vol. XI, 117쪽.

8. 앞의 책, vol. XIII, 186쪽.

9. 앞의 책, 340쪽.

10. *The Galileo Affair: A Documentary History*, ed. Maurice A. Finocchiaro (University of California Press, Berkeley, 1989), 214쪽.

11. 앞의 책, 231쪽.

12. St Augustine, *Liber sententiarum*, VIII, book IV, Dist. 2, in G. Lecordier, *La doctrine de l'Eucharistie chez Saint Augustin* (Paris, 1930).

13. Pietro Redondi, *Galileo Heretic*, trans. Raymond Rosenthal (Princeton University Press, Princeton, 1983), 208쪽.

14. 앞의 책, 196쪽.

15. Stillman Drake, *Discoveries and Opinions of Galileo* (Doubleday, New York, 1974), 274쪽.

16. 앞의 책, 253쪽.

17. *Catechism of the Council of Trent Pt. 2*, chapter IV Q XLIII.

18. Historical Archive of the Superior General Curia of the Society of Jesus (Rome), *Fondo gesuitico 657, p. 183*, cited in *Baliani e gesuiti* (C. Constantini, Florence, 1969), 59쪽.

19. Archive of the Sacred Congregation for the Doctrine of the Faith, Vatican Archive, Rome, Series A DEE, fols. 292r, 292v and 293r.

20. *Le Opere di Galileo Galilei*, vol. XIII (Barbera, Firenze, 1970), 365쪽.

21. Archive of the Sacred Congregation for the Doctrine of the Faith, Vatican Archive, Rome, Series ACDF, EE, f.291r-v, trans. Professor Rafael Martinez, from *Revisiting Galileo's Troubles with the Church: A Short Essay by Mariano Artigas and William Shea* (www.metanexus.net/metanexus_online/printer_friendly.asp?2673).

13장 교회의 완력

1. *Galileo Galilei: A Biography and Inquiry into His Philosophy of Science*, Ludovico Geymonat (McGraw-Hill, 1965), 140쪽.

2. *Le Opere di Galileo Galilei*, vol. XV (Barbera, Firenze, 1971), 68쪽.

3. *The Galileo Affair: A Documentary History*, ed. Maurice A. Finocchiaro (University of

California Press, Berkeley, 1989), 240쪽.

4. *Le Opere di Galileo Galilei*, vol. XV (Barbera, Firenze, 1971), 34쪽.

5. 앞의 책, 98쪽.

6. This and all subsequent references quoting from the records of the trial are to be found in A. Favaro, *Galileo and the Inquisition*, Florence, 1907.

7. 앞의 책, 98쪽.

8. Giuseppe Galli, *O.P., Il Card. Vincenzo Maculano al processo di Galileo* (Estratto dalla rivista memorie domenicane, 1965), 123쪽.

9. *Galileo Galilei and the Roman Curia*, Karl von Gebler (Richwood Publishing Company, Merrick, New York, 1977), 263쪽.

10. *Le Opere di Galileo Galilei*, vol. XV (Barbera, Firenze, 1971), 106쪽.

14장 재갈 물린 삶

1. *Galileo Galilei and the Roman Curia*, Karl von Gebler (Richwood Publishing Company, Merrick, New York, 1977), 269쪽.

2. 앞의 책, 271쪽.

3. Andrew Dickson White, *A History of the Warfare of Science with Theology* (Macmillan, London, 1900), 245쪽.

4. *Le Opere di Galileo Galilei*, vol. XVIII (Barbera, Firenze, 1971), 127쪽.

5. 앞의 책, 223쪽.

6. 앞의 책, 224쪽.

7. 앞의 책, 226쪽.

8. 앞의 책, vol. XIX, 393쪽.

9. 앞의 책, 324쪽.

10. *The Private Life of Galileo*, Mary Allan-Olney (Macmillan, London, 1870), 334쪽.

11. *Galileo at Work: His Scientific Biography*, Stillman Drake (University of Chicago Press, Chicago, 1978), 360쪽.

12. Galileo Galilei, *The Discourses on the Two New Sciences*, trans. Stillman Drake (Madison, USA, 1974), 129쪽.

13. *The Crime of Galileo*, Giorgio de Santillana (University of Chicago Press, 1955), 324쪽.

14. *Da Galileo alle Stelle*, Francesco Bertola (Biblos, Padua, 1992), 101쪽.

15. *The Crime of Galileo*, Giorgio de Santillana (University of Chicago Press, 1955), 397쪽.

16. *Le Opere di Galileo Galilei*, vol. XVIII (Barbera, Firenze, 1971), 232쪽.

17. 앞의 책, 245쪽.

18. *Galileo's Mistake: A New Look at the Epic Confrontation between Galileo and the Church*, Wade Rowland (Arcade Publishing, New York, 2001), chapter 25.

19. *Galileo at Work: His Scientific Biography*, Stillman Drake (University of Chicago Press, Chicago, 1978), 436쪽.

15장 불사조 되살아나다

1. *Le Opere di Galileo Galilei*, vol. XVIII (Barbera, Firenze, 1971), 378쪽.

2. Translation from *A Philosophical Dictionary*, from the French of M. de Voltaire with Additional Notes, Abner Kneeland (Boston, 1835), 172쪽.

3. 'Neue Gesichtspunkte zum Galilei-prozess',

Zdenko Solle, *Geschichte der Mathmatik, Naturwissenschaften und Medizin*, vol. 24 (Vienna, 1980), 58쪽.

4. *The Evolution of Physics*, Albert Einstein and Leopold Infeld (Simon and Schuster, New York, 1938), 7쪽.

5. *Le Opere di Galileo Galilei*, vol. XIX (Barbera, Firenze, 1971), 393쪽.

8. Cardinal Joseph Ratzinger, taken from the text of a speech delivered to a Eucharist Congress in Benevento, Italy, 25 May-2 June 2002, entitled 'Eucharist, Communion and Solidarity'.

16장 21세기의 마술

1. *Paschini e la Roma ecclesiastica*, 49-93 in *Atti del convegno di studio su Pio Paschini nel centenario della nascita: 1878-1978*, Monsignor Michele Maccarrone (Pubbllicazioni della Deputazione di Storia Patria del Friuli Udine, 1980).

2. *Corriere della Sera*, 30 March 1990.

3. 'Speech of His Holiness John Paul II', in *Einstein Galileo*, Brenno Bucciarelli (Libreria Editrice Vaticana, Vatican City State, 1980), 79쪽.

4. 'Discourse to the Pontifical Academy of Sciences', John Paul II, *Origins 22*, 12 November 1992.

5. *Galileo*, Bertholt Brecht, English version by Charles Laughton (Grove Press, New York, 1966), 84쪽.

6. 'Discourse to the Pontifical Academy of Sciences', John Paul II, *Origins 22*, 12 November 1992.

7. *Galilei und die Kirche oder Das Recht auf Irrtum*, Walter Brandmuller (Pustet, Regensburg, 1982).

참고 문헌

✠ ✠ ✠

Allan-Olney, Mary, *The Private Life of Galileo* (Macmillan, London, 1870).

Aristotle, *The Works of Aristotle* (Great Books, Chicago, 1952).

Biagioli, Mario, *Galileo Courtier* (University of Chicago Press, Chicago, 1993).

Bonelli, Righini, Maria Luisa and William R. Shea, *Galileo's Florentine Residences* (Instituto di Storia della Scienza, Florence, 1979).

Brecht, Bertholt, *Galileo* English version by Charles Laughton (Grove Press, New York, 1966). (이 책의 한국어판은 차경아 옮김, 『갈릴레이의 생애』(두레, 2001년)이다. ─ 옮긴이)

Brodrick, James, *Galileo: The Man, His Work, His Misfortunes* (Latimer & Trade, Plymouth, 1964).

─────, *Robert Bellarmine, Saint and Scholar* (Newman Press, USA, 1961).

Brooke, John Hedley, *Science and Religion* (Cambridge University Press, Cambridge, 1991).

Campanella, T., *A Defense of Galileo, the Mathematician from Florence* (Notre Dame, 1994).

Cohen, I. Bernard, *The Birth of a New Physics* (Penguin Books, London, 1992). (이 책의 한국어판은 『새 물리학의 태동 : 코페르니쿠스에서 뉴턴까지』(한승, 1998년)이다. ─ 옮긴이)

─────, *Revolution in Science* (Cambridge, MA, Belknap Press, 2001).

Copernicus, Nicolaus, *De Revolutionibus Orbium Coelestium* (Great Books, Chicago, 1953).

De Santillana, Giorgio, *The Crime of Galileo* (Heinemann, London, 1958).

Dijksterhuis, E. J., *The Mechanization of the World Picture* (Oxford University Press, Oxford, 1969).

Drake, Stillman, *Essays on Galileo and the History and Philosophy of Science*, 3 volumes (University of Toronto Press, Toronto, 1999).

─────, *Galileo* (Oxford University Press, Oxford, 2001).

─────, *Discoveries and Opinions of Galileo* (Doubleday, 1957).

─────, *Galileo: Pioneer Scientist* (University of Toronto Press, Toronto, 1990).

─────, *Galileo at Work: His Scientific Biography* (University of Chicago Press, Chicago, 1981).

Draper, John William, *History of the Conflict Between Religion and Science*, International Scientific Series

(D. Appleton and Company, New York, 1957).

Eamon, William, *Court, Patronage and Institutions: Science, Technology and Medicine at the European Court, 1500-1700* (Boydell Press, Woodbridge, 1991).

Fahie, John J., *Galileo, His Life and Work* (1903).

Fantoli, A., *Galileo: For Copernicanism and for the Church* (Vatican City, 1994).

Fernand, Hayward, *A History of the Popes* (Dutton & Co., New York, 1931).

Feyerabend, Paul K., *Farewell to Reason* (Verso, London, 2002).

————, *Against Method* (Verso, London 1993).

Finocchiaro, Maurice A., *The Galileo Affair: A Documentary History* (University of California Press, Berkeley, 1989).

————, *Galileo on the World Systems* (University of California Press, Berkeley, 1997).

————, *Galileo and the Art of Reasoning: Rhetorical Foundations of Logic and Scientific Method* (Dordrecht, Boston, MA, 1980).

Freedberg, David, *The Eye of the Lynx: Galileo, His Friends, and the Beginnings of Modern Natural History* (University of Chicago Press, Chicago, 2002).

Galilei, Galileo, *Le Opere di Galileo Galilei*, ed. Antonio Favaro, 20 volumes (Barbera, Firenze, 1968).

————, *Sidereus Nuncius*(1610). (이 책의 한국어판은 장헌영 옮김,『별들의 소식 : 갈릴레이의 천문노트』(승산, 2004년)이다. — 옮긴이)

————, *Dialogue Concerning the Two Chief World Systems*, trans. Stillman Drake (University of California Press, Berkeley, 1953).

Ganss, George (trans.), *The Constitution of the Society of Jesus* (Institute of Jesuit Sources, St Louis, 1970).

Geymonat, Ludovico, *Galileo Galilei: A Biography and Inquiry into His Philosophy of Science* (McGraw-Hill, New York, 1965).

Holton, Gerald, *Thematic Origins of Scientific Thought* (Harvard University Press, Cambridge, MA, 1988).

Howell, Kenneth, *God's Two Books* (Notre Dame, 2002).

James, Jamie, *The Music of the Spheres* (Abacus, London, 1994).

Jammer, Max, *Concepts of Space*(Dover, New York, 1993). (이 책의 한국어판은 이경직 옮김,『공간 개념 : 물리학에 나타난 공간론의 역사』(나남, 2008년)이다. — 옮긴이)

Koestler, Arthur, *The Sleepwalkers* (Hutchinson & Co., London, 1959).

Koyré, A., *Galileo Studies* (Atlantic Highlands, New Jersey, 1978).

Kuhn, Thomas S., *The Copernican Revolution* (Harvard University Press, Cambridge, MA, 1971).

Langford, Jerome J., *Galileo, Science and the Church* (University of Michigan Press, Ann Arbor, 1966).

Machamer, Peter (ed.), *The Cambridge Companion to Galileo* (Cambridge University Press, 1998).

Matter, E. Ann, and Coakley, John, *Creative Women in Medieval and Early Modern Italy: A Religious and Artistic Renaissance* (University of Pennsylvania Press, Philadelphia, 1994).

Musgrave, Alan, *Beyond Reason* (Kluwer, Dordrecht, 1991).

Norwich, John Julius, *A History of Venice* (Penguin, London, 1982).

Paschini, Pio, *Vita e Opere di Galileo Galilei* (Herder, Rome, 1965).

Poupard, Paul Cardinal (ed.) *Galileo Galilei: Toward a Resolution of 350 Years of Debate, 1633-1983*, trans. Ian Campbell (1987).

Redondi, Pietro, *Galileo: Heretic* (Princeton University Press, 1987).

Reston, James, Jr., *Galileo: A Life* (Cassell, 1994).

Richards, Jeffrey, *Sex, Dissidence and Damnation: Minority Groups in the Middle Ages* (Routledge, New York, 1994).

Rowland, Wade, *Galileo's Mistake*(Arcade Publishing, New York, 2003). (이 책의 한국어판은 정세권 옮김, 『갈릴레오의 치명적 오류』(미디어윌, 2003년)이다. — 옮긴이)

Russell, Colin A. and Goodman, David, *The Rise of Scientific Europe 1500-1800* (Open University Press, Milton Keynes, 1991).

Sharratt, M., *Galileo: Decisive Innovator* (Cambridge, 1994).

Shea, Steven William R. and Artigas, Mariano, *Galileo in Rome*(Oxford University Press, Oxford, 2003). (이 책의 한국어판은 고종숙 옮김, 『갈릴레오의 진실 : 논란 많은 한 천재 과학자를 위한 변명』(동아시아, 2006년)이다. — 옮긴이)

―――, *Galileo's Intellectual Revolution. Middle Period, 1610-1632* (New York, 1977).

Singer, Charles (ed.), *Studies in the History of Science* (Oxford University Press, 1917).

Sobel, Dava, *Galileo's Daughter*(Penguin, 2000). (이 책의 한국어판은 홍현숙 옮김, 『갈릴레오의 딸』(생각의 나무, 2001년)이다. — 옮긴이)

Stukeley, William, *Memoirs of Sir Isaac Newton's Life*, ed. A. Hastings White (Taylor and Francis, London, 1936).

Walker, D. P., *Studies in Musical Science in the Late Renaissance* (London, 1978).

Westfall, R. S., *Essays on the Trial of Galileo* (Vatican City, 1989).

White, Andrew Dickson, *A History of the Warfare of Science with Theology in Christendom*, 2 volumes (Yale University Press, 1955).

White, Michael, *Machiavelli: A Man Misunderstood*(Little, Brown 2005). (이 책의 한국어판은 김우열 옮김, 『평전 마키아벨리』(이룸, 2006년)이다. — 옮긴이)

―――, *Leonardo: The First Scientist*(Little, Brown, 2000). (이 책의 한국어판은 안인희 옮김, 『최초의 과학자 : 레오나르도 다빈치』(사이언스북스, 2003년)이다. — 옮긴이)

갈릴레오, 절반의 전설, 절반의 진실

✠ ✠ ✠

이 책은 갈릴레오 갈릴레이의 전기이므로 이 자리에서 갈릴레오가 어떤 사람인지 이야기하는 것이 당연한데도, 막상 그러자니 이리도 겸연쩍을 수가 없다. 세상에 갈릴레오를 모르는 사람이 있을까? 피사의 사탑을 모르는 사람이 있을까? "그래도 지구는 돈다."라는 대사를 모르는 사람이 있을까?

남들 다 아는 이야기를 길게 하는 것은 면구스러우니 짧게 하자. 갈릴레오는 16세기 이탈리아의 자연 철학자로, 천문학과 역학 분야에서 이룬 뛰어난 업적 덕분에 오늘날 근대 과학의 아버지라고 불린다. 망원경을 발명해서 천체 관측을 함으로써 달 표면의 분화구와 산맥, 목성의 위성들, 태양의 흑점, 토성의 고리를 발견했고, 피사의 사탑에서 질량이 다른 공들을 떨어뜨리는 실험을 해 아리스토텔레스 운동 이론을 반증했고, 경사면에서 공을 굴리는 실험을 하여 자유 낙하 법칙을 완성했다. 지동설을 옹호한 죄로 로마 가톨릭 교회의 종교 재판을 받은 뒤 말년을 가택 연금 상태로 보냈기 때문에 종교와 과학의 충돌을 상징하는 순교자로도 여겨진다.

이제 대부분의 사람들이 잘 모르는 이야기를 하자. 독자가 이 책에서 알게 될 이야기들이다. 무릇 위대한 인물에 관한 이야기는 '전설이나 절반의 진실'로 점철되기 마련이거니와 갈릴레오에 관한 일화들도 윤색되거나 와전된 것이 많다. 가령 갈릴레오가 종교 재판소에서 유죄 선고를 받고 나서 "그래도 지구는 돈다."라고 중얼거렸다는 이야기는 거의 틀림없이 거짓말이다. 죄인의 그런 발언을 웃어넘길 교회가 아니었고, 무모하게 그런 발언을 할 만큼 세상 돌아가는 이치를 모르는 갈릴레오가 아니었다. 피사의 사탑 실험도 실제로 벌어졌던 일인지 확실하지 않다. 갈릴레오가 정말로 사탑에서 많은 구경꾼들을 앞에 두고 시연을 해 보였다면 과시하기를 좋아한 그의 성격상 자기 책에서 그 이야기를 꺼릴 이유가 없었을 텐데, 그 일화는 그의 조수였던 빈첸치오 비비아니가 쓴 갈릴레오 전기에서 처음 등장한다. 갈릴레오가 자유 낙하 실험을 했던 것은 사실이지만 그것이 사탑에서였을지, 그냥 다른 높은 곳이었을지 지금 우리는 알 수 없다.

갈릴레오가 천체 망원경을 처음 발명했다는 설도 사실과 거리가 멀다. 그가 천체 관측에 쓸 만한 배율의 망원경을 발명한 것은 사실이지만, 최초의 발명자는 아니었고, 오히려 좀 파렴치하게 남의 아이디어를 훔쳤다고도 평가할 수 있었다. 심지어 망원경으로 달 표면을 관찰한 것도 갈릴레오가 처음이 아니었다. (갈릴레오는 몰랐지만) 그 몇 달 전에 이미 영국의 토머스 해리엇이 달 지도를 작성했다.

우리가 굳이 떠올리려고 하지 않는 사실도 있다. 갈릴레오는 요하네스 케플러와 편지를 주고받는 사이였고 당연히 케플러의 주장에 대해 잘 알았지만, 행성의 궤도가 타원형이라는 것을 끝내 인정하지 않았다. 원운동이 가장 완벽한 형태의 운동이기 때문에 행성들은 원운동할 수밖에 없다고 생각했다. 갈릴레오의 가장 큰 실수라고 할 것이다.

그렇다면 갈릴레오는 과대평가된 인물일까? 우리가 갈릴레오의 전기를 읽음으로써 '전설과 절반의 진실' 들의 진위를 알게 되면 그가 짐작보다 시시한 사람이었다는 생각이 들까?

그렇기는커녕 오히려 그 반대다. 갈릴레오의 몇몇 일화만이 아니라 일흔여덟 해의 인생 전체를 만날 때 비로소 알 수 있는 바, 그의 이야기가 곧잘 전설로 둔갑했던 이유는 그가 그만큼 극적인 삶을 살았기 때문이고, 그가 극적인 삶을 살았던 이유는 그처럼 치열하게 경쟁자들과 적들과 시대와 드잡이하지 않고서는 자유롭게 철학과 수학을 연구할 수 없었기 때문이다. 그는 철학과 수학에 대한 집요한 사랑 때문에 극적인 삶을 살 수밖에 없었던 확신범이었다. 갈릴레오의 위대한 업적들보다 더욱 위대했던 것은 (비록 종교 재판소에서 무릎을 꿇긴 했지만) 학문에 있어서 타협을 거부했던 꼬장꼬장한 태도였다. 그 태도는 생전 그의 삶에 쉴 새 없이 풍파를 일으켰고, 후대에 와서는 그럴싸한 전설들을 낳았다. 이 책의 저자를 비롯하여 여러 역사가들이 갈릴레오의 전설들에 대해 "사실이 아닌지 몰라도 있을 법한 일"이라는 평가를 내리는 이유도 그 때문이다.

이 책에는 대부분의 사람들이 전혀 몰랐을 이야기가 하나 더 있다. 내용을 설명하자니 꼭 추리 소설의 줄거리를 누설하여 헤살 놓는 것 같아 망설여질 만큼 흥미진진한 이야기이다. 뭔고 하니, 정설에 따르면 갈릴레오가 코페르니쿠스의 지동설을 옹호한 것 때문에 종교 재판정에 섰다지만, 그것은 명목상의 이유였을 뿐, 실은 더 중한 이단적 죄목이 따로 있었다는 것이다. 갈릴레오가 『시금사』라는 책에서 설파한 원자 이론이 가톨릭 교회의 성체 성사 이론을 정면으로 부정했던 게 진짜 죄목이라는 주장이다. 교회는 뭇 사람들의 관심을 성찬식 교리로 끌어들이기 싫었기에 작은 죄목으로 갈릴레오를 기소했고, 갈릴레오는 더 큰 벌칙을 피하기 위해 냉큼 뒷거래를 받아들여 입을 다물었다는 주장이다. 이것은 저자가 몽상으로 빚어낸 음모론이 아니다. 바티칸의 문서 보관소에서 잠자던 자료가 최근에서야 공개되어 갈릴레오에 관한 문서들이 몇 발굴된 바 있는데, 그것에 기초하여 갈릴레오 사건의 의혹을 해명해 보려 한 대안적 설명이다. 이 책의 원서 제목에 "적그리스도"라는 표현도 여기에서 왔다. (어느 성직자가 갈릴레오를 비방하며 적그리스도라고 칭한 일화도 있다.) 정말로 교회가 갈릴레오의 이론에서 성찬식 교리에 대한 반항을 읽어내고 경각심을 느꼈다면 갈릴레오는 오늘날 우리가 생각하는 것보다 훨씬 심각한 교회의 적이었을 것이기 때문이다.

저자의 견해가 옳은지 그른지는 옮긴이인 내가 확실하게 말할 수 없다. 그 점은 학계가 더 조사할 것으로 짐작하고, 나로서는 우선 이 책이 번역 소개될 만하다고 생각할 뿐이다. 어린이를 대상으로 한 위인전이 아닌 갈릴레오 전기는 이제껏 없다시피 했고, 몇 나와 있는 책들도 생애 후반을 집중적으로 다룬 것들이었다. 마침 2009년은 천체 망원경 탄생 400주년을 기념하여 국제 천문 연맹과 유네스코가 지정한 세계 천문의 해이다. 그리고 올해에 가톨릭 교회는 갈릴레오의 생일인 2월 15일을 맞아서 처음으로 갈릴레오 기념 미사를 열었는데, 미사를 집전한 주교는 "과학과 진실을 조화시킨 갈릴레오를 본 받아 현대의 과학자들도 이성과 신앙을 조화시키는 데 게을리하지 말 것"을 당부했단다. 격세지감도 이만저만이 아닐 수 없다. 맞춤한 시기에 소개되는 이 전기가 갈릴레오의 진짜 이야기를 알리는 데 한 몫 하기를 바란다. 독자는 전설을 통해 짐작했던 모습보다 훨씬 열정적이고 울뚝불뚝한 갈릴레오를 만나는 것만으로도 충분히 재미있을 것이다.

2009년 4월

김명남

찾아보기

그림 출처

1. Galileo Galilei in his prime, by Domenico Robusti (National Maritime Museum, London)

2. Johannes Kepler, c. 1612, by Hans von Aachen (Orlicka Galerie, Rychnov nad Kneznou, Czech Republic / The Bridgeman Art Library)

3. Nicolaus Copernicus (Nicolaus Copernicus Museum, Frombork, Poland / Lauros / Giraudon / The Bridgeman Art Library)

4. Giordano Bruno (Science Photo Library)

5. The geocentric model of the universe from Finaeus's *La Theorique des Ciels*, 1528 (Oxford Science Archives / Museum Images)

6. Copernicus's heliocentric model from Helvelius's *Selenographia*, 1647 (Oxford Scientific Archives / Museum Images)

7. Galileo's telescope of 1609 (Photo Scala, Florence)

8. Leonardo Dona, Doge of Venice 1606-12 (akg-images / Cameraphoto)

9. A bird's-eye view of Venice, early seventeenth century (akg-images)

10. Paul V, born Camillo Borghese, pope 1605-21 (Photo Scala, Florence)

11. Urban VIII, born Maffeo Barberini, pope 1623-44 (Photo Scala, Florence)

12. Christina, Grand Duchess of Tuscany (Photo Scala, Florence courtesy of the Ministro Beni e Att. Culturali)

13. Prince Federico Cesi (Accademia Nazionale dei Lincei, Palazzo Corsini, Roma)

14. Cleric and polymath Paolo Sarpi (TopFoto / Woodmansterne)

15. Cardinal Robert Bellarmine, 'Hammer of Heretics' (Photo Scala, Florence)

16. Galileo before the Inquisition in 1633 (private collection / The Bridgeman Art Library)

17. A view of Venice from 'Il Gioiello' (image courtesy History of Science Collections, University of Oklahoma Libraries; copyright the Board of Regents of the University of Oklahoma)

18. *Galileo and Viviani* by Tito Lessi, 1892 (akg-images)

19. The momument to Galileo and his disciple and biographer Viviani in the church of Santa Croce, Florence (Santa Croce, Florence, Italy / The Bridgeman Art Library)

김명남

카이스트 화학과를 졸업하고 서울 대학교 환경 대학원에서 환경 정책을 공부했다. 인터넷 서점 알라딘 편집팀장을 지냈고 전문 번역가로 활동하고 있다. 제55회 한국출판문화상 번역 부문을 수상했다. 옮긴 책으로 『지구의 속삭임』, 『암흑 물질과 공룡』, 『우리 본성의 선한 천사』, 『필립 볼의 형태학 3부작: 가지』, 『정신병을 만드는 사람들』, 『세상을 바꾼 독약 한 방울』, 『인체 완전판』(공역), 『현실, 그 가슴 뛰는 마법』, 『여덟 마리 새끼 돼지』, 『시크릿 하우스』, 『이보디보』, 『특이점이 온다』, 『한 권으로 읽는 브리태니커』, 『버자이너 문화사』, 『남자들은 자꾸 나를 가르치려 든다』, 『비커밍』, 『길 잃기 안내서』 등이 있다.

갈릴레오

1판 1쇄 펴냄 2009년 4월 30일
1판 3쇄 펴냄 2019년 2월 22일

지은이 마이클 화이트
옮긴이 김명남
펴낸이 박상준
펴낸곳 (주)사이언스북스

출판등록 1997. 3. 24.(제16-1444호)
(06027) 서울특별시 강남구 도산대로1길 62
대표전화 515-2000, 팩시밀리 515-2007
편집부 517-4263, 팩시밀리 514-2329
www.sciencebooks.co.kr